中国科学院战略性先导科技专项（A类）项目
"黑土地保护长效机制"（XDA 28060300）成果

特殊类型区域研究系列

东北地区高质量发展的战略路径

王成金/著

Strategic Paths of High-Quality Development
in Northeast China

科学出版社
北京

内 容 简 介

本书立足特殊类型地区的视角，以老工业基地为研究对象，面向区域政策制定实施的理论与实践需求，以振兴发展为主题，对东北地区高质量发展面临的突出问题和发展路径进行了深入剖析和设计。本书全面阐释了东北地区振兴发展的资源环境与地理基础，总结了中国区域政策的历史沿革和东北地区开发历史、振兴方略演进路径；系统总结了东北地区振兴战略实施以来的发展现状与基本特征，考察了主要存在的问题与突出矛盾；对东北各地区和各领域的高质量发展水平进行了系统评价，考察了东北地区振兴发展的新要求、重大关系、关键矛盾与突出难点。基于此，本书从国土空间结构、粮食基地、经济产业、人居环境、民生事业等领域提出东北地区高质量发展的战略路径，针对各地级行政区提出了高质量发展的基本指引，最后提出了东北地区高质量发展的保障机制与扶持政策。以此，科学分析和设计了新时代下东北地区高质量发展的战略路径，为中国加快推动东北地区全面振兴、全方位振兴提供科学指导。

本书可供从事东北振兴与发展的学者、规划工作者及政府管理决策者参考借鉴。

图书在版编目（CIP）数据

东北地区高质量发展的战略路径／王成金著 . —北京：科学出版社，2022.11

（特殊类型区域研究系列）

ISBN 978-7-03-073576-8

Ⅰ. 东… Ⅱ. 王… Ⅲ. ①区域发展战略–研究–东北地区 Ⅳ. ①F127.3

中国版本图书馆 CIP 数据核字（2022）第 197614 号

责任编辑：刘 超／责任校对：樊雅琼
责任印制：吴兆东／封面设计：无极书装

科 学 出 版 社 出版
北京东黄城根北街 16 号
邮政编码：100717
http://www.sciencep.com

北京建宏印刷有限公司 印刷
科学出版社发行 各地新华书店经销

*

2022 年 11 月第 一 版 开本：787×1092 1/16
2023 年 1 月第二次印刷 印张：21 1/4 插页：2
字数：500 000

定价：235.00 元

（如有印装质量问题，我社负责调换）

　　王成金　山东省沂水人，中国科学院地理科学与资源研究所研究员，博士生导师。2002年获人文地理学硕士学位，2005年获人文地理学博士学位，2005~2008年做博士后工作，2008年至今在中国科学院地理科学与资源研究所任职。长期以来，主要从事经济地理学与区域发展的研究工作，尤其是在工业地理与区域规划等方面有浓厚的研究兴趣。曾主持国家自然科学基金委员会、中国科学院、国家发展和改革委员会、地方政府等资助的多项课题项目，在*Journal of Transport Geography*、*Social and Economic Geography*、《地理学报》、《自然资源学报》等杂志上发表学术论文100多篇，独立出版著作5部：《集装箱港口网络形成演化与发展机制》《物流企业的空间网络模式与组织机理》《老工业城市调整改造的理论与实践》《港口运输与腹地产业发展》《东北地区全面振兴的重大问题研究》，参编著作20多部。

　　Chengjin Wang is a professor in the Institute of Geographical Sciences and Natural Resources Research, the Chinese Academy of Sciences. His research focuses on industrial geography and region development, especially the development of the old industrial city. His research has been funded by many projects from the National Natural Science Foundation of China, Chinese Academy of Sciences, National Development and Reform Commission and many local governments. He has published over 100 papers. In addition to this book, he is also the author of the book *Evolution and Development of Container Ports Network and Dynamic Mechanism*, the book *Spatial Network Mode of Logistics Company and Organization Mechanism*, the book *Port Transportation and the Heavy Industries Development in Hinterland*, the book *Theory and Practice about Transformation of the Old Industrial City*, the book *Strategic Issues of Comprehensive Revitalization in Northeast China*.

前　言

一、研究背景

各种特殊类型地区的交杂分布、各种新老问题的交融叠加，促使东北地区成为复合型特殊类型地区，尤其是成为问题区域。东北地区是中国位置相对独立、地域特色突出的自然地理区、经济区、社会文化区之一，在中国自然地理格局、社会经济体系与国际合作网络中承担着特殊的功能与地位。东北地区是中国典型的老工业基地，分布有24个老工业城市，覆盖了58.5%的地级政区，是共和国"长子"，对中国工业体系和国民经济体系的建立做出了很大贡献。同时，东北地区拥有边境地区、少数民族地区、资源枯竭型城市、生态退化地区等特殊类型区域。20世纪90年代以来，东北地区陷入了发展困境；90年代中期，中国开始重视东北地区的振兴发展，2003年党中央、国务院做出了振兴东北地区等老工业基地的战略决策，东北地区进入了"黄金十年"发展时期。2013年以来，东北地区再度陷入发展困难阶段，经济增速回落，财政收支矛盾突出，营商环境问题日渐凸显。党中央、国务院高度重视，先后密集出台了新一轮促进东北振兴的政策。但截至目前，东北地区仍有大量问题与矛盾尚未得到彻底解决，低迷发展态势仍未能得到根本扭转，区域整体仍然缺少发展活力，仍是全国国土开发的"痛点"和"难点"。

东北地区具有显著的发展优势和振兴发展的基础，环境承载力、能源资源、产业集群、科教人才等支撑能力较强，工业基础仍具有明显的比较优势，拥有大连船舶重工集团有限公司、沈阳机床股份有限公司等一批"国宝级"企业，是支撑国家经济发展的重要基础，拥有丰富而优质的土地资源与高水平的农业机械装备，有着优良的生态环境和生态资产。21世纪以来，东北地区成为中国区域发展的重要板块，是"西部大开发、东北全面振兴、中部地区崛起、东部率先发展"区域协调发展战略的重要内容。在全球视角，东北地区是远东的核心地区，对中国国土开发、区域发展乃至东北亚发展都具有战略意义。当前中国南北发展差距呈现日渐扩大的趋势，东北地区成为"衰落北方"的核心区。近年来，国家高度重视东北地区，并对新时期下东北地区的振兴发展提出了新要求。

习近平总书记指出，东北地区是我国重要的工业和农业基地，维护国家国防安全、粮食安全、生态安全、能源安全、产业安全的战略地位十分重要，关乎国家发展大局。新时代东北振兴，是全面振兴、全方位振兴。

《中华人民共和国国民经济和社会发展第十四个五年规划和2035年远景目标纲要》规定：推动东北振兴取得新突破。从维护国家国防、粮食、生态、能源、产业安全的战略高度，加强政策统筹，实现重点突破。加快转变政府职能，深化国有企业改革攻坚，着力优化营商环境，大力发展民营经济。打造辽宁沿海经济带，建设长吉图开发开放先导区，提升哈尔滨对俄合作开放能级。加快发展现代农业，打造保障国家粮食安全的"压舱石"。加大生态资源保护力度，筑牢祖国北疆生态安全屏障。改造提升装备制造等传统优势产业，培育发展新兴产业，大力发展寒地冰雪、生态旅游等特色产业，打造具有国际影响力的冰雪旅游带，形成新的均衡发展产业结构和竞争优势。实施更具吸引力的人才集聚措施。深化与东部地区对口合作。

20 世纪 90 年代以来，东北问题、东北现象引起了学者、政府、企业等社会各界的普遍关注，分别从不同的视角持续开展了大量的研究，实施了大量的振兴工作，但迄今为止仍未找到东北地区振兴发展的理想模式与有效路径，仍未能显著改变其发展面貌与基本态势。基于上述发展背景与国家战略需求，本书立足区域发展，利用经济地理学的研究理念，面向全面振兴和全方位振兴，对东北地区高质量发展的基本路径与重点建设任务进行全面、系统化的研究，一方面充分彰显东北地区在全国国土开发体系中的功能与定位，另一方面促进东北地区发展能力的提升与民生事业的改善，实现全面振兴、全方位振兴。本书力图为东北地区在未来一段时期内尤其是"十四五"时期的社会经济高质量发展提供指导。

二、研究内容与关系

本书按照"发展基础→总体思路→建设任务→保障措施"的主线，全面剖析了东北地区的资源环境基础与国家区域政策演变，分析了东北地区的发展现状、总体特征与主要问题，系统评价了各地区高质量发展水平及空间差异，提出了东北地区高质量发展的总体思路，设计国土空间优化发展格局，考察了粮食安全与黑土保护、经济产业优化、人居环境建设、发展环境改善等基本路径，设计了各地区高质量发展的重点指引，提出了保障措施与扶持政策。

本书共分为十三章，核心内容主要分为四部分。

第一章至第五章，为东北地区的资源环境基础与基本发展特征。本部分主要是分析东北地区的资源环境与地理基础，判别东北振兴在国家区域政策体系中的地位，评估当前的发展现状。第一章为"东北地区的资源环境与地理基础"，全面刻画自然环境、地理区位、地缘优势和社会文化环境，考察地理要素与经济产业结构、城镇体系、社会文化的关系。第二章为"区域政策沿革与东北振兴回顾"，重点梳理中国国土开发与区域政策的演化路径，阐释东北地区的开发历史脉络，全面分析东北地区振兴战略过程，考察新一轮振兴战略的背景与策略。第三章为"东北地区的发展现状与总体特征"，重点分析东北振兴战略实施以来的发展过程、现状格局，总结其基本特征。第四章为"东北地区的主要问题与突出矛盾"，重点剖析东北地区发展的主要存在问题，考察其突出矛盾。第五章为"东北地区高质量发展水平的评价"，重点测度高质量发展的总体水平，划分各地市的发展类型，判别短板领域与短板地区。

第六章为"东北地区高质量发展的总体思路"。重点分析宏观形势与变化，考察国家对东北地区的最新要求，剖析东北地区高质量发展的重大关系、关键矛盾和突出难点，提出其基本原则和振兴方案，总结其发展战略定位和重点方向。

第七章至第十一章，为东北地区高质量发展的基本路径。本部分重点从空间、各部门和各领域的角度，提出东北地区高质量发展的基本路径与主要建设任务。第七章为"东北地区国土空间优化发展格局",重点从面状维度分析东部、中部和西部三大板块的发展路径,从线状维度设计纵向和横向轴线的发展路径,从主体功能区的视角分析优化开发区、重点开发区、生态功能区和农产品主产区的发展路径。第八章为"东北地区粮食安全与黑土保护路径",重点考察建设综合粮食生产基地和提高农业发展保障能力的基本路径,剖析黑土保护利用的长效机制。第九章为"东北地区经济产业高质量发展路径",重点从传统优势产业、装备制造业和战略性新兴产业的视角,论述工业体系的结构优化升级路径,考察现代服务业优质高效发展路径。第十章为"东北地区人居环境高质量发展路径",重点分析美丽宜居宜业东北,考察主要城市化地区、宜居中小城市、特色乡镇及美丽乡村建设路径,探讨生态建设和环境保护路径,包括建设东北亚生态安全屏障、加强环境污染治理、能源资源集约利用和防灾减灾体系构建等。第十一章为"东北地区发展环境高质量建设路径",重点分析基础设施建设任务与重大工程,探讨区域合作网络构建与对外开放路径,考察公共服务网络和民生事业发展任务。

第十二章至第十三章,为东北各地区高质量发展的重点指引与保障措施。第十二章为"东北各地区高质量发展重点指引",基于问题导向,坚持因地制宜,提出各地级政区的高质量发展任务与建设指引,包括经济发展稳定性、人居环境、提高居民收入等方面。第十三章为"东北地区高质量发展的政策保障",重点分析体制机制创新,包括民营经济、科技创新、人才培养、营商环境、政府简政放权等,考察保障措施与扶持政策,包括财税投资和要素保障。

三、主要观点与结论

本书的主要观点摘要如下。

(1) 东北地区纬度高,地形地貌多样,三面水绕山环,平原、山地丘陵和草原分布广阔,以温带季风气候为主,降水相对丰富,土壤肥沃,耕地资源丰富,有丰富的石油、煤炭、天然气等能源资源,少数民族较多,有显著的区位优势与地缘优势。这深刻影响了东北地区的生产方式与社会经济结构,决定了东北地区适合发展现代化的综合性农业生产基地,具备推动农业现代化和新型工业化、开展国际合作交流、打造生态安全屏障的自然基础。

(2) 东北地区是中国国土开发与区域政策体系的重要组成部分。中华人民共和国成立以来,区域政策不断拓展完善,目前东北振兴成为中国区域政策的重点内容。东北地区的开发经历了漫长的过程,但自20世纪90年代以来进入了低迷发展,由此开启了振兴工作。90年代中期至2003年,东北地区在局部地区探索老工业基地的调整改造经验。2003年开始,东北地区等老工业基地的振兴战略成为国家战略。2003～2013年,以解决重点问题为核心,围绕国有企业实施振兴发展,扭转了东北地区的发展态势。2013年开始,东北地区进入了新一轮振兴发展阶段。

(3) 经过2003年以来的发展,东北振兴工作取得了重要的阶段性成果,曾经的"东北现象"逐渐消除,当年面临的突出矛盾等"东北问题"得到部分缓解,东北地区焕发出新的生机与活力。经济运行总体良好,形成以重工业为主的工业结构,各行业呈现明显的发展分化。农业地位不断增强,粮食种植面积与产量不断提高。城镇化率较高并持续提高，居民收入稳步增长，脱贫攻坚任务按期完成，社会民生事业显著改善。基础设施网络明显改善，生态屏障功能增强，城市人居环境提升，对外开放水平提高，与沿海发达地区形成对口合作，营商环境逐步改善。

（4）东北地区发展不平衡、不充分的问题仍旧存在。经济增速趋缓，在全国的地位不断弱化，经济增长方式尚未明显改变，传统产业发展疲软，新兴产业发展不足。产业发展的资源依赖性较强，部分地区进入资源枯竭阶段。工业企业效益较低，亏损面较大。人口增长水平较低，外流现象和老龄化严重。社会保障仍存在诸多问题，棚户区改造任务重，失业率仍高于全国平均水平，营商环境有待提高。技术创新成果少，创新转化能力不足，科技创新成果外流显著。外向经济薄弱，国企体制仍难以突破，市场机制尚不完善。生态安全问题犹存，黑土退化问题仍旧凸显，主要流域的水污染现象仍较为严重。

（5）由于发展基础、资源禀赋、财力积累及发展战略不同，东北各地市高质量发展的差异较大。发展水平较高的地市均为副省级市，各地市高质量发展呈现"南高北低"的格局。发展有效性得分较高，相互间差异较大；发展稳定性、发展持续性、发展分享性的得分较低，相互间差异较小；发展协调性、发展创新性的得分较低，但相互间差异较大。各地市的各指标项的贡献有明显不同差异，发展有效性和发展分享性的贡献率较高，其次是发展创新性，而发展持续性、发展稳定性和发展协调性较低。短板领域是发展协调性、发展稳定性和发展持续性，短板地区有葫芦岛、鸡西、白城、四平、黑河、齐齐哈尔、双鸭山、鹤岗、伊春、兴安和绥化，主要是煤炭城市和森工城市。

（6）东北地区面临的宏观形势不断变化，尤其是中国对东北地区提出了全方位振兴与全面振兴、"五个安全"建设、"五头五尾"建设与"冰天雪地也是金山银山"等新要求。东北地区须协调好国家战略与地方诉求、中心城市与中小城市、集约开发与均衡发展、经济发展与社会民生等基本关系，面向东北亚和全国，围绕一个中心，坚持两手抓，推动三力并行，遵循三条路线，实施三区发展，落实五个战略，重点建设七个任务，打造为具有国际竞争力的先进装备制造业基地、保障国家粮食安全的战略性农业生产基地、北方生态安全屏障。

（7）根据资源环境承载力，实施国土发展管控、功能格局优化。东北东部要突出"绿色发展，生态保护"，建设成为东北亚国际合作核心区、东部绿色生态安全屏障、东向出海物流大通道；中部重点推动综合性发展，构建城市群轴带，打造为东北全面振兴发展的示范区和引领区；西部要坚持"保护优先"，建设为全国重要的生态功能区。重点发展的轴线包括西翼草原发展轴、京通白齐发展轴、哈长沈大发展轴、东翼沿边开发轴、北部沿边开放轴、哈大齐牡发展轴、图敦白阿发展轴、丹本通霍发展轴、锦朝赤林发展轴、南部沿海发展轴等，要引导各类要素集聚。塑造由生态功能区、重点开发区、优化开发区、农产品主产区等主体功能区组成的发展格局，规范东北地区开发秩序。

（8）农业生产是东北地区的重要功能，对维系国家粮食安全具有战略意义。水、土、热、技术等资源要素决定东北地区可发展综合性农业生产、打造综合性农业生产基地和商品粮基地。东北大平原要壮大优质粮食生产基地，西部草原要提升草原畜牧业，大小兴安岭和长白山要建设高寒森林产业基地。提高农业发展保障能力，加强粮食仓储物流设施建设,构建农业绿色发展科创体系,培育绿色农牧业品牌,提高农业机械化水平。加强黑土地资源保护与科学利用,持续建设高标准粮田,划定粮食生产功能区和农产品主产区;探索实施黑土休耕制度,以大豆为中轴作物推广科学轮作。强化黑土地综合治理,优化各类参与主体的职责,构建黑土保护利用长效机制。

(9)在东北地区发展低迷的背景下,经济产业复兴成为东北全面振兴、全方位振兴的核心。东北地区需要优化调整传统优势产业,有效化解过剩产能,有序开发矿产资源,推进资源精深加工,做强农产品加工业,提档升级纺织服装业。做强做大装备制造业,重点发展航空航天、海洋工程、轨道交通、石化冶金设备、汽车、能源装备等制造业,打造中国工业"母机"。培育壮大战略性新兴产业,打造一批新的经济增长极。加快发展生产性服务业和生活性服务业,重点发展生态旅游、特色文化产业、现代物流、科技服务、养老健康服务业。

(10)人居环境是区域发展环境的重要部分和表征。东北地区要尊重自然、保护自然,全面加强生态文明建设,继续推动森林资源保护,全力推进草原保护和利用,加强湖泊湿地和海洋生态保护,实施退化土地治理,完善防灾减灾体系,打造为东北亚生态安全屏障。加强环境污染治理,深入实施大气、水、土壤、农村和青山污染防治行动。推进能源资源集约利用,加快发展循环经济,进一步节能降耗。根据资源环境承载力,加强城市化地区建设,提升辽中南、哈大齐、牡绥、长吉图等城镇密集区发展,推动城乡融合发展和乡村振兴,增强中小城市发展动力,建设美丽乡村。

(11)改善区域发展环境是东北地区振兴发展的重要基础与条件。继续完善东北地区的基础设施网络,加快建设现代化综合性交通网络,增强能源设施保障能力,完善重大对外交通、油气管道和电力输出通道建设,加强水资源开发利用、农田灌区与防洪减灾等重大水利设施建设。构建区域合作网络,加快融入京津冀协同发展,深化与沿海地区的对口交流。深入实施对外开放,完善各类开放平台,加强产业贸易合作,提高对外贸易发展层次和水平,推动国际多边合作与交流。统筹发展公共服务网络与民生事业,积极扩大就业,提升发展社会公共事业,完善社会保障体系,加大住房保障供应。

(12)体制机制一直是东北地区经济发展低迷的重要原因。东北地区要继续加强体制机制创新,壮大民营经济,突出发展中小微企业,推动产业技术创新,打造一批产业联盟,改善营商环境,降低企业成本,继续推进政府简政放权。加强财税支持,重视对财力困难城市的扶持,落实好国家和四省区政策性银行的优惠政策,扩大民生改善和社会事业支出,创新企业融资模式。加强要素保障,完善生态补偿制度,提高产业准入门槛。

目 录

东
北
地
区
高
质
量
发
展
的
战
略
路
径

第一章
东北地区的资源环境与地理基础

  自然环境与资源禀赋是区域发展的地理基础，对区域经济产业结构、城镇分布格局及社会文化系统具有很强的基础塑造作用。东北地区有着独特的自然环境与资源禀赋，必须全面深入地分析水、土、气等地理要素，考察对东北地区经济社会发展的长期影响机制。本章重点从地形、地貌、高程、气候、气温、降水、河流、湿地、湖泊等角度全面刻画东北地区的自然地理环境基础，剖析该地区的资源禀赋，包括自然资源、能源矿产、植被土壤和土地利用等，分析了该地区的地理区位、地缘优势和社会文化环境，考察了这些地理要素与东北地区经济产业结构、城镇体系、社会文化的关系。

  本章主要得出以下结论。

  （1）地理环境决定了区域生产生活生态，水、土、气等自然要素的长期综合作用，最终构成了东北地区经济产业、城镇体系、社会文化发展的自然本底。

  （2）东北地区纬度高，地形地貌多样，地势两边高、中间低，三面水绕山环，平原、山地丘陵和草原分布广阔，以温带季风气候为主，冬季严寒漫长，气候冷湿，多属于半湿润地区，降水相对丰富，水系众多，湿地湖泊面积大，封冻期长。这种自然地理环境适合发展现代化的综合性农业生产。

  （3）东北地区有着丰富的资源，这是推动农业现代化和新型工业化的自然基础。东北地区是中国重要的森林基地，草原资源广阔优质，土壤肥沃，耕地资源丰富，是世界著名的黑土分布区，有着丰富的石油、煤炭、天然气、风能和太阳能等能源资源，矿产资源种类齐全，部分矿种资源储量高，部分矿种具有战略性。

  （4）东北地区地处东北亚核心区，海陆兼备、国内国际兼备，有着显著的区位优势与地缘优势。该地区有着独特的人文环境，形成9类人文地理区，各人文地理区有着差异明显的自然地理环境、人口分布、经济产业、景观等。该地区有着独特的地域文化，形成了"关东文化"，少数民族较多，"大杂居，小群居"，这深刻影响了东北地区的生产方式与经济产业结构。

第一节　自然地理环境基础

  东北地区地处北纬38°43′~53°35′和东经115°32′~135°10′，形成了南北跨越约16个纬度、东西延伸约21个经度的地域。东北地区覆盖陆地面积约为146.86万平方公里，占全国陆地面积的15.3%。其中，辽宁省陆地面积达14.8万平方公里，吉林省陆地面积为 18.74 万平方公里,黑龙江省陆地面积为 47.3 万平方公里,蒙东地区①陆地面积为 66.02 万平方公里。

一、地形地貌

1. 地貌类型

东北地区的地形地貌多样,包括海洋、河流、平原、草原、高原、和山地丘陵,其中以平原、山地丘陵和草原为主,从东向西分布着山地丘陵、平原、山地丘陵和高原草原等地貌类型。东北地区形成了三面水绕山环、中部沃野千里、平原草原辽阔、南临黄渤海的地表结构。东北地区的东部和西部均为山地丘陵,中部为平原。

东北地区的主要山地有西北侧的大兴安岭、东侧的长白山、北部的小兴安岭及西南部的辽西北丘陵、东南部的辽东丘陵。大兴安岭从东北伸向西南,分布在大平原的西北面;伊勒呼里山和小兴安岭呈现西北—东南延伸,分布在东北面,总称为兴安山地。

(1) 大兴安岭:是兴安岭的西部部分,北起黑龙江上游,南至西辽河北源——西拉木伦河上游,大致呈现东北—西南走向,全长约为 1400 公里,平均宽为 200 公里,海拔介于 1100~1400 米,约覆盖 32.7 万平方公里。大兴安岭以洮儿河为界,分为南北两段,北段长约为 770 公里,地势由北向南逐渐升高;南段又称苏克斜鲁山,长约为 600 公里。大兴安岭是内蒙古高原和松辽平原的分水岭,是辽河水系、嫩江水系与西北侧黑龙江源头诸水及支流的分水岭。

(2) 小兴安岭:是西北—东南走向山脉,是松花江以北的山地总称,又称"东兴安岭",南北长约为 450 公里,东西宽为 210 公里,西北接大兴安岭支脉伊勒呼里山,东南到张广才岭北段,约覆盖 7.78 万平方公里,海拔介于 500~1000 米。小兴安岭是松花江水系和黑龙江水系的分水岭,北部多台地、宽谷,中部多低山丘陵、山势和缓,南部为低山、山势较陡。

(3) 长白山:是很多山脉的总称,包括张广才岭、完达山和长白山,呈东北—西南走向,北起完达山北麓,南至千山山脉老铁山,长约为 1300 公里,东西宽为 400 公里,是鸭绿江、松花江、图们江的发源地。

(4) 辽西北丘陵:是辽宁省西北部低山丘陵的总称,主要由努鲁儿虎山、松岭、医巫闾山等东北—西南走向的山脉山地组成,海拔多介于 300~1000 米,地表较为破碎。

(5) 辽东丘陵:是长白山脉的延续部分,大体呈现东北—西南走向,约覆盖 3.35 万平方公里。

平原有中部的松嫩平原、南部的辽河平原和东北部的三江平原。

(1) 松嫩平原:是东北平原的最大组成部分,位于大小兴安岭与长白山山脉及松辽分水岭之间,主要由西流松花江和嫩江冲积而成,大致形成菱形形态,土质肥沃,

---

① 蒙东地区指内蒙古自治区东部五盟市(呼伦贝尔市、兴安盟、通辽市、赤峰市和锡林郭勒盟。)

黑土、黑钙土占60%以上。

（2）辽河平原：位于辽东丘陵和辽西北丘陵之间，由辽河水系冲积而成，自北向南延伸至辽东湾，地势低平，海拔多在50米以下。

（3）三江平原：由黑龙江、乌苏里江、松花江冲积而成，又称三江低地，约覆盖10.89万平方公里，分布有大面积的黑土，还分布有白浆土、草甸土、沼泽土等，被称为"北大荒"。

草原均分布在西部，自南向北依次为锡林郭勒草原、科尔沁草原和呼伦贝尔草原。

（1）锡林郭勒草原：是中国四大草原之一，是草原类型复杂、保存较为完好、生物多样性丰富的草原，地势由东南向西北倾斜，东南部多为低山丘陵，西北部地形平坦，东北部为乌珠穆沁盆地，西南部为浑善达克沙地，面积约为17.96万平方公里，优良牧草占50%，是华北地区的重要生态屏障。草甸草原集中在锡林郭勒盟东北部和东部，典型草原主要分布在锡林郭勒盟中部；荒漠草原主要分布在锡林郭勒盟西部（张璐等，2020）。

（2）科尔沁草原：处于西拉木伦河西岸和老哈河之间的三角地带，西高东低，覆盖面积4.23万平方公里，海拔介于250~650米，年降水量为360毫米。草原坨甸并存，植被主要为隐子草、羊草、冰草、寸草苔、地榆等，分布有绰尔河、洮儿河、霍林河等240多条大小河流。

（3）呼伦贝尔草原：分布在大兴安岭以西，地势东高西低，海拔在650~700米，多条河流纵横交错，500多个湖泊星罗棋布，面积约为10万平方公里，天然草场占80%，是世界四大草原之一。分布有森林草原、草甸草原和干旱草原。

在东北地区，还存在高原与草原、沙漠等地貌类型重叠。高原主要为内蒙古高原，是蒙古高原的一部分，位居长城以北、大兴安岭以西、北至国界、西至东经106°附近，海拔介于1000~1200米。在东北地区，呼伦贝尔市西部、锡林郭勒盟大部分地区属于内蒙古高原。该高原的主体自然景观为高原温带草原。

东北地区的北部和东部为河流所环绕，主要有黑龙江、乌苏里江、鸭绿江、图们江。南部濒临渤海和黄海，以辽东半岛为界，西侧为渤海，东侧为黄海，近海水域面积为6.4万平方公里，陆地海岸线自鸭绿江口至绥中县老龙头约为2292.4公里，占中国海岸线总长的12%。有大小海洋岛屿266个，面积为191.5平方公里。

2. 海拔

东北地区有着显著的地势差异。总体上，地势两边高、中间低，平均海拔较高。如图1-1所示，海拔介于2~2589米，各地区的海拔差异较大。随着海拔的增加，覆盖土地面积持续减少，2~500米海拔覆盖了53.7%的土地，2~800米海拔覆盖的土地面积比例拓展至74.2%，2~1000米海拔覆盖的土地面积比例进一步拓展至85.3%，2~1200米海拔覆盖的土地面积比例达到94.4%。

不同海拔覆盖的土地面积与比例明显不同。2~100米海拔覆盖的土地面积比例为7.45%，比例较高。100~400米海拔覆盖的土地最多，比例合计达38.14%，主要分布在松嫩平原、三江平原和辽河中下游平原。海拔介于100~200米的土地面积比例达到16.38%，比例最高；200~300米海拔覆盖的土地面积比例达到11.46%，300~400米海拔覆盖的土地面积比例则为10.3%。从500米开始，随着海拔的增加，覆盖土地面积比例呈现持续下降,400~500米、500~600米和600~700米海拔的土地面积比例分别为8.07%、7.38%和7.10%;700~800米、800~900米、900~1000米和1000~1100米海拔覆盖的土地面积比例分别为6.08%、5.56%、5.49%和5.59%,主要分布在蒙东地区、大小兴安岭和长白山地区。1100米以上海拔所覆盖的土地较少,1100~1500米海拔覆盖的土地面积比例为8.64%,而1500~2600米海拔覆盖的土地面积仅占0.51%,比例极低,分布在大兴安岭地区和锡林郭勒盟。

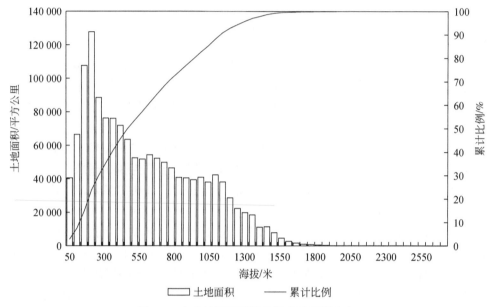

图 1-1　东北地区不同海拔的土地面积分布

二、气候降水

1. 气候

东北地区位于世界面积最大的大陆东部,气候大陆性极强。地理区位与高纬度分布决定了东北地区特殊的气候类型。东北地区地势西高东低,邻近北半球的"寒极"西伯利亚,冬季盛行北风,来自北冰洋的寒潮经常直接侵入东北地区导致其气温骤降;西面是蒙古高原,西伯利亚极地大陆气团直袭东北地区;东北面离"太平洋冰窖"——鄂霍次克海较近,春夏季节东北季风从此出发沿黑龙江下游谷地进入东北地区,导致夏季温度不高。东北地区自南向北,横跨中温带和亚寒带;自东南向西北,东北地区年降水量自1000毫米降至300毫米以下,从湿润区、半湿润区过渡到半干旱区。东北地区划属于温带季风气候带、温带大陆性气候带及暖温带,仅辽东半岛及辽河流域南部属于暖温带。东北地区四季分明,夏季受温带海洋气团或变性热带海洋气团控制,温热多雨且短暂,南北气温差别较大;冬季受温带大陆气团控制,寒冷干燥且漫长;冷湿是东北气候的重要特征。

2. 气温

东北地区年均气温处在-9~12℃，气温差异超过21℃。如图1-2所示，年气温在-2~8℃的地区最广，约占东北土地面积的87.34%。具体来看，年均气温介于-8~-4℃的土地面积比例极低，仅为1.01%；年均气温介于-4~-3℃和-3~-2℃的土地面积比例较低，分别为1.7%和2.53%；气温介于-2~-1℃和-1~0℃的土地面积比例较低，分别为4.02%和6.94%。上述气温覆盖的地区共计23.34万平方公里，比例为16.20%，是气候寒冷地区，主要分布在大小兴安岭地区，少量分布在三江平原。年均气温介于0~1℃的土地面积比例较高，达到8.26%；年均气温介于1~2℃、2~3℃、3~4℃、4~5℃、5~6℃的土地面积比例很高，分别为11.09%、10.86%、10.35%、13.04%和10.38%，合计占63.98%，主要分布在辽河流域、松嫩平原及长白山地区。部分地区的年均气温较高，介于6~7℃和7~8℃的土地面积比例较高，分别达6.25%和6.15%，介于8~9℃和9~10℃的土地面积比例较低，分别达4.1%和3.2%，而介于10~11℃的土地面积比例仅有0.13%，上述气温覆盖的地区合计占19.83%，主要分布在辽中南。

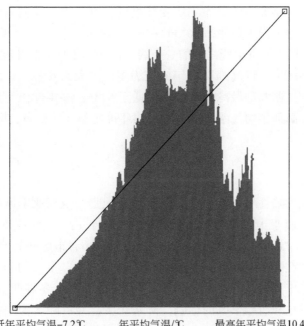

最低年平均气温-7.2℃　　　年平均气温/℃　　　最高年平均气温10.4℃

图1-2　2017年东北地区的年平均气温覆盖面积

东北地区冬季寒冷、干燥、漫长，较接近纬度其他地区或城市寒冷，如表1-1所示。例如，巴黎、柏林等城市有大西洋暖流可达到，温哥华有太平洋暖流可达到。沈阳最冷月的平均气温低于莫斯科和圣彼得堡，哈尔滨最冷月达到-19℃。

表 1-1　世界部分城市的 1 月平均气温　　　　　　　　（单位：℃）

城市	纬度	气温	城市	纬度	气温
西雅图	N47°62′	5.6	大连	N38°54′	-3.9
巴黎	N48°51′	5.0	布法罗	N42°52′	-3.9
上海	N30°40′	4.8	奥斯陆	N59°56′	-4.3
伦敦	N51°30′	4.5	芝加哥	N41°84′	-4.6
温哥华	N49°15′	4.1	莫斯科	N55°45′	-6.5
柏林	N52°30′	0.5	安克雷奇	N61°13′	-9.5
纽约	N40°39′	0.3	沈阳	N41°40′	-11.4
斯德哥尔摩	N59°19′	-2.8	长春	N43°48′	-14.6
北京	N39°54′	2.9	新西伯利亚	N55°02′	-16.5
札幌	N43°04′	-3.6	哈尔滨	N45°48′	-17.6
多伦多	N43°42′	-3.7	乌兰巴托	N47°55′	-21.6
赫尔辛基	N60°10′	-3.9			

　　冻土是指 0℃ 以下并含有冰的各种岩石和土壤。冻土具有流变性，工程建筑物面临冻胀和融沉风险。东北地区地势平坦，容易积水，蒸发较弱，冬季寒冷漫长，这导致冻土的产生。东北多年冻土的分布主要受纬度的控制，自西北向东南，冻土面积逐渐缩小，厚度变薄。地理南界在北纬 46°36′ ~ 49°24′ 之间变化，是以年均气温 0℃ 等值线为轴线摆动于 0℃ 和 ±1℃ 等值线之间的一条线。多年冻土分为高纬度多年冻土和高海拔多年冻土，东北地区冻土以高纬度多年冻土为主，但大兴安岭、长白山等地区也分布有高海拔多年冻土。西北部最冷，年均气温低于 -5℃，多年冻土呈连续分布，厚度可达 50 ~ 100 米；东南部年均气温增至 -3℃，多年冻土呈岛状分布，厚度减为 5 ~ 20 米。季节性冻土分布广泛。

3. 降水

　　东北地区地处大陆性气候与海洋季风的交错地带，受东亚季风影响，属温带季风气候，大部分地区属于半湿润地区，少部分地区如长白山、小兴安岭属于湿润地区，部分地区属于半干旱地区。总体上，降水相对丰富，但各地区间的差异较大。

　　全年降水集中在 7 ~ 8 月，其他月份的降水相对较少。夏秋两季，盛行来自太平洋的东南季风，带来丰沛的水汽，降水较多，并以雨水为主。冬春两季受来自蒙古高原、西伯利亚的东北季风和西北季风的影响，降水较少，并以降雪为主；但受日本海、黄海和渤海带来的少量水汽的影响，冬季不干旱。东北地区降水并不多，但依然是湿润地区，因为其纬度高、气温低、蒸发少，也多沼泽和河流，总体并不干旱。

　　从东北地区全境来看，年降水量分布不均，介于 100 ~ 1100 毫米，跨度较大。如图 1-3 所示，降水量在 400 ~ 650 毫米的土地较多，约占东北土地总面积的 69.12%。具体来看，100 ~ 200 毫米降水量覆盖的土地面积比例为 8.75%，200 ~ 400 毫米降水量覆盖的土地面积比例为 26.14%，上述合计比例为 34.89%，即超过三分之一的土地适合草原牧业生产。400 ~ 600 毫米降水量覆盖的土地面积比例为 51.84%，600 ~ 800 毫米降水量覆盖的土地面积比例为 13.27%，该降水量适合传统的农业生产，如小麦、玉米等农作物的种植和生产。

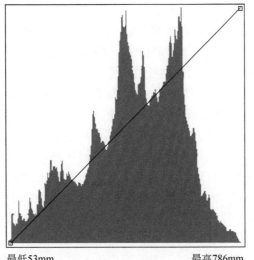

最低53mm   最高786mm

图 1-3　2017 年东北地区不同降水地区的面积分布

　　从空间上来看，东北地区的年降水量呈现明显的空间分异，年降水量从东南向西北逐步递减，自 1000 毫米降至 300 毫米以下，横贯 20 个经度，形成湿润区、半湿润区和半干旱区三种不同的干湿类型。东南部降水较多，为 1500 毫米左右；西部降水少，为 500 毫米左右。由东往西，东部为 750 毫米，中部为 600 毫米，西部大兴安岭东麓为 400 毫米。降水量最大值位于辽宁省宽甸满族自治县（简称宽甸县），以此为中心，降水量向北、西、南递减。呼伦贝尔草原、锡林郭勒草原北部、西辽河上游年降水量不足 400 毫米，其深入内陆、远离海洋，且有高山阻隔，为年降水量最少之地。

三、河流湖泊

1. 河流

　　东北地区河流数量众多，水系发达，河流流量变化大，汛期短，冰期长。地表径流总量约为 1500 亿立方米，东部多于西部，北部多于南部。

　　东北地区的河流分为松花江流域和辽河流域两个一级区，主要有黑龙江、乌苏里江、松花江、东辽河、西辽河、鸭绿江、图们江等河流。多数河流自西向东汇入太平洋，呼伦贝尔草原、锡林郭勒草原的部分河流为内陆水系。东北地区包括辽河水系、松花江水系、大凌河水系、黑龙江水系、图们江水系、鸭绿江水系和绥芬河水系等。其中，流域面积较大的是辽河水系、松花江水系和黑龙江水系。

　　河流流经湿润、半湿润区，水量比较丰富。多数河流存在两个汛期，但汛期较短。河流径流年际变化大，冬季径流量少，仅占全年径流的 5%；春季径流量占比为 20%；夏季径流量最丰，比例达到 65%；秋季径流量普遍减少，占 10% 左右。春季气温升高，季节性冰雪开始融化并补给河流，河流进入春汛期，但汛期较小。6～9 月，温带季风气候带来大气降水，形成夏汛，该部分降水带来的汛期占全年径流总量的 70%～80%。河流流经地区地势起伏小，水能蕴藏较小。

东北地区地处高纬度，河流在冬季有结冰期。结冰期约是11月至次年的3月，且越往高纬度地区，结冰期开始时间越早，解冻时间越晚，冰期越长。黑龙江是东北结冰期最长的河流，漠河河段是结冰期最长的一段。例如，嫩江封冻时间为11月10～15日，解冻时间为4月10～15日，冰期长达5个月，冰层厚度达1～1.2米。

凌汛是下段河道结冰或冰凌积成的冰坝阻塞河道，使河道不畅而引起河水上涨的现象。冬季的封河期和春季的开河期均有可能发生凌汛。受纬度变化与温度变化的影响，自南向北流的河段或河流有凌汛，松花江、乌苏里江、黑龙江容易发生凌汛。松花江流域处于北纬41°～52°，属于高纬度地区，每年解冻期，由于降雨、积雪融化及开河时河槽蓄量的急剧释放而形成凌洪。松花江干流沿长白山北坡自南向北流，依兰县以下河段多弯道、分汊，冰层较厚，开河晚于上游，开河时极易形成冰坝。1981年春，依兰县至富锦市365公里河段内出现16处冰坝，冰坝头部堆冰高6～13米，壅高水位3～5米，河水出槽，冰排上岸。

（1）黑龙江水系：有南北两源，南源为中俄界河的额尔古纳河，其上源为海拉尔河，发源于大兴安岭西坡；北源为石勒喀河，其上源为鄂嫩河，发源于蒙古国肯特山东麓。两河于漠河县的洛古河村汇合后东流，称黑龙江干流，至哈巴罗夫斯克（伯力）与乌苏里江汇合，在尼古拉耶夫斯克（庙街）附近注入鄂霍次克海。干流全长为2821公里，流域面积超过180万平方公里，主要支流包括大林河、古莲河、盘古河、呼玛河、塔河、石金河、逊河、嘉荫河、莲花河、鸭绿河、海拉尔河、克鲁伦河、根河、激流河、伊敏河等。

（2）松花江水系：干流位于黑龙江省中、东部，松花江有南北两源，北源嫩江发源于大兴安岭；南源源出长白山天池，两江口以下称二道江，与头道江汇合后称"西流松花江"，于三岔河口汇嫩江后，东流称"松花江干流"，于三江口注入黑龙江。松花江全长为1840公里，干流为939公里，主要支流有拉林河、呼兰河、甘河、雅鲁河、牡丹江、倭肯河、汤旺河、讷谟尔河、饮马河、乌裕尔河、诺敏河、绰尔河等。流域总面积达到54.6万平方公里。

（3）辽河水系：全长为1430公里，流域面积为22.94万平方公里，跨内蒙古、辽宁两省（自治区）。东、西辽河在昌图县汇合后称辽河。干流河谷开阔，河道迂回曲折。主要支流包括招苏台河、清河、秀水河、老哈河、西拉木伦河、新开河、教来河、乌力吉木仁河。

（4）乌苏里江水系：有东西两源，东源乌拉河发源于俄罗斯的锡霍特山，西源松阿察河发源于兴凯湖。河流长度为890公里，流域面积为18.7万平方公里。主要支流包括松阿察河、小穆棱河、穆棱河、亮子河、黄泥河、裴德河、七虎林河、独木河、挠力河、宝石河、大索伦河、七星河等。

（5）绥芬河水系：主要包括绥芬河、小绥芬河、老黑山河、瑚布图河、佛爷沟河、小乌蛇沟。

（6）图们江水系：主要支流为布尔哈通河、嘎呀河、海兰河和珲春河等。

（7）鸭绿江水系：主要支流为浑江、蒲石河等。

（8）滦河水系：在东北地区分布较少，主要是上都河，蒙东河段长为254公里，流域面积为0.69万平方公里。

（9）乌拉盖河水系：由乌拉盖河干流及色也勒吉河、宝日嘎斯太河、音扎干河、高日罕河、巴拉格尔河、伊和吉仁高勒河、锡林郭勒河等支流组成。干流发源于大兴安岭西侧的宝格达山，沿线形成大片湿地和众多的湖泊，最终注入乌珠穆沁盆地最低处——索里诺尔大洼地。流域面积约6.88万平方公里。

（10）查干淖尔水系：主要包括巴音河和恩格尔河，流域面积为0.51万平方公里。巴音河由高格斯台河、灰腾河汇合而成，发源于浑善达克西部沙地东缘，由东南向西北流入查干淖尔湖。恩格尔河发源于浑善达克沙地西部，向北注入查干淖尔湖。

2. 湿地湖泊

湿地是指地表过湿或经常积水，生长湿地生物的地区，是东北地区的重要自然资源。东北湿地类型多种多样，包括沼泽湿地、泥炭地、湖泊、河流、海滩、盐沼等自然湿地，以及水稻田、水库、池塘等人工湿地。东北地区分布有大量的湿地资源，有50多个湿地自然保护区，多为森林沼泽泥炭湿地和草原沼泽泥炭湿地。湿地分布呈现明显的空间差异性，总体呈现北多南少的格局，以三江平原和松嫩平原最集中。南部濒临渤海和黄海，是滨海湿地的分布区；中部湖泊与河流分布广泛，为水库坑塘与运河水渠人工湿地的主要分布区；北部山区广泛分布积雪、冻土，是沼泽湿地发育的重要基础。湿地以天然湿地为主，其中沼泽湿地分布最广，水库坑塘是人工湿地的主要组成部分。如表1-2所示，1990年和2013年东北地区湿地面积分别为11.75万和10.41万平方公里，天然湿地的占比分别为95.36%和92.20%，沼泽湿地占天然湿地面积的比例分别为83.37%和81.14%（毛德华等，2016）。

表1-2　东北地区天然湿地和人工湿地面积统计　（单位：平方公里）

湿地类型		1990 年	2000 年	2013 年
天然湿地	沼泽湿地	93 997.4	82 287.1	77 906
	湖泊	82 79.5	82 42.4	6 944
	河流	9 802.3	9 508.5	11 160.8
人工湿地	水库坑塘	5 180.8	5 307	7 665.3
	运河水库	271.3	351.1	452.7

资料来源：毛德华等（2016）

专栏1-1　东北地区的国家湿地公园与自然保护区

国家湿地公园是指以水为主体的公园，以湿地良好生态环境和多样化湿地景观资源为基础，以湿地的科普宣教、湿地功能利用、弘扬湿地文化等为主题，并建有一定规模的旅游休闲设施，可供人们旅游观光、休闲娱乐的生态型主题公园（王付红，2020）。截至2017年底，全国共建立湿地公园1699处，其中国家湿地公园898处。东北地区的国家湿地公园主要有：内蒙古白狼洮儿河国家湿地公园（试点）、辽宁莲花湖国家湿地公园（试点）、双鸭山安邦河国家湿地公园、七台河桃山湖国家湿地公园（试点）、磨盘湖国家湿地公园、哈尔滨太阳岛国家湿地公园、哈尔滨白渔泡国家湿地公园、新青国家湿地公园。

中国已列入《湿地公约》国际重要湿地名录的湿地共44处。东北地区以湿地为主题的自然保护区主要有：黑龙江扎龙自然保护区、吉林向海国家级自然保护区、黑龙江洪河自然保护区、黑龙江兴凯湖国家级自然保护区、黑龙江三江国家级自然保护区、内蒙古达赉湖国家级自然保护区、大连国家级斑海豹自然保护区、辽宁双台河口湿地、黑龙江七星河国家级自然保护区、黑龙江珍宝岛湿地国家级自然保护区、黑龙江南瓮河国家级自然保护区、大庆龙凤国家湿地公园。

  湿地的重要类型是湖泊，东北地区有大量的湖泊。如表1-3所示，2000年和2010年湖泊面积分别为10 217.44平方公里和9682.67平方公里，2000~2010年湖泊面积减少了534.77平方公里，萎缩比例达到7.57%。2000年和2010年湖泊数量分别为1043个和882个，10年间减少了161个，其中面积大于1平方公里的湖泊分别为931个和769个，10年间减少了162个。2010年，多数湖泊的面积介于1~10平方公里，所占比例为87.2%；10~50平方公里的湖泊有90个，占比为10.2%；50~100平方公里和>100平方公里的湖泊分别有11个和12个，占比分别为1.2%和1.4%。

表1-3 东北地区不同面积等级湖泊动态变化

面积分级	湖泊面积/平方公里			湖泊数量/个		
	2000 年	2005 年	2010 年	2000 年	2005 年	2010 年
1~10 平方公里	2 374.11	2 178.01	2 041.40	931	838	769
10~50 平方公里	1 740.87	1 800.48	1 739.87	88	89	90
50~100 平方公里	823.60	680.21	757.85	12	10	11
>100 平方公里	5 278.86	5 423.65	5 143.55	12	13	12
总计	10 217.44	10 082.35	9 682.67	1 043	950	882

资料来源：李闯等（2018）。

注：本表格不包含面积<1平方公里的湖泊

第二节 资源禀赋与土地利用

一、资源禀赋

1. 自然资源

  东北地区拥有丰富的森林资源，是中国重要的森林基地。大兴安岭、小兴安岭和长白山是中国最大的森林区，一般称为东北林区。耐寒的针叶树种较多，是中国唯一的大面积落叶松林地区，主要的树种有红松、兴安落叶松、黄花松等，也有属于阔叶树的白桦、水曲柳等。东北林区共有森林面积6.8亿亩，占全国森林面积总量的37%，木材蓄积量达32亿立方米，占全国木材总蓄积量的1/3。其中，黑龙江省木材蓄积量达 24 亿立方米, 吉林省木材蓄积量为 7 亿立方米, 辽宁省木材蓄积量为 1 亿立方米 (王斌, 2015)。由于地理位置不同, 东北林区大体分为三块。

(1) 大兴安岭林区: 是以落叶松为主的林区, 木材蓄积量占全国木材总蓄积量的 1/6, 主要树种有兴安落叶松、樟子松、红松、白桦、椴树、胡桃楸、水曲柳、柞树 等。其中, 兴安落叶松占林区面积的 86.1%, 每公顷平均木材蓄积量为 120 余立方米, 故称 "兴安落叶松" 的故乡 (孙飞, 2012)。

(2) 小兴安岭林区: 林区面积为 1206 万公顷, 森林面积约 500 万公顷, 树种与大 兴安岭林区相同, 但红松占比增大, 又称 "红松的故乡" (王斌, 2015)。木材蓄积量 约为 4.5 亿立方米, 其中红松蓄积量为 4300 多万立方米, 占全国总量的 50% 以上。小 兴安岭还生长着落叶松、樟子松和 "三大硬阔" (胡桃楸、水曲柳、黄檗)。

(3) 长白山林区: 国有林区面积约 365.8 万公顷, 森林面积约 301.8 万公顷, 森 林蓄积量达 4.1 亿立方米, 是世界上原始生态保存最完整的地区, 有高等植物 1500 余 种, 经济价值较大的植物有 800 多种, 主要植被为温带针阔叶混交林, 著名的地带性 树种有红松、落叶松、云杉、冷杉、赤松等 (王斌, 2015)。此外, 长白山林区还有古 近纪、新近纪残留下来的稀有树种。

草原资源广阔优质。天然草场主要分布在西部的松嫩草原、呼伦贝尔草原、科尔 沁草原、东部丘陵山区和中部平原的低洼盐碱地、河阶地和沼泽地。其中, 东北地区 草原面积占全国总量的 2% 左右, 植物种类多, 野生牧草 400 余种, 优良牧草近百种。 草质优良, 适口性好, 产草量高, 营养丰富, 主要有羊草、无芒雀麦、披碱草、鹅观 草、冰草、花苜蓿、山野豌豆、山蚂蚱豆、胡枝子等, 亩产鲜草 300 ~ 400 公斤①。其中, 呼伦贝尔草原是中国保存完好的草原, 有 "牧草王国" 之称, 是世界四大草原之一, 面积约 10 万平方公里, 天然草场占 80%, 水草丰美, 有碱草、针茅、苜蓿、冰草等 120 多种营养丰富的牧草 (信雪晖, 2013)。科尔沁草原面积 4.23 万平方公里, 主要 植被有隐子草、芦苇、小黄柳、榆树、羊草、冰草、寸草苔、地榆等。锡林郭勒草原 面积约 17.96 万平方公里, 优良牧草占 50%, 覆盖了草甸草原、典型草原、荒漠草原、 沙地植被和其他草场类。

2. 能源资源

东北地区有丰富的能源资源, 包括石油、煤炭、天然气、风能、太阳能等各类能 源资源。这是构建工业体系的重要基础。

(1) 油气资源。东北地区分布有大庆油田、辽河油田、松原油田、松辽盆地等油 田, 是中国重要的石油生产基地, 还有海拉尔盆地、二连盆地、伊通盆地等油气资源 富集地区。辽宁省的石油探明地质储量累计为 23.7 亿吨, 剩余技术可采储量为 1.9 亿 吨, 主要分布在盘锦地区, 沈阳西南部和辽阳西部也有少量分布; 天然气探明地质储 量累计为 2126 亿立方米, 剩余技术可采储量为 209.4 亿立方米, 主要分布在盘锦地区 (曹秋辰, 2014)。吉林省的石油探明地质储量累计达 16.38 亿吨, 剩余技术可采储量 为 1.83 亿吨, 主要分布在西部平原, 除扶余油田储量较大外, 其余均较小; 天然气探

① 1 公斤 = 1 千克。

明地质储量累计达 4910 亿立方米，剩余技术可采储量为 726.6 亿立方米，主要分布在松原、四平、长春及白城；油页岩探明地质储量累计达 1086 亿吨，占全国总量的 80%以上，平均含油率达 5.53%（王菊等，2018）。黑龙江省的石油探明地质储量累计达 62 亿吨，剩余技术可采储量约为 4.4 亿吨，主要分布在松辽盆地北部；天然气探明地质储量累计达 5135 亿立方米，剩余技术可采储量为 1317 亿立方米，主要分布在松辽盆地北部；油页岩、页岩气资源较为丰富，主要分布在松辽盆地（曹秋辰，2014）。内蒙古的石油探明地质储量约 7 亿吨，远景储量为 40 亿吨以上。

（2）煤炭资源。东北地区煤炭保有储量约为 723 亿吨，煤种齐全。煤炭资源分布不均衡，60% 分布在蒙东地区，27% 在黑龙江。辽宁省煤炭保有储量约 79.3 亿吨，主要分布在沈阳、铁岭、阜新、抚顺及辽阳；煤层气多分布在各煤田的上部与煤层中，主要分布在阜新和铁岭调兵山地区，地质储量约为 177.3 亿立方米（曹秋辰，2014）。黑龙江省煤炭保有储量约为 203 亿吨，主要分布在双鸭山、鸡西和鹤岗及七台河，约占 90%；探明 2000 米以内浅煤层气资源量为 1870 亿立方米，主要分布在鸡西、鹤岗、双鸭山、七台河。吉林省煤炭保有储量约为 29.69 亿吨，主要分布在延边朝鲜族自治州（延边州）、长春、吉林市、通化、白山。蒙东地区分布有霍林河、陈巴尔虎旗两个储量超过百亿吨的大煤田，10 亿~100 亿吨的煤田有 6 个，全国五大露天矿中的伊敏、霍林河和元宝山均分布在该地区，仅呼伦贝尔的煤炭探明地质储量就是东北三省总和的 1.8 倍（于国锋，2012）。

（3）风能资源。东北地区多属于温带大陆性季风气候，主要受西风带控制，有着丰富的风能资源且品质较高，尤其是部分地区风切变大、风速稳定、极端最大风速小、空气密度大、可开发面积大。辽宁省风能资源储量约为 5400 万千瓦，可利用风能资源储量为 4860 万千瓦。吉林省潜在开发量约为 2 亿千瓦，可装机容量约为 5400 万千瓦，集中在西部，开发量可达 1.25 亿千瓦（田玉国，2013）。黑龙江 50 米高风能资源潜力约为 10.2 亿千瓦，技术可开发量约为 2.3 亿千瓦，集中在东部山地和西部平原（邹国平和王广益，2013）。蒙东地区风能资源储量约为 2.87 亿千瓦，技术可开发量约为 4300 万千瓦；翁牛特旗、克什克腾旗和松山区的交界地带，离地 70 米高度平均风速达 8~9.3 米/秒，功率密度达到 700~1200 瓦/平方米。

（4）太阳能资源。吉林省、辽宁省为太阳能三类地区，全年日照时数达到 2200~3000 小时。太阳能资源富集地区主要为蒙东草原和黑龙江中西部盐碱地，包括锡林郭勒、通辽、赤峰、白城、松原、齐齐哈尔、大庆、绥化等地区。黑龙江省年日照时数介于 2242~2842 小时，平均太阳辐射量为 1316 千瓦时/平方米，太阳能资源储量相当于 750 亿吨标准煤（付庆武等，2020）。辽宁省年均日照时数为 2000~3000 小时，平均太阳辐射量为 1395~1686 千瓦时/平方米。吉林省年均日照时数为 2200~3000 小时，年太阳辐射量为 5051 兆焦耳/平方米，可装机容量约为 3100 万千瓦，尤其是西部最为丰富（程腊梅，2012）。

（5）水电资源。吉林省水电资源较为丰富，90% 分布在白山、通化、延边州和吉林市等地区，西部等地区较少，可开发水电装机容量为 574.4 万千瓦，其中可开发的大型水电站装机容量为 332.9 万千瓦。

（6）地热能资源。辽宁地热资源分布广泛，已发现地热田 79 处，开发利用 40 多处，水温介于 20~40℃ 的地热田有 42 处，介于 40~60℃ 的地热田有 23 处，介于 60~

90℃的有 11 处，大于 90℃的有 3 处，初步探明的地热资源量居全国第八位，主要分布在辽东和辽西丘陵地区。吉林省地热资源主要分布在长白山天池温泉群、抚松县、临江县、长春双阳、四平伊通、长岭。黑龙江省地热资源以中低温地热为主，初步探明静态储量 1800 多亿立方米，主要分布在松辽盆地北部。

3. 矿产资源

东北地区矿产资源丰富，矿种比较齐全，主要金属矿产有铁、锰、铜、钼、铅、锌、金及稀有元素，非金属矿产有煤、石油、油页岩、石墨、菱镁矿、白云石、滑石、石棉等（李靖宇和孙蕾，2011）。部分矿产资源有很高的资源储量，部分矿种在全国具有战略性地位。这些矿产资源为东北地区发展工业和建立能源原材料基地提供了保障。

（1）黑龙江省。已发现的各类矿产 134 种，已查明储量的矿产有 87 种，主要以黄金及部分非金属建材矿产为开发重点，其他矿产资源分布广泛但相对集中。有色金属、黑色金属主要分布于嫩江、伊春和哈尔滨一带，金矿集中于大、小兴安岭及伊春、佳木斯、牡丹江等地区，非金属矿产主要分布在东部和中部。石墨是最重要的非金属矿产资源，黑龙江省石墨储量居全国第一位，主要分布在鸡西、勃利、双鸭山及萝北县。

（2）吉林省。矿产资源品种较多，有色金属和非金属矿蕴藏量大，许多矿产储量居全国前列，黑色金属和化工原料矿产也有一定储量。铁矿储量集中，主要分布于东部山区，有桦甸市、白山市浑江区、敦化市 3 处的大型矿床和通化市、和龙市、通化市、白山市浑江区等 6 处的中型矿床。钒矿产地为敦化市，保有储量 31.97 万吨，居全国第八位。铜矿产地有 31 处，保有储量 84.4 万吨。钼矿产地有 6 处，保有储量 109.8 万吨，占全国储量的 20%。吉林省非金属矿产资源丰富，已探明储量的有 40 多种，可供开发利用的矿地 700 余处，其中硅灰石、硅藻土和膨润土具有优势。硅灰石占全国储量 97%；硅藻土预测储量 3 亿吨，居全国第一位；膨润土已探明储量 4041.9 万吨，居全国第一位。沸石矿、石墨矿、滑石矿、大理岩矿、石灰岩矿、硼矿等非金属矿产储量居全国前列。

（3）辽宁省。辽宁省矿产资源丰富，平均每万平方公里有大中型矿产地 36 处，是全国平均密度的两倍多。矿产地集中，铁矿 95% 分布在鞍山、本溪和辽阳，保有储量为 183.3 亿吨；菱镁矿保有储量为 32.5 亿吨，主要分布在鞍山和营口。有色金属矿产、镁铁矿和磷铁矿等多为共伴生矿产，伴有多种有益元素，尤其是伴有稀散元素矿产。已发现的 110 多种矿产中，储量居全国首位的有菱镁、硼、铁、金刚石等 7 种。其中，菱镁矿占全国和世界的 85.6% 和 25% 左右。硼矿共伴生矿物多，占全国的 56.4%。铁矿以贫矿为主，多可露天开采，占全国的 24%。金刚石占全国的 51.4%；滑石占全国的 20.1%，居全国第二位。具有比较优势的矿产主要有锰、钼、金、银、熔剂灰岩、冶金用白云岩、冶金用石英岩、硅灰石、玻璃用石英岩、珍珠岩、耐火黏土、水泥用灰岩、沸石等 16 种。钼矿和铜矿储量分别约为 30.8 万吨和 29.1 万吨，铅矿和锌矿分别为 38.8 万吨和 94.1 万吨，金矿保有储量为 126.5 吨。

（4）蒙东地区。矿产资源优势明显，通辽市天然硅砂储量约为 550 亿吨，是中国最大的铸造砂和玻璃生产用砂基地。赤峰市是主要黄金产地，累计探明储量占内蒙古原生金矿储量的 80% 以上。蒙东地区还有银、铂等贵重金属矿产和铁、铬、锰、铜、铅、锌等金属矿及萤石、水晶石、大理石、珍珠岩等非金属矿（于国锋，2012）。

二、植被土壤

1. 植被

东北地区地处温带季风气候区。南北跨越约 16 个纬度，自北向南依次分布着寒温带、中温带和暖温带，其中，中温带分布面积最广，约占东北地区总面积的 89%。受气候直接影响，区域内植被以针叶林和温带落叶阔叶林为主，形成 6 大植被分布带：寒温带针叶林、温带针阔叶混交林、温带森林草原、温带干草原、暖温带落叶阔叶林、暖温带森林草原。

落叶阔叶混交林分布区四季分明，夏季炎热多雨，冬季寒冷，植物主要有桦树、杨树、水曲柳、黄檗、胡桃楸、椴树、榆树、槭树、柞树等。针叶林分布区夏季温凉，冬季严寒，植物主要有落叶松、长白落叶松、红松、樟子松、沙松、云杉、冷杉，主要分布在大兴安岭。

2. 土壤

东北地区有得天独厚的土壤资源。土壤肥沃，以黑土和黑钙土为主。东北地区属于温带湿润、半湿润气候，自然植被为草甸或草甸草原，气候湿润但寒冷，土壤积累了大量的腐殖质而形成黑土和黑钙土。黑龙江处于黑土带的核心区域，土层深厚，有机质含量高，面积广阔。

（1）棕壤：主要分布在辽东半岛，土壤中的黏化作用强烈，土层较厚，质地比较黏重，表层有机质含量较高，呈微酸性反应。

（2）暗棕壤：主要分布在大兴安岭东坡、小兴安岭、张广才岭和长白山等地区，是温带针阔叶混交林区形成的土壤，呈酸性反应，表层有较丰富的有机质，腐殖质积累量多，是比较肥沃的森林土壤。

（3）寒棕壤：主要分布在大兴安岭北段山地上部，土壤经漂灰作用，酸性大，土层薄，有机质分解慢，有效养分少。

（4）褐土：主要分布在辽西北地区，土壤呈中性、微碱性反应，矿物质、有机质积累较多，腐殖质层较厚，肥力较高。

（5）黑钙土：主要分布在大兴安岭中南段山地的东西两侧、松嫩平原的中部、松花江与辽河的分水岭地区。土壤腐殖质含量丰富，腐殖质层厚度大，土壤颜色以黑色为主，呈中性至微碱性反应，钙、镁、钾、钠等无机养分较多，肥力高。

（6）栗钙土：主要分布在蒙东地区，是钙层土中分布最广、面积最大的土类。腐殖质积累程度较黑钙土偏弱，但也相当丰富，厚度也较大，土壤颜色为栗色。土壤呈弱碱性反应，局部地区有碱化现象。土壤质地以细沙和粉沙为主。

三、土地利用

1. 农用地资源

耕地、林地、草地是东北地区三大土地利用类型。如图 1-4 所示，东北地区林地资源的比例最高，达到 40.70%，比 2003 年增长了 1.6 个百分点；耕地比例达到 31.64%，比 2003 年增长了 2.44 个百分点；草地比例为 27.66%，比 2003 年减少了 4.04 个百分点。各省农用地结构差异较大。辽宁省林地和耕地比例相当，分别达 49.21% 和 47.11%，而草地仅为 3.68%，但较 2003 年相比，耕地比例减少了 2.49 个百分点，林地增长 6 个百分点，草地却减少 3.44 个百分点。吉林省林地比例最高，达到 50.17%，耕地达到 45.72%，但草地仅为 4.11%，2003~2017 年各类用地比例相对稳定。黑龙江省林地比例最高，达到 49.38%，耕地为 44.95%，草地仅为 5.67%，其中林地减少了 2.52 个百分点，耕地增加了 4.8 个百分点。蒙东地区草地比例最高，达到 55.59%，林地和耕地分别为 29.83% 和 14.58%，其中草地较 2003 年减少 5.41 个百分点。

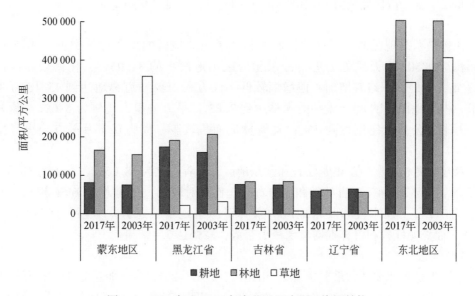

图 1-4　2003 年和 2017 年东北地区农用地资源结构

1）耕地

耕地资源丰富是东北地区的重要优势，尤其黑土耕地资源。东北地区的耕地总量呈现增长的趋势，2003 年达到 37.56 万平方公里，占土地面积的比例为 26.04%；2017 年，耕地面积增长到 39.22 万平方公里，占比增长到 27.18%（表 1-4）。耕地面积的增长主要源于水田的增长，2003~2017 年水田从 4.5 万平方公里增长到 6.5 万平方公里，而旱作耕地从 33.06 万平方公里减少至 32.72 万平方公里。

表 1-4 　2017 年东北地区耕地、林地和草地资源结构（单位：平方公里）

类型		辽宁省	吉林省	黑龙江省	蒙东地区	东北地区
耕地	水田	8 487	11 075	43 459	1 752	64 773
	旱作耕地	51 196	65 607	131 107	79 292	327 202
	总量	59 683	76 682	174 566	81 044	391 975
林地	有林地	52 167	80 010	182 030	137 575	45 1782
	灌木林	4 504	2 187	6 496	15 129	28 316
	疏林地	4 419	1 158	2 717	11 701	19 995
	其他林地	1 241	796	539	1 410	3 986
草地	高覆盖度草地	1 099	3 466	15 923	144 399	164 887
	中覆盖度草地	3 258	2 982	5 843	128 868	14 0951
	低覆盖度草地	305	450	276	35 745	36 776
	草地小计	4 662	6 898	22 042	309 012	342 614

旱作耕地集中在黑龙江省，比例达到 40.07%；其次是蒙东地区和吉林省，占比分别为 24.23% 和 20.05%。水田则相对集中在黑龙江省，占比达到 67.09%；其次是吉林省和辽宁省，占比分别为 17.10% 和 13.10%，蒙东地区仅占 2.71%。

2）林地

森林是东北地区的重要自然资源，林地是东北地区的重要用地类型。2017 年林地面积达到 50.41 万平方公里，占东北地区土地面积的 34.95%，比例较高；相比 2003 年，林地面积略有增加，但增幅较低，仅为 0.25%。有林地达到 45.18 万平方公里，占林地面积的 89.6%，灌木林达到 2.83 万平方公里，比例为 5.6%；疏林地为 2 万平方公里，比例达到 4%；其他林地面积较少，仅为 0.4 万平方公里，比例为 0.8%。

森林资源相对集中于黑龙江省和蒙东地区，前者占比为 38.05%，后者为 32.89%，两者合计达到 70.94%，吉林省和辽宁省的比例相对较低，分别为 16.69% 和 12.37%。2003~2017 年，辽宁省和蒙东地区的森林资源呈现增长态势，增幅分别为 9.8% 和 7.5%；而黑龙江省和吉林省均呈现减少态势，减幅达 7.4% 和 0.5%。

3）草地

草地也是东北地区的重要资源。如图 1-5 所示，2017 年草地达到 34.26 万平方公里，占东北土地总面积的 23.76%，比例较高；相比 2003 年，草地呈现减少的态势，减少了 6.5 万平方公里，减幅达 15.95%。草地资源具有较高的集中性，主要分布在蒙东地区，2017 年占比达到 90.19%，辽宁省、吉林省和黑龙江省的面积较少。在各省区，草地占比的差异也较大，蒙东地区比例最高，达到 47.44%，东北三省的比例均较低，均不超过 5%。2003~2017 年，四省区的草地资源均呈现减少的态势，蒙东地区减少了 5 万平方公里，减幅达 13.8%；黑龙江减少了 0.97 万平方公里，减幅达 30.65%；辽宁减少了 0.47 万平方公里，减幅达 50.06%；吉林减少了 0.1 万平方公里，减幅达到 12.2%。

不同覆盖程度的草地之间存在转化，但总体趋势是高覆盖度草地向中低覆盖度草地转化。

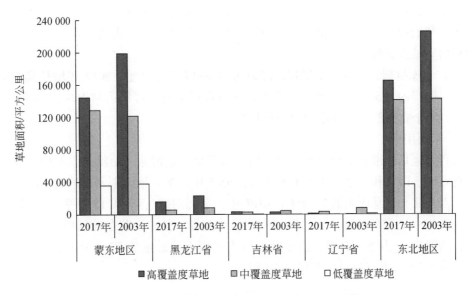

图 1-5　2003 年和 2017 年东北地区草地类型结构

（1）高覆盖度草地：主要是草地资源覆盖度很高的草地类型，主要分布在蒙东地区。2003 年高覆盖度草地达 22.55 万平方公里，占草地面积的 55.3%；2017 年，该类草地减少至 16.49 万平方公里，占比降至 48.13%，减少了 7.17 个百分点，说明草原退化仍然存在。

（2）中覆盖度草地：主要是指草地资源覆盖密度较高的土地。2003 年，该类草地达到 14.26 万平方公里，占草地总面积的 35.0%；2017 年，该类草地减少至 14.1 万平方公里，比例增长至 41.14%。

（3）低覆盖度草地：主要是指草地资源覆盖密度较低的草地类型。2003 年，低覆盖度草地面积达 3.96 万平方公里，比例达 9.7%；2017 年该类草地减少至 3.7 万平方公里，比例为 10.73%。

2. 水域与未利用地资源

1）水域

水域是指江河、湖泊、运河、渠道、水库、水塘。东北地区的水域面积呈现增长趋势，2003 年为 2.02 万平方公里，2017 年达到 2.24 万平方公里，占东北土地面积的比例从 1.4% 增长 1.55%。其中，水域主要分布在黑龙江省，达到 8055 平方公里，占比达到 35.9%；其次是蒙东地区，水域面积达到 6511 平方公里，占比为 29.1%；辽宁省和吉林省比较低，分别为 4113 平方公里和 3729 平方公里，占比分别为 18.4% 和 16.6%。2003~2017 年，黑龙江省、吉林省和辽宁省的水域均呈现增长态势，而蒙东地区呈现减少趋势。

（1）河渠：东北地区河渠面积呈现增长趋势，从 2003 年 5495 平方公里增长到 7053 平方公里，增幅达到 28.4%。河渠用地主要分布在黑龙江省，占比达到 41.7%，蒙东地区也达到 25.4%。四个省区的河渠均呈增长态势。

（2）湖泊：湖泊是重要的水域类型，其面积呈现减少态势。2003 年，湖泊面积为

10 902 平方公里，2017 年减少至 9314 平方公里，减幅达到 14.6%。从各省区来看，蒙东地区的湖泊用地最大，占比为 44.52%，其次是黑龙江省，为 35.88%。各省区的湖泊面积均呈减少态势。

（3）水库坑塘：面积大幅增加，2003 年为 3817 平方公里，2017 年增长到 6041 平方公里，增幅约为 58.3%。水库坑塘主要分布在辽宁省，占比达到 46%，黑龙江约占 29.3%。四个省区的水库坑塘均呈增长趋势。

2）未利用地

未利用地是指未开发利用的土地，包括荒草地、盐碱地、沼泽地、沙地、裸土地、裸岩石砾地、田坎和其他。如表 1-5 所示，2003 年，东北地区未利用地为 10.4 万平方公里，占东北土地总面积的 7.21%；2017 年，未利用地达到 14.18 万平方公里，占比提高到 9.83%。在各省区，未利用地有明显的差异。其中，蒙东地区的未利用地面积最广，达到 8.13 万平方公里，占东北地区未利用土地总量的 57.30%；黑龙江省相对较高，达 4.53 万平方公里，占比为 31.95%。

表 1-5　2003 年和 2017 年东北地区未利用地结构　（单位：平方公里）

年份	类型	辽宁省	吉林省	黑龙江省	蒙东地区	东北地区
2003 年	滩涂	303	0	0	0	303
	滩地	1 794	1 573	7 273	1 491	12 131
	沙地	12	239	8	18 488	18 747
	盐碱地	30	8 089	3 744	10 209	22 072
	沼泽地	1 325	3 062	25 063	18 501	47 951
	裸土地	8	7	195	138	348
	裸岩石质地	9	119	28	2 340	2 496
	未利用地	3 481	13 089	36 311	51 167	104 048
2017 年	滩涂	192	0	0	0	192
	滩地	1 579	885	2 263	2 053	6 780
	沙地	55	227	2	20 898	21 182
	盐碱地	56	7 513	3 664	10 329	21 562
	沼泽地	1 593	3 018	39 141	46 132	89 884
	裸土地	14	13	47	100	174
	裸岩石质地	47	47	192	1 743	2 029
	未利用地	3 536	11 703	45 309	81 255	141 803

（1）滩涂滩地：主要包括滩涂和滩地，以滩地为主。2003 年，东北地区的滩涂滩地有 1.24 万平方公里，占未利用地的 11.95%，但 2017 年减少至 0.7 万平方公里，比例降至 4.92%。2007 年，滩涂滩地主要分布在黑龙江和蒙东地区，占比分别为 32.7% 和 29.6%。

（2）退化土地：主要包括沙地和盐碱地。2003 年，退化土地达到 4.08 万平方公

东北地区高质量发展的战略路径

里，占未利用土地的 39.23%；2017 年，退化土地扩大至 4.27 万平方公里，增幅达到 4.7%，比例却降低至 30.14%。其中，沙地面积从 1.87 万平方公里增长至 2.12 万平方公里，集中在蒙东地区，占比达到 98.7%。盐碱地从 2.21 万平方公里减少至 2.16 万平方公里，减幅达 2.3%，其中盐碱地主要分布在蒙东地区，占比达到 47.9%，其次是吉林省和黑龙江省，占比分别为 34.8% 和 17%。

（3）沼泽地：东北地区有较多的水系，沼泽地曾是重要的土地资源。2003 年，沼泽地达到 4.8 万平方公里，占未利用土地的 46.09%；2017 年，沼泽地面积增长至 9 万平方公里，占比增长至 63.4%。其中，沼泽地主要分布在蒙东地区和黑龙江省，前者占比达到 51.3%，后者占比为 43.5%，合计占 94.8%。

（4）裸露地：包括裸土地和裸岩石质地。2003 年，裸露地面积达到 2844 平方公里，占未利用地的 2.73%；2017 年裸露地面积减少至 2203 平方公里，占比降至 1.55%。从各省区来看，裸露地主要分布在蒙东地区，占比达到 83.66%。

第三节　地理区位与社会文化

一、地理空间区位

东北地区的各类属性与自然地理环境密切相关，也与其区位属性息息相关。

1. 地理区位

东北地区海陆兼备、国际国内兼备，区位优势明显。

东北地区处于东北亚核心区。东北亚的范围大致包括中国东部地区、朝鲜半岛、日本列岛、俄罗斯远东地区。从地理区位来看，东北地区处于远东北部的核心地带，处于东北亚的几何中心，地理位置优越。东南隔渤海、黄海、日本海，分别与韩国、日本相望；北沿黑龙江、乌苏里江，与俄罗斯相邻。其中，大连至首尔的直线距离为 500 公里，丹东至平壤的直线距离为 175 公里，沈阳、长春到东京的直线距离均为 1500 公里，哈尔滨到东京的直线距离为 1550 公里，长春、哈尔滨到符拉迪沃斯托克（海参崴）直线距离均为 550 公里。由此可见，东北地区的核心城市与东北亚的主要城市的空间距离较近。突出的地缘地位，加上东北亚各国发展层次和资源禀赋不同，促使各国生产要素具有很强的互补性，市场需求具有广泛的兼容性，可以辐射蒙古地区、西伯利亚，朝韩和日本，以及北太平洋地区（袁艺，2017）。

环渤海经济圈的重要组成部分。环渤海地区指环绕着渤海全部及黄海部分的沿岸地区所组成的经济区域，包括北京市、天津市、河北省、辽宁省、山东省等地区。该地区沟通着韩国和日本，具有独特的地缘优势，为发展环渤海区域、开展国内外多领域的合作提供了有利条件。京津冀城市群、辽中南城市群、山东半岛城市群共同构成了环渤海城市群，形成了环渤海经济圈。东北地区可以利用良好的区位优势，更好地接受京津冀地区的产业转移。山东半岛与辽东半岛隔渤海相望，直线距离为 90 公里。

环日本海经济圈的重要组成部分。环日本海经济圈是指日本海沿岸各国和地区通过多边经济交流与合作而形成的经济圈（朱心坤，1991）。该经济圈是一个国际合作的区域，有着较大的发展空间和潜力，具体范围大致覆盖俄罗斯的西伯利亚和远东地区、中国东北地区、朝鲜、韩国和日本。

具备海陆多向开放的地缘优势。东北地区的海岸线分布在辽宁省南部，长约2017公里，濒临渤海、黄海，交通区位优势显著。营口港、大连港、丹东港成为东北地区的出海门户，与东北亚日韩、东南亚以及欧美发达国家市场间形成密切的航运联系。东北东部为沿边地区，东接鸭绿江、图们江，与朝鲜半岛接壤，与俄罗斯远东地区的不冻港相邻，为东北中部与北部地区的跨境出海创造了条件。东北西部有战略性区位，位居华北平原、东北平原、蒙古高原的交汇地区，处于东北亚经济圈接续地带，与俄罗斯、蒙古国相邻的边境线分布着多处口岸，是东北乃至华北地区西向开放出境的重要门户。

2. 边境地区

东北地区是中国重要的边境地区，也是重要的对外开放与国际合作交流地区。

东北地区位于东北亚核心区，与朝鲜、俄罗斯、蒙古国存在陆地接壤，与朝鲜、韩国存在海域接壤。辽宁省和吉林省东部与朝鲜接壤，界线为鸭绿江、图们江等水系和长白山山脉。黑龙江东部、北部和西北部均与俄罗斯接壤，主要国界线为黑龙江、乌苏里江、兴凯湖、额尔古纳河，部分边界线为长白山。内蒙古呼伦贝尔的部分地区与俄罗斯接壤，主要国界线为额尔古纳河；锡林郭勒盟、兴安盟及呼伦贝尔市的部分地区与蒙古国接壤，界线主要为戈壁和草原地区。

东北地区陆地边境线漫长，共8008公里，占全国陆地边境线总长度（2.2万公里）的36.4%。其中，东北地区与朝鲜接壤的边境线长1416公里，占东北地区陆地边境线长度的17.7%。东北地区与俄罗斯接壤的边境线长3645公里，占东北地区陆地边境线长度的45.5%。蒙东地区与蒙古国接壤，边境线长2947公里，占东北边境线长度的36.8%。

东北地区共有15个地级行政区分布在边境线上，占东北地级行政区总量的34.9%，包括丹东市、通化市、白山市、延边州、鸡西市、鹤岗市、双鸭山市、牡丹江市、佳木斯市、伊春市、黑河市、大兴安岭地区、呼伦贝尔市、兴安盟、锡林郭勒盟。边境线共分布在39个县市旗，占东北地区县市旗总量的11.1%。如表1-6所示，辽宁省有2个县市分布在边境地区，吉林省有9个，黑龙江省和蒙东地区分别有16个和12个。以县市旗为单位的陆地总面积约42.69平方公里，占东北地区土地面积的29.07%。边境县市旗总人口约563万人，占东北地区总人口的4.87%，边境地区GDP占东北地区GDP的3.9%左右。

表1-6 东北地区的边境县市旗汇总

地级市	县市旗	地级市	县市旗
丹东市	宽甸县、东港市	大兴安岭地区	呼玛县、塔河县、漠河县
鸡西市	鸡东县、密山市、虎林市	呼伦贝尔市	陈巴尔虎旗、新巴尔虎左旗、新巴尔虎右旗、满洲里市、额尔古纳市
鹤岗市	萝北县、绥滨县	兴安盟	阿尔山市、科尔沁右翼前旗

地级市	县市旗	地级市	县市旗
双鸭山市	饶河县	锡林郭勒盟	二连浩特市、阿巴嘎旗、苏尼特左旗、苏尼特右旗、东乌珠穆沁旗
伊春市	嘉荫县	通化市	集安市
佳木斯市	抚远市、同江市	白山市	抚松县、长白朝鲜族自治县（长白县）、临江市
牡丹江市	东宁市、绥芬河市	延边州	图们市、珲春市、龙井市、和龙市、安图县
黑河市	逊克县、孙吴县		

二、社会文化环境

1. 文化渊源

东北地区有独特的地域文化，即与其他地区有明显不同的特征的"关东文化"。这种特殊的地域文化源于长期的历史积累。东北土著民族留下了丰富多彩的传统文化积淀，移民人口带来了胶东文化、豫东文化、晋商文化、江浙文化、两湖文化及西方文化，各种文化互相交融，奠定了新型关东文化融汇多种"基因"的基础。东部为山区，中部为平原，西部为草原，这促使各地区形成了相应的生产方式和文化特质。

早期的东北地区是多民族聚居地带，以渔猎和游牧为主，各民族的文化相互融合，形成多元统一的文化格局，但具有鲜明的少数民族特色。东部的长白山地、松花江与黑龙江中下游的广大地区主要活动着以渔猎经济为主的民族，如肃慎、女真等，中西部主要活动着以草原牧业为主的东胡、乌桓、鲜卑、契丹、蒙古族、达斡尔族等民族。中部是农业、牧业、渔猎的汇合地带。满族的兴起与清朝的建立，促使东北地区满族文化特色的突出。在清政府对东北地区"封禁"期间，"流人"文化逐步形成，尤其是沈阳市、开原市、宁安市、吉林市、齐齐哈尔市、爱辉区、依兰县等地区是"流人"文化浓郁的地区。萃升书院、龙城书院、银冈书院推动了中原文化、江南文化在东北地区的传播和发展。

清政府解禁之后，大量人口迁移到东北地区，移民文化开始形成。移民主要来自山东省、山西省、河北省、河南省。大量移民促使东北地区耕地大幅增长，农业生产技术大为进步，传统农业文化和汉民族文化在东北地区迅速传播，促使齐鲁文化、中原文化与东北少数民族文化相融合，形成独具特色的东北地域文化。

20世纪初期，沙俄和日本在东北地区实施殖民经营，东北地域文化受到破坏和冲击，东北地区被迫接受了殖民地化的工业化和城市化过程，导致东北地域文化从以移民为主的嵌入型农业社会文化向殖民色彩浓厚的工业化社会文化转变。中华民国建立以后，汉文化成为东北地域文化的主体。

中华人民共和国成立后，东北地区成为重点建设地区，积极推进工业化建设，来自全国各地的建设大军汇集到东北，大工业、大生产、大开发形成了空前的文化发展形势，形成了"铁人精神""北大荒精神"等生产文化。支援边疆建设和开发北大荒，促使大量人口迁入东北地区，尤其是黑龙江。北大荒的人口迁移与农垦系统的发展，促使黑龙江形成了浓厚的农垦文化。目前，黑龙江拥有113个大型农牧场、3560万亩耕地和177.8万人。

专栏1-2　北大荒与农垦文化

　　北大荒有广义和狭义的界定。广义上，北大荒是指西流松花江流域及大曲折处以北包括嫩江流域、三江平原、黑龙江中下游以东至日本海沿岸包括库页岛在内的广大区域。狭义上，北大荒是指黑龙江嫩江流域、黑龙江谷地与三江平原的广大荒芜地区。1948年，中国共产党揭开了移民开发北大荒的序幕。中华人民共和国成立后，国家对北大荒进行了有组织的开发。20世纪50~70年代，北大荒进入了大规模开发时期，数万名解放军复员官兵、知识青年和革命干部、农民怀着保卫边疆、建设边疆的豪情壮志来到北大荒，进行大规模的垦殖，成立组建黑龙江生产建设兵团，建立了许多国有农场和军垦农场，为国家生产了大量的粮食，把过去人迹罕至的北大荒，建设成为了美丽富饶的"北大仓"，成为中国机械化程度最高、商品率最高的商品粮生产基地。但由于过量开垦，北大荒地区的湿地面积减少了80%，大量稀有动物失去栖息地（郭贝贝，2019）。北大荒的开发促使军旅文化、知青文化、移民文化和黑土地文化相融合，进而形成垦区文化。

---

2. 人文地理分异

　　任何文化、社会要素的分析均不能脱离自然地理环境与经济产业的结合。东北地区具有独特的人文环境与文化类型，这取决于东北地区的独特自然环境、气候条件与文化历史基础。东北文化区所涵盖的地理范围，要比行政区划的范围大，许多学者认为东北文化区不仅覆盖东北三省，还涉及内蒙古东部、东南部与河北北部及京津地区，甚至还可拓展到东北亚。

　　根据区域文化的差异，部分学者将东北地区大致分为四大文化区域，即满汉农耕文化区、内蒙古草原游牧文化区、北方渔猎文化区以及朝鲜族丘陵稻作文化区。这种划分主要综合考虑了自然景观、地理环境和生产方式等。根据方创琳等（2017）学者的研究成果，综合考虑各类主导人文因素，东北地区可分为9类人文地理区，包括：大兴安岭人文地理区、松嫩平原人文地理区、三江平原人文地理区、呼伦贝尔草原人文地理区、辽西关东人文地理区、辽中南都市人文地理区、辽东丘陵人文地理区、长白山地人文地理区和内蒙古高原东部人文地理区。各人文地理区的地形地貌、气候、生态、人口、城镇化、经济发展、景观、地域文化、民族宗教等方面的属性均存在明显差异。

　　（1）大兴安岭人文地理区：主要是指大兴安岭山脉覆盖地区，覆盖大兴安岭地区、漠河县、呼伦贝尔市东部及兴安盟和齐齐哈尔市的部分地区。该地区以山地丘陵为主，主要为森林覆盖地区，农业生产以林业为主，兼有部分牧业，为少数民族分布地区。

　　（2）松嫩平原人文地理区：主要覆盖松花江和嫩江流域，包括长春市、松原市、齐齐哈尔市、大庆市、黑河市、绥化市等地区。该地区为平原，兼有部分低山丘陵，主要生产方式以传统种植业为主；以汉族文化为主，部分地区为蒙古族聚居区。

（3）三江平原人文地理区：主要是黑龙江、嫩江、乌苏里江流域，为黑龙江东部地区，也是历史上的北大荒地区。该区域主要为平原地区，兼有部分湿地湖泊，农业生产以传统种植业为主。该区域以外来移民为主，黑龙江农垦集团主要分布在该地区，农垦文化深厚。

（4）呼伦贝尔草原人文地理区：为蒙古大草原的一部分，主要覆盖呼伦贝尔市。该地区以草原为主，纬度较高，为蒙古族居住区，但也有其他民族，如俄罗斯族；生产方式以草原畜牧业为主。

（5）辽西关东人文地理区：主要是指吉林省西部、蒙东部分地区、辽西北地区，为辽河流域。该区域以丘陵山地和草原为主，草原主要是指科尔沁草原，为农牧交错地带，部分地区为蒙古族集聚区，生产方式兼有传统种植业和草原畜牧业。

（6）辽中南都市人文地理区：主要覆盖辽宁中南部，包括沈阳市、大连市、营口市、抚顺市、锦州市、盘锦市等地区。该区域为城镇密集区，工业发达，农业生产以传统种植业为主；以传统汉文化为主。

（7）辽东丘陵人文地理区：主要覆盖辽东丘陵地区，重点包括丹东市和本溪的部分地区。该地区为多民族杂居地区，但为满族的传统居住区，生产方式以传统种植业为主。

（8）长白山人文地理区：主要分布在吉林省东部，以长白山地为中心，向东、南、北三个方向呈扇形扩散。该区域主要是丘陵山地和沿河地区，为少数民族居住区，主要生产方式为水稻种植业。

（9）内蒙古高原东部人文地理区：主要是指锡林郭勒盟，覆盖了该盟的多数地区。该区域以草原为主，部分地区为戈壁，总体为内蒙古高原地区，为蒙古族居住区，主要生产方式为草原畜牧业。

3. 少数民族与民族地区

地理环境决定生产，生产决定社会文化，这是人类社会发展的一般性规律。自然地理环境决定了东北地区的特殊开发历史与发展过程。在此过程中，东北地区成为少数民族的聚居地区之一，成为少数民族文化突出的地区。

东北地区分布和居住的少数民族较多，有满族、蒙古族、回族、达斡尔族、朝鲜族、鄂温克族、鄂伦春族、赫哲族、俄罗斯族、锡伯族、柯尔克孜族等40多个民族。每个民族有着不同的生活习惯、生产方式、语言、文化风俗及宗教信仰，共同构成了丰富多彩的东北民族文化。蒙古族是人口最多的少数民族，也是分布最广、聚居集聚的少数民族；其次是满族，满族人口约占东北总人口的8%。

少数民族形成"大杂居，小群居"的现象，但各民族的分布具有差异性。其中，蒙古族分布最广泛，主要分布在蒙东地区，尤其是呼伦贝尔市、锡林郭勒盟、兴安盟成为重要的集聚地区，同时大庆市、齐齐哈尔市等地区也有少量的集聚分布。满族分布相对广泛，遍布东部地区。回族主要分布在东北地区中部；朝鲜族主要分布在长白山两侧，与朝鲜半岛的朝鲜族分布形成空间连续性。鄂温克族分布在东北地区西北端，鄂伦春族分布东北地区北部山区，狩猎生产方式决定了两个民族以居住在丘陵森林地区为主。赫哲族分布在三江平原，以渔猎为主。俄罗斯族主要分布在中俄边界地区。

须指出的是，上述少数民族居住地区也居住着大量的汉族居民，形成多民族杂居的大格局。

从行政区划单位来看，东北地区民族自治的县市旗数量有 47 个，占东北地区全部县市旗总量的 14.8%，如表 1-7 所示。从乡镇来看，东北地区共有少数民族自治乡镇 472 个，覆盖土地面积 103.35 平方公里，覆盖范围广阔。2017 年，少数民族县市旗总人口约 1630 万人，占东北地区总人口的 14.1%；地区 GDP 为 7757 亿元，占东北地区 GDP 的 1.2%。

表 1-7　东北地区的少数民族聚居旗县

民族	聚居旗县
蒙古族	阿荣旗、陈巴尔虎旗、新巴尔虎左旗、新巴尔虎右旗、科尔沁右翼前旗、科尔沁右翼中旗、扎赉特旗、科尔沁左翼中旗、科尔沁左翼后旗、奈曼旗、扎鲁特旗、阿鲁科尔沁旗、巴林左旗、巴林右旗、克什克腾旗、翁牛特旗、喀喇沁旗、敖汉旗、阿巴嘎旗、苏尼特左旗、苏尼特右旗、东乌珠穆沁旗、西乌珠穆沁旗、太仆寺旗、镶黄旗、正镶白旗、正蓝旗、阜新蒙古族自治县、喀喇沁左翼蒙古族自治县、前郭尔罗斯蒙古族自治县（简称前郭尔罗斯县）、杜尔伯特蒙古族自治县
鄂伦春族	鄂伦春自治旗
达斡尔族	莫力达瓦达斡尔族自治旗
鄂温克族	鄂温克族自治旗
满族	岫岩满族自治县、清原满族自治县、本溪满族自治县、宽甸满族自治县、伊通满族自治县
朝鲜族	长白朝鲜族自治县、延吉市、图们市、敦化市、珲春市、和龙市、安图县、汪清县

第二章
区域政策沿革与东北振兴回顾

东北地区发展是中国国土开发体系与区域政策体系的重要部分。东北地区的振兴发展与扶持政策制定必须建立空间和时间的思维，尊重规律。必须立足于全国视角，考察东北地区在全国国土开发格局中的地位与职能，以及未来所承担的职责；必须立足于历史，考察东北地区的开发历史，总结工业化与城镇化的规律。本章立足全国背景，梳理了中国国土开发与区域政策的演化路径，分析了四大区域板块的形成背景与国家战略意图，系统阐释了东北地区的开发历史，尤其是深入刻画了东北老工业基地的形成过程，全面分析了东北地区振兴战略，包括提出背景、实施阶段、重大政策与振兴效果，考察了新一轮东北地区振兴战略的主要背景与重大策略。

本章主要得出以下结论。

（1）中华人民共和国成立以来，区域政策不断发展完善。中国区域政策发展大致经历了5个阶段：中华人民共和国成立后至改革开放前的区域均衡发展阶段、改革开放后至20世纪90年代的区域非均衡发展阶段、90年代至21世纪初的区域非均衡协调发展阶段、21世纪以来的区域协调发展阶段、2010年初至今的区域发展总体战略阶段。东北振兴成为中国区域政策的重点内容。

（2）东北地区的开发经历了漫长的过程。清朝初期和中期，移民开始涌入东北地区，资源不断被开发。清朝后期，东北地区进入开发阶段。民国与伪满时期，现代交通建设与日俄殖民统治刺激了农业发展、矿产资源开采与工业化及城镇化建设。中华人民共和国成立后至20世纪90年代，东北地区成为重点开发区域，进入了工业化、城镇化的大规模开发建设阶段。

（3）20世纪90年代开始，东北地区成为中国发展低迷地区。90年代中期至2003年，东北地区开始在局部地区探索老工业基地的调整改造。2003年起，东北地区等老工业基地的振兴战略成为国家战略。2003～2013年，东北地区以解决重点问题为核心和围绕国有企业（简称国企）实施振兴发展，扭转区域发展态势。2013年开始，东北地区进入了新一轮振兴发展阶段。

第一节 国土开发与区域政策

一、区域政策演化

区域政策是促进区域发展、协调区际关系、解决矛盾问题、优化空间布局、提高资源空间配置效率的重要途径和手段（付晓东，2019）。中国自然条件复杂多样，历史文化丰富多彩，人文社会各具特色，区域差异显著。中华人民共和国成立以来，区域政策不断发展和完善，内容不断丰富和创新，施策对象从单一化逐步向多元化发展，政策效应从局部反映到综合发展，施策手段从计划途径到市场机制再到复合模式。

区域政策发展大致经历了 5 个阶段：中华人民共和国成立后至改革开放前的区域均衡发展阶段、改革开放后至 20 世纪 90 年代的非均衡发展阶段、90 年代至 21 世纪初的区域非均衡协调发展阶段、21 世纪以来的区域协调发展阶段、2010 年初至今的区域发展总体战略阶段（蔡武，2018）。

1. 区域均衡发展阶段

中华人民共和国成立初期，中国以农业经济为主，工业经济占比严重偏低，工业占 GDP 的比例仅有 10%，其中 70% 的工业集中在仅占国土面积 12% 的东部沿海地区，内陆发展严重滞后，沿海与内陆形成生产力布局严重失衡的格局。从中华人民共和国成立到改革开放前近 30 年的时间里，中国利用计划经济体制的优势，集中调配全国资源，对中西部欠发达地区进行重点投资和建设，平衡全国工业生产力布局，推动沿海地区与内陆发展的相对平衡（蔡武，2018）。

三年经济恢复和"一五"计划时期（1949～1957 年），为区域均衡发展战略的初步确立阶段。三年经济恢复时期，为恢复经济建设、改变工业基础薄弱和产业布局畸形等现状，国家采取了平衡全国工业生产力布局的均衡发展战略，改变工业布局集中在沿海地区的不平衡状况，将部分工厂迁移到接近原料燃料的地区，把工业建设重点放在东北地区，其次是华东地区与华北地区。"一五"计划时期，国家提出有计划地、均衡地在全国布局工业的方针，以均衡布局为原则调整产业布局，以苏联援建的 156 项重点工程、694 个大中型建设项目为中心，合理利用东北、上海和其他城市已有的工业基础，在西南部署工业基地，进行华北、西北和华中新工业地区的建设；逐步把沿海城市某些工业往内陆迁移。建设重点放在以辽宁为中心的东北地区，开工建设了一批煤炭、电力、钢铁、铝冶炼、机械等重点项目，把一些轻工业企业内迁到东北北部、西北、华北和华东的一些地区，集中建设了武汉、包头、兰州、西安、太原、郑州、洛阳、成都等工业基地。"一五"计划期间，沿海地区占全国基建投资总额的比例仅为 6.9%，而中西部为 46.8%，生产力布局从沿海走向内陆（魏后凯和邬晓霞，2012；蔡武，2018）。区域政策主要照顾内陆地区，缩小内陆与沿海地区的差距，同时兼顾沿海地区的工业基础。

"二五"计划时期（1958～1962 年）和三年调整时期（1963～1965 年），为区域发展战略的综合阶段。"二五"计划强调沿海地区作为"发展极"进行建设，但"大跃进"使原定计划未能实行，而是仍然进行以重工业为中心的工业建设，希望实现工业均衡分布，各省区和各协作区建立独立完整的工业体系，沿海优先发展战略未能实现，而实施了均衡布局和地方经济体系建设方略（付晓东，2019；蔡武，2018）。1961年，党的八届九中全会提出"调整、巩固、充实、提高"方针，调整国民经济结构，重点调整农轻重、工业内部、生产与基建、积累与消费等比例关系（蔡武，2018）。1963~1965年，国家在充实和发展华东重工业的同时，加强了内陆工业建设。中西部投资占比在"二五"计划和三年调整时期分别提高到56%和58.3%。

"三五"计划时期、"四五"计划时期至改革开放前（1966~1978年），为中西部投资倾斜阶段。20世纪60年代中期，国际形势发生变化，经济建设服从备战需要，按一、二、三线决策布局工业，但集中于"三线"战略后方。开展了以西南地区为重点的内陆新工业基地建设，将全国分为西南、西北、中原、华南、华东、华北、东北、山东、闽赣和新疆10个经济协作区，要求在每个协作区内逐步建立不同水平、各有特点、各自为战、大力协作的工业体系和国民经济体系，新建项目都要摆在内陆，少数国防尖端项目要"分散、靠山、隐蔽"，有的要进洞；各省市区的成套机械设备和轻工产品尽快做到自给，建立为农业服务的地方工业体系，建立各自的小三线（魏后凯和邹晓霞，2012）。"三五"计划时期（1966~1970年）是中西部计划投资比例最高的时期，达到64.7%。"四五"计划时期（1971~1975年），一批重点项目由大西南地区向"三西（豫西、鄂西、湘西）"地区转移，内陆的基本建设投资占比达2/3以上。"五五"计划时期（1976~1980年），投资逐步向东倾斜，但仍占全国总投资一半以上（蔡武，2018）。"大而全、小而全"由此盛行。该时期，经济政策对中西部发展起到了一定促进作用，但经济效益较差。

上述时期，区域发展战略规划主要是由上至下的单向指令式计划的执行过程，中央政府运用国家财力实施重大项目布局和调控生产力布局，从空间层面对区域发展进行战略规划和指导调控，奠定了中国工业化的基础，促进了生产力的区域均衡分布，缩小了东西部地区之间的差距。

2. 区域非均衡发展阶段

20世纪70年代末，中国实施以经济效率为中心的区域非均衡发展战略，以沿海地区的优先发展作为撬动中国经济的杠杆，分阶段、有重点、求效益地开放沿海、沿江及内陆地区，有梯度次序地发展中西部经济，使国家经济波浪式向前，实现共同发展（蔡武，2018）。国家实施沿海开放政策，投资布局向沿海地区转移，同时对贫困落后地区和少数民族地区给予一定的补偿。

1978年12月，党的十一届三中全会确定了以改革开放为主要内容的指导方针，随后确定了"调整、改革、整顿、提高"八字方针，生产力布局战略由以追求地区平衡为目的的"均衡"模式正式转向以追求效率为目标的"倾斜"模式（付晓东，2019）。"六五"计划（1981~1985年）提出，积极利用沿海地区的现有基础，带动内陆地区发展，同时努力发展内陆经济，继续支持和帮助少数民族地区发展生产。"六五"计划期间，沿海对外开放的基本格局已初步形成。国家率先对沿海地区实施开发开放的区域创新发展政策，相继设置了4个经济特区、14个沿海开放城市和3个沿海经济开放区，开辟辽东半岛和山东半岛为沿海经济开放区，在财税、外资利用、外贸出口留成等方面实施特殊政策（蔡武，2018）。沿海地区的基建投资占比超过中西部（46.5%），达到47.7%。由于全国各地发展加快，辽宁等东部老工业基地发展较慢，东西部差距的扩大放缓。

"七五"计划时期（1986~1990年），中国提出东中西发展政策的不同梯度，加速发展沿海地区，同时把能源、原材料建设重点放在中部，积极做好开发西部的准备。这种向东倾斜的梯度推进的区域发展战略体现了效率优先、非均衡发展的思想。国家对沿海地区实行"两头在外、大进大出"的战略，积极参与国际交换与国际竞争，发展外向型经济。沿海开放区的范围进一步扩大，1988年设立海南经济特区，1990年开发开放上海浦东新区，对内陆和周边国家的开放也逐步展开。"七五"计划时期，中央投资向东部倾斜，东部基建投资占比升到51.7%，而中西部降到40.2%，东西部差距拉大（蔡武，2018）。

改革开放以来以"效率"为原则向东倾斜的非均衡发展战略促进了沿海地区的快速发展，推动了区域经济新格局的形成。

3. 区域非均衡协调发展阶段

1992年邓小平南方谈话曾两次提到"两个大局"的战略构想，即东部沿海的开放和西部开发是中国区域发展的两个大局（蔡武，2018）。经过改革开放多年的非均衡的高速发展，东西部差距急剧拉大。国家正式把促进地区经济协调发展提到了重要的战略高度，鼓励东部沿海城市优先发展，分阶段、有重点、求效益地开放沿海地区、沿江地区及内陆地区，区域发展战略开始从不平衡发展向协调发展转变（付晓东，2019）。

"八五"计划时期（1991~1995年），中国提出"统筹规划、合理分工、优势互补、协调发展、利益兼顾、共同富裕"的区域发展战略，逐步实现地区经济的合理布局与协调发展。在继续稳定发展东部的同时，考虑发展重点的西移，加快中西部发展，缩小东西部差距。相继开放了一批沿边、沿江、沿黄及沿陇海等内陆城市，初步形成了多条发展轴线和经济区的格局。国家在继续兼顾沿海地区发展的同时，将较多项目布局在中西部。由于20世纪80年代沿海倾斜政策的作用，"八五"计划时期东部沿海地区固定资产累计投资占比仍高达64.9%，远高于中西部，发展差距加大（蔡武，2018）。

"九五"计划时期（1996~2000年），1996年把"坚持区域经济协调发展，逐步缩小地区发展差距"作为重要方略，要积极发挥各地区比较优势，发展特色产业，明确东部和中西部各自发展方向，出台了防止地区差距继续扩大的举措，以交通要道和中心城市为依托，逐步形成长江三角洲与沿江地区、东南沿海地区、环渤海地区、东北地区、西南和华南部分省区、中部五省及西北地区7个跨省区的经济区域（蔡武，2018）。此战略部署对于促进全国经济合理布局、推进区域协调发展具有重大意义。

西部大开发战略时期（1999~2003年），1999年党的十五届四中全会提出了实施西部大开发的战略。2000年，国务院西部地区开发领导小组召开会议，提出了全面实施西部大开发的措施，加快基础设施建设，发展优势特色产业，搞好生态环境建设，加强科技教育和促进改革开放。九届全国人大三次会议对西部大开发的具体实施办法做出了战略部署。"十五"计划（2001～2005年）纲要指出，调整地区经济布局，实施西部大开发，促进中西部加快发展，提升东部发展水平，形成东中西各具特色、资源优势互补的联动协调发展。中央提高了中西部的投资比例，推动沿海加工制造业向中西部资源富集地区转移（蔡武，2018）。

4. 区域协调发展阶段

20世纪90年代以后，区域差距扩大成为制约区域发展的关键。为促进区域协调发展，国家先后实施了西部大开发战略、东北地区等老工业基地振兴战略和促进中部地区崛起战略，近年来推进形成主体功能区，中国已进入区域协调发展战略全面实施的新阶段。

2002年，党的十六大提出在积极推进西部大开发、促进区域经济协调发展的同时，加快东北地区等老工业基地调整和改造。2003年，吹响了振兴东北的号角。党的十六届三中全会明确要加强对区域发展的协调和指导。2004年十届全国人大二次会议指出，加快中西部发展、促进区域协调发展是现代化建设的重大战略，积极推进西部大开发，发挥中部综合优势，促进中部崛起，振兴东北地区等老工业基地，鼓励东部有条件地区率先基本实现现代化，形成东中西互动、优势互补、相互促进、共同发展的新格局。2004年，国务院西部开发工作会提出了进一步推进西部大开发的十条意见（蔡武，2018）。"十一五"规划期间（2006～2010年），国家出台了一系列有关社会主义新农村建设、城市群、主体功能区的区域政策，提出了以"四大板块"为主体的区域经济发展总体战略。2010年，《全国主体功能区规划》划定3个优化开发区域和18个重点开发区域。

2007年，党的十七大提出了以科学发展观和五个统筹为指导的区域协调发展战略。国家在重大项目布局上要充分考虑中西部发展，鼓励东部带动和帮助中西部发展，加大对革命老区、民族地区、边疆地区发展扶持力度，帮助资源枯竭地区实现转型（蔡武，2018）。2001年中央财政设立了革命老区转移支付，同时国家发展和改革委员会从2005年起安排国家预算内专项资金，农业部（现农业农村部）在2006～2010年对123个老区县农业发展给予支持。同时，国家对民族地区、边境地区、贫困地区采取了不少措施。这是对区域非均衡协调发展战略的提升。"十一五"规划提出了"推进形成主体功能区"和"健全区域协调互动机制"的战略思想。

5. 区域发展总体战略阶段

城市群逐步成为城市化的主要方向，也是区域协调新机制的建设重点。"十二五"规划时期（2011～2015年），国家重视城市群建设，2014年《国家新型城镇化规划（2014～2020年）》强调，城市群是中国未来经济发展格局中最具活力和潜力的核心地区，在全国生产力布局中起着战略支撑点的作用（付晓东，2019）。

目前，中国区域发展步入新常态阶段。中国更加重视区域的统筹协调发展，注重东中西、沿海和内陆的联动，注重沿大江大河和陆路交通干线引领创新，注重国内与国际的合作发展，注重区域协调发展和科学的国土空间开发。党的十八大以来，中国提出了区域协调发展机制基本形成是全面建成小康社会的重要目标，要深入实施区域发展总体战略，制定促进区域协调发展的新举措（付晓东，2019）。确立了陆域与海域统筹开发的大国土观，以西部、东北、中部、东部四大板块为基础，以"一带一路"建设、京津冀协同发展、长江经济带、粤港澳大湾区、海南自由贸易港建设为引领，构建以沿海沿江沿线经济带为主的纵向横向经济轴带，"以点带面，从线到片，逐步形成区域大合作"，促进区域间相互融通补充。缩小区域政策实施单元，提高区域政策的精细化，加大对革命老区、民族地区、边疆地区、贫困地区扶持力度，统筹双边、多边、区域、次区域开放与对外合作（蔡武，2018）。

二、四大区域板块

一个国家的经济区域划分是构建区域经济发展体系、制定区域经济发展战略和实施区域经济政策、布局重大生产力的基础。中国是一个地域辽阔、地区差异较大的国家，区域发展深受区域特点、自然条件、历史社会等因素的影响。中华人民共和国成立后，中国采用沿海与内陆的"两分法"，改革开放初期的"六五"计划沿用了该划分，"七五"计划实行了东中西三大经济地带的划分方案，"八五"计划又恢复使用了"两分法"，"十五"计划又回到"三分法"方案，"十一五"规划以来补充形成东部、中部、西部和东北四大区域的划分，形成"四分法"（张毓峰和刘芷晗，2013）。

改革开放初期，中国经济区划一直采用"两分法"，将全国划分为沿海和内陆。其中，辽宁省属于沿海地区，吉林省、黑龙江省及内蒙古东部地区属于内陆。

1986年，"七五"计划实施"三分法"，按照经济发展水平和地理位置相结合的原则，把全国划分为东部、中部和西部三个经济带，辽宁省为东部地区，黑龙江省、吉林省属于中部地区，内蒙古蒙东地区属于西部地区。

随着改革开放步伐的加快，区域发展差距不断扩大，区域政策不断完善，全国分为四大经济区域。2002年，党的十六大报告正式提出了四大区域，即东部地区、东北地区、中部地区和西部地区。在中国区域政策的框架体系中，正式形成了"东北地区"的区域政策板块。

各地区经济社会发展的主题为西部开发、东北振兴、中部崛起、东部率先发展。

（1）东部地区率先发展。东部地区包括北京市、天津市、河北省、山东省、江苏省、上海市、浙江省、福建省、广东省、海南省。鼓励东部率先发展是新时期中国区域发展总体战略的重要组成部分。20世纪80年代，中国相继设立了经济特区、沿海开放城市、沿海经济开放区，开始东部地区率先发展。截至目前，具有区位优势的东部地区已成为中国经济增长的主动力，创造了活力十足的发展模式，推动了中国市场化改革的进程和全方位对外开放格局的形成，为实施区域协调发展战略提供了坚实基础，为增强中国综合国力做出了积极贡献。

（2）东北地区振兴发展。东北地区包括黑龙江省、吉林省、辽宁省、内蒙古自治区东部的呼伦贝尔市、兴安盟、通辽市、赤峰市、锡林郭勒盟。2002年，国家指出"支持东北地区等老工业基地加快调整和改造，支持以资源开采为主的城市和地区发展接续产业"。2003年，明确了实施振兴战略的指导思想、方针、任务和政策措施（付晓东，2019）。2004年4月，国务院振兴东北地区等老工业基地领导小组办公室成立，全面启动振兴东北等老工业基地战略。2007年，颁布了《东北地区振兴规划》。2009年，颁布了《国务院关于进一步实施东北地区等老工业基地振兴战略的若干意见》（国发〔2009〕33号）。

（3）西部地区开发。西部地区包括重庆市、四川省、广西壮族自治区、贵州省、云南省、陕西省、甘肃省、内蒙古自治区西部、宁夏回族自治区、新疆维吾尔自治区、青海省、西藏自治区。1988年，邓小平针对中国发展不平衡的特点，提出了"两个大局"的战略构想，即东部沿海的开放和西部开发是中国区域发展的两个大局，1992年邓小平南方谈话又曾两次提到"两个大局"的战略构想（蔡武，2018）。1999年6月，江泽民提出加快中西部发展步伐的条件已具备、时机已成熟。1999年11月，中央经济工作会议部署实施西部大开发战略。2000年1月，国务院成立了西部地区开发领导小组，研究加快西部发展的基本思路和战略任务，部署重点工作，开始实施西部大开发战略（丁念国，2000）。2000年，国家"十五"计划纲要明确提出，实施西部大开发战略，加快中西部发展，并对西部大开发进行具体部署，把实施西部大开发、促进地区协调发展作为战略任务。2002年，《"十五"西部开发总体规划》发布，西部大开发战略步入实质性推进阶段。

（4）中部地区崛起。中部地区包括山西省、河南省、湖北省、湖南省、江西省、安徽省。2004年，国务院政府工作报告首次明确提出中部崛起问题。2006年，国务院常务会议研究促进中部地区崛起问题；随后中共中央政治局召开会议，研究促进中部地区崛起工作。2006年4月，提出了促进中部地区崛起的总体要求、基本原则和主要任务。2009年9月，温家宝主持召开国务院常务会议，通过《促进中部地区崛起规划》。2012年7月，温家宝主持召开国务院常务会议，通过《国务院关于大力实施促进中部地区崛起战略的若干意见》。

第二节　东北地区概况与开发历程

一、行政区划范围

东北地区是一个自然地理单元，是一个经济大区，也是一个文化地理单元。东北地区古称营州、辽东、关东等，是中国东北方向国土的统称。东北地区有不同的界定概念，这也决定了其不同的空间范围。概念上大致存在东北地区、东北三省两种基本称呼，部分学者将东北地区界定为辽宁省、吉林省和黑龙江省，部分学者将该范围拓展到内蒙古东部地区，部分学者将河北省的承德市、秦皇岛市也纳入到东北地区。1949年8月，中国共产党成立东北人民政府，管辖今辽宁省、吉林省、黑龙江省、内蒙古自治区东部五盟市（呼伦贝尔市、通辽市、赤峰市、兴安盟、锡林郭勒盟）、河北省承德市、秦皇岛市山海关区（许欣，2017）。

在本书中，东北地区包括东北三省（辽宁省、吉林省、黑龙江省）和内蒙古自治区东部五盟市（简称蒙东地区）。东北地区共覆盖41个地级市、盟和州，覆盖了340个县市区。东北地区的土地面积共计146.86万平方公里，总人口约1.2亿人。东北地区东、西、北三面分别有长白山地、冀北辽西山地和大小兴安岭山地，南部临海，中部为松辽平原。

辽宁省下辖 14 个地级市，共辖 59 个市辖区、16 个县级市、17 个县、8 个自治县。吉林省下辖 8 个地级市、1 个自治州，共辖 21 个市辖区、20 个县级市、16 个县、3 个自治县。黑龙江省下辖 12 个地级市和 1 个地区，共辖 65 个市辖区、19 个县级市、43 个县、1 个自治县。蒙东地区覆盖 5 个盟市，共有 6 个市辖区、10 个县级市、5 个县、28 个旗、3 个自治旗、1 个管理区。具体如表 2-1 所示。

表 2-1　东北地区行政区划概况

省区名称	地级单位	数量/个	县级单位
辽宁省	沈阳市、大连市、鞍山市、抚顺市、本溪市、丹东市、锦州市、营口市、盘锦市、葫芦岛市、阜新市、朝阳市、辽阳市、铁岭市	14	59 个市辖区、16 个县级市、17 个县、8 个自治县
吉林省	长春市、吉林市、四平市、辽源市、通化市、松原市、白山市、白城市、延边朝鲜族自治州	9	21 个市辖区、20 个县级市、16 个县、3 个自治县
黑龙江省	哈尔滨市、齐齐哈尔市、牡丹江市、佳木斯市、大庆市、鸡西市、双鸭山市、伊春市、七台河市、鹤岗市、黑河市、绥化市、大兴安岭地区	13	65 个市辖区、19 个县级市、43 个县、1 个自治县（大兴安岭地区 4 个地区辖区不计入）
蒙东地区	锡林郭勒盟、兴安盟、呼伦贝尔市、赤峰市、通辽市	5	6 个市辖区、10 个县级市、5 个县、28 个旗、3 个自治旗、1 个管理区

二、东北地区开发过程

通过文献的梳理，尤其是根据林赛南（2010）等的研究，本书将东北地区的开发历史大致分为如下阶段。

1. 历史时期

在漫长的历史发展过程中，东北地区主要是少数民族活动的区域，先后孕育了许多少数民族，包括东胡族、鲜卑族、女真族、契丹族、蒙古族、满族。在漫长的历史时期，东北地区的生产方式简单，经济形态主要为牧业经济，经济活动主要为游牧、狩猎等，农业种植业较少。这导致东北地区的经济开发缓慢。尤其是，清政府视东北地区为满族的龙兴之地，对东北地区实行了两百多年的封禁（张杰，1994）。自清代初年，清政府对汉族人在东北定居、垦荒以及从事采参、捕貂等活动实行了许多限制。但为了增加赋税，1653 年清政府颁布了《辽东招民开垦条例》，鼓励移民开垦。1668 年开始，清政府实行了封禁东北政策，取消《辽东招民开垦条例》，禁止汉民进入东北地区垦田（孟凡迪，2016），但将辽西富饶易耕的地区划入边内。1740 年，清政府对奉天实行封禁令，1776 年封禁吉林地区，措施严厉，封禁范围不断扩大，但并未严格执行，因此耕地和人口不减反增。在此过程中，移民不断融入东北地区，资源不断被开发。

专栏 2-1   《辽东招民开垦条例》

《辽东招民开垦条例》又称《辽东招垦令》。辽东地区向为东北政治、经济中心。明清之际，辽东地区长期战乱，土地荒芜，人口减少。1651 年，清政府准许出关开垦土地。山东、河北、山西等邻近东北地区的汉族居民陆续进入辽西、辽东开荒种地。1653 年，清政府正式颁布了《辽东招垦令》，宣布开放辽东，奖励官、民招揽、应招，招募山东、河南等地区的农民到辽阳等地区垦荒造田，规定：招民百名者，文授知县，武授守备；所招民人，每名月给口粮一斗，每地一垧给种六升，每百名给牛 20 只；以辽阳为府，辖辽阳、海城两县，设官管理汉民。由于《辽东招垦条例》的实施，河北、山东、山西、河南等地区的流民陆续成批迁移，促使东北地区特别是辽南地区的人口增加，土地得到开发，大片宜耕的荒地开发成为肥沃粮田。1668 年，《辽东招垦条例》被废除，但关内农民仍冲破禁令，不断涌入东北地区。《辽东招垦条例》改变了清初东北地区民生凋敝的景象，奠定了农业迅速发展的基础，并促使东北地区在清朝中期开始成为全国重要的粮食产区，并带动了东北地区的采矿、粮食加工、烧酒酿造、纺织等产业发展。

---

2. 清代后期

嘉庆时期，清政府开始放松对东北地区的管控；道光、咸丰时期，出关的群众已深入吉林、黑龙江等东北腹地，私垦日盛。1860 年，清政府逐步解禁东北，大规模的土地开发先后在奉天、吉林、黑龙江推开。1861 ~ 1880 年，清政府采取"移民实边"，陆续开放吉林围场、阿勒楚喀围场、大凌河牧场等官地和旗地。1882 年，清政府先在吉林招垦，设立珲春招垦总局，此后又开放了黑龙江的土地开垦（曹萌和永井淑子，2017）。光绪年初，清政府开始给汉族移民颁发执照，允许东北开发，东北封禁政策解禁。1907 年，清廷裁撤盛京、吉林、黑龙江三将军，改置奉天、吉林、黑龙江三省，并设东三省总督。至此，东三省成为正式名称。1909 年，东北三省的耕地面积已超过亿亩，农产品商品化日益发展，该年份东北北部新垦区的小麦、大豆输出率分别达到80%、70%，整个东北地区形成了"南豆北麦"的商品粮生产格局。

专栏 2-2   清朝时期的东北行政区划

清政府 1761 年统一中原后，划明朝的两京十三布政使司为 18 个行省，省下设道、府（州）、县。1820 年达到领土极盛，清政府在边疆地区采用"军府制"进行管理，这有别于内陆的"行省制"。在东北、内蒙古、新疆则设立五个将军辖区，实行因俗而治。东北地区当时的人口比较稀少，开发程度比较低，设立三个将军辖区，包括黑龙江将军、吉林将军和盛京将军，将军之下设专城副都统分驻各城，管理各城的邻近地区；副都统下有总管统领各旗；在汉民聚居之处，置府、州、县、厅，如同内陆。其中，盛京将军府管辖辽宁，驻地为沈阳。吉林将军府管辖今吉林省和黑龙江省松花江以南地区，以及乌苏里江以东至大海、黑龙江下游两岸，北至乌第河，包括库页岛在内的广达地区，驻地为吉林市。黑龙江将军府管辖东至额尔白克河、西至喀尔喀、南至松花江、北至外兴安岭、西南至盛京。1907年，即光绪三十三年，清政府废除盛京、吉林、黑龙江三个将军辖区，改设奉天省、吉林省、黑龙江省，随后裁撤各城副都统、总管，改为府、厅、州、县。1911年，奉天省领八府、八厅、六州、三十三县；吉林省领十一府、一州、五厅、十八县；黑龙江省领七府、六厅、一州、七县。由此，东北地区的"军府制"改变为"行省制"。

1858年，英国与法国通过订立中英《天津条约》（1858年）和中法《天津条约》（1858年），使清政府开牛庄（实为营口）为商埠，1861年4月营口港代替牛庄开埠，为列强经济入侵东北地区开辟了基地。同时，外国列强也开始了对东北地区的资源掠夺。19世纪90年代起，日本先以贸易方式在东北地区进行经济侵略，利用营口港并开辟大连港，大量输出大豆等农产品，促使东北地区的商品经济有了一定发展（林赛南，2010）。

3. 民国时期

民国时期，东北地区作为新垦区和尚待开发的地区，继续有大量农民移入。东北地区始终是中国最大的移民迁入区，尤其是东北铁路的兴建加快了人口流入的速度，形成了中国近代最具规模的人口迁移潮流——"闯关东"。1911~1930年，东北地区的人口从1841.6万人迅速增长到2703.9万人；20世纪初的30年里每年从山东、河北和河南前往东北的人口达到40万~50万人，最多达到100万人/年。铁路的贯通刺激了沿线农业向商品化、专业化的方向发展。以大豆为主的农产品经济快速发展，农产品加工成为东北近代工业的支柱产业。同时，日俄疯狂采伐东北森林和开采矿产资源，大量向其国内供应，推动东北地区进入了以掠夺资源为主的资源开发阶段。该时期的区域开发导致东北地区生态环境的恶化。随着人口增加、土地开垦，东北地区农业生产的基本轮廓形成，商业、手工业随之兴起，出现了沈阳、吉林、齐齐哈尔、辽阳、锦州、长春、宁安、辽源、哈尔滨等经济中心（林赛南，2010）。

4. 伪满时期

1931年"九·一八"事变后，东北地区遭受日本殖民统治。区域发展是典型的殖民地经济和依附性很强的重工业类型。最突出的特征是资源型重工业畸形发展。日本将东北作为侵略全中国和亚洲的跳板和军火生产基地，在东北地区实行经济统制，由国家或特殊会社垄断经营。日本凭借满铁、满业等集团掌控了东北地区的各行各业。日本将钢铁作为矿产资源掠夺的重点。伪满后期，轻重工业比例已相当悬殊。从1932~1934年各工业部门投资比例看，重工业占54.4%，轻工业占45.6%。1940年，重工业投资额占75.4%；1942年，重工业投资额占79.2%（林赛南，2010）。同时，日本在东北地区大搞移民入侵和土地掠夺，实行粮谷"统制"和"出荷"政策。1932年，日本在东北成立"日满土地开拓公司"，通过验收、抢夺并销毁地契等方式，大量掠夺东北农民土地。1936年5月，日本制定了《满洲农业移民百万户移住计划》，大批日本农民涌入东北地区，成为"日本开拓团"；到1945年，日本组织了共计14批次、860个开拓团、33万人的集团式开拓移民。东北地区年粮食产量约为2000万吨，伪满洲国每年向日本提供1000万吨以上的粮食。

5. 中华人民共和国成立后至改革开放初期

1949年中华人民共和国成立，当时已有一定工业基础且资源条件丰富的东北地区成为国家重点开发的区域，东北地区进入以消耗资源来取得经济发展的开发阶段。"一五"计划时期，中国对东北地区进行了大规模的投资与改造。1953年"一五"计划开始实施，苏联援建的156项重点工程中有56项分布在东北三省。"二五"计划期间基本上完成了以鞍山钢铁联合企业为中心的东北工业基地的建设。20世纪50年代，东北地区开始进行大规模的农业开垦，经营农场；1957年，东北地区的粮食总产量达到2018万吨。1958年，北大荒进入了大规模开发时期，建立了许多国营农场和军垦农场，东北地区开始成为中国机械化程度最高的商品粮基地。"三五"和"四五"计划期间，各轻重工业部门的产值都有不同程度的增长，石油加工和石油化学工业的地位不断提高；森工、造纸、煤炭、纺织等部门的产值虽有提高但相对地位却在下降。在计划经济体制下形成的以国有大型企业为经济主体的东北地区，是国家工业体系中的原材料与装备制造车间。东北地区以重工业为主的发展格局早在"一五"计划期间就已形成，各地区的工业特色各异、优势各显。大庆的石油产业、长春的汽车产业、哈尔滨的发电动力产业、沈阳的重型机械制造产业等，均成为城市名片（林赛南，2010）。

6. 改革开放以来

随着市场经济体制改革的不断深入，东北地区在向市场经济转轨的过程中，受到国有企业历史包袱沉重、缺乏活力、设备陈旧、技术落后、资金不足以及体制改革成本高等因素影响，出现了明显的迟缓现象，形成"东北现象"。东北地区的经济发展面临着许多困难，经济效益低下，主要经济指标不仅远远落后于东部沿海地区，甚至低于全国平均水平，发展速度缓慢（林赛南，2010）。因为资源丰富而受新中国眷顾的东北地区，随着矿产资源总储量和可供开采量的不断下降，接续产业开发缓慢等问题的出现，部分资源型城市已变为或正在变为资源枯竭型城市。

三、东北工业基地发展历史

东北地区是中国最早建设起来的重工业比较发达、在全国占有重要地位的工业基地。东北老工业基地的形成可追溯到20世纪30年代前后。20世纪20年代，东北地区的经济发展为起步阶段，工业有了一定的发展，既有民族工业，也有殖民地工业（薛继坤，2005）。其中，以轻工业为主的民族工业发展较快，如面粉业、火柴业、榨油，重工业主要掌握在外国手中，但数量较少。综合来看，东北老工业基地的产生主要源于如下阶段的建设。

1. 日伪统治时期

1931 年"九·一八"事变后，日本为实现变中国东北地区为其战略资源基地，在东北地区实行经济统制政策，强化东北工业化的进程。1933 年制定《满洲国经济建设纲要》，特别强调，"以开发矿业资源确立基本工业及国防工业，丰润国民经济，增大国富为方针"。投资计划如表 2-2 所示。1937 年，开始推行《产业开发五年计划》，成立了最大的工业垄断统治组织——满洲重工业开发株式会社。东北工业在短时间内迅速发展，形成日本独自垄断的、以日本资本为核心的东北工业体系。该时期是典型的殖民地经济，殖民者控制重要资源的开发，大力发展煤炭、电力、钢铁、石油、汽车、飞机制造等工业，以及金、铝、铅、钼等有色金属（韩大梅，2005）。钢铁工业发展迅速。东北地区的工业产值从 1937 年的 1258 亿元，增长到 1943 年的 3936 亿元；东北地区煤矿总量从 1931 年的 912 万吨增长为 1944 年的 2563 万吨，主要输往日本；但轻工业发展滞后，如纺织业生产总额占东北工业生产总额的比例从 1934 年的 24.5% 降至 1940 年的 11.2%，形成以日本资本为主的工业体系，满铁、满业、三菱、三井、住友等八大财团控制东北地区的全部工业。日本撤退及苏军占领时期拆走大量工业设备，导致东北工业几乎瘫痪。

表 2-2　东北地区重要工业部门的投资比例　　　　　　　　　　（单位：%）

工业类型	1940 年	1941 年	1942 年
矿业	29.8	31.9	34.0
金属工业	23.0	18.1	18.2
机械工业	9.4	13.3	11.9
化学工业	11.1	12.8	12.8
其他	26.7	23.9	23.1

资料来源：薛继坤（2005）

2. 中华人民共和国成立初期

中华人民共和国成立之初，在苏联的帮助下，东北地区开始实施大规模的工业建设。最初是恢复和发展包括大连、旅顺和金县在内的苏联军管区的工业，并向中国移交了大连钢铁厂、大连化工厂、大连纺织厂、金州纺织厂和几个机械厂、辽东盐业、远东电业等企业。"一五"计划期间，开始实施苏联援建的 156 项项目，并配套实施上千个配套项目。有大量项目布局在东北地区，包括鞍山炼钢厂、长春第一汽车制造厂、哈尔滨拖拉机厂等。其中，吉林省布局有 11 项，包括第一汽车制造厂、丰满发电厂等；黑龙江省布局有 22 项，其中 10 项是机械工业项目，如表 2-3 所示。围绕这些重点企业，东北地区兴建了一系列配套工程，形成了规模巨大的工业基地，如鞍山钢都、长春汽车城、沈阳飞机城、富拉尔基重型机械加工城等。这些援建项目奠定了东北地区的工业基础和框架（韩大梅，2005）。

表 2-3 东北地区的部分苏联援建的 156 项项目 （单位：项）

省区	数量	项目原名称
辽宁省	25	鞍山钢铁公司、本溪钢铁公司的扩建、抚顺发电厂、阜新发电厂、大连第二发电厂的增容、阜新新丘竖井、阜新平安竖井、阜新海州露天煤矿、抚顺东露天矿、抚顺老虎台煤矿、抚顺西露天矿、抚顺胜利矿刘山竖井、抚顺龙凤矿竖井的新建扩建、抚顺石油二厂、抚顺铝厂、沈阳第一机床厂、沈阳第二机床厂（中捷友谊厂）、沈阳风动工具厂、沈阳电缆厂、大连造船厂改建扩建、杨家杖子钼矿、112 厂、410 厂、渤海造船厂的新建和扩建改建工程；沈阳航空工业学校
吉林省	11	长春第一汽车制造厂、吉林化学工业公司、吉林染料厂、吉林电极厂、吉林化肥厂、吉林铁合金厂钨铁生产部分、通化湾沟工井、丰满发电厂
黑龙江省	22	哈尔滨电机厂、哈尔滨汽轮机厂、哈尔滨锅炉厂、哈尔滨轴承厂、哈尔滨伟建机器厂、哈尔滨东安机械厂、哈尔滨东北轻合金厂（原哈尔滨 101 厂）、哈尔滨量具刃具厂、电碳厂、电表仪器厂、阿城继电器厂、佳木斯造纸厂、中国第一重型机械集团公司、鹤岗兴安台 10 号立井、鹤岗东山 1 号立井、鹤岗兴安台洗煤厂、鸡西城子河洗煤厂、鸡西城子河 9 号立井、鹤岗兴安台 2 号立井、双鸭山洗煤厂、友谊农场、齐齐哈尔钢厂（北满特钢）

1950～1952 年，全国有一半左右的累计投资总额投到东北地区，促进了东北地区工业的恢复和发展。1953 年开始，东北地区进入了以重工业为主体的大规模经济建设时期，建立了许多新的工业部门，如采矿、冶金设备制造业，汽车、拖拉机和内燃机制造业，航空、造船、电子制造业，高级合金钢冶炼工业，有色金属和稀有金属冶炼工业，以及合成橡胶等，都达到了相当水平。"二五"和"三五"计划时期，东北地区的工业结构逐渐发生了变化，强调发展重工业，尤其重视矿产资源采掘及加工业，如辽源煤矿、鞍钢、抚顺煤矿、大庆油田（韩大梅，2005）。该时期，东北地区的重工业比例远超过了全国平均比例。东北地区形成了沈阳、大连、鞍山、本溪、抚顺、吉林、长春、哈尔滨、齐齐哈尔、大庆等一批重要的工业城市。

3. 改革开放初期

改革开放以来，东北各地区采取了积极引入外资的方法，建立了许多经济开发区以吸引外资投入，"三资"企业迅速发展。引进国外的先进技术（主要来自德国、日本、美国），对原有的工业设备进行创新改造，以保证工业产品的质量和科技含量稳步提高。积极研究国外进口设备（如数控机床）的工作原理和装配方法，以求在与中国技术相结合的基础上创新。东北地区不仅在传统的重工业上继续前进，而且在高技术的轻工业上也有所发展（许广义，2006）。2001 年，东北三省汽车总产量占全国的26.1%，原油加工能力占全国的29.3%，乙烯生产能力占全国的31.1%，造船能力居国内第一。东北的木材产量占全国木材供应量的50%，提供的商品粮占全国的1/3（杨文利，2005）。

第三节　东北地区的振兴历程

20 世纪 90 年代中期开始，为了解决区域发展问题，东北地区被纳入国家战略而实施振兴发展。根据各时期东北地区面临的突出问题和国家重点出台的振兴政策，东北地区的振兴发展大致分为四个阶段，如图 2-1 所示。

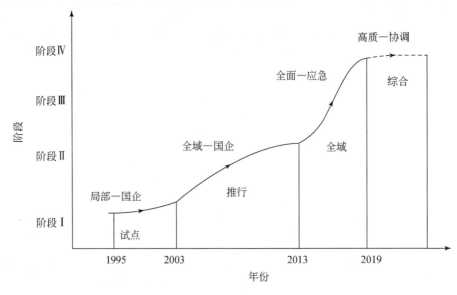

图 2-1　中国东北地区的发展阶段与战略沿革变化

一、第一阶段

1. 振兴背景

东北地区是中国工业的摇篮，是中国老工业基地相对集中的地区，也是老工业基地问题最突出和集中的区域。20 世纪 90 年代以来，由于体制性和结构性矛盾日趋显现，老企业集中而效益较低，设备和技术老化，资源型城市主导产业衰退，落后产能集中，国企改革不彻底而历史遗留问题集中，企业办社会而负担重，城市基础设施老化，棚户区改造任务重，环境污染较为严重，困难群体较多且集中，社会保障体系不完善且资金缺口大。这导致经济发展下滑，就业矛盾尖锐，居民收入下降，生态环境恶化，与沿海发达地区的差距扩大，由此成为发展的问题区域与经济发展的难点。但该时期东北地区的原油产量仍占全国的 2/5，木材产量占全国的 1/2，汽车产量占全国的 1/4，造船产量占全国的 1/3（许广义，2006）。

2. 振兴策略

该阶段介于 1995～2002 年，典型特征是"试点，局部，国企"。该阶段坚持摸索探索主题，以试点为主，在局部地区推行调整改造，聚焦核心问题实施振兴发展，重点围绕国企实施改革。

早在 20 世纪 80 年代初期，辽宁省就开始注意工业企业老化问题，贯彻"调整、改革、整顿、提高"和"对内搞活，对外开放"的方针，加强对老企业的更新改造，开展了三年调整和整顿，1980～1994 年，仅国有工业企业的更新改造投入资金就累计超过 1000 亿元。

20 世纪 90 年代,"东北现象"出现之始,便成为社会关注的焦点。1995 年 6 月,时任国务院副总理吴邦国率领 16 个部委到辽宁进行调研,指出振兴老工业基地需要国家给予必要的支持,创造相对宽松的外部条件。1995 年 9 月,国务院办公会议专门研究了辽宁老工业基地调整改造问题,决定将辽宁作为"九五"时期老工业基地调整改造的试点,提出如下对策:责成国家经济贸易委员会(现商务部)牵头,会同有关部门制定发展规划,加大协调力度;明确国家在"八五"计划期间每年给辽宁省 7 亿元的资金,并延续到"九五"计划期间;再给辽宁省增加 4 个优化资本结构试点市;同时将有关东北老工业基地调整改造问题写进文件。辽宁省在"九五"计划期间,推进石化、冶金、机械和电子四大支柱产业发展,对 38 户骨干企业实施技术改造,实施了 200 个重点项目;1996 年就对 135 户企业进行了省级现代企业制度试点。1997 年 7 月,朱镕基在辽宁视察时首次提出国有企业三年改革和脱困的任务;1998 年开始,辽宁省对国有企业进行改革;1999 年 10 月,辽宁省国有企业扭转了连续 57 个月净亏损的局面。

同期,全国层面的老工业基地调整改造工作开始得到重视。1997 年党的十五大报告强调"加快老工业基地的改造",1999 年相关文件对老工业基地国有经济布局的调整问题做出规定,指出"统筹规划,采取有效的政策措施,加快老工业基地和中西部地区国有经济布局的调整",标志着老工业基地振兴战略成为 21 世纪中国发展全局的重大问题。

二、第二阶段

1. 振兴策略

该阶段介于 2003~2013 年,典型特征是"推行,全域,国企"。振兴发展覆盖东北地区,以问题导向为主,聚焦关键问题与突出矛盾,以解决问题即国企改革、体制机制为主,推动振兴发展,以摆脱困境,扭转区域发展态势。2003~2010 年,重点是国有企业,解放思想,深化改革,解决企业特别是国有大中型企业的包袱问题。2011~2013 年,重点是改善发展环境。

2002 年,党的十六大报告提出"支持东北地区等老工业基地加快调整和改造",将老工业基地调整改造提升到国家战略。2003 年开始,党中央、国务院做出了振兴东北地区等老工业基地的战略决策,明确了实施振兴战略的指导思想、方针任务,先后制定实施了系列振兴政策与措施,涉及基础设施、国债投资、财税、金融、国企改革、社会保障、科技人才等方面,有关部委也相继出台了配套政策措施(许欣,2017)。2004 年,国务院成立振兴东北地区等老工业基地办公室,标志着东北地区等老工业基地振兴战略的全面启动,开始了以老工业基地相对集中的重点区域局部推进。2007 年,国务院批复了《东北地区振兴规划》。

该时期的政策覆盖财税和金融、企业改革与产业发展、资源型城市与独立工矿区转型、棚户区改造、区域合作与对外开放政策。①针对经济增长,加大了东北老工业基地改造的投资。②财税与金融政策主要包括税收豁免、免征、优惠,率先出台了增值税转型,减免农业税,增加中央投资和专项财政扶持计划。③企业改革与产业发展政策主要涉及传统产业技改扶持、高新技术产业鼓励、农业扶持、企业体制改革和综合性产业指导政策。对农民减免农业税,增加农牧业补贴。④率先在东北地区实施资源枯竭型城市或独立工矿区转型政策。⑤以棚户区、采煤沉陷区改造等为主对社会保障追加投入,实施养老保险并轨。东北地区从 2000 年开始率先着手建立、完善社保体系试点。⑥区域合作与对外开放政策,实行对内对外开放优惠政策。该时期,国家力图在东北地区取得突破积累经验后将之推向全国(杜鹰,2013)。

"振兴东北"首批 100 个项目,总投资 610 亿元,大部分项目享受国家的贷款贴息优惠政策。其中,黑龙江省有 37 项,吉林省有 11 项,辽宁省有 52 项,而大连市以 17 个项目的数量排在东北各城市之首。辽宁省有 47 个项目围绕建设装备制造业基地和原材料基地,重点企业包括辽宁三大造船厂、大连石化集团、辽化集团、鞍钢集团、本钢集团。同时,国家出台了支持东北老工业基地高技术产业的 60 个专项,投资 56 亿元。相关政策文件如表 2-4 所示。

表 2-4   2003～2013 年东北振兴的若干政策文件

分类	文件名称
推动振兴的纲领性、综合性文件	《国务院办公厅关于促进东北老工业基地进一步扩大对外开放的实施意见》(2005 年)
	《国务院关于加快振兴装备制造业的若干意见》(2006 年)
	《国务院关于促进资源型城市可持续发展的若干意见》(2007 年)
	《国务院关于东北地区振兴规划的批复》(2007 年)
	《国务院关于进一步实施东北地区等老工业基地振兴战略的若干意见》(2009 年)
	《国务院关于东北振兴"十二五"规划的批复》(2012 年)
关于深化体制机制改革的文件	《国务院办公厅关于中央企业分离办社会职能试点工作有关问题的通知》(2004 年)
	《国务院办公厅转发国资委关于加快东北地区中央企业调整改造指导意见的通知》(2004 年)
	《国家税务总局关于加强东北地区扩大增值税抵扣范围增值税管理有关问题的通知》(2004 年)
	《财政部、国家税务总局关于印发〈东北地区扩大增值税抵扣范围若干问题的规定〉的通知》(2004 年)
	《财政部 国家税务总局关于进一步落实东北地区扩大增值税抵扣范围政策的紧急通知》(2004 年)
	《财政部 国家税务总局关于落实振兴东北老工业基地企业所得税优惠政策的通知》(2004 年)
	《财政部 国家税务总局关于调整东北老工业基地部分矿山油田企业资源税额的通知》(2004 年)
	《国务院办公厅关于第二批中央企业分离办社会职能工作有关问题的通知》(2005 年)
	《国务院办公厅关于东北地区厂办大集体改革试点工作的指导意见》(2005 年)
	《财政部 国家税务总局关于豁免东北老工业基地企业历史欠税有关问题的通知》(2006 年)
关于产业结构调整升级的文件	《科技部关于印发〈振兴东北老工业基地科技行动方案〉的通知》(2004 年)
	《国家发展改革委、国务院振兴东北办关于发展高技术产业促进东北地区等老工业基地振兴指导意见的通知》(2005 年)
	《国土资源部、国务院振兴东北办关于印发〈关于东北地区老工业基地土地和矿产资源若干政策措施〉的通知》(2005 年)
	《国家旅游局 国家发展改革委关于印发实施〈东北地区旅游业发展规划〉的通知》(2010 年)
	《国务院办公厅转发发展改革委农业部关于加快转变东北地区农业发展方式建设现代农业指导意见的通知》(2010 年)
	《国家发展改革委关于印发东北地区物流业发展规划的通知》(2011 年)

分类	文件名称
关于保障和改善民生的文件	《建设部关于推进东北地区棚户区改造工作的指导意见》（2005 年）
	《国家发展改革委、教育部、财政部、人力资源社会保障部关于印发促进东北地区职业教育改革创新指导意见的通知》（2011 年）

2. 振兴效果

该时期，振兴发展的项目数量较多、政策力度较大、涉及面较广，完全覆盖整个区域，东北地区经历了振兴发展的"黄金十年"。

曾经的"东北现象"基本消除，当年面临的突出矛盾得到有效缓解，东北地区焕发出新的生机与活力。辽宁省、吉林省和黑龙江省经济增长速率开始加快，2004～2012 年 GDP 增长速率比 2000～2003 年增长速率提高了 1.7 倍；2003 年，三省 GDP 增长速率均跃升到两位数，分别达 11.5%、10.2% 和 10.2%。直到 2011 年辽宁、吉林、黑龙江三省均保持两位数增长速率，分别为 12.2%、13.8% 和 12.2%。2003 年以来，吉林省的 GDP 增长速率位居全国第二位，辽宁省 GDP 增长速率位居全国第五位。2012 年，辽宁省增长速率回落个位数，降至 9.5%。东北地区振兴工作取得了重要的阶段性成果。

国有经济得到战略性调整，显著改变了国有经济比例偏高的状况，降低了传统重化工业的比例，优化了重点产业的产品和技术结构。轻重工业比例由 2003 年的 18.7：81.5 调整为 2012 年的 29.2：70.9。国企对 GDP 的贡献平均下降 20%，部分地区甚至下降了 30%～40%，国有企业职工可流动机制初步建立。产业结构持续升级与优化，装备制造企业和高新技术企业利润快速增长。多种所有制经济蓬勃发展，民营企业获得了一定发展。

自主创新能力显著提升，对外开放水平明显提高，基础设施条件得到改善。哈大高铁全线开通，形成贯穿东北三省主要城市的快速高铁干道。重点民生问题逐步解决，社会保障等显著改善（冯浩城和杨青山，2015）。东北三省的城镇化率由 36.7% 增长至 58.4%，各村镇实行了"村村通"道路建设。2012 年，东北三省城镇登记失业率分别为 3.6%、3.9% 和 4.2%。移交企业办社会机构有了相当的进展，职工由"企业人"逐渐变成"社会人"。各级政府改造棚户区超过 2.9 亿平方米，极大地改善了人民生产生活条件，1460 万困难群众受益（张立明，2013）。

农业发展效益提高。2012 年，东北三省粮食产量达到 17 703.5 万吨，比 2003 年增长 79.6%；单产达到 366.3 公斤/亩，比 2003 年增长 36.3%。

3. 反思

"黄金十年"是由国家一系列振兴东北的政策、当时所处的外部市场环境及自身产业结构特点形成的。东北振兴战略提出之时是中国开始新一轮以重化工为特征的工业化加速时期，"住"（住房）和"行"（汽车和旅游）的消费结构升级带动了钢铁、建材、能源等产业的突飞猛进，而东北振兴政策正好与这一时期的发展环境相吻合。东北地区发展存在的诸多问题并未解决，但由于外部形势好，市场需求与产业结构相匹配，因此成效明显。实际上，"黄金十年"遮掩了老工业基地长期存在的体制机制和结构性矛盾，体制机制问题并未根本触及，或有所触及但并不彻底，结构性问题因市场旺盛需求而得到加强。

三、第三阶段

1. 振兴背景

随着经济发展进入新常态，以及实质上没有解决好的传统产业发展困境和老工业基地深层次矛盾的集中爆发，东北地区进入了增长速度换挡期、结构调整阵痛期、前期刺激政策消化期"三期"叠加的阶段。四大区域板块中，东北地区的经济首先下滑。特别是 2013 年以来，东北地区出现了经济下行态势，经济增速持续下行，2014 年东北三省平均经济增长速率不足 6%，区域发展再度陷入低迷困难阶段，"新东北现象"显现。东北三省的经济增长速率跌落到全国后几位。但该阶段并未产生大规模的下岗、社会不稳定等问题。

国家高度重视，先后密集出台了新一轮促进东北地区振兴的政策。2013～2019 年，东北地区振兴的核心是应对挑战，改善发展环境，缓解经济下行压力，增强内生动力，培育发展新动能。

2. 振兴策略

该阶段介于 2014～2019 年，典型特征是"全域，全面，应急"。振兴发展覆盖东北地区，以应急扭转经济下滑态势和解决"新东北现象"为主，覆盖各个部门和各个领域，主题是改善发展环境、增强内生动力、培育发展新动能。

2014 年 8 月，国务院印发《国务院关于近期支持东北振兴若干重大政策举措的意见》（国发〔2014〕28 号），针对目前振兴实践中出现的新情况、新问题，要求抓紧实施一批重大政策举措，巩固扩大东北地区振兴发展成果，努力破解发展难题，依靠内生发展推动东北经济提质增效升级。国家提出了 76 项东北振兴近期重点任务和 139 个配套重点项目。2016 年 8 月国家发展和改革委员会印发了《推进东北地区等老工业基地振兴三年滚动实施方案（2016—2018 年）》，国务院印发了《国务院关于深入推进实施新一轮东北振兴战略加快推动东北地区经济企稳向好若干重要举措的意见》，提出了一系列振兴政策与措施。2016 年两会期间，习近平总书记在黑龙江省代表团参加审议时指出，振兴东北要扬长避短、扬长克短、扬长补短，向经济建设这个中心聚焦发力，打好发展组合拳，奋力走出全面振兴新路子。短时间内密集出台众多支持东北振兴的高级别、高含金量的政策文件，涉及基础设施、国债投资、财税、金融、国有企业改革、社会保障、科技人才、沉陷区治理等方面。2018 年 9 月，习近平总书记在东北三省考察时指出，以新气象新担当新作为推进东北振兴，明确提出新时代东北振兴是全面振兴、全方位振兴（许欣，2017）。该阶段的重要政策文件如表 2-5 所示。

表 2-5　2013～2018 年东北振兴的若干政策文件

分类	文件名称
振兴的纲领性、综合性文件	《国务院关于近期支持东北振兴若干重大政策举措的意见》（2014 年）
	《国务院关于东北振兴"十三五"规划的批复》（2016 年）
	《国务院关于深入推进实施新一轮东北振兴战略加快推动东北地区经济企稳向好若干重要举措的意见》（2016 年）
深化体制机制改革	《发改委关于东北振兴重大项目和跨省区合作项目前期工作专项补助资金管理暂行办法》（2015 年）
	《国务院关于沈抚改革创新示范区建设方案的批复》（2018 年）
产业结构调整升级	《国务院关于深入贯彻落实新一轮东北振兴战略部署加快推动东北地区经济企稳向好若干重要举措的意见》（2016 年）
	《发改委关于推进东北地区民营经济发展改革的指导意见》（2016 年）
保障和改善民生	《发展改革委 科技部 人力资源社会保障部 中科院关于促进东北老工业基地创新创业发展打造竞争新优势的实施意见》（2015 年）
	《发改委〈关于蒙东电网实施同网同价有关问题的请示〉的批复》（2017 年）

四、第四阶段

2020 年以后，东北地区的振兴工作进入了一个新的阶段。该阶段的特点是"综合，高质，协调"。振兴发展强调综合性，推进经济、社会、文化、生态等多方面的高质量发展，以实现人文与自然的协调和可持续发展。

东北地区是全国实现区域协调发展最困难的地区，要立足全国和东北亚视野，坚持目标导向与问题导向，聚焦全方位问题和长期问题，通过发展格局的战略性调整和产业优势的积极培育，把东北地区建成高品质国土和高福祉生活的家园，为东北地区迎接未来产业科技革命塑造战略储备空间。东北地区的振兴发展要围绕"一个核心、五个战略"，实施"三力并行、三生并推"。东北地区要在全国甚至东北亚发展格局中审视其比较优势，以高质量发展为核心，实施"五个安全"战略，推动提升发展活力、内生动力与区域竞争力"三力"并行，坚持生态、生活和生产"三生"发展并行推进，聚焦推动国土开发结构优化、体制机制改革、生态保护、产业转型升级、社会和谐、环境改善、创新发展等重点建设任务，形成各部门、各领域、各地区的系统化振兴发展。

第三章
东北地区的发展现状与总体特征

　　发展现状是未来发展的基础。区域发展是一个综合性的概念，涉及社会经济的各领域和各方面。东北地区的未来发展必须要立足当前的发展基础，深入而全面剖析其基本特征，总结东北地区的一般性发展路径与规律。本章主要是以东北振兴战略实施以来为研究时段，分析东北地区的发展现状，总结其基本特征。重点分析了东北地区的经济发展特征、经济布局变化、经济结构调整及工业和农业生产，考察了人口与城镇化变化、城乡居民收入、社会事业发展及国企改革，探讨了基础设施、生态环境、对外开放、区域合作及营商环境等。

　　本章主要得出以下结论。

　　（1）经过了"十一五""十二五""十三五"时期的振兴发展，东北地区的振兴工作取得了重要的阶段性成果，曾经的"东北现象"逐渐消除，当年面临的突出矛盾等"东北问题"得到部分缓解，东北地区正焕发出新的生机与活力。

　　（2）2003年国家实施东北地区振兴战略以来，东北地区的经济运行总体良好，总量持续扩大，各工业行业呈现明显的发展分化，落后产能有序退出，新兴产业初现端倪并呈现较好发展势头。农业地位增强，粮食种植面积与产量不断提高，对国家粮食安全贡献突出。文旅、金融等现代服务业逐步发展。

　　（3）东北地区人口规模呈现先增长后减少趋势，人口增长率为负增长，城镇化率较高并持续提高，哈长地区、辽中南、黑龙江东部等地区具有较高城镇化率。居民收入稳步提高，城市群和牧区城镇居民收入较高，辽中南、哈大齐、黑龙江东部的农民收入较高。脱贫攻坚任务按期完成，社会民生事业显著改善。科教事业稳步推进，文化与医疗事业加快发展。国企改革呈现向好态势，企业办社会职能剥离顺利，厂办大集体改革已全面启动。

　　（4）东北地区的基础设施网络明显改善，区域发展的支撑能力不断提高。生态环境良好，生态屏障功能增强，城市人居环境提升，环境污染治理加强。利用外资水平持续提高，对外开放口岸和合作平台不断增多，国际贸易增长明显。积极融入京津冀协同发展，加快推进与沿海发达地区的对口合作。营商环境逐步改善。

第一节　经济与产业

一、经济发展特征

1. 经济总量

振兴东北等老工业基地战略实施以来，面对低位开局、持续低迷的基础，东北地区的经济总量呈现不断增长的态势，经济运行平稳良好，应对经济下行压力的工作成效显著。以 2003 年为基准价进行可比价①计算，2003 年东北地区 GDP 约为1.38 万亿元，2008 年东北地区 GDP 突破 2 万亿元。近年来，东北地区积极应对宏观经济下行压力，2019 年 GDP 进一步增长至 2.6 万亿元（现价为 5.57 万亿元）以上的水平。2003 ~ 2019 年，东北地区 GDP 增长了 0.89 倍，年均增长 5.5%。具体如图 3-1 所示。

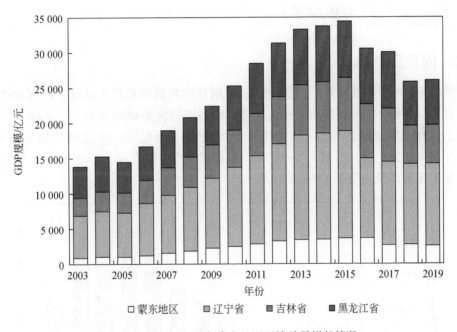

图 3-1　2003 ~ 2019 年东北地区经济总量增长情况

2003 年以来，东北四省区先后出台了系列政策举措，全力破解重点难点痛点问题，千方百计稳定经济增长。从具体地区来看，辽宁省的经济总量从 2003 年的 6002 亿元增长到 2019 年的 1.16 万亿元，吉林省从 2003 年的 2522 亿元增长到 2019 年的 5479 万亿元，黑龙江省从 2003 年的 4433 亿元增长到 2019 年的 6360 万亿元，蒙东地区从 2003

---

① 计算可比价过程中所采用的平减指数以全国平减指数为标准。

年的 875 亿元增长到 2019 年的 2564 亿元。

专栏 3-1   东北地区 GDP 修正

GDP 数据并不是一成不变的，为了保持 GDP 数据的历史可比性，许多国家和地区按照国际惯例对历史数据进行修正。2019 年 11 月 22 日，国家统计局依据第四次全国经济普查资料，对全国 GDP 进行修正，发布《国家统计局关于修订 2018 年国内生产总值数据的公告》。根据该公告，全国 2018 年 GDP 修订为 919 281 亿元，与初步核算数 900 309 亿元相比，总量增加 18 972 亿元，增幅为 2.1%。

在东北地区，东北三省及内蒙古自治区 2018 年的 GDP 进行了同步修正。东北三省的 GDP 总量从 56 751.4 亿元调减到 47 610.8 亿元，下调了 9140.6 亿元，下调幅度达到 16.11%，约缩减了六分之一。其中，辽宁省 GDP 从 25315.4 亿元下调至 23510.5 亿元，下调了 1804.9 亿元，下调幅度为 7.13%。吉林省 GDP 从 15074.6 亿元下调为 11253.8 亿元，下调了 3820.8 亿元，降幅达到 25.35%，约缩减了四分之一。黑龙江省 GDP 从 16361.4 亿下调到 12846.5 亿，下调亿元 3514.9 亿元，降幅达到 21.48%，约缩减了五分之一。内蒙古自治区 GDP 从 17289.22 亿元下调到 16141 亿元，下调了 1148.22 亿元，降幅达到 6.64%。

---

2. 固定资产投资

固定资产投资不断增长，投资拉动经济增长的发展路径仍在延续。以现价进行分析，如图 3-2 所示，2003 年东北地区社会固定资产投资为 4639.8 亿元，2006 年突破 1 万亿元，2008 年突破 2 万亿元，2010 年继续突破 3 万亿元，2012 年突破 4 万亿元，2013 年突破 5 万亿元，达到 5.2 万亿元。但此后呈现下降态势，2016 年跌破 4 万亿元，2017 年固定资产投资降至 3.76 万亿元。

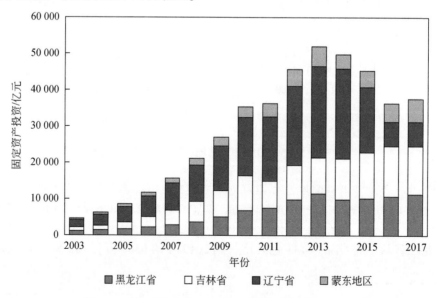

图 3-2   2003~2017 年东北地区固定资产投资增长过程

东北地区的固定资产投资占全国的比例呈现出先升高后逐步降低的发展过程。如图 3-3 所示，2003 年，东北地区的固定资产投资占全国的比例达到 8.35%，2003～2010 年该比例总体呈逐步增长趋势，2010 年达到最高值 14.08%，东北振兴初期的基本方略仍是依靠投资拉动经济增长。2010～2017 年，该比例逐步下降，2017 年降至 5.86%，减少了 8.22 个百分点。

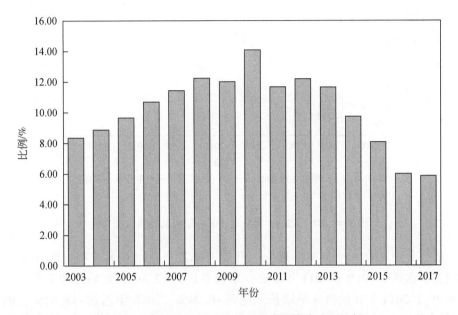

图 3-3　2003～2017 年东北地区固定投资占全国比例

从增长率来看，东北地区的固定资产投资呈现明显的波动式变化。总体上，东北地区的固定资产投资增长率一直高于全国平均水平，是全国平均水平的 2 倍左右。2003～2008 年，东北地区的固定资产投资增长率呈现提高态势，从 18.58% 提高到 26.67%，并波动式增长到 2011 年的 27.52%。2013 年开始，固定资产投资增长率逐渐下降，尤其是 2014 年出现负增长，2017 年降至 20.52%，是全国平均水平的 2.99 倍。

3. 一般公共预算收入

2003～2019 年，东北地区的一般公共预算收入保持正增长。一般公共预算收入由 2003 年的 895 亿元增加 2010 年的 3592 亿元。2013 年后，受经济大环境的影响，一般公共预算收入出现了萎缩，但并未出现断崖式下跌，2015 年降至 4971.5 亿元，近年来有所回升，2018 年达到 5521.13 亿元，但 2019 年又降至 5424.46 亿元。除辽宁省在 2014 年、2015 年出现较大的下跌外，其他省份均保持相对稳定的规模，并且在 2015 年之后出现复苏的迹象，2016 年相比 2015 年增加 4.5 亿元；但 2019 年又呈现出衰退的趋势。2019 年，辽宁省和蒙东地区一般公共预算收入分别增长 1.4% 和 2.94%，但吉林省和黑龙江省分别减少 10% 和 1.6%。从收支比例来看，东北地区的收支比例呈现波动式下降趋势，2003 年为 46.56%，2019 年降到 32.58%，一般公共预算收入远小于一般公共预算支出，而且差距越来越大。具体如图 3-4 所示。

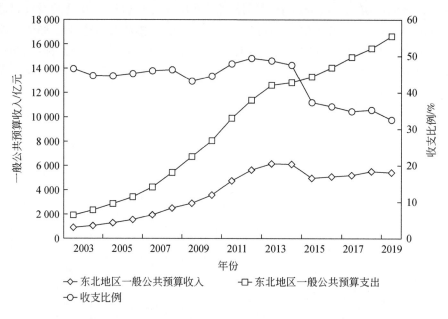

图 3-4 2003～2019 年东北地区一般公共预算收支变化

一般公共预算收入增长率呈现先上升后下降甚至负增长的过程（图 3-5）。2004年，增长率达到 17.01%，2011 年最高，增长率达到 32.3%，此后迅速下降，2013 年降至 9.2%，2014 年开始出现负增长，达到 -0.74%，2015 年达到 -18.62%，但 2016年开始反弹，2018 年增长率达到 6.04%，但 2019 年又呈现负增长，增速达到 -1.75%。东北地区的一般公共预算收入占全国的比例一直低于一般公共预算支出占全国的比例。

东北地区高质量发展的战略路径

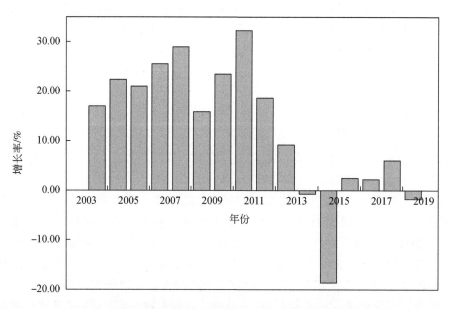

图 3-5 2003～2019 年东北地区一般公共预算收入增长率

二、经济布局变化

1. 经济布局

由于长期以来形成的经济基础，各地区在东北地区有着不同的经济比例，形成了不同的经济地位。总体上，东北经济主要集中在京哈铁路沿线的中心城市，其他地区的 GDP 比例较低。其中，大连的经济规模最高，占全国的比例最高，达到 8.45‰；其次是长春，达到 7.85‰，沈阳占 6.99‰，哈尔滨为 5.41‰，上述四个中心城市合计占全国经济总量的 2.87%。吉林、大庆的经济比例介于 2‰~3‰。鞍山、赤峰、松原、通辽、营口、呼伦贝尔、盘锦、锦州、抚顺、四平、通化 11 个地市的比例介于 1‰~2‰。其他地区均低于 1‰，其中黑河、双鸭山、大兴安岭地点、鹤岗和伊春 5 个地区的 GDP 比例最低，均低于 0.2‰。

2. 地区变化

2003~2017 年，东北地区各地区的 GDP 比例有不同的变化。从各地区 GDP 占全国 GDP 的比例来看，41 个地级政区中，有 39 个地区的 GDP 比例呈现下降的态势，仅有辽源和锡林郭勒盟 GDP 占全国 GDP 的比例呈现略微的增长态势，分别增长了 0.11 个和 0.13 个千分点。其中，大庆的经济比例下降幅度最大，下降了 7.06 个千分点，沈阳和哈尔滨下降了 6.68 个和 6.66 个千分点，大连、鞍山和长春分别下降了 5.47 个、4.79 个和 3.56 个千分点，绥化、吉林、齐齐哈尔均下降了超过 2 个千分点，其他下降较少。

从各地区 GDP 占东北地区 GDP 的比例来看，21 个地区的经济比例呈现下降趋势，20 个地区的经济比例呈现提高趋势。具体来看，大庆的经济比例下降最大，达到 3.55 个百分点；鞍山和绥化均下降了 2~3 个百分点，牡丹江和齐齐哈尔均下降了 1~2 个百分点，哈尔滨、鸡西、黑河、双鸭山、佳木斯、伊春、鹤岗、抚顺、葫芦岛、七台河、盘锦、辽阳、大兴安岭地区、本溪、丹东、铁岭等地区的下降幅度均低于 1 个百分点。长春的经济比例增长最高，达到 3.39%；其次是大连，为 2.36%；赤峰和松原分别为 1.32% 和 1.09%。呼伦贝尔、通辽、锡林郭勒盟、辽源、营口、朝阳、白山、白城、兴安盟、通化、沈阳、四平、延边朝鲜族自治州、吉林、锦州、阜新等地区经济比例增长均不足 1 个百分点。

东北地区的规模以上企业（简称规上企业）主要集中在省会城市，其他地级城市的规上企业数量较少。大连和长春的规上企业较多，分别达到 1683 家和 1580 家，沈阳和哈尔滨分别为 1379 家和 1248 家，上述城市规上企业数量合计占东北地区规上企业总量的 32.3%，接近三分之一。吉林市的规上企业较多，达到 1062 家。上述五个城市的规上企业数量远超过其他地级城市。松原、通化规上企业数量超过 600 家，四平、通辽、营口、鞍山、赤峰、延边朝鲜族自治州等超过 500 家，大庆超过 400 家，锡林郭勒盟、呼伦贝尔、白山、齐齐哈尔、丹东、白城、绥化、辽源等地区均超过 300 家。锦州、牡丹江、盘锦、朝阳、抚顺、葫芦岛、铁岭、兴安盟、佳木斯、阜新等地区均超过 200 家，辽阳、本溪、双鸭山、鸡西、黑河、鹤岗等地区均超过 100 家。伊春和七台河分别有97家和83家，而大兴安岭地区仅有20家。

3. 经济联系网络

东北地区的经济联系以内部联系为主。在总经济联系中，东北地区内部联系所占比例为74.78%，东北地区同其他省区的经济联系比例为25.22%，大致呈现3∶1的比例结构。在输出经济联系中，东北地区内部联系比例为85.17%，东北地区同其他省区的联系比例仅为14.83%，大致呈现6∶1的比例结构。在输入经济联系中，东北地区的内部联系比例为85.97%，其他地区同东北地区的联系比例仅为14.03%，大致呈现6∶1的比例结构。

在外部经济联系中，东北地区尚未形成具有绝对优势的联系区域，但与沿海发达地区的经济联系相对较高，重点包括长江三角洲、广东、山东及河北和河南等地区。远距离经济联系较多、近距离经济联系较少，这是东北地区经济联系网络的重要特征。如表3-1所示，东北地区与江苏的联系最高，达到10.98%；其次是与广东的联系，达到8.41%；再次是与上海、山东、浙江的联系，分别达到7.57%、6.30%和6.22%；最后是与河北、河南的联系，分别达到5.54%和5.16%。这表明，东北地区与长江三角洲、北方地区的联系仍是主流。从输入联系看，江苏与东北三省的联系达到10.23%，广东与东北三省的联系为8.67%，山东、河北、上海分别为6.7%、6.40%和6.21%，之后是北京（5.53%）、内蒙古（5.3%）和河南（5.37%），北京、内蒙古至东北地区的联系有所增强。从输出联系来看，江苏达到11.68%，上海和广东分别为8.85%和8.17%，浙江和山东分别为7.39%和5.93%。

表3-1　东北三省外部经济联系比例结构　　　　　　（单位:%）

始发	抵达	外部经济总量比例	始发	抵达	外部比例	外部经济总量比例
河北	东北三省	6.40	河北	东北三省	4.74	5.54
上海		6.21	上海		8.85	7.57
江苏		10.23	江苏		11.68	10.98
浙江		4.98	浙江		7.39	6.22
山东		6.70	山东		5.93	6.30
广东		8.67	广东		8.17	8.41
黑龙江	辽宁省	8.70	黑龙江	辽宁省	3.21	5.97
上海		5.15	上海		8.23	6.68
江苏		10.00	江苏		12.19	11.09
浙江		4.49	浙江		7.51	5.99
山东		6.21	山东		3.64	4.93
广东		6.94	广东		6.04	6.49

始发	抵达	外部经济总量比例	始发	抵达	外部比例	外部经济总量比例
河北	吉林省	6.92	吉林省	河北	3.62	5.42
上海		6.85		上海	5.45	6.22
江苏		8.59		江苏	10.69	9.55
广东		9.12		广东	9.79	9.42
河北	黑龙江省	7.32	黑龙江省	河北	6.56	6.97
辽宁		5.41		辽宁	10.67	8.58
上海		5.30		上海	9.25	7.70
江苏		8.58		江苏	8.73	8.79
浙江		4.33		浙江	6.49	5.66
山东		6.34		山东	7.33	7.01
河南		7.10		河南	4.63	5.74
广东		8.24		广东	7.89	8.14

注：比例低于6%以下的流量已删减

（1）辽宁省：在外部总联系中，江苏比例最高，达11.09%；上海、广东相当，分别为6.68%、6.49%。在输入联系中，江苏最高，为10%；其次是黑龙江，为8.7%；再次是广东和山东，分别为6.94%和6.21%。在输出联系中，江苏最高，为12.19%；其次是上海和浙江，分别为8.23%和7.51%；再次是广东，为6.04%；指向明确且集中，分别为长江三角洲和珠江三角洲，尤其是前者比例高达27.93%。

（2）吉林省：在外部总联系中，吉林与江苏、广东的联系比例最高，分别达到9.55%、9.42%；与上海的比例为6.22%，与山东、河北和浙江的比例相当，分别为5.62%、5.42%和5.05%。在输入联系中，广东至吉林的联系比例最高，达到9.12%，江苏达到8.59%；河北和上海至吉林的比例分别为6.92%和6.85%。在输出联系中，吉林至江苏的比例最高，达到10.69%，至广东的比例达到9.79%。

（3）黑龙江省：在外部总联系中，黑龙江与江苏、辽宁、广东的经济联系较高，分别为8.79%、8.58%、8.14%；与上海、山东和河北的联系分别为7.70%、7.01%和6.97%。在输入联系中，江苏和广东到黑龙江的联系最高，分别为8.58%和8.24%，河北、河南到黑龙江的比例分别为7.32%、7.10%，山东的比例为6.34%。在输出联系中，黑龙江到辽宁的经济联系最高，达到10.67%，到上海和江苏的比例为9.25%和8.73%；黑龙江到广东、山东、河北和浙江的经济联系比例分别为7.89%、7.33%、6.56%和6.49%。

三、经济结构调整

1. 工业

1）工业发展态势

经济新常态下，东北地区的工业发展经历了先增长后下降的过程。如图 3-6 所示，2003 年工业总产值为 1.18 万亿元，2003～2013 年规模一直呈现增长态势，2013 年达到 9.23 万亿元。此后，工业总产值持续下降，2016 年达到 3.83 万亿元，仅为 2013 年总量的 41.5%。如图 3-7 所示，东北地区城市①工业总产值占全国城市工业总产值的比例呈现先缓慢上升后急速下降的发展过程。2003 年，该比例达到 8.43%，2012 年提升至 9.38%，此后一直下降，2016 年仅占 2.14%。

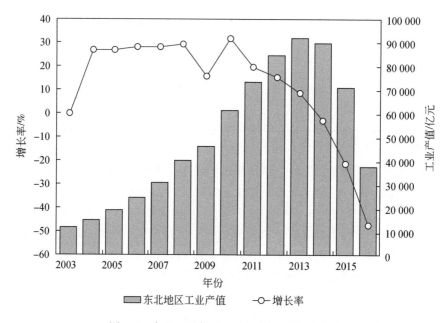

图 3-6　东北地区各地市的工业产值及增长率

2）形成以重工业为主的工业结构

工业结构是工业内部各行业的资产比例结构、就业人员比例结构或产值比例结构，多数研究以产值比例结构为主。鉴于目前多数地市已不再统计工业产值，本研究以辽宁省、吉林省和黑龙江省的工业资产比例结构为主进行分析。

东北地区形成了以重工业为主的工业结构。如图 3-8 所示，2019 年主导产业主要是电力热力、汽车制造、钢铁冶金、石油天然气开采和农产品加工等。其中，汽车制造业的比例最高，达到 14.23%，合计船舶等的交通运输设备制造业，其比例达到 16.77%，约六分之一。其次是电力热力生产业，比例达到 13.09%。钢铁冶金达到

---

① 主要采用城市统计年鉴数据，该数据不包括州盟地区。

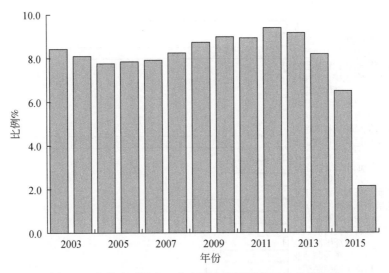

图 3-7　东北地区城市工业产值占全国城市工业产值比例

9.07%，石油天然气开采和农产品加工分别为 5.57% 和 5.18%；上述产业合计占 49.68%。化工、石油化工、通用设备制造、医药制造介于 4% ~ 5%；非金属矿物制品、专用设备制造介于 3% ~ 4%；煤炭采选、交通设备制造、有色金属冶炼加工、电气机械和器材制造介于 2% ~ 3%；橡胶塑料制品、金属制品、计算机通信设备、食品制造、酒饮料和茶制造、铁矿石采选、水生产供应等产业介于 1% ~ 2%。其他产业均低于 1%。

对于东北三省，各自有不同的工业资产比例结构。如表 3-2 所示。

（1）辽宁省：黑色金属冶炼和压延加工业有着最高比例，达到 14.29%，电力热力生产达到 12.13%；汽车制造达到 8.03%，通用设备制造业达到 6.29%，交通运输设备制造业、化学原料和化学制品制造业、石油化工等产业均高于 5%，专用设备制造业、非金属矿物制品业均高于 4%，农副食品加工业、电气机械和器材制造业及有色金属冶炼和压延加工业均高于 3%。

（2）吉林省：汽车制造业有绝对的优势地位，比例达到 27.51%；电力热力生产业达到 10.34%，医药制造业达到 8.07%，农副食品加工业和建材产业均超过 6%，化学原料和化学制品制造业达到 5.14%，黑色金属冶炼和压延加工业、石油和天然气开采业采选均超过 4%，有色金属冶炼和压延加工业达到 3%。

（3）黑龙江省：电力热力生产、石油和天然气开采业有最高的比例，分别达到 19.26% 和 19.17%；农副食品加工业达到 10.16%，煤炭采选开采和洗选业、专用设备制造业、通用设备制造业、非金属矿物制品业等产业均超过 4%，石油加工、医药制造业均超过 3.9%。

3）工业结构变化

东北振兴战略实施以来，工业结构发生了一定的变化。2003 ~ 2018 年，有 18 个产业的资产比例呈现提高的趋势，为发展壮大的产业部门，有 22 个行业则呈现减少的趋势，为滞后衰退的产业部门。

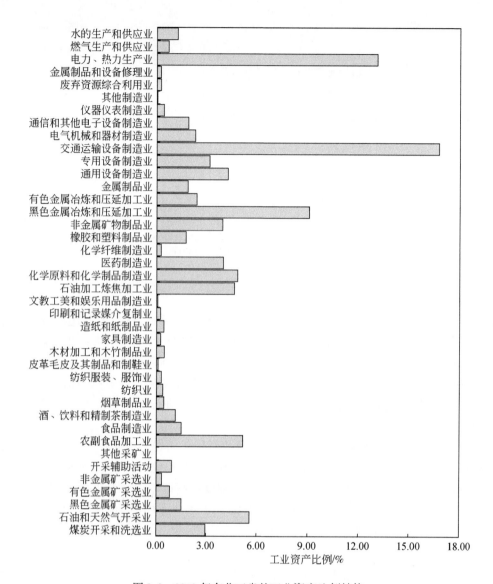

图 3-8 2019 年东北三省的工业资产比例结构

表 3-2 辽宁省、吉林省、黑龙江省的工业资产比例 （单位:%）

产业	辽宁省	吉林省	黑龙江省
石油和天然气开采业		4.47	19.17
医药制造业		8.07	3.90
煤炭开采和洗选业			4.94
有色金属冶炼和压延加工业	3.10	3.00	
电气机械和器材制造业	3.21		
农副食品加工业	3.88	6.44	10.16
非金属矿物制品业	4.49	6.42	4.18
专用设备制造业	4.56		4.44

产业	辽宁省	吉林省	黑龙江省
石油加工、炼焦加工业	5.34		3.98
化学原料和化学制品制造业	5.51	5.14	
交通运输设备制造业	5.92		
通用设备制造业	6.29		4.36
汽车制造业	8.03	27.51	
电力热力生产	12.13	10.34	19.26
黑色金属冶炼和压延加工业	14.29	4.18	

注：占比低于3%以下的产业不列出

2003~2018年，交通运输设备制造业的比例提升最高，达到4.34个百分点；农副食品加工业提高较快，达到2.44个百分点；医药制造业和黑色金属矿采选业有所增强，均提高了1.15个百分点。开采辅助业、金属制品业、有色金属采选业、有色金属冶炼和压延加工业、非金属矿物制品业的比例也呈现增长趋势，均提高了0.5~1个百分点。食品制造业、废弃资源综合利用业、金属制品和设备修理业、燃气生产和供应业、专用设备制造业、非金属矿采选业、水的生产和供应业、仪器仪表制造业和其他采矿业均有所提高。具体如表3-3所示。

表3-3 2003~2018年东北地区资产比例增长和减少的产业

比例增加产业				比例减少产业			
产业	2003年/%	2018年/%	比例变化/%	产业	2003年/%	2018年/%	比例变化/%
交通运输设备制造业	12.43	16.77	4.34	文教工美用品制造	0.08	0.07	-0.01
农副食品加工业	2.74	5.18	2.44	皮革毛皮及制品和制鞋业	0.13	0.10	-0.03
医药制造业	2.86	4.01	1.15	电气机械制造业	2.39	2.32	-0.07
黑色金属矿采选业	0.37	1.52	1.15	纺织服装、服饰业	0.36	0.29	-0.07
开采辅助活动	0.00	0.93	0.93	印刷和记录媒介复制业	0.31	0.23	-0.08
金属制品业	1.12	1.88	0.76	烟草制品业	0.54	0.45	-0.09
有色金属矿采选业	0.21	0.82	0.61	家具制造业	0.34	0.25	-0.10
有色金属冶炼和压延加工业	1.86	2.41	0.54	其他制造业	0.15	0.05	-0.10
非金属矿物制品业	3.45	3.96	0.51	石油加工炼焦加工业	4.86	4.67	-0.20
食品制造业	1.03	1.50	0.47	酒、饮料和精制茶制造业	1.44	1.15	-0.28
废弃资源综合利用业	0.00	0.25	0.25	通用设备制造业	4.61	4.28	-0.33
金属制品和设备修理业	0.00	0.25	0.25	木材加工和木竹制品业	0.83	0.46	-0.37
燃气生产和供应业	0.52	0.71	0.19	化学纤维制造业	0.79	0.27	-0.53

比例增加产业			比例减少产业			
专用设备制造业	3.03	3.18	0.15	煤炭开采和洗选业	3.56	2.95	-0.61
非金属矿采选业	0.25	0.33	0.08	通信和其他电子设备制造业	2.57	1.91	-0.66
水的生产和供应业	1.19	1.25	0.06	黑色金属冶炼和压延加工业	9.94	9.07	-0.87
仪器仪表制造业	0.40	0.43	0.03	纺织业	1.30	0.38	-0.92
				造纸和纸制品业	1.39	0.43	-0.96
				化学原料和化学制品制造业	5.99	4.85	-1.14
				电力、热力生产业	14.57	13.09	-1.48
				橡胶和塑料制品业	3.95	1.77	-2.18
				石油和天然气开采业	8.44	5.57	-2.87

2003～2018 年,共有 22 个产业的资产比例呈现下降趋势。其中,石油和天然气开采业、橡胶和塑料制品业的降幅较大,分别达到 2.87 个和 2.18 个百分点。电力、热力生产和供应业、化学原料和化学制品制造业下降较高,分别为 1.48 个和 1.14 个百分点。造纸和纸制品业、纺织业、黑色金属冶炼和压延加工业、通信和其他电子设备制造业、煤炭采选和洗选业、化学纤维制造业的资产比例有一定幅度的下降,介于 0.5～1 个百分点。木材加工和木竹制品业、通用设备制造业、酒、饮料和精制茶制造业、石油加工、其他制造业、家具制造业、烟草制品业、印刷和记录媒介复制业、纺织服装、服饰业、电气机械和器材制造业、皮革毛皮及制品和制鞋、文教工美和娱乐用品制造业 12 个产业的资产比例有较低的降幅。

4)工业发展分类

2003～2018 年,根据各行业占工业结构的比例变化和各行业占全国同类行业的比例变化,可以将工业发展分为四种类型,如图 3-9 所示。

(1)类型 Ⅰ:结构占比上升,全国占比上升。该类行业是最具发展潜力的产业,包括开采辅助产业、金属制品和设备修理业、其他采矿业、废弃资源综合利用业、有色金属矿采选业、非金属矿采选业。上述 6 个产业占东北工业结构的比例增加了 2.13 个百分点,占全国同类产业的比例增加了 53.44 个百分点,表明东北地区的非主导产业发展状态最佳。

(2)类型 Ⅱ:结构占比上升,全国占比下降。该类产业虽然在东北地区呈现增长态势,优势水平在提高,但在全国同类行业中的地位却呈现下降态势。主要包括农副食品加工业、食品制造业、金属制品业、仪器仪表制造业、非金属矿物制品业、黑色金属矿采选业、医药制造业、水的生产和供应业、有色金属冶炼和压延加工业、专用设备制造业、交通运输设备制造业、燃气生产和供应业 12 个产业。上述产业占东北工业结构的比例增长了 11.8 个百分点,但占全国同类产业的比例却下降了 40.28 个百分点。上述产业为东北地区的部分主导产业和重要产业。

(3)类型 Ⅲ:结构占比下降,全国占比上升。该发展类型无产业覆盖。

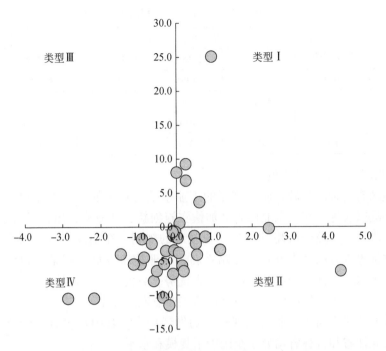

图 3-9　2003 ～ 2018 年东北地区工业发展类型

（4）类型Ⅳ：结构占比下降，全国占比下降。该类型涉及的 22 个产业是发展状态最差的产业，不但在东北地区呈现衰退态势，而且在全国的地位也日渐衰弱；上述产业占东北地区工业结构的比例共计下降 13.93 个百分点，占全国同类产业的比例合计下降 106.6 个百分点。其中，石油和天然气开采业、橡胶和塑料制品业是衰退最明显的行业。其次是石油加工、木材加工和木竹制品业、煤炭开采和洗选业、电力、热力生产和供应业、化学纤维制造业、家具制造业、化学原料和化学制品制造业等产业衰退明显。造纸和纸制品业、黑色金属冶炼和压延加工业、通用设备制造业、酒、饮料和精制茶制造业、电气机械和器材制造业等产业具有一定的衰退趋势。纺织服装和服饰业、通信和其他电子设备设备制造业、烟草制品业、皮革毛皮及其制品和制鞋业、文教和娱乐用品制造业、其他制造业、印刷和记录媒介复制业等产业有衰退趋势。

5）落后产能有序退出

东北振兴面临着调结构、去产能等诸多问题。2010 年以来，东北地区积极应对去产能任务，严格执行环保、能耗、质量、安全等法律法规和标准，化解过剩产能，退出不合规、不达标产能。其中，吉林省退出煤炭产能 1643 万吨，引导"僵尸企业"有序退出，支持吉煤集团、通钢集团等企业转型发展，超出国家下达任务，粗钢去产能 108 万吨，组建省水泥集团，化解水泥过剩产能。2017 年，辽宁省清理"地条钢"企业 66 户，关闭退出小煤矿 185 处、化解产能 1020 万吨，淘汰落后水泥产能 422 万吨，淘汰煤电落后产能 10.5 万千瓦，2019 年关停 15 万千瓦落后煤电机组，处置"僵尸企业" 116 户，推动钢铁、煤炭等富余产能参与国际合作。2010 年以来，黑龙江省持续落实"三去一降一补"，关闭煤矿 363 处，退出煤炭产能 2938 万吨，钢铁、水泥分别淘汰落后产能 675 万吨、129 万吨（曲艺，2018）。内蒙古退出产能 330 万吨，具体如表 3-4 所示。

表 3-4　2016～2017 年东北地区煤炭去产能清单

地区	2017 年计划退出/万吨	实际去产能/万吨		2017 年计划关闭煤矿/处	实际关闭退出煤矿/处	
		2017 年	2016 年		2017 年	2016 年
辽宁省	959	未公布	1361	184	未公布	44
吉林省	314	未公布	1643	未公布	未公布	64
黑龙江省	292	76	1010	4	5	15
内蒙古自治区	120	810	330	4	16	10

6) 新兴产业发展初现端倪

东北地区有完善的基础设施、雄厚的工业基础及众多的科技人才和高素质的产业工人。振兴战略实施以来，东北四省区加快实施创新驱动战略，出台了若干优惠政策，各级政府密集出台了鼓励战略性新兴产业发展的规划，在招商引资、人才引进、金融服务和税收优惠等方面加大支持。战略性新兴产业稳步发展，在某些领域具有同发优势、处于同等水平，甚至局部领域取得领先优势。目前，智能机器人、轨道交通装备、新能源汽车、车电子和生物医药等战略性新兴产业发展突出。

各地区的战略性新兴产业也呈现较好的发展势头，其中辽宁省处于全国中等规模和水平，黑龙江省和吉林省均处于全国中下规模和水平。

(1) 辽宁省：高端制造业较为突出，新一代信息技术、生物医药、节能环保、新能源、新材料、新能源汽车等新兴产业发展加快。推进沈大国家自主创新示范区建设，丹东、盘锦、抚顺高新区晋升为国家级高新区，推出一批工业互联网项目，华为辽宁大区（锦州）云计算数据中心启动运行，上云企业 3 万多户。装备制造业向智能化方向发展，培育壮大 IC 装备、航空装备、机器人等产业链。大力发展数字经济，推动人工智能、物联网、大数据、区块链等产业发展。2019 年，辽宁省高技术制造业增加值增长 18.7% 左右。

(2) 吉林省：积极发展生物医药、新能源动力、装备制造，加快发展大数据、人工智能、通用航空等产业。建设了吉浙（颐高）数字经济产业园区（何珺，2017）。2019 年，吉林省新认定国家级高新技术企业 800 户和科技小巨人企业 358 户，延边国泰新能源企业等重大项目开工建设，新能源汽车产销量分别是 2018 年的 4 倍和 3.4 倍；6 个通用航空企业获得通航运营资质。

(3) 黑龙江省：重点发展新能源、新材料、新型环保、生物、现代装备制造等产业。深入实施新一轮科技型企业三年行动计划，新成立科技型企业 1.7 万家，全省高新企业达到 1250 家。2019 年高技术制造业增加值增长 10.2%。黑龙江省、哈尔滨市与哈尔滨工程大学三方共建哈工大机器人集团，形成集技术成果转化和孵化于一体的机器人产业聚集创新平台，培养了 17 家机器人领域的成熟本土企业，形成哈南机器人产业园，园内已集聚 60 多家机器人企业。

2. 服务业

东北地区的现代服务业逐步发展。在三次产业结构中，第三产业的比例呈现持续的增长态势，从 2003 年的 36.87% 增长至 2017 年的 51.94%。

金融行业发展平稳，信用生态环境改善。地方法人金融机构运营状况持续改善。

社会融资总量不断增加，融资结构进一步改善。债券和股票融资占比明显上升，三省的金融生态环境持续改善。2005 年，东北地区金融机构各项存款余额为 27 046.4 万元，贷款余额为 15 465.4 万元，2010 年金融机构各项存款余额为 52 157.1 万元，贷款余额为 27 227.1 万元，存贷比由 2005 年的 1.75∶1 提高到 1.92∶1。2019 年金融机构各项存款余额为 12.15 万亿元，贷款余额为 9.74 万亿元，相比 2010 年分别增长了 1.33 倍和 2.58 倍。

文旅产业成为东北地区的发展亮点。旅游资源进入深度开发阶段，依托重要景区和重点旅游路线，冰雪旅游、边境旅游、草原和森林生态旅游品牌知名度不断提高，"冰爽""凉爽"拳头产品开始叫响全国，红色旅游、工农业旅游等专项旅游快速发展，"国家森林风景道"示范项目落地长白山。如表 3-5 所示，东北地区旅游总收入增速连续多年超过全国平均水平，2008 年辽宁、吉林、黑龙江三省实现旅游总收入 2755.3 亿元，入境旅游人数 504.6 万人，旅游外汇收入达 26.1 亿美元，较 2004 年分别增长 174%、136%、160%。近些年来，东北地区的旅游发展水平略微下降。2019 年内蒙古旅游收入达 4651.5 亿元，辽宁达到 6222.8 亿元，吉林达到 4920.4 亿元，黑龙江为 2683.8 亿元，比 2010 年分别增长 5.35 倍、1.32 倍、5.71 倍和 2.04 倍（表 3-5）。旅游业发展对东北地区优化经济结构、促进就业、扩大开放等也发挥了重要作用（张宇，2012）。

表 3-5　2003 ~ 2019 年东北地区旅游总收入概况

	项目	辽宁省	吉林省	黑龙江省	内蒙古自治区	东北三省	全国
旅游收入	2003 年/亿元	438.1	141.73	222.3	92.64	802.13	4 625.2
	2010 年/亿元	2 686.9	732.8	883.4	732.7	4 303.10	15 694.4
	2019/亿元	6 222.8	4 920.4	2 683.8	4 651.5	13 827.00	66 179.4
	2010 ~ 2019 年增长倍数	1.32	5.71	2.04	5.34	2.21	3.22
游客数量	2003 年/亿元	6 369.4	2 352.3	3 648.7	1 035.5	12 370.40	961 666
	2010 年/亿元	28 639	6 490.9	15 874	4 620.4	51 003.90	223 376
	2019/亿元	64 170	24 833	21 665	19 513	110 668.00	615 531
	2010 ~ 2019 年增长倍数	1.24	2.83	0.36	3.22	1.17	1.76

3. 规上企业

规上企业是反映一个地区工业经济发展实力的重要指标。如图 3-10 所示，2003 ~ 2010 年之前，东北地区的规上企业数量呈现不断增长的趋势，2003 年为 11 929 家，2010 年增长至 36 734 家，增长了 2.08 倍。2011 年规上企业界定标准进行了调整，东北地区的规上企业数量变为 27 436 家，此后开始呈现不断减少的趋势，2017 年为 18 428 家，较 2011 年减少了 32.8%，接近 1/3；2019 年，达到 16 293 家，比 2011 年减少了 40.61%，即 2/5。从东北地区占全国的比例来看，2003 ~ 2011 年大致呈现不断增长的趋势，从 2003 年的 6.08% 增长至 8.43%，但此后迅速下降，2019 年降至 4.31%，减少了 4.12 个百分点，几乎缩水了一半。

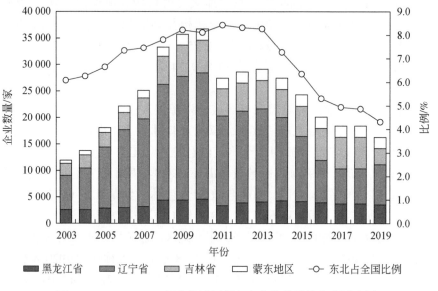

图 3-10   2003～2019 年东北地区规上企业数量及其占全国比例

从东北地区内部来看，四个地区的规上企业数量差异较大，而且各年份的发展趋势差异也较大。黑龙江的规上企业数量比例大致保持在 12%～20%，并形成"先减少后提高"的发展过程，2003 年为 21.51%，2017 年为 20.24%。辽宁保持在 40%～60%，大致形成逐步减少的发展过程，从 2003 年的 54.34% 降至 2017 年的 35.96%，减少了 18.38 个百分点。吉林大致保持在 15%～30%，呈现出"先下降后持续增长"的过程，2003 年为 19.15%，2017 年增长至 32.4%，增长了 13.25 个百分点。蒙东地区的规上企业比例保持在 5～10%，大致呈现出不断增长的过程，2003 年比例为 5%，2017 年 11.4%，增长了 6.4 个百分点。

从布局来看，各地市的规上企业有着显著的差异，但均呈现出集中在中心城市的基本格局，并集中分布在哈大铁路沿线。2017 年，大连的规上企业最多，达到 1683 家，占东北地区规上企业总量的 9.13%；长春达到 1580 家，占比为 8.57%；沈阳有 1379 家，占比为 7.48%；哈尔滨和吉林市分别有 1248 家和 1062 家，占比分别为 6.77% 和 5.76%。上述 5 个城市合计占东北地区规上企业总量的 37.71%。松原、通化均超过 600 家，四平、通辽、营口、鞍山、赤峰、延边州均超过 500 家；大庆达到 419 家，锡林郭勒盟、呼伦贝尔、白山、齐齐哈尔、丹东、白城、绥化、辽源 8 个地市盟均超过 300 家，锦州、牡丹江、盘锦、朝阳、抚顺、葫芦岛、铁岭、兴安盟、佳木斯、阜新 10 个地盟市均超过 200 家，辽阳、本溪、双鸭山、鸡西、黑河、鹤岗均超过 100 家，但伊春、七台河和大兴安岭地区均低于 100 家，尤其是大兴安岭地区，仅有 20 家规上企业。

四、重点工业行业

1. 煤炭与电力

东北地区的重工业在全国一直具有非常重要的地位。东北振兴战略实施以来，东北地区的重工业发展出现了一定的变化。煤炭生产在东北四省区均有布局，但集中在蒙东地区（呼伦贝尔、锡林郭勒盟、通辽、赤峰），其次是黑龙江东北部（鹤岗、双鸭山、鸡西、七台河）、辽宁北部（铁岭、阜新、沈阳、抚顺），再次是吉林东南部（辽源、白山）。这些地市的煤炭产量占东北地区的86%以上，2017年更是达到93%。如表3-6所示，蒙东地区作为东北地区的主要产煤地区，煤炭产量占东北地区的比例逐年提升，2017年达到67.8%，比2005年提高了36个百分点。呼伦贝尔和锡林郭勒盟成为主要的煤炭基地，2017年煤炭产量均超过8000万吨；通辽也达到4672万吨，赤峰达到1769万吨；而黑龙江的四大煤城合计仅达到4538万吨。这表明东北地区的煤炭生产基地已从传统的黑龙江东部转移到蒙东地区，形成"新老基地共存"的格局。从煤种来看，东北地区主要分为烟煤、无烟煤和褐煤。褐煤采掘有较高的集中性，其中通辽的比例最高，达到32.67%，锡林郭勒盟达到24.25%，赤峰和呼伦贝尔分别为17.65%和14.71%。对于烟煤和无烟煤，白山和鸡西的比例较高，分别为14.89%和13.84%，阜新、鹤岗和七台河介于8%～10%，双鸭山、沈阳、铁岭、抚顺介于5%～8%。

表3-6　2005～2017年东北地区煤炭产量　　　　（单位：万吨）

地区	地区	2005 年	2010 年	2017 年
辽宁省	铁岭市	2226	2184	1697
	阜新市	1427	1873	237
	沈阳市	992	881	867
	抚顺市	702	486	531
吉林省	辽源市	867	1331	625
	白山市	724	1575	114
黑龙江省	鹤岗市	1837	1801	1146
	双鸭山市	1288	1903	1055
	鸡西市	1585	1988	1283
	七台河市	1510	1660	1054
蒙东地区	呼伦贝尔盟	2606	6403	8040
	锡林郭勒盟	694	10794	8137
	通辽市	2489	6342	4672
	赤峰市	1649	2857	1769

电力生产的分布相对均衡，除大兴安岭地区与黑河市以外，其他地市均具有一定规模的电力生产，但各地区的规模存在较大差异。除黑龙江东北部、吉林东部和西部，

以及辽宁东北部的部分地市，包括延边朝鲜族自治州、通化、兴安盟等18个地市盟的电力生产相对较小外，其他地市的电力生产规模均不断增加。从产值的角度来看，大庆的比例最高，达到17.68%；呼伦贝尔盟、锡林郭勒盟、大连、长春的比例较低，均介于5%~8%，沈阳、赤峰、铁岭、哈尔滨均介于3%~5%。

2. 钢铁冶金

东北地区是中国重要的钢铁生产基地。东北地区的生铁、粗钢生产主要集中在辽宁，尤其是集中在鞍山、本溪、抚顺、朝阳。2003年，辽宁钢铁产量占东北地区的73%，2010年降为60%，2017年保持稳定，占比为59.3%。其中，鞍山和本溪是最重要的两大钢铁城市，2017年钢铁产量分别占东北地区的25.7%和19.5%。尽管2008年后，钢铁行业实行去产能并压缩了部分产量，但主要地市的钢铁产量仍呈现增长态势，如鞍山2017年的生铁、粗钢产量相比2010年分别增加了533万吨、588万吨，朝阳分别增加了348万吨、383万吨。东北地区的钢铁产品主要依靠外部市场消化，且多属于普通钢材。钢铁产业的集中度低，大型钢铁企业主要有鞍钢、本钢、通钢、凌钢、新抚钢、西林钢、营口中板、四平现代和东北特钢。各企业间的专业化分工不高，多属于单一品种产量较大、各类产品都生产，但没有拳头产品（孙毅，2012）。炼铁业集中在本溪，比例达到63.38%，抚顺占7.22%；炼钢业集中在辽源和伊春，分别占36.11%和27.05%，营口和沈阳分别占11.58%和7.33%。黑色金属铸造业集中在大连，比例达32.25%，沈阳也达到17.43%，朝阳、丹东、鞍山等地区介于5%~7%。钢压延加工业集中在本溪和鞍山，比例达到23.68%和19.1%，营口、辽阳、朝阳、四平、大连等地区介于5%~7%。铁合金冶炼业集中在锦州，比例达到75.76%。

3. 石油化工

东北地区的原油生产主要集中在大庆、盘锦、松原，即大庆油田、辽河油田、吉林油田。三个地市的原油产量占东北地区的90%以上，产量最大的大庆占比约为64.9%。2003年以来，大庆、盘锦、松原的原油产量均呈现不断下降趋势，2005年大庆、盘锦、松原的原油产量分别为4495万吨、1242万吨、522万吨，而2010年分别为4000万吨、950万吨、610万吨。2017年，除盘锦原油产量稳定以外，大庆与松原分别减少了600万吨和258万吨。同时，二连浩特等地区也有少量的原油生产。

2003年以来，东北地区逐步形成了石化产业的集约化、大型化发展，形成了大连、抚顺、吉林、大庆等具有国际先进水平的大型石化产业基地（任丽梅，2015）。东北地区有多家炼化企业，炼油能力共计1亿万吨。其中，大连和辽阳炼油能力分别达到3000万吨/年和1000万吨/年。抚顺"千万吨炼油、百万吨乙烯"项目建成投产，炼油能力达到1100万吨/年，乙烯达到100万吨/年（肇彦淏，2018），主要加工大庆和辽河油田的原油，混炼部分进口的俄罗斯原油，烷基苯生产能力在亚洲居前列。锦州炼油能力达到950万吨/年。葫芦岛的原油加工能力达到650万吨/年，盘锦达到550万吨/年，是国内最大的沥青生产基地。吉林市的炼油能力达到700万吨/年，乙烯生产能力为80万吨/年，主要加工大庆原油，和以俄罗斯原油为主的进口原油。哈尔滨的炼油能力达到500万吨/年，主要加工大庆原油以及部分进口的俄罗斯原油。但东北地区的炼化企业成品油库存持续高位运行，黑龙江和吉林的产能存在过剩。

4. 装备制造

装备制造业是指为国民经济各部门进行简单生产和扩大再生产提供装备的各类制造业的总称。总体上，东北地区的装备制造业有着很高的空间非均衡性。沈阳市有最高的比例，达到 25.77%，长春为 24.6%，大连为 16.87%，三个城市合计 67.24%，超过 2/3。铁岭达到 3.74%，鞍山、抚顺、营口、哈尔滨等地区介于 2%～3%，通辽、丹东、锦州、阜新、盘锦、葫芦岛、吉林、四平、辽源、松原、齐齐哈尔等地区介于 1%～2%。其他地区均低于 1%。

汽车制造业是重要的装备制造业，主要集中在长春，占比达到 61.26%，沈阳占 21.59%。整车制造集中在长春和沈阳，长春达到 73.16%，沈阳为 23.23%。零部件制造的集中性相对较低，长春仍有最高比例，达到 41.45%，沈阳和大连分别为 17.01% 和 14.65%。

5. 农产品加工

农产品加工业是比较大的行业集合，包括农副食品加工业、食品制造业，以及酒、饮料和精制茶制造业。在东北地区，农产品加工业的分布呈现较为分散的空间特征，但仍有部分地区的占比较高。其中，沈阳比例最高，达到 12.2%。大连、哈尔滨及长春则介于 8%～10%。通辽和锦州则介于 4%～6%。铁岭、吉林、四平、松原等地区介于 3%～4%。呼伦贝尔、齐齐哈尔、双鸭山、大庆、佳木斯和绥化等地区介于 2%～3%。赤峰、鞍山、丹东、营口、盘锦、辽源、通化、白城、延边州、牡丹江等地区介于 1%～2%。

五、农业生产

东北地区的农业发展趋势良好，粮食生产地位突出，为全国粮食安全做出了突出贡献。东北地区是中国重要的商品粮和农牧业生产基地，也是农业资源禀赋最好、粮食增产潜力最大的地区。

1. 种植业

东北地区的传统种植业集中在东北三省。如图 3-11 所示，从农作物播种面积看，东北三省呈现增长的趋势，从 2003 年的 18 239 千公顷增长到 2017 年的 25 026 千公顷，增长了 37.2%。东北地区农作物播种面积在全国的占比也呈现增长的态势，从 2003 年的 11.97% 持续增长到 2007 年的 13.39%，2008～2016 年保持平稳状态，2017 年迅速增长到 15.05%，2003～2017 年增长了 3.08 个百分点。如图 3-12 所示，从东北三省内部来看，农作物播种面积最高的是黑龙江，占比保持在 53%～59%，且呈现增长态势；其次是吉林，比例为 24%～25%；辽宁省最低，比例介于 16%～20%，且呈现减少态势。

粮食作物是最为重要的农作物，播种面积呈现总体增长的态势。如图 3-13 所示，2003 年东北三省粮食作物播种面积达到 14 871 千公顷，2017 年达到 23 166 千公顷，增长了 55.8%。其中，粮食作物播种面积主要集中在黑龙江，占比为 53%～61%；其次

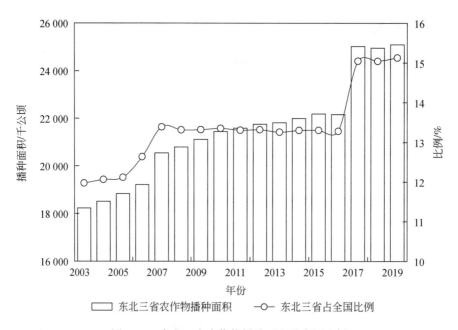

图 3-11　东北三省农作物播种面积及全国比例

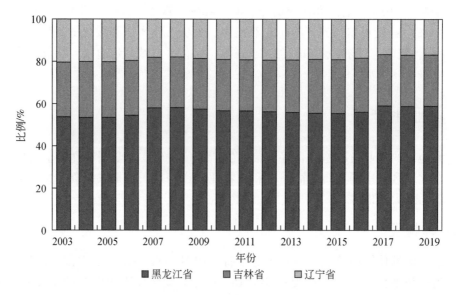

图 3-12　东北三省农作物播种面积比例

是吉林，介于 23% ~27%；辽宁介于 14% ~18%，且呈现不断下降的趋势。

从东北地区内部来看，各地市之间的粮食作物播种面积存在很大的差异，这与各地市的农业结构、市域面积及气候水热条件有关。如图 3-14 所示，粮食作物播种面积主要集中在黑龙江，尤其是齐齐哈尔和黑河，占比分别达到 17.0% 和 16.4%，绥化市也达到 10.44%，上述三个地市就合计占 43.84%；哈尔滨和佳木斯均占 6.52%，牡丹江和双鸭山分别达到 4.16% 和 3.04%；伊春、大庆、呼伦贝尔、大兴安岭、鸡西、长春的比例均介于 2% ~3%；通辽、松原、赤峰、四平、吉林、鹤岗、白城、沈阳介于

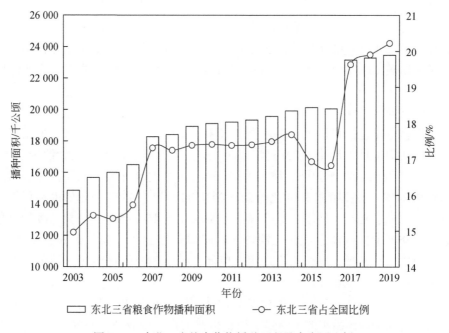

图 3-13 东北三省粮食作物播种面积及占全国比例

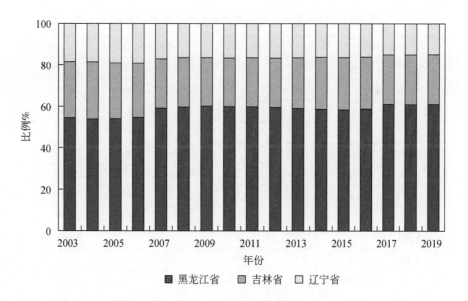

图 3-14 东北三省粮食作物播种面积比例

1% ~ 2%，其他 20 个地区均低于 1%。

　　东北振兴以来，东北粮食产量除 2009 年、2014 年和 2016 年等个别年份出现小幅回落外，其他时间均保持不断增长。2010 年，东北三省粮食产量达到 2349 亿斤①，占全国 19%，辽宁、吉林、黑龙江三省分别达到 439 亿斤、710 亿斤和 1200 亿斤，其中

———————

① 1 斤 = 500g。

65

第三章　东北地区的发展现状与总体特征

粳稻产量占全国45%、玉米占30%、豆类占38%，商品粮占全国的40%左右。2017年，辽宁、吉林、黑龙江三省粮食产量达到2375亿斤，约占全国的19.2%，其中，辽宁、吉林、黑龙江三省粮食产量分别为427亿斤、744亿斤和1204亿斤，尽管黑龙江粮食产量相比较2015年的1597亿斤出现了下降，但黑龙江粮食总产量仍保持全国第一。

1）谷类作物

谷类作物主要包括水稻类、小麦类、玉米、高粱、谷子等农作物。东北三省的谷类作物种植面积呈现不断增长的态势。2003年，谷类作物播种面积大约为9436千公顷，2017年达到18 451千公顷，增长了95.5%。从各地市来看，哈尔滨有着最高的比例，达到9.04%；齐齐哈尔和绥化分别达到7.82%和7.38%；长春和松原分别达到6.69%和5.11%，通辽、四平、赤峰和佳木斯均介于4%~5%，吉林、呼伦贝尔、白城、大庆均介于3%~4%，沈阳、铁岭、朝阳均介于2%~3%，锦州、阜新、鸡西、牡丹江、通化、兴安盟、双鸭山、辽源、黑河、延边朝鲜族自治州、鞍山、大连等地区均介于1%~2%，其他13个地区均低于1%。

粮食生产商品率高，对国家粮食安全贡献突出。近年来，东北地区每年向国家提供的商品粮占到全国商品粮的1/3强。粮食生产大户、专业户、商品粮基地越来越多，涌现出了许多粮食加工企业。具体如表3-7所示。

表3-7　2016年东北地区农产品产量及占全国比例

农产品		辽宁省		吉林省		黑龙江省		东北三省	
		产量/万吨	比例/%	产量/万吨	比例/%	产量/万吨	比例/%	产量/万吨	比例/%
粮食	稻谷	484.6	2.3	654.1	3.2	2255.3	10.9	3394	16.4
	小麦	2.2	0	0.1	0	29	0.2	31.3	0.2
	玉米	1465.6	6.7	2833	12.9	3127.4	14.2	7426	33.8
	大豆	28.2	2.2	39.9	3.1	503.6	38.9	571.7	44.2
	薯类	52.8	1.6	53.1	1.6	100.8	3	206.7	6.2
粮食合计		2033.4	3.4	3580.2	5.9	6016.1	10	11 629.7	19.3
油料		81.3	2.2	82.5	2.3	21.7	0.6	185.5	5.1
棉花		0.013	0.002	0	0	0	0	0.013	0.002
麻类		0.99	3.8	0.01	0	7.04	26.9	8.04	30.7
甜菜		9.4	0.98	1.4	0.15	11.4	1.19	22.2	2.32
烟叶		2.7	1.0	3.97	1.46	5.3	1.95	11.97	4.41
蔬菜		2257.5	2.8	852.4	1.1	936.8	1.2	4046.7	5.10

（1）稻谷：稻谷的生产在东北地区具有遍布性，分布较为分散。其中，哈尔滨的产量最高，达到13.4%，佳木斯和绥化也分别占10.44%和9.45%，齐齐哈尔、长春和白城分别占7.87%、6.08%和5.27%，松原、鸡西和吉林均介于4%~5%。

（2）小麦：小麦的生产具有很高的空间集聚水平。呼伦贝尔的产量最高，占比达到62.4%；黑河占15.04%；赤峰和兴安分别占6.58%和6.53%。

（3）玉米：玉米生产的分散性较强，其生产具有遍在性。长春和哈尔滨有着最高的产量，占比分别为 8.45% 和 8.25%；绥化和四平分别占 7.42% 和 7.33%；松原、齐齐哈尔、通辽均高于 6%；赤峰、兴安盟、铁岭、吉林、呼伦贝尔、大庆均介于 3%～4%。

（4）谷子：谷子的生产主要集中在赤峰，占比为 58.43%；其次是朝阳，占 20.25%。

（5）高粱：高粱的生产相对分散。其中，赤峰和朝阳的产量最高，均超过 20%，分别占 24.4% 和 21%；通辽也达 19.87%；长春和齐齐哈尔分别占 10.4% 和 8%；大庆占 6.86%。

2）豆类作物

豆类作物播种面积呈现不平衡的格局，主要集中在黑龙江西部和北部。其中，黑河的豆类作物种植面积最高，达到 25.45%，超过东北地区的 1/4；齐齐哈尔占 20.47%，超过 1/5；绥化占 12.03%，上述三个地区合计占 57.95%。佳木斯和牡丹江分别占 8% 和 5.36%，哈尔滨、伊春、双鸭山的比例介于 4%～5%，大兴安岭地区占 3.87%，鸡西和大庆分别占 2.94% 和 2.55%，呼伦贝尔和鹤岗分别占 1.81% 和 1.43%。从大豆产量来看，黑河产量最高，占比达到 20.7%，超过 1/5；呼伦贝尔、齐齐哈尔和绥化分别达 14.16%、12.75% 和 10.74%；佳木斯达到 6.48%；牡丹江达到 4.22%；哈尔滨、双鸭山、伊春、延边州均介于 3%～4%；大兴安岭地区和鸡西分别介于 2%～3%。

2. 畜牧业与渔业

东北地区的草原畜牧业发展良好。该区域覆盖呼伦贝尔草原、科尔沁草原、锡林郭勒草原，其中呼伦贝尔草原总面积达 10 万平方公里，锡林郭勒草原面积达 1.08 万平方公里，天然草场占比高达 80%。蒙东地区作为最主要的草原牧业地区，在东北振兴战略实施以来，取得了快速发展。在草畜平衡的前提下，建设基本草牧场，实施禁牧、休牧、划区轮牧工程，加大基础设施投入。内蒙古实施了百万肉牛、百万奶牛和千万只肉羊高产创建工程，畜牧业综合生产能力得到提高，现代化家庭牧场和联户家庭牧场得到建设，畜禽种业发展加快，牲畜个体生产性能提高，畜产品产量稳定增长，优势肉牛、奶牛、肉羊等草原畜牧业绿色品牌生产基地逐步建立，并实行规模化生产、标准化管理，优质苜蓿种植面积扩大，饲草料保障体系得到完善。

东北地区的渔业主要集中在辽宁，尤其是沿海地区的地市，包括大连、丹东、盘锦、葫芦岛等。辽宁海岸带近海水域已鉴定的海洋生物有 520 多种，包括鱼类、虾蟹类、头足类、大型藻类等经济生物资源及大量的海洋、滨岸和岛屿珍稀生物物种。辽宁海域拥有两大渔场，即海洋岛渔场和辽东湾渔场。此外，全省还有鸭绿江口贝场、辽河口贝场、辽南海珍品区、辽西海珍品区等贝类及海珍品自然分布区。环绕辽东半岛，水深 40 米以内的黄海、渤海拥有环境良好的浅海水面和滩涂可进行海水养殖。如表 3-8 所示，截至 2017 年，辽宁海水养殖面积达到 76.93 万公顷，占全国总量的 35.5%，超过 1/3，在全国排名第一位；海水养殖产量达到 310.27 万吨，占全国总量的 15.8%，在全国排名第四位。海洋捕捞产量达到 108.15 万吨，占全国总量的 8.1%，在全国排名第六；远洋渔业产量达到 28.55 万吨，占全国总量的 14.36%，在全国排名第四位。从渔港来看，辽宁有 9 个渔港，占全国总量的 7%，渔港数量比较少，中心渔港仅有 3 个。

表 3-8　2017 年辽宁及其他省份的海洋经济指标比较

地区	海水养殖面积/万公顷	渔港/个	中心渔港/个	一级渔港/个	海水养殖产量/万吨	海洋捕捞产量/万吨	远洋渔业产量/万吨
合计	216.67	128	58	70	1963.13	1328.27	198.75
天津	0.32				1.13	4.52	1.32
河北	11.54	7	3	4	51.14	24.78	4.76
辽宁	76.93	9	3	6	310.27	108.15	28.55
上海		1		1		1.69	12.49
江苏	18.53	11	6	5	90.42	54.89	2.01
浙江	8.88	22	9	13	101.77	347.06	41.44
福建	17.46	21	8	13	432.38	203.86	29.04
山东	56.15	20	11	9	512.78	229.22	52.95
广东	19.61	19	8	11	313.81	148.05	4.52
广西	5.47	8	4	4	121.45	65.29	0.57
海南	1.78	10	6	4	27.97	140.75	

须指出的是，随着对湿地资源的合理开发利用，部分拥有湖泊湿地的内陆地区逐步发展休闲渔业，并成为地方经济发展的重要形象品牌，如查干湖。东北地区分布有大量的湿地湖泊，包括向海、大布苏、查干湖、龙沼、达里诺尔、辉河、维纳河、呼伦湖等。

3. 林业

区域森林覆盖率很高，林业经济与生产集中在大小兴安岭、长白山地区及辽西北丘陵山地，主要覆盖黑龙江的伊春、哈尔滨、大兴安岭地区、牡丹江和黑河，吉林省的延边朝鲜族自治州、吉林市和白山市，辽宁的本溪、丹东、朝阳、本溪，内蒙古的呼伦贝尔、赤峰、通辽。东北地区有 5 个国有林区，分别为内蒙古森工集团（内蒙古大兴安岭森林工业总局）、吉林森工集团、龙江森工集团（黑龙江森林工业总局）、大兴安岭林业集团（大兴安岭林业管理局）、长白山森工集团，共设有 87 个国有林业局，如表 3-9 所示。东北国有林区经营面积 4.9 亿亩，占全国国有林区经营面积的 67%；森林面积达到 3.9 亿亩，森林覆盖率达到 80%，森林蓄积量达到 23.8 亿立方米，占全国森林蓄积量的 17.4%（耿文彪，2015）。

表 3-9　东北地区国有林区构成

林区名称	覆盖林业局	未开发林业局	森林管护局
内蒙古大兴安岭森林工业总局	阿尔山、绰尔、绰源、乌尔旗汉、库都尔、图里河、伊图里河、克一、甘河、吉文、阿里河、根河、金河、阿龙、满归、得耳布尔、莫尔道嘎、大杨树、毕拉河	奇乾、乌玛、永安山、吉拉、杜博威、北大河	北部原始林区

林区名称	覆盖林业局	未开发林业局	森林管护局
吉林森工集团	临江、三岔子、湾沟、松江河、泉阳、露水、白石山、红石		
长白山森工集团	黄泥河、敦化、大石头、八家子、和龙、汪清、大兴沟、天桥岭、白河、珲春		
龙江森工集团	大海林、柴河、东京城、穆棱、绥阳、海林、林口、八面通、桦南、双鸭山、鹤立、鹤北、东方红、迎春、清河、双丰、铁力、桃山、朗乡、南岔、金山屯、美溪林、乌马河、翠峦、友好、上甘岭、五营、红星、新青、汤旺河、乌伊岭、山河屯、苇河、亚布力、方正、兴隆、绥棱、通北、沾河、带岭、松岭、新林、塔河、呼中、阿木尔、图强、西林吉、十八站、韩家园、加格达奇		

专栏 3-2　国有林区与国有林场

　　新中国成立初期，为了加强生态建设和森林资源利用，为了生产木材和管理森林，国家投资建立了一批国有林场和国有林区。国有林场是在集中连片的国有宜林荒山荒地建立的专门从事营造林和森林管护的事业单位。全国现有国有林场 4 855 个，分布在 31 个省份的 1 600 多个县（市、区），大多地处江河两岸、水库周边、风沙前线、黄土丘陵、硬质山区等区域。这些国有林区和国有林场主要集中分布在东北地区、内蒙古、西南地区和西北地区等森林资源丰富的地区，黑龙江、吉林、云南、四川、青海、陕西、甘肃、新疆、内蒙古 9 个省（自治区）建立了 138 个国有林业局，包括企业局 135 个和营林局 3 个，专门从事木材采伐加工（耿文彪，2015）。

　　（1）内蒙古大兴安岭重点国有林区：即内蒙古森工集团和内蒙古大兴安岭森林工业总局，覆盖牙克石市、扎兰屯市、根河市、额尔古纳市、鄂伦春旗、鄂温克旗、阿荣旗、莫力达瓦旗、阿尔山市，下设 19 个林业局、6 个未开发林业局和 1 个森林管护局（李斯琴，2020），总面积为 10.67 万平方公里，占大兴安岭的 46%，森林面积 8.17 万平方公里，活立木总蓄积量达到 8.87 亿立方米，森林蓄积量 7.47 亿立方米，均居全国国有林区之首，70% 的森林被列为国家重点、一般公益林，实行全封闭保护和限制性开发，包括 110 万公顷从未开发的原始森林。

　　（2）大兴安岭林业集团：即大兴安岭林业管理局，与大兴安岭地区行政公署合署办公。该林区经营面积为 802.79 万公顷，林业经营面积为 791.3 万公顷，有林地面积为 709 万公顷。其中，活立木总蓄积量达到 6.04 亿立方米，天然森林蓄积量达 5.01 亿立方米，商品林蓄积量为 1.2 亿立方米，人工林蓄积量为 16.68 万立方米。

（3）龙江森工集团：即黑龙江森林工业总局，是中国最大的国有林区，下设 4 个林管局和 40 个林业局，拥有 625 个林场，覆盖小兴安岭、完达山、张广才岭，是黑龙江、乌苏里江、松花江、嫩江、牡丹江、绥芬河的主要发源地和涵养地。总经营面积 10 万平方公里，有林地面积 863.5 万公顷，占全国国有林区的 29.3%，活立木蓄积量达到 6.3 亿立方米，占全国国有林区的 27.7%。

（4）吉林森工集团：位居长白山林区，所属森工企业局有 8 户，经营面积 134.8 万公顷，包括有林地面积 122 万公顷，活立木蓄积量达到 1.72 亿立方米。

（5）长白山森工集团：全部分布在延边州，拥有 10 家国有森工企业和 1 家森林经营局，总经营面积 406.6 万公顷，有林地面积达 326.3 万公顷，森林蓄积量为 4.05 亿立方米，有林地蓄积量为 3.89 亿立方米。

4. 农产品品牌

一批农产品品牌在东北地区涌现。如表 3-10 所示，截至 2019 年东北地区共有国家级地理标志性农产品 340 个，占全国总量的 11.01%，东北农产品叫响全国。其中，辽宁省有 97 个国家级地理标志性农产品，吉林省有 24 个，黑龙江有 149 个，蒙东地区有 70 个。从各类型来看，东北地区有国家级种植类地理标志性农产品 240 个，占全国总量的 10.07%；畜牧类国家级地理标志性农产品 39 个，占比达到 8.26%；水产类国家级地理标志性农产品 61 个，占比达到 25.96%。2020 年，黑龙江绿色食品认证面积达到 7650 万亩，有机食品认证面积达到 850 万亩，在全国处于领先位置。北大仓"黑土地"牌大米蝉联国际大米节金奖。

表 3-10　东北地区国家级地理标志性农产品数量

地区	种植类/个	畜牧类/个	水产类/个	总计/个	占全国比例/%
辽宁省	57	11	29	97	3.14
吉林省	23	1	0	24	0.78
黑龙江省	112	12	25	149	4.82
蒙东地区	48	15	7	70	2.27
东北地区	240	39	61	340	11.01
占全国比例/%	10.07	8.26	25.96	11.00	
全国	2383	472	235	3090	

第二节　城镇与社会

一、城镇人口

1. 人口变化

2003 年以来，东北地区的人口规模呈现先增长后减少的过程，未来人口规模将呈现继续减少的态势。如图 3-15 所示，2003~2013 年，总人口持续增长，从 12 012.8 万人增长到 12 236.9 万人，增长了 224.1 万人。从 2014 年开始，总人口呈现持续的下降趋势，2019 年达到 12 063.3 万人，比 2013 年减少了 173.6 万人。如图 3-16 所示，从人口的增长率来看，东北地区呈现明显的波动变化，但增长率降低是总体趋势。2003~2006 年大致呈现增长的态势，从 1.2‰增长到 4.9‰，此后降至 2008 年的 1.5‰，又增长至 2010 年的 3.3‰。2011 年开始，人口增长率持续下降并出现负增长，2011 年降至 0.7‰，2013 年降至 0.1‰，2014 年出现负增长，达到 -0.1‰，2015 年迅速下跌到 -2.5‰，2016 年又下跌到 -2.9‰，2017 年略微回升到 -2.7‰，2019 年再度下跌到 -3.4‰。从人口占全国的比例来看，东北地区呈现出持续的下降趋势，2003 年占比约为 9.30%，2019 年降至 8.62%，2003~2019 年共减少了 0.68 个百分点。

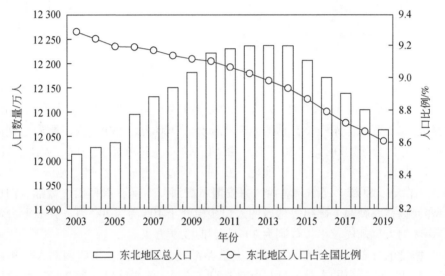

图 3-15　2003~2019 年东北地区人口及其占全国比例变化

东北各省有着不同的人口规模。其中，辽宁的人口规模保持在 4200 万~4400 万人，占东北地区人口总量的 35.0%左右；吉林保持在 2700 万人左右，占东北地区人口总量的 22.5%左右；黑龙江省保持在 2780 万~3810 万人，占东北地区人口总量的 31.5%左右；蒙东地区保持在 1200 万~1300 万人口，占比为 10.5%左右。

值得关注的是，东北四省区的人口增长呈现一些类似的发展趋势，即人口增长率呈现持续下降并向负增长演进的态势。辽宁的人口增长率从 2003 年的 1.66‰降至 2014 年的 0.24‰，2015 年进入了负增长通道，2017 年人口增长率达到 -2.06‰。吉林从 2003 年的 1.96‰降至 2015 年的 0.34‰，并在 2016 年进入负增长通道，2017 年人口增长率达到 -5.7‰，降幅很大。黑龙江从 2003 年的 0.52‰降至 2013 年的 0.26‰，并在 2014 年进入负增长通道。蒙东地区的人口总量一直处于负增长状态。

2. 人口分布

东北地区的人口分布呈现显著的不平衡特征。人口分布呈现中部较多、东部和西部及北部较少的总体格局，尤其是哈长地区的人口规模较大。从具体城市来看，哈尔滨的人口规模最大，达到 955 万人，占东北地区人口总量的 8.2%；长春和沈阳的人口

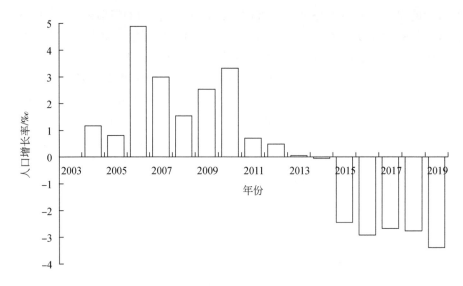

图 3-16 2003～2019 年东北地区人口增长率

规模相当，分别为 749 万人和 737 万人，占比分别为 6.4% 和 6.3%；大连、齐齐哈尔、绥化均超过 500 万人，赤峰、吉林的人口规模介于 400 万～450 万人，鞍山、朝阳、四平、通辽等地区介于 300 万～350 万人。锦州、铁岭、葫芦岛、松原、大庆、牡丹江、呼伦贝尔、丹东、佳木斯、营口、通化、抚顺、延边朝鲜族自治州等地区介于 200 万～300 万人。白城、阜新、辽阳、鸡西、兴安盟、黑河、本溪、双鸭山、盘锦、白山、辽源、伊春、锡林郭勒盟、鹤岗等地区的人口规模介于 100 万～200 万人，而七台河和大兴安岭地区的人口规模较小，分别为 79 万人和 43.9 万人。

人口密度的分布呈现更为明显的哈大铁路沿线人口稠密、东西两侧人口稀疏的空间格局。其中，沈阳市的人口密度最高，达到 573 人/平方公里，远高于东北地区的平均人口密度（80.96 人/平方公里），大连、营口高于 400 人/平方公里，辽阳、盘锦、鞍山、长春、锦州等高于 300 人/平方公里。葫芦岛、辽源、铁岭、四平等地区高于 200 人/平方公里，多数地区高于 100 人/平方公里，包括抚顺、哈尔滨、哈尔滨、阜新、本溪、朝阳、丹东、绥化、吉林、通化、松原、大庆、七台河、齐齐哈尔等地区。其他 16 个地区的人口密度低于东北地区平均水平，主要分布在东北西部和东部。鸡西、白城、佳木斯高于 70 人/平方公里，白山、鹤岗、牡丹江、双鸭山等高于 60 人/平方公里，通辽、赤峰、延边朝鲜族自治州均高于 40 人/平方公里，伊春、兴安盟和黑河均高于 20 人/平方公里，呼伦贝尔、大兴安岭地区和锡林郭勒盟的人口密度非常低，均低于 10 人/平方公里。

3. 城镇化率

东北区是中国城镇化建设较早、城镇化水平较高的地区。如图 3-17 所示，2003 年以来，城镇人口规模呈现平稳的增长态势；2003 年为 5739 万人，2019 年达到 7509.9 万人，其间增长了 1770.9 万人，年均增长 110 万人左右。东北地区一直具有较高的城镇化率，2003 年城镇化率达到 47.78%，2019 年增长到 62.25%，提高了 14.47 个百分点，年均增长 0.9 个百分点。

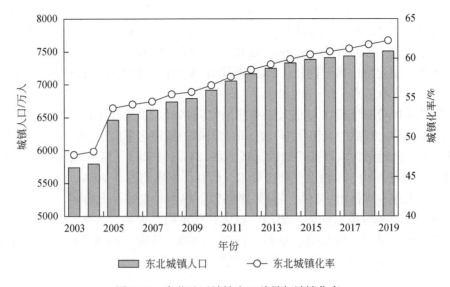

图 3-17　东北地区城镇人口总量与城镇化率

如图 3-18 所示，东北地区的城镇化率一直高于全国平均水平，但两者之间的差距呈现不断缩小的趋势。2003 年，东北地区的城镇化率比全国平均水平高出 7.25 个百分点，2005 年两者的差距达到最高值 10.7 个百分点，此后差距逐步减少，2019 年降至 1.65 个百分点。这说明 2003～2019 年东北地区的城镇化推进速度较低，明显慢于全国平均水平。该期间，东北地区的城镇率仅提高了 14.47 个百分点，年均增长 0.9 个百分点，而同期全国增长了 20.07 个百分点，年均增长 1.25 个百分点。

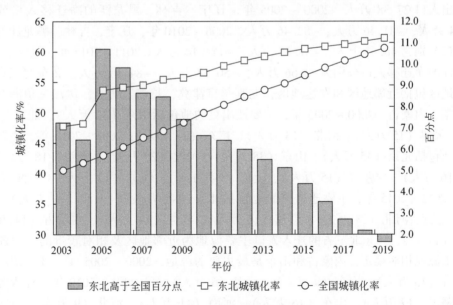

图 3-18　东北地区与全国的城镇化率比较

东北四个地区的城镇化率有大致相同的发展路径。2003 年以来，城镇化率大致呈现持续的增长态势。但四个地区的城镇化率有着高低的差异。辽宁的城镇化率最高，

2003 年为 46.65%，2017 年提高到 67.49%，期间增长了 20.84 个百分点。黑龙江位居第二，2003 年为 52.59%，2017 年提高到 59.4%，增长了 6.81 个百分点。吉林的城镇化率位居第三位，2003 年为 46.76%，2017 年提高到 56.64%，增长了 9.88 个百分点。蒙东地区的城镇化率位居第四位，2003 年仅为 39.3%，2017 年增长到 54.91%，其间增长了 15.61 个百分点。

城镇化率的分布呈现出与总人口不同的空间格局。黑龙江东部、哈长、辽中南及东北东部地区有着较高的城镇化率，有 20 个地区的城镇化率高于 59.58%。具体来看，城镇化率最高的地区为大兴安岭地区，高达 89.23%；鹤岗、伊春和沈阳均具有较高的城镇化率，均高于 80%。白山、呼伦贝尔、长春、本溪均高于 70%，延边朝鲜族自治州、抚顺、大连、双鸭山、松原、锡林郭勒盟、鸡西、盘锦、七台河、辽阳、齐齐哈尔、牡丹江等地区均高于 60%。黑河、鞍山、佳木斯、吉林、大庆、营口、通化、辽源均高于 50%，赤峰、哈尔滨、阜新、丹东、白城、铁岭、锦州等地区均高于 40%，四平、兴安盟、葫芦岛、通辽、朝阳和绥化等地区较低。

4. 人口流动

东北地区的人口呈现加速向沿海发达地区和邻近地区迁移的态势。①1978 年改革开放以来，东北三省经济发展逐步与沿海地区拉大差距，人口不断地外迁。如表 3-11 所示，2000～2005 年、2006～2010 年、2011～2015 年，东北三省净迁移人口分别为 -88.20 万人、-117.04 万人、-136.93 万人，均呈现绝对值"持续上升"的数量变化特征，人口持续流失且不断加剧。2011～2015 年，东北三省累计流失人口 342.17 万人，平均每年净迁出人口 22.81 万人，其中 2010～2015 年人口流失最严重，平均每年净迁出人口 27.38 万人。2000～2005 年，辽宁、吉林、黑龙江的净迁移人口分别为 25.74 万人、-31.46 万人、-82.46 万人。2006～2010 年，辽宁、吉林、黑龙江的净迁移人口分别为 48.65 万人、-51.55 万人、-114.14 万人。2011～2015 年，辽宁、吉林、黑龙江的净迁移人口分别为 -2.66 万人、-50.17 万人、-84.10 万人。②东北三省主要迁出地区包括近邻地区和发达地区，尤其是京津冀、长江三角洲、珠江三角洲及邻近的山东、内蒙古。2000～2005 年，主要迁出目的地包括山东（32 万人）、北京（28 万人）、天津（15 万人）、河北（13 万人）、广东（13 万人）；2006～2010 年，主要迁出目的地包括北京（45 万人）、山东（38 万人）、河北（20 万人）、天津（18 万人）、广东（16 万人）、内蒙古（15 万人）、上海（14 万人）、江苏（12 万人）、浙江（10 万人）；2011～2015 年，主要迁出目的地包括北京（45 万人）、天津（29 万人）、山东（24 万人）、河北（21 万人）、广东（16 万人）、江苏（14 万人）、内蒙古（14 万人）、上海（11 万人）。东北三省的迁入人口主要源地为近邻地区及相对较近的人口流出大省，来源地相对稳定，内蒙古和山东是最主要的源地；2000～2005 年，迁入源地包括内蒙古（13 万人）、山东（9 万人）、河南（6 万人）等；2006～2010 年，迁入源地包括内蒙古（17 万人）、山东（16 万人）、河南（11 万人）、河北（9 万人）、安徽（8 万人）、四川（6 万人）等；2011～2015 年，迁入源地包括内蒙古（13 万人）、山东（12）万人、河南（9 万人）、河北（8 万人）、安徽（6 万人）等。

表 3-11　2000～2015 年东北三省人口迁移数量　　　（单位：万人）

时期	三省内部间迁移人口	其他地区来的迁入人口	去其他地区的迁出人口	净迁移人口
2000～2005 年	51.69	56.97	145.17	-88.20
2006～2010 年	75.2	108.01	225.05	-117.04
2011～2015 年	52.68	104.12	241.05	-136.93

　　人口日常流动以内部流动为主。采用百度迁徙数据，以 2020 年 9 月 22 日为数据采集时间点。短期人口流动呈现出流入和流出类似的空间格局，主要在东北地区内部进行流动，但和距离较近的河北、北京和山东也有较强的流动。东北地区同华南、西北、西南、华中地区的交流强度较低，如表 3-12 所示。

　　（1）辽宁：在流出人口中，辽宁至吉林的人口比例最高，达到 17.59%，其次是河北，为 13.33%；内蒙古也达到 11.86%；再次是北京、黑龙江和山东，分别为 9.51%、8.64% 和 7.30%；在流入人口中，吉林最高为 19.52%，内蒙古和河北分别为 12.79% 和 12.63%，黑龙江和北京分别为 9.7% 和 9.27%，山东也达到 7.7%。

　　（2）吉林：在流出人口中，吉林至辽宁的比例最高，达到 30.1%；其次是黑龙江，为 19.24%；内蒙古也达到 10.67%，三省合计占 60.01%，集中度比较高；北京和山东分别为 6.36% 和 5.07%；河北也达到 5.02%。在流入人口中，辽宁最高为 31.17%，黑龙江为 21.25%，内蒙古为 11.87%，三省合计为 64.29%，集中度很高；北京和山东流入的人口分别占 6.03% 和 5.14%。

表 3-12　2020 年 9 月 22 日东北三省人口流动格局　　　（单位:%）

辽宁省			吉林省			黑龙江省		
地区	迁出比例	迁入比例	省区	迁出比例	迁入比例	地区	迁出比例	迁入比例
北京	9.51	9.27	北京	6.36	6.03	北京	8.64	8.15
天津	3.55	3.80	天津	2.45	2.36	天津	3.16	2.87
河北	13.33	12.63	河北	5.02	4.36	河北	5.47	5.48
山西	2.34	1.39	内蒙古	10.67	11.87	内蒙古	13.21	15.82
内蒙古	11.86	12.79	辽宁	30.1	31.17	辽宁	16.18	16.06
吉林	17.59	19.52	黑龙江	19.24	21.25	吉林	22.09	21.02
黑龙江	8.64	9.70	上海	2.4	1.97	上海	2.44	2.21
上海	2.94	2.68	江苏	2.53	2.11	江苏	2.91	2.92
江苏	3.25	3.11	浙江	2.01	1.84	浙江	2.29	2.03
浙江	2.53	2.28	山东	5.07	5.14	山东	7.47	7.67
山东	7.30	7.70	广东	2.25	2.24	广东	2.78	3.08
河南	2.41	2.03						
广东	2.49	2.68						

　　注：比例在 2% 以下的省（自治区、直辖市）已进行删减

　　（3）黑龙江：在流出人口中，黑龙江至吉林的比例最高，达到 22.09%；其次是辽宁，为 16.18%；内蒙古也达到 13.21%，三省合计占 51.48%，空间集聚度较高；北

京和山东，分别为 8.64% 和 7.47%；河北也达到 5.47%。在流入人口中，吉林最高，为 21.02%；辽宁和内蒙古分别为 16.06% 和 15.82%，三省合计为 52.9%；北京和山东流入的人口分别占 8.15% 和 7.67%，河北也达到 5.48%。

二、城乡居民收入

1. 城镇居民收入

东北地区振兴战略实施以来，居民收入得到了稳步提高。如图 3-19 所示，2003 年以来，城镇居民可支配收入一直呈现增长的态势，2003 年为 6981 元/人，2019 年为 34 340 元/人。辽宁、吉林、黑龙江三省城镇居民人均可支配收入分别由 2010 年的 17 713 元、15 412 元、13 857 元提高到 2013 年的 25 578 元、22 275 元、19 597 元（同期全国平均为 26 955 元），年均分别增长 13.1%、13.2% 和 12.6%（名义增长率）。2019 年，辽宁、吉林、黑龙江分别达到 39 777 元、32 299 元、30 945 元，相比 2010 年，年均分别增长 13.8%、12.2%、13.7%，但均低于全国平均水平（42 359 元），是全国平均水平的 93.9%、76.3%、73.1%。

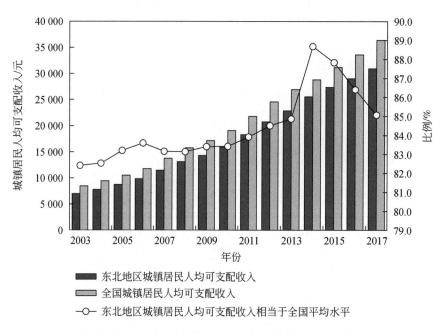

图 3-19　东北地区城镇居民人均可支配收入及占全国比例

从空间分布来看，城镇居民人均可支配收入呈现出明显的差异，城市群和牧区比较高，形成哈大城市群、辽中南城市群和草原牧区三大片区。农区城市的居民人均可支配收入水平较低，尤其是黑龙江北部和松嫩平原的城市。辽中南城市群内部各城市的居民人均可支配收入比较高，尤其是沈阳和大连，分别为 41 359 元和 40 587 元；大庆、盘锦、锡林郭勒、哈尔滨、营口、鞍山、呼伦贝尔、本溪、牡丹江、锦州、抚顺、辽阳等地市均高于 3000 元，其他地市均高于 2000 元。

2. 农村居民收入

农村居民人均纯收入也一直呈现增长的趋势。如图 3-20 所示，东北地区的农村居民人均纯收入 2003 年为 2681 元，2013 年达到 9909 元，2019 年进一步提高到 13 116 元/人。从具体省份来看，辽宁、吉林、黑龙江农村居民人均纯收入由 2010 年的 6908 元、6237 元、6211 元提高到 2013 年的 10 523 元、9621 元、9634 元（同期全国平均水平为 8896 元），年均分别增长 13.8%、15.8% 和 16.3%（名义增长率）。2019 年辽宁、吉林、黑龙江三省分别达到 16 108 元、14 936 元和 14 982 元，相比 2010 年，分别增长 14.8%、15.5% 和 15.7%（名义增长率）。

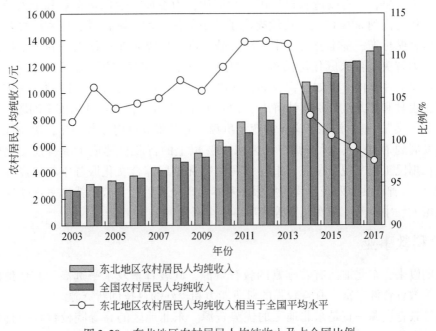

图 3-20　东北地区农村居民人均纯收入及占全国比例

从空间分布来看，东北地区的农村居民人均纯收入也呈现明显的差异。辽中南、哈大齐、黑龙江东部地区的农村居民人均纯收入水平较高，但吉林西部、辽西北、吉林东部三大地区的农村居民人均纯收入水平较低。具体来看，牡丹江、大连、鸡西最高，均高于 16 800 元；盘锦、营口、哈尔滨、沈阳、鞍山 5 个地区均高于 15 000 元，佳木斯、大庆、本溪、锦州、丹东、锡林郭勒盟、黑河 7 个地区均高于 14 000 元。但兴安盟、白城最低，不足 10 000 元。

三、社会事业发展

1. 脱贫攻坚

经过坚持不懈的努力，东北地区的脱贫攻坚取得决定性胜利。东北四省区紧扣"两不愁三保障"，针对薄弱环节，压实责任、尽锐出战、持续发力，集中人力、物力、财力，精准实施"五个一批"攻坚行动。截至目前，东北地区实现所有贫困户脱贫、贫困村销号，国省级贫困县摘帽，全面完成脱贫攻坚任务。2019 年，辽宁实现 13.25 万人脱贫、128 个贫困村销号、5 个省级贫困县摘帽；黑龙江的贫困发生率由 0.65% 降至 0.07%，剩余 100 个贫困村全部脱贫出列，剩余 5 个国贫县达到脱贫摘帽条件；吉林贫困发生率降至 0.07%，1489 个贫困村全部退出，9 个贫困县正在履行摘帽程序。

2. 社会民生事业

在财政收支紧张的情况下，东北四省区坚持财政支出向民生领域优先倾斜；2019 年，黑龙江民生支出占一般公共预算支出的比例达到 86.1%，辽宁达到 72.7%。四省区注重民生实事，大力改造农村户用卫生厕所，为参加社会保险企业和个人减负，大病保险比例提高到 60% 以上，连续提高了城乡低保平均保障标准、城乡居民基本医疗保险政府补贴标准、基本公共卫生人均经费标准，保障企业退休人员养老金按时足额发放。全力解决城乡家庭住房困难，完成了一大批城市棚户区改造和农村危房改造，改善了居民居住条件。例如，吉林累计解决 79.25 万户"无籍房"问题。注重农村饮水问题，吉林和黑龙江分别累计解决了 123 万和 131 万农村人口饮水安全问题。通过实施"一县一案"，基本消除了义务教育大班额。养老服务机构显著增多，黑龙江养老服务机构发展到 1850 个，所有城市社区和 90% 以上的行政村建成了综合性文化服务中心。文化惠民工程实现全覆盖，市县"两馆"和基层综合文化服务中心建设普及率均超过 95%。省市县乡四级远程医疗服务基本实现全覆盖，县域内就诊率超过 90%。老龄、残疾人、中医药、妇女儿童等各项事业全面发展。

3. 科教事业

长期以来，东北地区有着丰富的教育资源，其教育普及水平远高于其他地区，尤其是高等教育资源丰富，有着较强的科研能力和较好的科技创新资源。

高等教育资源一直是东北地区的优势资源。东北地区的高等院校数量一直呈现缓慢的增长态势，"双一流""双特色"高校建设步伐加快。2005 年东北地区共有高等院校 182 所，2010 年增长到 247 所，增长了 65 所，2017 年进一步增长到 258 所，又新增 11 所。如图 3-21 所示，高等院校在校学生的数量也呈现增长的过程，2005 年为 160.75 万人，2015 年增长到 237 万人，2018 年略微降至 235.9 万人。其中，大连理工大学、东北大学、吉林大学、哈尔滨工业大学为一流大学建设高校，辽宁大学、大连海事大学、哈尔滨工程大学、东北农业大学、东北林业大学、延边师范大学、东北师范大学为一流学科建设高校。

从地区分布来看，东北地区的高等教育资源有着严重的集聚性与地区不平衡。高等院校主要集中在中心城市，尤其是集中在沈阳、大连、哈尔滨和长春四个城市，其他地市的学校数量较少。其中，哈尔滨的高校数量最多，达到 51 所，占东北地区高校总量的 19.03%，沈阳和长春分别有 47 所和 40 所，大连有 30 所，上述四个城市共计占 62.69%。其次，锦州有 9 所高校，吉林有 8 所高校，牡丹江有 7 所，大庆和齐齐哈尔均有 6 所，抚顺和佳木斯均有 5 所，赤峰、呼伦贝尔、四平、铁岭均有 4 所高校。从高校教师资源来看，哈尔滨集中了东北地区 20.95% 的高校教师资源，长春和沈阳分别集中了 17.8% 和 17.3% 的资源，大连为 11.8%，四个城市合计占 67.78%，即 2/3。

东北地区高质量发展的战略路径

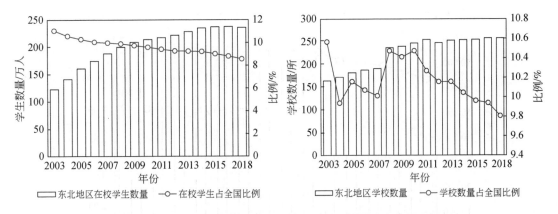

图 3-21　东北地区高等院校学生数量和学校数量及占全国比例

科学技术是第一生产力，创新是科学技术的核心要义。①东北地区有丰富的科教资源，辽宁、黑龙江和吉林分别有 116 所、82 所和 60 所高校，在全国分别位居第 9 名、第 16 名和第 23 名。东北三省每万人中科学家、工程师数量及每 10 万人中在校大学生数量皆名列全国前茅，专科、本科、研究生学历人数占 6 岁以上总人数比例：辽宁为 16.9%，吉林为 13.2%，黑龙江为 13.3%，辽宁高于全国平均水平（13.3%），吉黑两省与全国平均水平持平。②科技机构密集。东北地区拥有 455 家研究与开发机构，占全国总量的 12.4%。中国科学院下属 65 家京外研究单位中，东北地区占有 7 家，优势领域遍布化学、物理、材料、机械、环境等各学科。③依托重点高校及科研院所，东北地区已建立了 28 个国家重点实验室和 21 家国家工程技术中心，分布在农业、材料、能源与交通、制造业、轻纺医药卫生等领域（马瑞建，2018；杨威，2016）。此外，大型国有企业也拥有一大批科研人才，科创实力雄厚。④东北地区聚焦经济主战场，推动创新链与产业链融合，围绕先进材料、智能制造、精细化工等领域打造引领创新引擎。各省区组织了"头雁行动"等引进各类人才的行动计划，启动了一批重大科技专项，组织开展了"百名院士进吉林"等系列活动，开展科技创新引领产业振兴专项行动。科技成果的就地转化有所提高，2019 年辽宁完成省内科技成果转化 3000 项，高新企业超过 5000 家，科技中小企业突破 7500 家，瞪羚、独角兽企业达到 134 家，建设了辽宁实验室。黑龙江科技企业孵化器、众创空间在孵企业达到 7063 家。

4. 文化医疗事业

经过长期的建设与发展，尤其是在国有企业的带动下，东北地区的文化卫生事业发展较快，基本公共服务保障能力进一步增强。

卫生医疗机构呈现"先缓慢增长后急剧增长并趋稳"的发展过程。如图 3-22 所示，2003 年东北地区共有卫生机构数量 28 697 家，2009 年骤然增长至 75 097 家，此后呈现波动式增长，2017 年达到 80 561 家，增长了 7.3%。2003 年，东北地区的卫生医疗机构数量占全国的比例达到 9.85%，2003～2008 年该比例呈现缓慢增长，增长至 11.57%，增长了 1.72 个百分点。2008～2018 年，东北地区的占比保持相对稳定，即 8% 左右。

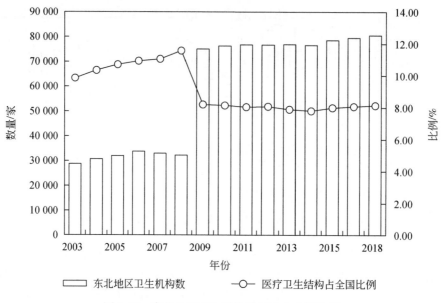

图 3-22　东北地区卫生机构数量及占全国比例

医疗服务能力相对较高。如图 3-23 所示，东北地区的万人卫生人员一直呈现增长的态势，2003 年为 45.58 人/万人，缓慢增长至 2018 年的 61.61 人/万人。该指标一直高于全国的平均水平，2003 年为全国平均水平的 1.37 倍，此后缓慢降低，2014 年降至最低水平，但仍为全国平均水平的 1.02 倍，此后又缓慢增长，2018 年达到 1.12 倍。万人床位数呈现类似的发展趋势，2003 年为 34.68 张/万人，2003～2014 年一直呈现增长，2014 年达到 54.48 张/万人，此后略有下降，但 2018 年回升到 53.33 张/万人；万人床位数一直远高于全国平均水平，2003 年为全国平均水平的 1.87 倍，此后一直下降，2014 年降至最低倍数 1.17 倍，此后又迅速增长到 2015 年的 1.51 倍，此后缓慢降低，2018 年达到 1.39 倍。

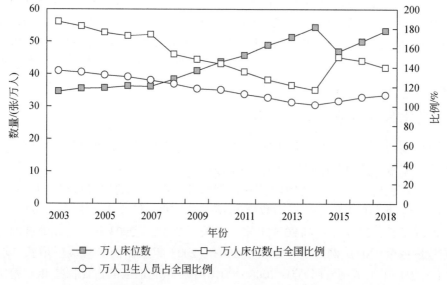

图 3-23　东北地区万人卫生人员、床位数及与全国平均水平比较

图书资源丰富。如表 3-13 所示，2005 年东北地区公共图书藏书量为 4789 万册，占全国总量的 9.97%，约 1/10，每百人公共图书馆藏书为 40 册/百人，高于全国平均水平（37 册/百人），约为 1.1 倍。2018 年，东北地区的藏书量增长至 7697 万册，占全国的比例降至 7.94%，百人拥有藏书量虽继续提高至 65 册/百人，但低于全国平均水平（70 册/百人）。其中，大连的百人公共图书馆藏书达到 272 册/百人，沈阳达到 153.4 册/百人。其次，大庆达到 92.5 册/百人，本溪和哈尔滨分别达到 89.9 册/百人和 85.9 册/百人，鞍山和伊春分别达到 78.9 册/百人和 70.55 册/百人。

表 3-13　东北地区公共图书馆藏书量及与全国水平比较

类型	2005 年图书馆总藏量/万册件	2005 年每百人公共图书馆藏书/(册件/百人)	2010 年图书馆图书藏量/万册件	2010 年百人图书藏量/(册件/百人)	2018 年图书馆图书藏量/万册件	2018 年每百人图书馆藏书/(册件/百人)
东北地区	4 789	40	6 637	55	7 697	65
全国	48 055	37	61 726	46	96 953	70
东北地区占全国比例/%	9.97	109.52	10.75	118.79	7.94	92.88

四、国有企业改革

1. 国企改革

东北地区面对"深水区"和攻坚阶段，坚持"啃硬骨头"，纵深推进国企改革，加大力度转变体制机制，落实和推广新思路。发挥中央企业示范带动作用，推进产权改革与混合所有制改革，做好央地合作交流。2003 年，尤其是 2016 年以来，国家先后出台了一系列政策。2017 年国务院印发《加快推进东北地区国有企业改革专项工作方案》，2018 年出台《东北地区国有企业改革专项工作方案》，确立深化混合所有制改革的总体方针；2019 年，《中央企业工资总额管理办法》正式出台，辽宁、吉林和黑龙江出台了地方国企薪酬改革办法。目前，90% 以上国有工业企业完成产权制度改革，百余家大型骨干企业实现战略性重组，稳妥推进了国企交叉持股、民企入股等混改实现形式，国有资本向重要行业和关键领域集中。沈阳被国务院国有企业改革领导小组确定为区域性国资国企综合改革试验城市。2003 年以来，东北地区累计政策性破产企业 320 户，核销呆坏账超过 590 亿元，安置职工 83.3 万人，占全国 1/5 左右（包思勤等，2014）。沈阳机床、大连机床、龙煤集团等一批重点企业的混改工作完成，华晨、机床等 4 户国有企业纳入国务院国企改革"双百行动"，农垦、森工行政职能移交基本完成，"一股独大"的现象得到改善。改革合力逐步形成，国企新作为开始展现，一批以"国之重器"为代表的央企效益大幅提升。一重集团通过转换经营机制实施三项制度改革及"全员竞聘"的市场化改革，走出困境，发展企稳向好；一汽集团的"红旗"品牌汽车销售量逆势快速上扬；鞍钢集团强化地企协同，妥善解决企业办社会职能和历史遗留问题；长期亏损的东北制药通过精简管理层级、推动分配制度改革实现了逆势反转。

（1）辽宁：2019 年出台《推进国有资本投资、运营公司改革试点实施方案》，组织 2～3 家省属企业实施试点。随后，制定了国资监管的地方立法《辽宁省企业国有资产监督管理条例（草案）》。2020 年，开展了省属企业三项制度改革专项行动，启动国企退休人员社会化管理。2018 年，地方重点国企实现营业收入 4243 亿元。截至 2020 年，辽宁完成了"僵尸企业"处置任务。

（2）黑龙江：2016 年，针对全面深化国企改革制定了 7 个实施意见；2017 年，推进出资企业二三级子公司混改，当年完成 11 户；2019 年，成立七大产业投资集团，这是黑龙江省国企改革历史上规模最大的一次战略重组。龙煤集团成功实施了 30 亿元债转股。

（3）吉林：坚持"奔着问题去，跟着问题走"，2015 年以来先后出台了《关于深化国有企业改革的指导意见》《省国企改革发展三年行动方案》等重要改革方案，形成了"1+22"政策文件体系。组建了农业投资集团、旅游控股集团、吉盛资产管理有限责任公司和国有资本运营公司 4 家国有资本运营公司，分批次推动 26 个省直部门及事业单位所属的 158 家企业完成脱钩和存量资产注入，涉及资产 5082.3 亿元、职工 2.3 万人。省国有资产监督管理委员会监管的 739 家企业中，已实行混合所有制改革并运行的有 415 家，占比达 56%。

专栏 3-3　东北地区增值税改革

增值税转型是指将实行的生产型增值税转为消费型增值税。中国过去实行的是生产型增值税，即在征收增值税时，不允许扣除外购固定资产所含增值税进项税金。目前，国际上普遍实行的是消费型增值税，即在征收增值税时，允许企业将外购固定资产所含增值税进项税金一次性全部扣除（成勤华，2009）。

自 2003 年 10 月底，中国提出"在东北优先推行从生产型增值税向消费型增值税的改革"后，东北地区先行试点工作就在紧锣密鼓准备中。2004 年下半年开始，国家在东北地区的部分行业率先启动了增值税转型改革试点，采取"增量抵扣"的方式，即扩大增值税抵扣的范围，允许企业 7 月 1 日以后投资和购入的机器设备所含的税款在缴增值税的时候予以扣除。这些行业包括装备制造业、石油化工业、冶金业、船舶制造业、汽车制造业、农产品加工、高新技术产业、军品工业 8 个行业。2004 年 12 月，财政部和国家税务总局对东北税改的关键政策做出重大调整，将"增量抵扣"方式转变为"全额抵扣"。2005 年，试点方案又从"全额抵扣"转为"增量抵扣"。

国家财政部门和税务部门互相配合，在总结东北经验的基础上，将增值税转型改革方案在全国推开。继东北老工业基地之后，中部 26 个老工业基地城市、内蒙古东部五盟市和汶川地震受灾严重地区先后纳入增值税转型改革试点范围。

2. 企业办社会职能

2014 年，国务院出台《国务院关于近期支持东北振兴若干重大政策举措的意见》，力争用 2～3 年时间，妥善解决厂办大集体、分离企业办社会职能、离退休人员社会化管理等历史遗留问题。这推动了东北地区企业社会职能的剥离与历史遗留问题的妥善解决。

历史遗留问题得到部分解决。截至2018年底，辽宁解决国有企业历史遗留问题工作取得了突破性进展，剥离不良资产达3110亿元，豁免企业历史欠税122.65亿元，处置不良贷款达22.7亿元。辽宁省属企业的平均资产负债率为57.7%，比年初下降1.1个百分点，远低于全国地方国资监管企业水平。

企业办社会职能剥离基本完成。截至2017年底，驻辽宁中央企业和省属企业分别有"三供一业"项目486个和74个，全部完成管理权移交和资产划转，央企移交率达到100%，省属企业的实质性移交率达到98.6%，市域企业全部完成分离移交（何勇，2019）。250多家企业共分离企业办社会1700多家，涉及职工17万人。国有企业退休人员社会化管理试点工作在大连开展，驻大连省市属企业已基本完成改革，所驻央企加快推进。"减负"后的东北国企"轻装上阵"。2017年，辽宁地方重点国企实现营业收入4243亿元，同比增长10.7%；2018年1~3月黑龙江国企累计实现营业收入243.5亿元，同比增长10.23%。2019年，龙煤集团将社保管理职能机构移交给地方政府，移交社保工作人员464人、社保服务对象58.6万人。吉林省"国企办社会""农垦办社会"移交工作基本完成，全省47户国企的855个"三供一业"项目全部签订移交协议，92家国有农场办社会职能全部纳入属地政府统一管理。

厂办大集体改革已全面启动。2018年初以来，辽宁省印发了《厂办大集体改革工作实施方案》及职工安置实施办法、社会稳定风险防范和处置工作预案等8个配套政策，14个市厂办大集体改革方案经省政府审议通过印发实施，中央奖补资金已全部拨付到位，共计61.78亿元。2020年，鞍钢、兵器辽沈集团等150余家驻辽央企完成厂办大集体改革，妥善安置2万余名职工。辽宁14个市均出台了国有企业退休人员社会化管理服务实施方案，目前已接收10.9万名退休人员的人事档案。2020年，辽宁完成了厂办大集体改革清算收尾工作。

第三节 区域支撑与开放合作

一、基础设施

1. 综合交通网络

东北地区围绕"四个交通"建设，继续坚持适度超前的原则，保持一定的投资规模和建设速度，大大促进了交通基础设施的发展。

铁路和公路等陆路交通能力迈上新台阶。沈白、朝凌、喀赤等高速铁路建设进展顺利，同江铁路大桥、黑河公路大桥通车，大连湾海底隧道建设稳步推进，新改建大量"四好农村路"。东北地区已形成以高速公路为骨架、国省干线公路为支撑、农村公路为基础的，贯通省际、沟通城乡、四通八达的陆路交通网络。

2011年，东北地区铁路营业里程达1.9万公里，占全国的25%。2017年，辽宁、吉林、黑龙江、内蒙古铁路里程分别达到 5558.9 公里、5052.7 公里、6233.8 公里、12 338.8公里，占全国的24%。东北地区直接连通铁路的县城达到 92 个，连通铁路的县区有119个，分别占东北县级政区数量的 37.56% 和48.57%。如表 3-14 所示，截至2019 年底，东北三省铁路营业里程达到 18 336 公里，占全国铁路营业总里程的13.1%。东北三省公路里程达到40.01 万公里，占全国总量的 7.98%。其中，高速公路达到 1.24 万公里，占全国总量的 8.31%，一级公路和二级公路分别占 8.02% 和10.02%。东北地区形成了哈尔滨、长春、沈阳等 7 个交通物流中心和丹东、鞍山、赤峰等 18 个二级交通物流中心。

表 3-14　2019 年东北地区交通路线里程

省区	铁路/公里	内河航道/公里	公路里程/万公里	等级公路	高速公路	一级	二级	等外公路
辽宁省	6 512	413	12.48	11.79	0.43	0.42	1.85	0.68
吉林省	5 043	1 456	10.67	10.2	0.36	0.22	0.98	0.47
黑龙江省	6 781	5 098	16.87	14.5	0.45	0.3	1.24	2.37
内蒙古自治区	13 016	2 403	20.61	19.94	0.66	0.84	1.88	0.67
东北三省	18 336	6 967	40.01	36.49	1.24	0.94	4.06	3.53
东北三省占全国比例/%	13.1	5.47	7.98	7.77	8.31	8.02	10.02	11.24

截至目前，东北地区共有 37 个民用机场。如表 3-15 所示，4E 机场有 4 个，4D 机场有 2 个，其他为 4C 机场。旅客吞吐量主要集中在少数大型机场，2019 年哈尔滨太平机场的吞吐量最高，达到 2077.97 万人次，大连周水子和沈阳仙桃机场均超过 2000 万人次，长春龙嘉机场达到 1393.5 万人次。旅客吞吐量超过 100 万人次的机场有呼伦贝尔东山、赤峰玉龙、通辽、牡丹江海浪、延吉朝阳川，大庆萨尔图、锡林浩特、佳木斯东、乌兰浩特义勒力特、白山长白山等机场均超过 50 万人次。目前，沈阳桃仙机场扩建、大连新机场建设加快推进。

表 3-15　东北地区主要机场的吞吐量规模

机场名称	级别	2019 年/万人次	机场名称	级别	2019 年/万人次	机场名称	级别	2019 年/万人次
大连周水子	4E	2008	乌兰浩特义勒力特	4C	84.5	齐齐哈尔三家子	4C	44.67
沈阳仙桃	4E	2054.4	白山长白山	4D	52.41	丹东浪头	4C	25.9
哈尔滨太平	4E	2077.97	延吉朝阳川	4C	166.26	鸡西兴凯湖	4C	27.45
长春龙嘉	4E	1393.5	霍林河	4C	8.4	锦州锦州湾	4C	38.85
呼伦贝尔东山	4C	255.84	松原查干湖	4C	15.24	漠河古莲	4C	8.47
大庆萨尔图	4C	85.8	鞍山腾鳌	4C	18.26	黑河	4C	21.59
赤峰玉龙	4C	189.36	营口蓝旗	4C	40.65	二连浩特	4C	23.2
牡丹江海浪	4C	104.81	白城长安	4C	6.52	伊春林都	4C	16.18

机场名称	级别	2019年/万人次	机场名称	级别	2019年/万人次	机场名称	级别	2019年/万人次
锡林浩特	4C	75.61	建三江湿地	4C	12.99	阿尔山伊尔施	4C	10.4
通辽	4C	112.85	五大连池德都	4C	6.29	朝阳	4C	15.8
佳木斯东郊	4C	78.76	抚远	4C	5.44	加格达奇	4C	18.28
满洲里西郊	4D	37.51	扎兰屯	4C	14.12	长海大长山岛	1B	0.33
通化三源浦	4C	14.57						

2019年，东北地区共有港口生产性泊位508个；其中，沿海港口泊位有403个，均分布在辽宁；内河生产性泊位为191个，主要分布在黑龙江。如表3-16所示，大连的生产性泊位数量最多，达到223个，包括104个万吨级泊位。2003年，仅大连的吞吐量超过1亿吨，达到12602万吨；2019年，大连、营口和锦州港的吞吐量均超过1亿吨，其中大连达到36641万吨，营口为23818万吨，锦州为11340万吨。目前，辽宁沿海港口基本完成了资源整合，辽港集团利润增长了1.5倍。

表3-16　东北地区主要港口的吞吐量规模

名称	吞吐量/万吨		生产性泊位/个		万吨级泊位/个	
	2003年	2019年	2003年	2019年	2003年	2019年
丹东	708	5 669	11	42	5	25
大连	12 602	36 641	175	223	55	104
营口	4 009	23 818	27	86	16	61
盘锦		4 756		25		25
锦州	1 707	11 340	9	23	8	21
葫芦岛		3 899		4		2
哈尔滨	96	122	31	54		
佳木斯	66	198	16	51		

2. 水利能源设施

水利发展能力不断提升。防洪工程体系、河海堤工程规模明显扩大。辽宁已建成水库792座，黑龙江600多座水库。先后建成富尔江引水、引兰入汤、平山引水、引细入汤、引白济阜一期、大伙房重点输水工程、大伙房重点输水二期工程、大伙房水库输水应急入连等输水工程，辽西北供水二期顺利推进。三湾、锦凌、青山、猴山等大型水利枢纽工程和省重点输水工程建设加快。

能源保障能力逐步提高。中俄东线天然气管道投产输气，红沿河核电二期顺利推进。中俄原油管道形成了3000万吨/年的输油能力，中俄天然气管道形成了380亿立方米/年的输气能力。锡林郭勒盟—山东1000千伏特高压交流通道、锡林郭勒盟—台州±800千伏特高压直流输电工程已经完成，巴林—奈曼—阜新500千伏特交流输变电工程积极推进前期工作。"气化辽宁""气化吉林""气化龙江"战略持续快速推动，辽宁以秦皇岛—沈阳、大连—沈阳管线、辽河油田双六地下储气库和大连液化天然气码头为依托的"两线—库—码头"架构基本形成。吉林形成了以中石油吉林油田公司和中石化东北油气公司开发省内天然气、中石油陕京—沈长哈主干线天然气和内蒙古煤制天然气多元供气格局。黑龙江依托中俄东线天然气管道，加快打造"环状干网覆盖、支线管网延伸"的管网。

专栏3-4　东北地区的"宽带中国"示范城市名录

自2013年以来，国家发展和改革委员会、工业和信息化部已连续三年大力实施"宽带中国"专项行动。目前，该项行动已经取得阶段成果，并在全国形成了117个"宽带中国"示范城市（城市群）入围。其中，东北地区的入选城市和地区如下所述。

2014年——大连市、本溪市、延边州、哈尔滨市、大庆市。

2015年——鞍山市、盘锦市、白山市。

2016年——通辽市、沈阳市、牡丹江市。

二、生态环境

1. 生态功能

专栏3-5　东北地区的国家级生态示范区

国家级生态示范区是2000年根据《关于命名第一批国家级生态示范区及表彰先进的决定》，对在生态示范区建设过程中工作成绩突出的单位给予表彰的称号。

第一批：敖汉旗、盘山县、新宾县、沈阳市苏家屯区、大连金州区、东辽县、和龙市、拜泉县、虎林市、庆安县、黑龙江省农垦总局291农场。

第二批：科左中旗、穆棱市、延寿县、同江县、饶河县、宝泉岭分局。

第三批：奈曼旗、海城市、沈阳市东陵区、大连市旅顺口区、建平县、宽甸县、清原县、集安市、长春市双阳区和净月潭开发区、天桥岭林业局、黑龙江省农垦总局、红兴隆分局、建三江分局、牡丹江分局、绥化分局、嘉荫县、克山县。

第四批：阿鲁科尔沁旗、抚顺县、桓仁县、丹东市振安区、大洼县、康平县、安图县。

第五批：扎鲁特旗、阿尔山市、沈阳市沈北新区、于洪区、辽中县、法库县、长海县、北镇市、德惠市、省农垦总局齐齐哈尔分局、北安分局、九三分局、哈尔滨市松北区、五常市、铁力市、萝北县、宝清县、依兰县。

第六批：宁城县、突泉县、九台市、农安县、榆树市、大兴安岭地区、哈尔滨市阿城区、北安市、桦南县、集贤县、绥滨县。

第七批：哈尔滨市双城区、方正县、木兰县、黑河市爱辉区、巴彦县、杜尔伯特县、尚志市、林口县、五大连池市、桦川、汤原县、东宁县、富裕县、讷河市、望奎县、抚远市、富锦市、兰西县。

东北地区围绕补齐生态环境短板，加强生态建设与保护，生态环境质量总体趋于改善，在全国格局中属于生态环境质量优良地区。2019 年，全国生态质量优和良的县域面积占全国国土的 44.7%，主要分布在青藏高原以东、秦岭—淮河以南、东北的大小兴安岭和长白山地区。

（1）辽宁：58 个县市或市辖区中属于生态环境质量等级为"优"的有 8 个县市，占比为 22.8%，等级为"良"的有 44 个县市区，占比为 72%。

（2）黑龙江：生态环境质量等级为"优"的县市有 19 个，等级为"良"的县市有 52 个，等级为"一般"的县市有 4 个。

（3）吉林：各城市生态环境质量以"优""良"为主，20 个县区生态环境质量为"优"，占全省面积的 46.7%；16 个县区为"良"，占全省面积的 23.8%；12 个县区为"一般"，占全省面积的 29.5%。

（4）蒙东地区：呼伦贝尔多数旗县生态环境等级为"优"和"良"，锡林郭勒、赤峰和通辽的多数旗县属于"一般"。

辽宁划定生态保护红线共 4.68 平方公里，占陆域国土及海域的 25.09%，新增海洋生态红线为 2568 平方公里。黑龙江生态保护红线划定面积为 14.3 万平方公里，占全省面积的 31.6%，保护了全省 54.1% 的森林、56.2% 的河湖和湿地，以及 27.5% 的草原。推进了山水林田湖草生态保护修复试点工程建设，小兴安岭—三江平原项目被纳入国家第三批试点范围。辽河口—大辽河口海洋生态系统、锦州湾海洋生态系统处于亚健康状态。

辽宁累计创建省级生态乡镇 308 个、省级生态村 2274 个；创建了 55 个特色产业小镇。黑龙江拥有国家级自然保护区 49 个和省级自然保护区 75 个，总保护面积达到 778.5 万公顷，建成国家级生态乡镇 126 个，已建成省级生态市 5 个、省级生态县市区 70 个。

东北地区的森林覆盖水平较高，而且呈现持续升高的趋势。2003 年以来，除蒙东地区以外，东北三省的森林覆盖率均保持较高水平且不断增加。2005 年，辽宁、吉林和黑龙江的森林覆盖率分别为 32.97%、38.1% 和 39.5%，高于同期全国平均水平 18.2%。2009 年，辽宁、吉林、黑龙江的森林覆盖率均有提高，2013 年达到 38.2%、40.4%、43.2%。近些年，东北地区实施了一批重大森林建设工程，2018 年辽宁完成人工造林 148.97 万亩，封山育林 83 万亩，森林抚育 90 万亩；黑龙江新增造林 117 万亩；小兴安岭—三江平原山水林田湖草保护修复工程启动实施，继续实施天然林资源保护工程、三北防护林工程，大小兴安岭林区和长白山林区全面停止天然林商业性采伐，东北虎豹国家公园试点建设开始实施。这促使东北三省的森林覆盖率继续提高，2019 年辽宁、吉林和黑龙江的森林覆盖率分别提高 42%、44.8% 和 47.23%。

草原治理迈上新台阶。东北地区的草原面积达到 4115.8 万公顷，其中可利用面积为 3497.2 万公顷，是东北地区的主要生态安全屏障。重要的草原有呼伦贝尔草原、锡林郭勒草原和科尔沁草原，占东北地区草原面积的 61.7%。其中，呼伦贝尔草原达到 1129.81 万公顷，科尔沁草原为 423 万公顷，优良牧草占草群的 50%。实施了退牧还草工程、风沙源治理工程、高产优质苜蓿示范等项目，持续推行草畜平衡，开展禁牧、休牧、划区轮牧，加强基本草牧场保护，草原生态明显恢复，生产能力逐步提高。2019 年，吉林草原综合植被覆盖率为 71.99%，黑龙江达到 77.6%。

2. 城乡人居环境

城镇绿化建设水平不断提高，人居环境质量持续提升，居民的宜居条件改善。东北地区积极推进城市绿化建设，2005年人均绿化面积达到32.3平方米，建成区平均绿化覆盖率为34.3%。2010年，人均绿化面积提高到41.1平方米，建成区平均绿化覆盖率提高至38.6%。2018年，人均绿化面积提高到48平方米，建成区平均绿化覆盖率为37.8%，比2005年提高了3.5个百分点。具体如图3-24所示。

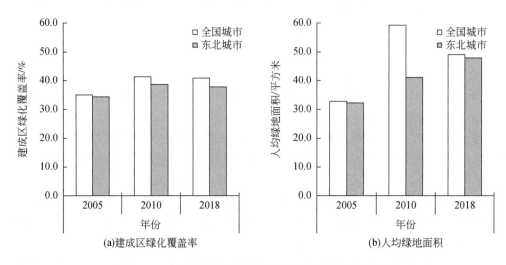

(a)建成区绿化覆盖率   (b)人均绿地面积

图3-24   东北地区建成区绿化覆盖率和人均绿地面积

从空间来看，哈长和辽中南地区的人均绿地面积较高，呼伦贝尔草原、大兴安岭、小兴安岭及长白山地区的人均绿地面积较少。从具体城市来看，本溪最高，达到250.61平方米；大庆和双鸭山均高于100平方米；锡林郭勒盟、兴安盟均高于70平方米；大连高于60平方米；牡丹江、七台河高于50平方米，上述城市均高于全国平均水平。建成区绿地面积覆盖率呈现出类似的空间格局，丹东有着最高的绿化率，达到54.9%；本溪、大庆、铁岭、抚顺、大连、双鸭山、七台河、松原、阜新、黑河、通辽、鹤岗、辽阳、佳木斯、盘锦、辽源、鞍山等城市的绿化率超过40%。

持续推进农村环境综合整治。吉林划定了禁养区2842个，禁养区面积达2.24万平方公里，规模养殖场粪污处理设施配套率达90%以上，大型规模养殖场粪污处理设施装备配套率达到100%，畜禽粪污资源化利用率达到85%以上。辽宁建设美丽示范村656个、无害化厕所16.8万座、农村生活污水处理设施150个，生活垃圾处置体系覆盖89%行政村。黑龙江的畜禽粪污综合利用率达75%，规模养殖场粪污处理设施装备配套率达85%以上。

3. 环境污染治理

东北地区以改善环境质量为核心，推进"蓝天、碧水、净土、农村环保和青山工程"，加强生态建设与保护，生态环境质量总体改善。

坚持打好碧水保卫战，实施水污染防治行动计划。全面落实河长制、湖长制，大力开展河湖"清四乱"行动，重点流域治理顺利推进。2005年，东北地区工业废水排放量为 19.62 亿吨，达标率为 89.9%；2017 年，工业废水排放量为 16.54 亿吨，达标率为 93%，其中辽阳、盘锦等城市的污水处理率达到 100%。辽河流域水资源开发利用程度高，废污水排放量大，是国家"三河三湖"重点治理区。呼伦湖治理初现成效，68 个入海排污口整治完成，入海排污口排放率由 2013 年的 50.7% 提高到 2018 年 81.3%，2019 年，一类、二类海水水质合计占 94%。吉林地级及以上城市集中式饮用水水源地水质达标率为 100%，辽宁达到 94.4%；吉林国考断面水质达标率为 85.4%，84.6% 的湖泊水库为Ⅲ类以上。辽源、四平入选全国黑臭水体治理示范城市。

大气污染治理。深化燃煤污染管控，强化工业污染治理，持续开展秋冬季大气污染防治，淘汰燃煤小锅炉、老旧车，推动煤电机组超低排放改造，整治"散乱污"企业，尤其是加强秸秆露天禁烧。2005 年 SO_2 排放量为 207.4 万吨，去排比 0.45∶1；2017 年 SO_2 排放量达到 178.59 万吨，去排比 2.2∶1。黑龙江疑似秸秆焚烧的地面高温异常点数量秋季较春季大幅减少，哈尔滨、齐齐哈尔、大庆、绥化、牡丹江、鸡西等传统作物秸秆产区高温异常点减少最明显。辽宁空气质量达标天数为 295 天，达标率为 80.7%；吉林为 89.3%。

（1）辽宁。2019 年生态环境质量为良，城市空气质量持续改善，优级天数明显增加，可吸入颗粒物、二氧化硫、二氧化氮、臭氧、一氧化氮 5 项指标首次全部达到二级标准。平均达标天数为 295 天，14 个城市在 275~339 天，酸雨频率为 0.3%。河流水质明显改善，86 个地表水断面中Ⅰ~Ⅲ类水质断面比例为 61.6%，7 个入海河流断面中Ⅲ类水质占比为 14.3%；16 座水库和 54 个城市集中式生活饮用水水源地水质保持良好，总达标率为 94.4%；海域水环境状况基本稳定，一类和二类海水水质占比为 94%。93.8% 的省级及以上工业集聚区建成或依托集中式污水处理设施。

（2）吉林。环境质量持续改善，综合指数为 70.19，等级为良。共建设省级以上自然保护区 42 个。累计淘汰县级以上城市建成区 10 蒸吨及以下燃煤锅炉 1119 台，淘汰率达到 96.5%；累计整治"散乱污"企业 2860 家，整治率达到 97.9%；全面推进秸秆焚烧，开展春秋两季秸秆禁烧专项行动，2019 年城市空气质量优良级别天数比例为 89.3%。完成 23 个地级城市水源地、63 个县级水源地保护区划定，地级以上城市的 17 个集中式饮用水水源地水质达标率为 100%。以"两河一湖"为重点，全面推进水污染治理，实施辽河、饮马河流域和查干湖水污染治理，48 个国控断面有 41 个达标。99 个城市建成区黑臭水体已全部消除。全省划定禁养区 2842 个，禁养面积达 2.24 万平方公里。

（3）黑龙江。生态环境质量总体处于良好状态，生态环境系统总体稳定。2019 年，实行"全域全时段全面"秸秆露天禁烧并取得决定性胜利，$PM_{2.5}$ 平均浓度为 28 微克/立方米，达标天数比例为 93.3%。河流水质总体为轻度污染，62 个国考断面Ⅰ~Ⅲ类水体达 66.1%，成功消除阿什河、倭肯河、梧桐河劣Ⅴ类水体。松花江、黑龙江和乌苏里江水系的水质均为轻度污染，绥芬河水系为良好。划分调整 407 个水源保护区。县以上城市共建成污水处理厂 150 座，排水管网达 1.42 万公里，日处理规模达 459 万吨。土壤环境质量总体保持优良，优先保护类占比达 96.7%，完成了 1.9 亿亩农用地土壤污染状况详查，推广"一翻两免"等综合技术措施。

（4）蒙东地区。西辽河水系干支流为中度污染。在所有河流中，老哈河水质为良好，西拉木伦河、锡伯河、蚌河、乌尔吉沐沦河、新开河、松花江水系、额尔古纳河干支流、嫩江干流、锡林河为轻度污染，阴河、乌尔逊河、亮子河和贡格尔河为中度污染，西路嘎河、英金河、莫尔格勒河和克鲁伦河为重度污染。兴安盟、赤峰、呼伦贝尔的旗县级集中式饮用水水源地水质达标率超过90%，通辽为70%左右，而锡林郭勒盟仅为20%。

三、对外开放

东北振兴战略实施以来，对外开放合作的领域和范围逐步拓展，建设了大连英特尔、沈阳宝马等一批有影响力的外资项目，辽宁沿海经济带、长吉图开发开放先导区、黑龙江沿边经济带开放步伐加快，大连东北亚国际航运中心建设成效明显，珲春国际合作示范区等开放合作平台地位凸显。

1. 外资利用

近些年来，外资利用规模持续扩大。2005年，东北地区新签外资合作项目3271项，合同金额为164.8亿美元；2010年新签外资合作项目虽然降为2252项，但合同金额为248.1亿美元，增长50.5%；2017年新签外资合作项目1020项，合同金额为192.9亿美元，相比2010年均出现了降低。2018年，东北地区实际利用外资额占全国总量的18.6%。各地区的实际利用外资有巨大的差异。2017年，长春的实际利用外资最高，占比达到30.52%，远高于其他地区；哈尔滨和大连分别占14.16%和13.36%，上述三个城市合计占58.04%，超过一半。白城和延边较高，占比分别达到7.91%和6.99%，沈阳占4.17%。其他地区的占比较低，牡丹江、通化和齐齐哈尔均介于2%～3%，松原、大庆、辽源、白山、绥化、吉林等地区均低于1%～2%，其他地区均低于1%。

2. 开放口岸

2018年，东北地区正式对外开放的国家口岸达到67个，占全国国家级开放口岸总量的21.9%。其中，航空口岸共有10个，铁路口岸有8个，公路口岸有24个，港口口岸有25个。黑龙江省的口岸最多，达到25个；吉林省的口岸较多，有17个；辽宁省和蒙东地区分别有13个和12个口岸。同时，东北地区还有许多的省级口岸。这些口岸成为东北地区对东北亚和全球开展交流合作的重要门户，具体如表3-17所示。

表3-17　东北地区的国家级开放口岸

口岸	辽宁省	吉林省	黑龙江省	蒙东地区
航空	沈阳、大连	长春、延吉	哈尔滨、佳木斯、齐齐哈尔、牡丹江	海拉尔、满洲里
铁路	丹东	集安、图们、珲春	哈尔滨、绥芬河	满洲里、二连浩特
公路	丹东	集安、珲春、图们、长白、南坪、圈河、临江、三合、开山屯、古城里、沙坨子	密山、绥芬河、东宁、虎林	二连浩特、满洲里、黑山头、室韦、阿日哈沙特、额布都格、阿尔山、珠恩嘎达布其

口岸	辽宁省	吉林省	黑龙江省	蒙东地区
水港	营口、锦州、大连、丹东、葫芦岛、盘锦、旅顺、庄河、长兴岛	大安	哈尔滨、佳木斯、饶河、桦川、富锦、同江、抚远、绥滨、萝北、嘉荫、黑河、逊克、孙吴、呼玛、漠河	

2017 年，东北地区通行的公路口岸有 24 个，各口岸的货物进出口量、人员出入境量及运输车辆进出入境量均有很大差异。如表 3-18 所示，丹东的货物进出口量最大，达到 166.57 万吨，占东北地区公路口岸货物总量的 24.9%，即 1/4；吉林南坪口岸达到 108.15 万吨，占比为 16.2%；二连浩特达到 79.59 万吨，绥芬河、满洲里、珠恩嘎达布其均超过 60 万吨。从出入境人员数量看，二连浩特口岸的通过量最大，达到 177.40 万人次，占比达到 41.44%；其次是绥芬河，达到 81.40 万人次，比例为 19.01%；珲春达到 39.12 万人次；丹东、东宁、虎林均超过 20 万人次；满洲里、密山均超过 15 万人次。

表 3-18 东北地区的主要公路和铁路口岸通过量

公路口岸	货运量/万吨	出入境人员/万人次	运输工具/万辆	铁路口岸	货运量/万吨	出入境人员/万人次	运输工具/辆
丹东	166.57	25.15	15.41	满洲里	1395.78	3.00	8869
南坪	108.15	1.45	4.80	二连浩特	970.31	15.18	8688
二连浩特	79.59	177.40	48.02	绥芬河	887.55	18.47	7097
绥芬河	63.55	81.40	6.65	珲春	195.71	0.42	1330
满洲里	62.12	15.04	16.85	图们	16.11	0.01	282
珠恩嘎达布其	61.71	9.26	5.79	丹东	13.44	14.49	1263
珲春	41.66	39.12	2.09	哈尔滨	8.68		
东宁	27.77	23.56	3.16	集安	3.07	2.54	684
长白	17.92	2.95	1.26				
三合	7.32	0.85	0.59				
古城里	6.11	0.79	0.37				
室韦	4.87	0.46	0.44				
临江	4.51	0.95	0.47				
黑山头	4.25	1.48	0.61				
虎林	3.57	22.48	0.42				
开山屯	3.31	0.70	0.45				
沙坨子	2.99	0.34	0.25				
密山	1.56	15.02	0.65				
阿日哈沙特	0.48	9.62	1.75				
阿尔山	0.002	0.11	0.04				

铁路口岸共有 8 个，分别为满洲里、二连浩特、绥芬河、珲春、图们、丹东、哈尔滨、集安。2017 年，进出口货物主要集中在满洲里、二连浩特、绥芬河三个口岸，其中满洲里达到 1395.78 万吨，占比为 39.99%；二连浩特和绥芬河分别达到 970.31 万吨和 887.55 万吨，占比分别为 27.80% 和 25.43%。出入境人员集中在绥芬河、二连浩特、丹东，其中绥芬河最多，达到 18.47 万人次，占比为 34.13%，即超过 1/3；二连浩特为 15.18 万人次，比例达到 28.05%；丹东为 14.49 万人次，比例达到 26.78%。

3. 对外合作平台

在面向东北亚的开发开放过程中，东北地区形成了众多的国际合作平台，包括自由贸易试验区、重点开发开放试验区、边境经济合作区、跨境经济合作区、边境旅游试验区、跨境电子商务综合试验区等各类开放平台。其中，2017 年中国（辽宁）自由贸易试验区挂牌，覆盖 120 平方公里，具体包括沈阳、大连、营口等片区；先后成立了绥芬河-东宁、满洲里和二连浩特 3 个重点开发开放试验区，并设立中国图们江区域（珲春）国际合作示范区、呼伦贝尔中蒙俄合作先导区；拥有满洲里、二连浩特、绥芬河、丹东、和龙和黑河 6 个边境经济合作区，批设了大连、沈阳、长春、哈尔滨、赤峰、抚顺、珲春、绥芬河、满洲里、营口、盘锦、吉林、黑河等 13 个跨境电子商务综合试验区，2018 年设立了满洲里边境旅游试验区，与蒙古国和俄罗斯开辟了二连浩特—扎门乌德、绥芬河—波格拉尼奇两个跨境经济合作区。具体如表 3-19 所示。

表 3-19 东北地区的重要国际合作平台 （单位：个）

类型	名称	数量
自由贸易试验区	中国（辽宁）自由贸易试验区、中国（黑龙江）自由贸易试验区	2
重点开发开放试验区	绥芬河—东宁重点开发开放试验区、满洲里重点开发开放试验区、二连浩特重点开发开放试验区	3
边境经济合作区	满洲里边境经济合作区、二连浩特边境经济合作区、黑河边境经济合作区、绥芬河边境经济合作区、丹东边境经济合作区、和龙边境经济合作区	6
跨境经济合作区	中蒙二连浩特—扎门乌德经济合作区、中俄绥芬河—波格拉尼奇贸易综合体	2
边境旅游试验区	满洲里边境旅游试验区	1
跨境电子商务综合试验区	大连跨境电子商务综合试验区、沈阳跨境电子商务综合试验区、长春跨境电子商务综合试验区、哈尔滨跨境电子商务综合试验区、赤峰跨境电子商务综合试验区、抚顺跨境电子商务综合试验区、珲春跨境电子商务综合试验区、绥芬河跨境电子商务综合试验区、满洲里跨境电子商务综合试验区、营口跨境电子商务综合试验区、盘锦跨境电子商务综合试验区、吉林跨境电子商务综合试验区、黑河跨境电子商务综合试验区	4
其他类型	中国图们江区域（珲春）国际合作示范区、呼伦贝尔中蒙俄合作先导区	3

4. 国际贸易

对外贸易额呈现波动式发展，但趋于提质促稳。如图 3-25 所示，2003～2014 年，进出口额稳中有升，仅 2009 年因金融危机而短暂下降，2014 年达到最高值 1793 亿美元。2015 年后，东北地区的进出口额出现下降，2015 年达 1358 亿美元，同比下降 24.3%。2016 年，进出口额继续降至 1202 亿美元。2017 年，中国（辽宁）自由贸易试验区实现良好开局，复制推广了99项经验做法，形成13个全国首创案例，同年，国际贸易额反弹，达到1391亿美元，同比增长15.7%；2018年继续增长至1618.8亿美元，2019年微降至1585.5亿美元。2017年，珲春—扎鲁比诺—釜山航线货运量同比增长65%，珲春—马哈林诺铁路进出口货物增长近30%。黑龙江以对俄合作为重点不断扩大开放，2017年对俄贸易增长22.5%。2019年，出口额和进口额呈现类似发展，达到547.8亿美元和1010.7亿美元，虽出口额仍低于2014年的水平，但进口额增长加快。

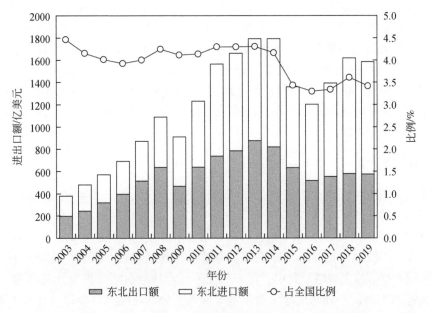

图3-25 2003～2019年东北地区进出口额及占全国比例变化

长期以来的经济发展低迷促使东北地区的国际贸易在全国的地位有所下降。2003～2019年，东北地区贸易额占全国的比例呈现波动式下降，尤其2013年进入经济新常态以来，其占比持续下降，2019年达到3.42%，比2013年下降0.9个百分点。从贸易结构来看，东北地区逐步从以出口和进口基本平衡向以进口为主进行转变，2003年出口比例达到51.7%，2019年降至36.3%，比进口低15.4个百分点。

从布局来看，东北地区的国际贸易呈现出巨大的区域差异。其中，大连的国际贸易最高，占比达到43.86%，远高于其他地区；长春和沈阳较高，分别达到10%和9.12%；大庆比例达到5.93%，其他地区所占比例较少。在出口贸易上，大连最高，达到46.66%；沈阳和营口分别占8.37%和5.67%；本溪和丹东分别占4.69%和4.24%。

四、区域合作

区域合作是指某一个区域内两个或两个以上地区，为了维护共同的利益、实现分工、进行交流而采取共同的政策，实行某种形或组成区域性合作。东北地区在振兴发展过程中，努力与周边区域以及跨区域开展合作，积极寻求高质量发展。

1. 融入京津冀协同发展

随着京津冀协同发展战略的深入推进，临近京津冀地区的部分东北地市积极融入京津冀协同发展的分工体系，承接各种要素的转移，做好京津冀协同发展的"菜篮子""果园子""米袋子""后花园""中试加工基地"等职能。辽西北和蒙东等地区加快与京津冀地区的交通网络融合，重点推进高速公路、高速铁路建设，尤其是京沈高铁2021年底通车，加快消除省际断头路。积极推动了与天津港、唐山港等港口的大通关合作，赤峰等保税物流中心得到建设。蒙东地区加快新能源发展与特高压通道建设，成为京津地区的重要清洁能源供应基地。同时，大量产业从北京、天津等地区向朝阳、赤峰、锦州等地区进行转移。朝阳针对北京、天津、河北等地的19个县区、122个产业集群，制定了招商图谱，实现了"网格化"精准招商。朝阳等地区已成为北京的"菜篮子"，凌源有30%的花卉销往华北地区。2018年，阜新承接京津冀产业转移项目25个，达成意向性合作项目15个，已签约项目37个，在建项目33个，已建成项目6个（唐佳丽等，2018）。

2. 对口合作

东北地区努力跨区域开展经济合作与各种交流，积极寻求发展机会。2017年3月，国务院颁布《东北地区与东部地区部分省市对口合作工作方案》（国办发〔2017〕22号）。在中央政府的指导下，东北地区启动与东部沿海发达地区的对口合作，扎实做好对口合作工作，积极融入长江经济带发展、粤港澳大湾区建设、长江三角洲一体化发展、京津冀协同发展等国家战略。其中，辽宁与江苏、吉林与浙江、黑龙江与广东、沈阳与北京、大连与上海、长春与天津、哈尔滨与深圳，分别形成对口合作对（表3-20），支持内蒙古主动对接东部省市，探索建立相应合作机制（王岩，2017）。

表 3-20　东北地区与沿海发达地区对口合作对

东北地区	沿海地区	主要合作内容
辽宁省	江苏省	推动国企改革，大力发展物联网、新一代信息技术等新兴产业，加快发展装备制造业等优势产业，促进港口联动发展
吉林省	浙江省	在体制机制、产业发展、基础设施、平台建设、创新创业、干部人才6方面开展深层次实质性交流与合作
黑龙江省	广东省	加快国资国企改革、支持黑龙江企业积极参与粤港澳大湾区建设、推动黑龙江装备优势制造能力与广东开放型经济和市场的发展优势对接，促进黑龙江机器人、清洁能源装备、生物医药、石墨等新兴产业与广东战略性新兴产业对接，引导黑龙江企业利用深圳证券交易所进行首次公开募股融资、股权再融资及资产证券化产品
沈阳市	北京市	共同推动北京相关行业企业对接"东北地区培育和发展新兴产业三年行动计划"，在沈阳培育形成一批新兴产业集群。鼓励北京各类企业通过多种方式参与沈阳国有企业改革、改造和重组，助推沈阳国有企业混合所有制改革

东北地区	沿海地区	主要合作内容
大连市	上海市	支持大连深化外汇管理改革,优化跨境电商金融服务,扩大人民币跨境使用,探索构建金融安全网。支持中国(辽宁)自由贸易试验区大连片区与中国(上海)自由贸易试验区交流合作,支持大连金普新区与上海浦东新区的全面对接合作,支持大连高新区与上海张江高新区在创建国家自主创新示范区方面的对接合作
长春市	天津市	推进长春空港和陆港建设,加快长春对外开放临时口岸和多式联运中心建设,打造长春国际陆港,联合开展面向东北亚的开放合作。建设长德开发区津长产业合作园一个"主园"和长德开发区通用航空产业园、北湖开发区生物医药产业园及大数据产业园三个"分园",重点合作领域为智能装备、航空航天、生物医药及大数据等产业
哈尔滨市	深圳市	在新能源、新材料等新兴产业领域的合作取得突破。鼓励深圳证券交易所、大宗商品交易场所加强对哈尔滨市实体企业的服务力度

部分资料来源:夏小禾(2018)

对口合作在干部交流、创业创新、产业合作、园区共建、文化、交通、环保、旅游等方面取得了阶段性成果。各省市多次开展互访和对接,省级层面已签署了近210份合作协议,地市层面也建立起对口合作推进机制。

(1)截至2019年4月,400余名干部实现互派挂职,6000多名东北干部、企业家在东部接受培训。辽宁组织32名干部赴江苏挂职交流,在江苏举办了两期县域经济发展专题培训班。黑龙江省政府代表团赴广东开展"解放思想广东行"学习考察活动。吉林和浙江开展汪清县与北仑区扶贫协作,7名干部和46名专业技术人才挂职交流,为汪清县累计培训人员2284人次。

(2)中国(辽宁)自由贸易实验区复制推广中国(上海)自由贸易实验区改革创新经验173项,吉林全面推广浙江"最多跑一次"的改革做法,黑龙江与广东共同开展"五个一"活动,沈阳借鉴北京经验实行企业投资项目告知承诺书,哈尔滨复制深圳做法推进强区放权,大连在"双随机、一公开监管"改革、国际贸易单一窗口建设等方面对标上海做法。

(3)已达成合作项目849个,分布在装备制造、农业和绿色食品、文化旅游、生产性服务业等领域。

(4)多层次的对口合作共建平台载体取得了积极进展。上海与大连合作建设"大连城市创客厅"和"大连创谷汇双创产业中心"等项目,合办"创客嘉年华"活动;成立国家技术转移东部中心大连分中心,设立"同济大学创业谷北方基地",共建大型科研仪器共享公共服务平台。长春与天津合办的"津长双创服务中心"已投入使用。沈大自主创新示范区与苏南自主创新示范区、沈抚改革创新示范区与苏州工业园区开展共建,哈尔滨松北科技产业创新产业园和哈尔滨(深圳)产业合作试验园区方案完成,大连金普新区等10个区(市、县)分别与上海浦东新区等10个区签署结对协议,大连高新区等4个先导区分别与上海张江高新区等4个功能区对接交流(熊丽,2019)。

五、营商环境

营商环境是东北地区的"顽疾",近十年来,东北地区坚持把优化营商环境作为基础工程,以"办事不求人"为切入点,持续优化营商环境。东北三省先后出台了优化营商环境条例,印发了关于重塑营商新环境的实施意见,成立了省市县三级营商环境建设监督机构。各省各地纷纷出台促进民营经济、县域经济高质量发展的指导意见以及加强服务民企的政策措施,严格落实大规模减税降费,巩固"三去一降一补"成果。从上学难、看病难、办证难、办事难等痛点难点入手,推进"办事不求人",群众和企业的满意度大幅提升。深入推进"放管服"改革,取消下放一批省级行政许可事项,推行"互联网+政务服务",建成各省一体化政务服务平台,以"键对键"减少"面对面"。深化证照分离改革,推行"网上办、一次办、我帮办",辽事通等APP开通,黑龙江企业开办时间由8天压缩至3天以内,吉林工程建设项目审批时间从200个工作日以上压缩到81个工作日以内。吉林实现小微企业应收装款线上融资"零"的突破,融资成本平均降低30%,融资时间缩短40%~50%。落实普惠性金融政策,开展金融助振兴行动,建立政银企双月座谈会制度,推进拖欠民营企业和中小企业账款清偿专项行动。实行"首席服务员""告知承诺制""承诺即开工"等系列举措,营造"人人都是营商环境"的社会氛围,"投资必过山海关"的社会认同增强。

东北地区高质量发展的战略路径

第四章
东北地区的主要问题与突出矛盾

任何区域的可持续发展都存在一些关键瓶颈与突出问题，东北地区的振兴发展总体上仍是阶段性的，发展不平衡、不充分的问题仍旧存在，在周期性因素和国际国内需求变化的影响下，出现了增长乏力的"新东北现象"（许欣，2017）。东北地区全面振兴、全方位振兴的前提是必须明晰东北地区的长期问题与短期问题、关键瓶颈与突出矛盾。本章重点分析东北地区的经济地位弱化、经济增速变化与资源依赖型产业结构，考察人口减少与外流及老龄化、中心城市资源集聚与城市贫困、社会保障与棚户区改造、区域交通网络与营商环境，剖析科技创新成果转化不足与外流、外向经济发展薄弱与吸引外资不足、体制机制僵化与民营经济滞后，探讨区域生态问题与土地退化、环境污染与资源利用等问题。

本章主要得出以下结论。

（1）长期以来，东北地区的经济发展负重前行，经济增长速度趋缓，在全国的经济地位不断弱化。传统经济增长方式尚未改变，财政建设能力较低。传统产业发展疲软，重化工业比例偏高，新兴产业发展不足，产业层次较低，产业链短。许多城市的产业结构单一，产业资源依赖性较强，部分地区进入资源枯竭阶段。工业企业效益较低，亏损面较大，特色优势产品远离市场。

（2）近些年来，东北地区的人口增长水平较低，外流现象比较严重，人口老龄化严重，人口红利逐步降低。中心城市资源过于集聚，城市贫困现象突出。社会保障仍存在诸多问题，棚户区改造任务重，失业率仍高于全国平均水平。区域交通网络有待升级，营商环境有待提高。

（3）东北地区的科技研发投入不足。创新成果少，创新转化能力不足，成果外流严重。吸引外资不足且持续减少，外向经济薄弱。政府体制僵化依旧突出，国企体制仍旧难以突破，市场机制尚不完善，民营经济发展不稳定，国有企业比例偏高。

（4）东北地区的生态安全问题犹存，土地退化仍旧呈现加重趋势，黑土退化问题仍旧凸显，部分地区水资源短缺，森林、湿地、草原等生态系统不同程度地遭到破坏，资源开发地区仍存在严重的生态环境破坏。大气污染由煤烟型污染向复合型污染转变，主要流域的水污染仍较为严重，固体废物（简称固废）处理水平较低。

第一节 经济发展与产业结构

一、综合经济

1. 全国经济地位

东北地区的经济总量占全国经济总量的比例①基本呈现持续下降的态势，在全国的经济地位不断弱化。如图4-1所示，2003年，东北地区GDP占全国的比例为11.85%，2004年达到11.89%，但在2005年迅速下降到10.1%；2003~2012年，该比例呈波动式增长，基本保持在10.1%~11.9%。进入"十二五"期间，尤其是2013年开始，该比例开始持续下降，2013年为10.67%，到2016年急剧下降至7.98%，2019年继续降至5.63%，比2013年减少了50.2个百分点，几乎缩水了一半。这种比例的变化既是经济发展滞缓的结果，同时也是东北地区挤水分的结果，均透视出东北地区在全国经济格局中地位的下降。

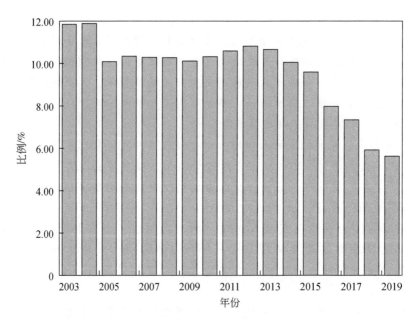

图4-1 2003~2019年东北地区GDP占全国比例

① 全国经济总量以中国统计年鉴公布的全国总量为基数，而非各省GDP加和。

2. 经济增速

实施振兴战略以来，东北地区保持了近十年的经济高速增长①。如图4-2所示，2003~2012年，经济发展一直保持高位高速增长状态，呈现出两位数的增幅，并一直高于全国经济增长速度。2003~2007年，经济增长速度基本保持提高态势，东北地区振兴政策的短期刺激作用显著。2008年开始，受全球金融危机的影响，经济面临下行压力，经济增长速度有所下降。尤其是2013年进入新常态以来，经济增长速度持续下降，降至8.33%，首次跌破两位数的增速。2016年经济增长速度跌到低谷，达到3.5%。2017年有所反弹，达到5.3%；2018年开始，经济增长速度缓慢降低，2019年回落到4.23%。而且，2014~2019年，经济增长速度一直低于全国平均水平，这是振兴战略实施十几年来没有过的现象（杨荫凯和刘羽，2016）。

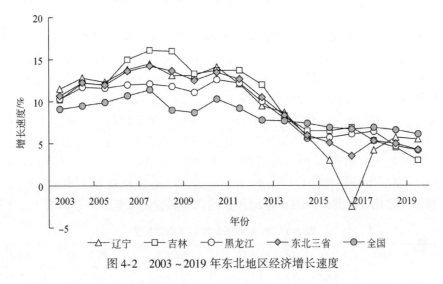

图4-2　2003~2019年东北地区经济增长速度

辽宁、吉林、黑龙江三省的经济增速呈现出类似的发展轨迹。辽宁的经济增长速度下跌更为剧烈，2016年增速跌到负增长，达到-2.5%。

3. 增长方式

"三驾马车"对东北地区经济增长发挥了积极作用，但经济增长过度依赖投资拉动的特征明显。2003年以来，投资、消费、出口对东北地区经济增长发挥了重要作用。2003~2010年，投资增速不断提升，并一直维持30%以上的高速，对支撑经济快速增长发挥了重要作用。2010年以后，投资增速虽有所波动，但整体呈现快速下降趋势，从2010年的29.5%快速下降到2014年的-1.4%，2015年进一步下降到-4.2%，累积下降33.7个百分点。2003~2008年，出口增加值基本保持20%以上的增速，2009年受全球金融危机影响突然跌至-26.7%，2010年又抬升到37%，但之后便呈现出持续回落态势，2015年跌至-23.5%。东北地区出口规模不大，年度波动幅度虽大但对经济增长的影响较小。消费增速最平稳，2003年之后迅速抬升，由5%提高到2008年的

---

① 经济增长速度数据以辽宁、吉林、黑龙江和全国的历年统计公报的经济增长速度为分析数据，东北地区的经济增长速度以东北三省的平均值为标准。

25.7%；之后虽呈持续下降趋势，但降幅相对和缓，2015年增速为8.4%，对经济的支撑作用相对稳定且有所提升（杨荫凯和刘羽，2016）。

从"三驾马车"对经济增长的贡献率来看，投资始终是影响经济增长的最主要因素。2003年以来，投资对经济增长的贡献率逐年抬升，到2009年达到174.1%的峰值，消费和出口对经济增长的贡献率相对较弱。2013年以来，固定资产投资由4.65万亿元跌落到2015年的4.02万亿元，对经济增长的贡献率由138.7%下跌到2015年的-220.9%。相应地，东北地区的经济增速由2013年的8.4%下降到2015年的4.5%，投资对经济增长的影响显而易见。东北地区出口对经济增长的影响较小（杨荫凯和刘羽，2016）。近年来，消费增速虽呈下降趋势，但降幅相对和缓，2009~2014年消费增速始终高于全国平均水平，且对经济增长的支撑作用稳步提升。

4. 财政能力

地方财政发展总指数反映各地财政发展水平的总体情况，2016年东北四省区的全国排名普遍居后，黑龙江位居倒数第2位，吉林（第16位）和内蒙古（第23位）位居中间排位，辽宁略微靠前排名，位居第12。财政收入稳健指数中，辽宁状况相对较好，位居第8位，吉林居中间而位居第15位，黑龙江和内蒙古分别位居倒数第6位和倒数第5位。转移支付依赖度是转移支付与一般公共预算收入之比，黑龙江对中央转移支付的依赖度较高，排名居第4位，达到232.9%，吉林和内蒙古的依赖度相对较高，分别位居第9位和第11位，分别达到138.53%和108.45%，辽宁的依赖度相对较低，为80.51%，在全国排名位居第22位。土地出让金依赖度是土地出让收入与一般公共预算收入之比，东北地区对土地出让金的依赖度普遍较低。具体如表4-1所示。

表4-1　2016年东北地区的财政能力

指标		辽宁省	吉林省	黑龙江省	内蒙古自治区
地方财政发展总指数	得分/%	4.82	4.66	3.76	4.20
	排名	12	16	30	23
财政收入稳健指数	得分/%	4.2	3.6	3.1	2.8
	排名	8	15	25	26
转移支付依赖度	得分/%	80.51	138.53	232.9	108.45
	排名	22	9	4	11
土地出让金依赖度	得分/%	18.81	17.48	14.21	10.11
	排名	19	23	28	31
显性债务率[①]	得分/%	38.33	19.60	20.28	31.32
	排名	27	14	15	25
隐性债务率[②]	得分/%	17.68	16.81	12.02	11.47
	排名	10	9	4	3

数据引自：《中国各地区财政发展指数2018年报告》

[①] 显性债务率等于地方政府债券余额与该省GDP之比。

[②] 隐性债务率等于地方城投公司的有息债务与该省GDP之比。

二、产业结构

1. 重化工业

产业结构仍面临偏重的问题，经过 20 多年的调整改造，以传统产业为主的产业结构未能有较大的改变，重化工业仍是主导产业。如图 4-3 所示，重工业企业数量比例呈现"先增长后减少"的趋势，但一直高于 70% 的比例。21 世纪之前，重工业产值占经济总量的比例一直介于 70%~80%；2003 年占比达到 63.12%，此后持续增长到 2009 年的 69.36%，增长了 6.24 个百分点，此后持续降低到 2018 年的 60.72%，降低了 8.64 个百分点。2003 年，重工业产值比例达到 78.41%，然后提高到 2005 年的 82.3%，随后持续下降到 2016 年的 70.92%，2017 年略上升到 72.53%，这表明东北地区的重工业比例一直高于 70%，是典型的重化工业结构。

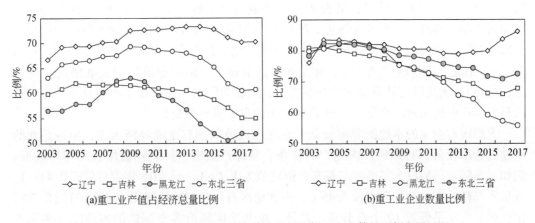

图 4-3 东北三省重工业产值占经济总量比例和企业数量比例发展过程

从东北三省的内部来看，以重化工业为主的工业结构显著。辽宁的重工业企业数量占比从 2003 年的 76.2%，上升到 2004 年的 83.5%，然后下降到 2013 年的 78.89%，近年来又呈现增长态势，增长到 2017 年的 86.18%；2003~2017 年，重工业比例一直高于 75%，主要是装备制造、冶金、石化产业。吉林的重工业比例虽不断下降，但一直高于 65%，仍具有较高的水平；2003 年重工业占比达 80.95%，然后持续下降，2016 年达 66.01%，2017 年又反弹到 67.82%。黑龙江的重工业占比呈现先上升后下降的过程，2003 年为 79.86%，随后逐步增长到 2006 年的 82.75%，然后持续下降，2017 年降到 55.88%，黑龙江的重化工业主要是能源、石化、装备制造、食品加工等产业。

2. 产业链

资源主导型、粗放型增长显著。受发展历史与在全国分工体系中所承担角色的影响，东北地区的传统产业类型多且规模较大，产业结构的"重化"特征显著，基础原材料产业的占比高，主要是资源初级开发及粗加工行业。东北地区的主导产业以钢铁、石化、制造、能源等重化工业为主，主要为资源型产业、重型装备制造业，多为资本密集型产业。这种产业结构容易受市场和环境变化的制约。

产业初级性和低层次性突出。资金密集型产业占主导地位，技术密集型产业很少。产业多集中在上游环节，新兴产业少，先进装备制造业发展缓慢，多数产业处于产业价值链的中低端。基础原材料产业占比高，主要是能源开发、矿产采掘、初级开发及粗加工业，采掘工业、原材料工业占工业总产值的 2/3 左右。高新技术产业的占比较低，装备制造业产品配套能力和系统集成能力有待提高，原材料工业精深加工度低。其中，辽宁产值占比较高的行业是装备制造、黑色金属冶炼加工、农产品加工、石油化工，吉林主要是汽车制造、农产品加工、医药制造，黑龙江则主要是农产品加工、采矿业、石油化工。

产业链条短，产品结构不优，呈现"三多三少"。原材料产品和中间产品多，最终产品和消费类产品少。粗加工产品多，主要提供矿产资源材料与粗加工产品，"原"字号、"初"字号产品较多，产品加工停留在初加工阶段，深精加工产品少。产品档次不高，低级产品多，附加值低，既覆盖石化产业的化工原料加工，玉米等农产品加工，也覆盖人参、林蛙、矿泉水等特色资源加工（苏向坤，2017）。东北地区的乙烯产量占全国同类产品总量的 1/5，但下游的化学纤维、化学农药等化工产能不足全国同类产品的 1%，石化产品呈现"油头大、化身小、产业链短、附加值低"的发展格局（苑博等，2016）。大庆以石油资源初级开发为主，主要为原油、大宗化工原料及大宗有机合成材料，产业链条短。松原"一油独大"未能发生明显改变。

大型国有企业的本地配套率较低。东北地区虽以国有企业经济为主，但各企业的本地配套率较低，对各地方构建产业体系、延伸产业链、拉动经济增长的作用较低。例如，国际通行的汽车零部件与整车产值比值为 1.7∶1，而 2015 年吉林仅有 0.44∶1，汽车零部件在吉林的配套率仅为 45%。东北地区石化产业的精细化学品率仅有 31.4%，比全国平均水平低近 10 个百分点。此外，东北地区轨道客车制造的本地配套率尚不足 20%。

3. 产业发展

东北工业经济呈现出传统产业动能减弱与新兴产业动能不足并存的困境。

本研究采用工业利润总额与工业资产总额的比值作为工业效益进行分析。2003 年以来，工业发展呈现出较低的发展效益。如图 4-4 所示，2019 年，东北地区工业发展效益达到 3.38，仅为全国平均水平的 61.9%，尤其是黑龙江仅为 2.54，仅为全国平均水平的 46.6%，吉林和辽宁分别相当于全国平均水平的 81.1% 和 60.1%。其中，东北地区国有企业的工业发展效益为 2.26，相当于全国平均水平的 65.9%，黑龙江和辽宁的水平更低，分别为 1.2 和 1.54，仅分别为全国平均水平的 35.2% 和 45.1%，吉林水平较高，达到 4.78，为全国平均水平的 1.4 倍。东北地区民营企业的工业发展效益较差，为 3.86，仅为全国平均水平的 52.8%，黑龙江仅为 36.2%，吉林和辽宁也分别为全国平均水平的 45.5% 和 57.9%。值得关注的是，外资企业的工业发展效益略高于全国平均水平，为全国平均水平的 1.09 倍，辽宁和黑龙江分别为全国平均水平的 1.18 倍和 1.1 倍，而吉林工业发展效益仅相当于全国平均水平的 65.2%。

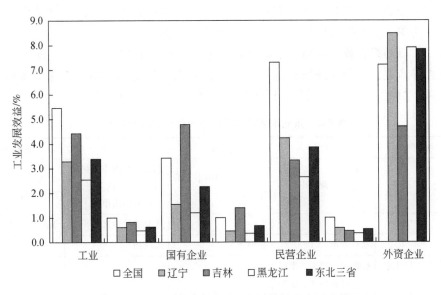

图 4-4　2019 年东北地区工业发展效益及全国比较

在向市场经济转轨的过程中，东北地区未能及时调整和改造传统产业，许多工业部门老化，产能存在过剩。冶金、石化、煤炭、油气、建材等行业面临较大的产能过剩、生产效率较低的压力。传统工业的两化融合水平不高，智能制造水平偏低，多数企业处于工业 2.0 阶段。在环境发生变化时，市场订单减少，传统资源型产业的比较优势容易丧失，传统重型装备制造业的竞争力锐减，甚至部分产业中企业普通沦落为低效产能、过剩产能和落后产能（许欣，2017）。钢铁冶金、煤炭、汽车、石化和农产品加工业不同程度地呈现发展疲软态势，导致东北地区原材料与装备工业的地位相对下降，发展优势有所弱化，经济发展疲软。汽车产业进入微增长时代，2015 年一汽集团市场占有率为 11.6%，比 2010 年下降 2.6 个百分点。炼油、乙烯扩大规模及向下游深加工方向发展的空间受限。玉米主产区价格与销售区形成倒挂，竞争优势逐步弱化，淀粉、发酵酒精、包装饮用水等产品多为初级加工产品。

战略性新兴产业发展不足。各地区的重点发展产业不明确，方向比较分散，新兴产业体量较小，高新技术产业比例较低，高端装备制造业刚刚起步。新能源汽车批量生产能力不足，"吉林一号"卫星处于前期组网建设阶段，智能装备制造的规模较小，互联网经济总量不大。同时，新兴产业存在"高端产业低端化"的倾向。

4. 产业结构单一

产业结构过度依赖资源优势，形成许多产业结构单一地区。东北地区共有 15 个产业结构单一地市，占东北地级行政单元的 36.6%，超过 1/3；黑龙江有 6 个，吉林和辽宁分别有 3 个和 5 个，蒙东地区有 1 个。从县级单元来看，东北地区共有产业结构单一县市区 72 个；黑龙江有 24 个，吉林有 21 个，辽宁有 14 个，蒙东地区有 12 个。

这些地区的产业结构以重工业为主，能源基础原料的主导产业突出。如表 4-2 所示，以农产品加工为单一工业的县区有 19 个，占比为 26.4%；以煤炭采选为单一工业的县区有 15 个，占比为 20.8%；以木材加工为单一工业的县区有 10 个；以铁矿石采选和钢铁冶金为单一工业的县区有 6 个，以有色金属矿石采选与冶炼和非金属矿石采选与加工为单一工业的县区均有 4 个；以电力、石油化工、化工为单一工业的县区分别有 3 个；以纺织服装、医药、装备制造为单一工业的县区均有 1 个。油气生产加工是大庆主导产业，大庆经济增长过度依赖石油开发。呼伦贝尔属于资源型城市，产业结构单一，"原"字号、低端化特征明显，通辽玉米"一粮独大"。

表 4-2 东北地区产业结构单一县市区的行业类型

产业类型	辽宁	吉林	黑龙江	蒙东地区
煤炭采选	南票区、调兵山	江源区、白山市、靖宇、舒兰	勃利、鸡西市、鹤岗市、七台河市、依兰、双鸭山市	牙克石、霍林郭勒、陈巴尔虎
电力			大兴安岭地区	根河、鄂温克旗
石油化工	葫芦岛市	松原市	大庆市	
铁矿石采选与钢铁冶金	鞍山市、建平、本溪市、弓长岭区、辽阳	东丰		
有色金属采选与冶炼			嘉荫县	喀喇沁、赤峰市、林西
非金属矿石采选与加工	法库县、海城市、大石桥市			奈曼旗
农产品加工		永吉县、德惠市、前郭尔罗斯县、九台市、双辽市	庆安、通河、克东、甘南、友谊、林甸、克山、富裕、虎林、青冈、集贤、依安	宁城县、太仆寺旗
纺织服装	普兰店市			
木材加工		桦甸、蛟河、抚松、汪清、长白、敦化、临江	穆棱市、塔河县、东宁县	
化工	辽阳市	吉林市		苏尼特右旗
医药		通化市		
装备制造		长春市		

这些地区有着不同的单一水平。如表 4-3 所示，单一化水平介于 80% ~ 100% 的极度单一地区有 14 个，占比为 19.4%。单一化水平介于 60% ~ 80% 的严重单一地区有 25 个，比例为 34.7%。单一化水平介于 40% ~ 60% 的较高单一地区有 31 个，比例为 43.1%。

表 4-3 东北地区单一工业县市区的结构

单一化水平	数量/个	县市区
极度单一（80%~100%）	14	林甸、七台河市、友谊、鹤岗市、甘南、依安、双鸭山市、集贤、青冈、嘉荫、松原市、弓长岭区、辽阳、陈巴尔虎
严重单一地区（60%~80%）	25	克东、依兰、大兴安岭地区、鸡西市、大庆市、塔河、通河、虎林、勃利、木兰、富裕、东宁、德惠、长春市、临江、通化市、本溪市、鞍山市、调兵山、大石桥、鄂温克旗、喀喇沁旗、根河、尼特右旗、太仆寺

单一化水平	数量/个	县市区
较高单一地区	31	克山、穆棱、庆安、敦化市、东丰县、永吉县、双辽市、长白、舒兰、汪清、抚松、吉林市、白山市、九台市、前郭尔罗斯县、蛟河、桦甸、建平、南票、辽阳市、海城、葫芦岛市、法库、瓦房店、普兰店、林西、霍林郭勒市、牙克石、奈曼旗、赤峰市、宁城

5. 资源依赖与资源枯竭

主导产业主要是电力热力、汽车制造、钢铁冶金、石油天然气开采和农产品加工。其中，电力热力的比例最高，达到 13.17%，汽车制造也达到 12.02%。钢铁冶金达到 9.05%，石油天然气开采和农产品加工分别为 5.93% 和 5.91%。上述产业的资产合计占 46.08%，其中资源依赖型产业的资产占比合计为 34.06%，占 1/3。如图 4-5 所示，如果合计其他资源型产业，东北地区资源依赖型产业的资产占比达到 54.09%，比全国平均水平（45.93%）高出 8.16 个百分点。从各省来看，辽宁资源依赖型产业的资产占比达到 51.66%，比全国平均水平高出 5.73 个百分点，吉林与全国平均水平大致持平，但黑龙江资源依赖型产业占比最高，达到 71.31%，高出全国平均水平 25.38 个百分点。

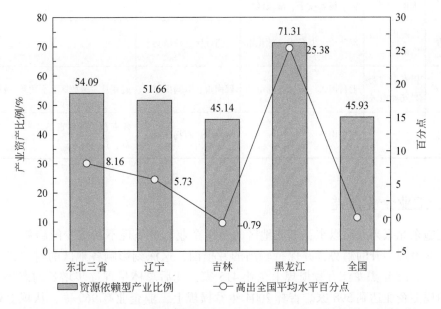

图 4-5 2019 年东北三省资源依赖型产业的资产占比及与全国平均水平的比较

经济发展与资源环境冲突明显。东北地区的产业结构尚不合理，产业发展与资源环境承载力的矛盾明显。主导产业主要为资源型产业，包括石油天然气采选加工、煤炭火电、农副产品加工、有色金属采选与冶炼加工等行业，以煤炭、石油、钢铁、有色金属、非金属矿物为核心的资源型产业占比超过 1/2，如果合计农产品加工，该占比则超过 2/3。这些主导产业多是高耗能、高排放产业，落后产能和过剩产能较多，尤其是有色金属冶炼、铁矿石采选、火电等行业。这导致东北地区的环境污染问题仍然较为突出。

资源枯竭趋势明显，资源枯竭城市成为痛点难点。由于长期的高强度开发、新增储量的减少，多数大宗矿产资源，如煤、铜、镍、铅、锌、金等矿产的储采比连年下降，目前多数矿山已进入中晚期。资源型城市的传统主导产业——资源型产业逐步萎缩，同时未能及时培育接替产业，城市经济发展效益低下，城市财力困难，面临"矿竭城衰"的困境。阜新、鹤岗、双鸭山、佳木斯、抚顺等以煤炭开采为主导产业的城市陷入困境已达十多年。1959年以来，大庆油田累计生产原油17亿吨，目前可采储量仅剩余30%，且原油含水率增大，生产难度加大，成本较高。大小兴安岭林区的森林资源已进入禁伐阶段，伊春、黑河、大兴安岭地区、通化、白山、延边等地区的森工产业进入衰退阶段。2008年、2009年、2011年，国家分三批确定了69个资源枯竭型城市（县、区），东北地区集中了1/3。其中，蒙东地区集中了3个，辽宁和吉林省均集中了7个，黑龙江集中了6个，合计为23个，同时东北地区有9个县区享受资源枯竭城市的国家政策，如表4-4所示。这些城市（县、区）成为东北地区发展的痛点，也成为东北振兴发展的难点。

表4-4　东北地区资源枯竭城市名单

省区	首批	第二批	第三批	大小兴安岭林区享受政策
辽宁省	阜新市、盘锦市	抚顺市、北票市、弓长岭区、杨家杖子、南票区		
吉林省	辽源市、白山市	舒兰市、九台市、敦化市	二道江区、汪清县	
黑龙江省	伊春市、大兴安岭地区	七台河市、五大连池市	鹤岗市、双鸭山市	逊克县、爱辉区、嘉荫县、铁力市
蒙东地区		阿尔山市	乌海市、石拐区	牙克石、额尔古纳、根河、鄂伦春旗、扎兰屯

6. 工业企业效益

实施东北振兴战略以来，东北地区的亏损企业数量呈现不断减少的趋势，但2012年以来又呈现上升的趋势，并保持较高的亏损面，这深刻影响各地区的财力建设与发展活力。2012年黑龙江有亏损规上企业415家，此后总体呈现逐步增长的态势，2017年亏损规上企业达到598家。吉林2004年亏损规上工业企业有969家，从规上企业的亏损率来看，2004年为29.54%，之后逐步降低到2016年的6.91%，2017年又提高到10.02%。与吉林相比，黑龙江有更多的亏损企业和更高的亏损率，2003年亏损规上企业数量达到743家，并呈现增长态势，2005年达到802家，此后呈现波动式减少趋势，2011年达到459家，随后又逐步增长，2017年达到1001家；2003年黑龙江规上企业的亏损率达到28.94%，逐步降低到2011年的13.59%，此后逐步提高，2017年达到26.83%，亏损率很高。具体如图4-6所示。

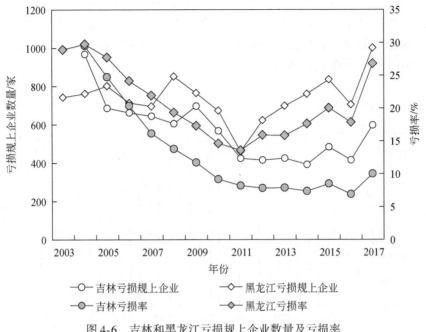

图 4-6 吉林和黑龙江亏损规上企业数量及亏损率

7. 特色产品

长期以来，受饲养方式粗放、畜产品加工和运销能力不足等因素影响，东北畜牧业发展水平与丰富的粮草资源不相称、不同步，主要表现为"冷""远""高""低"四方面。"冷"，设施条件差，牲畜在冬季低温严寒中能量消耗大，增加了养殖成本。"远"，区位偏远，运力不足，资源优势和产品优势不能转化为市场优势。"高"，玉米临储政策推高了价格，东部沿海地区大量使用低价进口玉米和高粱，失去了竞争优势。"低"，生产方式粗放，畜牧业生产效率总体低于全国平均水平（乔金亮，2017）。

第二节 人口城镇与社会事业

一、人口

1. 人口减少

振兴战略实施以来，东北地区的人口经历了先增长后降低的发展过程。如图 4-7 所示，2003 年东北地区人口总量达到 12 012.8 万人，然后持续增长到 2013 年的 12 236.9 万人，10 年期间共增长了 224.1 万人，年均增长 22.4 万人。但从 2014 年开始，总人口呈现持续的下降趋势，2019 年达到 12 063.3 万人，比 2013 年减少了 173.6 万人，年均减少 28.9 万人。2011 年开始，人口增长率持续下降，2014 年出现负增长。2011 年增长率为 0.7‰，2013 年降至 0.1‰，2014 年出现负增长，增长率达到 -0.1‰，2015 年增长率迅速下跌到 -2.5‰，2016 年进一步下跌到 -2.9‰，2017 年略微回升到 -2.7‰，2019 年又下跌至 -3.4‰。

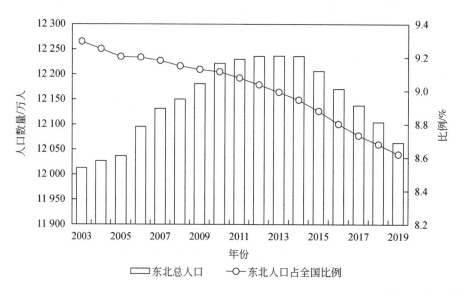

图 4-7　东北地区的总人口规模变化

东北三省和蒙东地区的人口增长呈现一些类似的发展趋势，即人口增长率总体呈现持续下降并向负增长演进的态势，如图 4-8 所示。辽宁人口增长率从 2003 年的 1.66‰降至 2014 年的 0.24‰，2015 年进入了负增长通道，2019 年人口增长率达到 -1.74‰。吉林人口增长率从 2003 年的 1.96‰降至 2015 年的 0.34‰，并在 2016 年进入负增长通道，2019 年达到 -4.93‰，降幅很大。黑龙江人口增长率从 2003 年的 0.52‰降至 2013 年的 0.26‰，并在 2014 年进入负增长通道，2019 年达到 -5.78‰。2003～2019 年，蒙东地区的人口总量一直处于负增长状态。具体如图 4-9 所示。

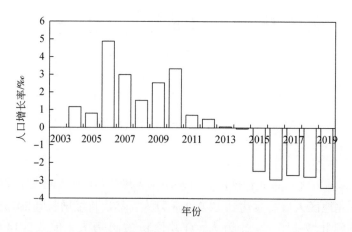

图 4-8　东北地区人口增长率变化

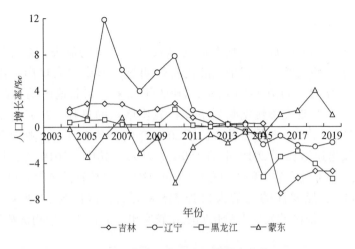

图 4-9　东北四省区人口增长率变化

2. 人口外流

因历史时期的土地开发、工业化与城镇化建设，东北地区曾经是重要的人口流入地。但因收入较低、气候寒冷等各种原因，东北地区存在人口外流的现象，近些年来随着经济的下行，这种现象有加重的趋势，人口流向就业机会更多、收入水平更高、气候环境更宜居的地区。2000 年，黑龙江的外来人口渗透率①为 0.32，吉林和辽宁分别为 0.35 和 0.7，2010 年分别降至 0.21、0.26 和 0.63。根据辽宁社科院公布的《辽宁蓝皮书：2016 年辽宁经济社会形势分析与预测》，2000 年第五次人口普查时东北三省人口净流入为 36 万，2010 年"六普"则显示，东北人口净流出 200 万人。2019 年东北三省人口净迁出约 42.73 万人口，其中吉林省净迁出 13.33 万人左右，黑龙江净迁出 21.8 万人，辽宁净迁出 7.6 万人。2013 年，齐齐哈尔净迁出人口 2.54 万人，2014 年净迁出人口增长至 3.78 万人。人口外流方向主要是珠江三角洲、长江三角洲和京津地区（王羚，2016）。

外流人口主要包括以下人群。①大学生就业群体。根据调查，大学生群体毕业后，愿意留在东北地区工作的仅占 30%，70% 的大学生希望去南方城市就业居住。②高收入者和技术人员外流。这类群体因工资待遇与改善居住环境等原因，选择经济发达的特大城市工作或人居环境较好的城市居住。③外出务工人员。这类群体的户口往往仍在东北地区，但常年在东北地区之外的城市居住和工作，人群总量较大。④老年人群体流出。东北地区纬度较高，冬季寒冷漫长，许多老年人去南方尤其是到海南岛过冬天，形成"南下养老"的特殊迁徙现象。根据 2014 年三亚异地养老老年人协会的统计，在三亚养老的哈尔滨老人近 20 万人。

---

① 外来人口渗透率：当渗透率为 1 时，意味着在全国人口流动的格局中，该地区处于与本地人口规模相当的人口净流入水平。渗透率越高，意味着该地对外来人口的吸引力越大。

3. 人口老龄化

随着人口出生率的降低、人均寿命的延长以及人口的流失，东北地区的人口年龄结构也出现了一些问题，尤其是老龄化特征明显，形成"人口净流出"和"深度老龄化"的双重压力。如图 4-10 所示，2003 年以来，东北地区的老龄人口（65 岁及以上人口）数量呈现先缓慢增长后下降再急剧增长的过程。2003 年，东北三省的老龄人口为 841.8 万人，之后缓慢增长至 2010 年的 998.5 万人，随后降至 2013 年的824.2 万人，又迅速增长到 2019 年的 1596.7 万人。其中，2019 年，辽宁老龄人口为 706.1 万人，占东北三省老龄人口总量的 44.22%；吉林省的老龄人口为 374.8 万人，占比达到 23.48%；黑龙江的老龄人口为 515.8 万人，占比为 32.30%。与国际标准（7%）相比[①]，东北地区的人口老龄化问题比较突出，人口年龄结构优势逐渐丧失。

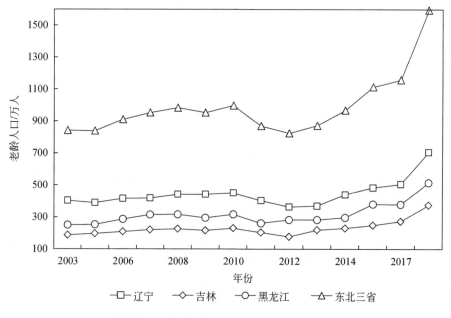

图 4-10　东北三省的人口年龄构成及变化

针对人口老龄化，东北三省出台了许多政策。鼓励人口生育，2018 年辽宁发布了《辽宁省人口发展规划（2016~2030 年)》，完善税收、教育、社会保障、住房等政策，对生育二孩的家庭给予更多奖励政策；《辽宁省人口与计划生育条例》提倡一对夫妇生育两个子女，对生育两孩家庭予以支持，对其入托、入学给予适当补贴；黑龙江边境地区已允许生三孩。探索开发老年人力资源，《辽宁省老年教育发展规划（2017-2020年)》提出大力发展老年教育培训，支持老年人才自主创业，鼓励专业技术领域人才延长工作年限。针对失能老人，吉林先后出台了一系列政策法规文件，进行建设补助和生活补贴，实施全省老年希望工程公益项目，帮扶失能老人。

---

　① 国际上通常把 60 岁以上的人口占总人口比例达到 10% 或 65 岁以上人口占总人口的比例达到 7% 作为国家和地区进入老龄化的标准。

从人口结构来看，东北地区呈现老龄化趋势，而且老龄化水平明显高于全国。如图 4-11 所示，东北地区的老龄人口比例呈现先缓慢上升，然后短暂下降，之后迅速上升的趋势，且各时期东北地区和三省的老龄人口比例均以高于全国平均水平为主。2003 年东北地区的老龄人口比例为 7.95%，高于全国平均水平（7.5%），缓慢增长至 2008 年的 10%，仍高于全国平均水平（8.25%），之后降至 2012 年的 9%，仍高于全国平均水平（8.87%）；然后迅速增长到 2019 年的 14.79%，并高于全国平均水平（12.23%）2.56 个百分点。2019 年，辽宁的老龄人口比例最高，达到 16.23%，高于全国平均水平 4 个百分点；吉林和黑龙江相当，分别为 13.93% 和 13.75%，分别高于全国平均水平 1.7 个和 1.52 个百分点。

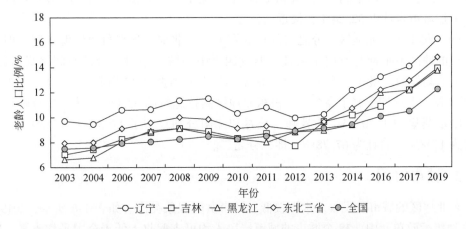

图 4-11　2003～2019 年东北三省的人口年龄构成

二、城镇建设

1. 资源集聚

长期以来，东北地区发展的资源分布呈现出明显的空间非均衡性，重点集聚在四大中心城市，即沈阳、大连、长春和哈尔滨，并集中在哈大铁路沿线地区，如表 4-5 所示。但东北地区的中小城市发展基础薄弱，多数中小城市拥有的工业资源、科教资源等较少，发展能力较弱。

表 4-5　东北地区四大中心城市的主要指标比例　（单位：%）

中心城市	地区 GDP	人口	规上工业企业	高校数量
沈阳市	11.02	7.12	7.55	17.50
大连市	13.31	5.09	9.21	11.20
哈尔滨市	8.52	8.17	6.83	19.00
长春市	12.37	6.41	8.65	14.90
合计	45.22	26.79	32.24	62.60

（1）集中了近一半的经济总量。经济发展高度集中在四大中心城市，大连的经济规模最高，占比达到13.31%；其次是长春，达到12.37%，沈阳占11.02%，哈尔滨为8.52%。上述四个中心城市合计占东北地区经济总量的45.22%。

（2）集中了东北地区四分之一的人口。人口分布集中在哈大铁路沿线，东北地区的东部、西部及北部的人口分布较少。哈尔滨的人口规模最高，达到955万人，长春和沈阳的人口规模相当，分别为749万人和737万人，大连达到595万人，上述四个城市合计占26.79%，即四分之一。人口密度的分布呈现明显的哈大沿线稠密、东西两侧稀疏的格局。

（3）集中了东北地区三分之一的工业企业。工业企业集中在省会城市和计划单列市，并集中在哈大铁路沿线地区，其他城市的工业企业较少。大连和长春的规上工业企业数量最多，分别达到1683家和1580家，沈阳和哈尔滨市分别为1379家和1248家，上述城市合计占32.24%，接近三分之一。

（4）集中了东北地区三分之二的科教资源。东北地区虽然科教资源丰富，但呈现出严重的地区不平衡与空间集聚性，形成四大中心城市绝对集聚的空间格局。其中，哈尔滨的高校数量最多，达到51所，沈阳和长春分别拥有47所和40所高校，大连有30所高校，上述四个城市高校合计占东北地区高校总量的62.6%。从高校教师资源来看，哈尔滨集中了20.95%的教师，长春和沈阳分别集中了17.8%和17.3%的资源，大连为11.8%，合计为67.78%，即三分之二。

2. 城市贫困

东北地区的城市居民收入水平较低，城市贫困现象突出。如表4-6所示，2019年，41个地级行政单元中，38个城市的城镇居民人均可支配收入低于全国平均水平，覆盖率达到92.7%。城镇居民人均可支配收入超过全国平均水平的城市仅有3个，分别为大庆、沈阳和大连，为中心城市和石油城市。其中，鹤岗仅为全国平均水平的57.22%，白山、白城、大兴安岭地区、七台河、伊春、铁岭、双鸭山、朝阳、延边州、辽源、四平、通化、松原、阜新14个地区介于全国平均水平的60%~70%，佳木斯、黑河、齐齐哈尔、绥化、吉林、兴安盟、丹东、葫芦岛8个地区介于全国平均水平70%~80%，赤峰、通辽、牡丹江、辽阳、抚顺、锦州、本溪、呼伦贝尔、鞍山、长春10个地区介于全国平均水平80%~90%，营口、哈尔滨、锡林郭勒盟、盘锦4个地区接近全国平均水平。

表4-6　2019年东北地区城镇居民人均可支配收入与全国平均水平对比（单位:%）

城市	占全国比例	城市	占全国比例	城市	占全国比例
鹤岗	57.22	松原	67.10	抚顺	81.64
鸡西	59.99	阜新	69.68	锦州	81.92
白山	60.51	佳木斯	70.51	本溪	82.93
白城	60.51	黑河	70.75	呼伦贝尔	83.76
大兴安岭	62.05	齐齐哈尔	70.90	鞍山	89.13
七台河	62.40	绥化	70.90	长春	89.34
伊春	63.05	吉林	71.15	营口	93.03
铁岭	63.13	兴安	71.79	哈尔滨	94.45
双鸭山	63.37	丹东	75.53	锡林郭勒	96.27

城市	占全国比例	城市	占全国比例	城市	占全国比例
朝阳	63.78	葫芦岛	75.62	盘锦	98.15
延边	66.47	赤峰	80.50	大庆	102.22
辽源	66.63	通辽	80.57	大连	109.70
四平	66.79	牡丹江	81.26	沈阳	110.45
通化	67.03	辽阳	81.62		

　　东北地区共有 42 个资源型城市，占全国资源型城市总量的 16%；共有 26 个资源枯竭型城市，占全国资源枯竭型城市总量的 38.8%。如表 4-7 所示，森工型城市有 15 个资源枯竭型城市，主要分布在大兴安岭、小兴安岭和长白山地区；煤炭型城市有 10 个资源枯竭型城市，主要分布在辽西北、吉林东部和黑龙江东部；石油型城市仅有盘锦市 1 个资源枯竭型城市。这些资源枯竭城市的煤炭和森林资源已枯竭或禁止采伐，地区产业单一，传统资源型产业萎缩，接续替代产业尚未形成，这导致地区经济总量不足，地方财力薄弱，居民收入水平低。

表 4-7　东北地区资源枯竭型城市名单

省区	地级政区	城市	资源	省区	地级政区	城市	资源
蒙东地区	呼伦贝尔市	阿尔山市	森工	吉林省	长春市	九台区	煤炭
	呼伦贝尔市	牙克石市	森工		延边州	敦化市	森工
	呼伦贝尔市	额尔古纳市	森工		延边州	汪清县	森工
	呼伦贝尔市	根河市	森工	黑龙江省	伊春市	伊春市	森工
	呼伦贝尔市	鄂伦春旗	森工		大兴安岭地区	大兴安岭地区	森工
	呼伦贝尔市	扎兰屯市	森工		七台河市	七台河市	煤炭
辽宁省	阜新市	阜新市	煤炭		黑河市	五大连池市	森工
	盘锦市	盘锦市	石油		鹤岗市	鹤岗市	煤炭
	抚顺市	抚顺市	煤炭		双鸭山市	双鸭山市	煤炭
	朝阳市	北票市	煤炭		黑河市	逊克县	森工
吉林省	辽源市	辽源市	煤炭		黑河市	爱辉区	森工
	白山市	白山市	煤炭		伊春市	嘉荫县	森工
	吉林市	舒兰县	煤炭		伊春市	铁力市	森工

　　许多城市内部形成了贫困人口集聚区，其成为城市发展的痛点和难点。贫困人口集聚区表现为三大集中区域。①城区老工业区。东北地区共有 13 个老工业区，包括沈阳重工街、大连市瓦房店市、鞍山市铁西区、辽阳市、朝阳市双塔区、白城市铁东、辽源市仙人河、吉林市哈达湾、白山市城区、哈尔滨市香坊区、七台河市勃利县、伊春市铁力市、双鸭山市城区等老工业区。该区域内集中了大量的原国有企业职工，为企业职工宿舍集中区。②独立工矿区。东北地区共有独立工矿区 30 多个，如表 4-8 所示。该区域集中了大量的国有企业职工，资源枯竭与企业经济效益下滑促使该区域居民收入水平较低。③城市棚户区。该区域集中了大量的低收入者，居住环境较差，并

与周边地区形成差异明显的城市内部二元结构。

表4-8 东北地区独立工矿区名单

省区	矿区	县区	产业类型	省区	矿区	县区	产业类型
辽宁省	南芬	南芬	铁矿	吉林省	梅河	梅河口	煤炭
	八道壕	黑山	煤矿		龙马	靖宇	煤炭
	大孤山	千山	铁矿	黑龙江	滴道	滴道	煤炭
	弓长岭	弓长岭	铁矿		光义	穆棱	煤炭
	华铜	瓦房店	铜矿		恒山	恒山	煤炭
	新邱	新邱	煤炭		罕达汽	爱辉	金矿
	南票	南票	煤炭		南山	南山	煤炭
	田师付	本溪	煤炭		西林	西林	铅锌
	晓明	铁法	煤炭		茄子河	茄子河	煤炭
	杨家杖子	连山	钼矿	蒙东地区	元宝山	元宝山	煤炭
吉林省	天宝山	龙井	铅锌		扎赉诺尔	扎赉诺尔	煤炭
	二道江	二道江	煤炭		锡林浩特	锡林浩特	煤炭
	红旗岭	磐石	铜镍		联合屯	扎鲁特	煤炭
	大湖	临江	煤炭		沙尔呼热	霍林郭勒	煤铝
	英安	珲春	煤炭		金厂沟梁	敖汉	金矿
	杉松岗	浑南	煤铜钴				

注：2002 年，建市 20 周年的铁法市经国务院批准更名为调兵山市；1995 年 10 月，磐石县撤县设市，磐石县人民政府改称磐石市人民政府，由吉林省直辖，吉林市代管

三、社会事业

1. 社会保障

东北振兴战略实施以来，各地区的社会保障事业取得了较大成就，但因基础薄弱，目前仍存在不少问题。

（1）地方政府社保能力较低。社会保障可持续指数主要衡量各省社保基金的可持续能力。如表 4-9 所示，根据《中国各地区财政发展指数 2018 年报告》，黑龙江的社会保障可持续总指数较高，达到 5.51，居全国第 4 位，辽宁为 2.87，居全国第 11 位，吉林为 0.71，居全国倒数第 8 位。从社保基金盈余率来看，四省区均较低，尤其是黑龙江和辽宁为赤字率；黑龙江的赤字率最高，达到 -21.28%；辽宁的赤字率排第二，为 -8.99%；吉林的社保基金盈余率为 2.76%，居全国倒数第 4 位，内蒙古为 4.86%，居全国倒第 7 位。从养老保险抚养比[①]来看，东北地区较高，四省区均居全国前列；黑龙江、吉林和辽宁的养老保险抚养比分别为 74.52%、68.24% 和 60.66%，分别位居全

---

① 养老保险抚养比指养老保险参保人数中退休人员与在职职工数之比。

国第 1 位、第 2 位和第 3 位，内蒙古为 56.49%，居全国第 6 位。从养老保险基金盈余率看，东北四省区均为养老保险收入小于支出，其中黑龙江的养老保险赤字率最高，达到 -32.51%。

表 4-9　东北地区社会保障发展能力

指标		辽宁省	吉林省	黑龙江省	内蒙古自治区
社会保障可持续总指数	得分	2.87	0.71	5.51	0.06
	排名	11	23	4	30
社保基金盈余率/%	得分	-8.99	2.76	-21.28	4.86
	排名	30	27	31	24
养老保险抚养比/%	得分	60.66	68.24	74.52	56.49
	排名	3	2	1	6
养老保险基金盈余率/%	得分	-15.16	-6.34	-32.51	-2.50
	排名	30	28	31	26

（2）社保总体覆盖面不广，实施范围狭窄。目前，社会保障对象主要是全民所有制职工和部分集体企业的职工，一些集体企业、私营企业的职工及城镇个体劳动者和广大农民被排除在外。

（3）社会保障资金收缴困难，筹资渠道不畅，资金缺口大，尤其是养老基金，负担沉重。由于企业效益较低，许多企业无力缴纳保障金，尤其是在经济下行过程中，许多企业停产停工，社保资金收缴尤为困难。资源型城市和老工业城市的养老保险、医疗保险和失业保险支出均高于全国平均水平，城市财政负担沉重。

（4）社会保障管理服务的社会化程度较低，即使是实行社会统筹的保险项目，管理和服务仍没有社会化，职工的生老病死仍依赖于企业（徐充，2004）。这加重了企业的负担。

2. 棚户区改造

在资源型城市和老工业城市的发展过程中，"因矿设市""因厂设区"，逐步形成了职工集聚的城镇，形成了大量的棚户区。近年来，各地区加大了棚户区的改造力度，但仍存在拆迁难、融资难、资金不足的问题。部分改造项目距离中心区较远，市场化运作难度大，引资融资困难。因政府棚改资金有限，施工进度严重受影响。同时，部分城市尚有许多的城中村、城镇危旧房。这些棚户区和城中村仍是各城市的"伤疤"和"痛点"，环境条件差，低收入人群聚居，甚至存在安全隐患。

3. 失业率

就业是东北地区的重要问题，城镇登记失业人数呈现先降低后增长的趋势，占全国失业人数的比例也呈现先下降后小幅增长的趋势。如图 4-12 所示，2003 年该占比为 19.54%，2014 年降至 13.41%，但此后呈现小幅的波动式增长，2019 年增长到 13.59%。辽宁一直是东北地区失业人数最多的省份，2003~2012 年，失业人数呈现持续的减少趋势，从 2003 年的 72 万人减少至 2012 年的 32.08 万人，但此后呈现小幅的增长，逐步增长到 2019 年的 45.6 万人。其次是黑龙江，2003~2015 年，失业人数一直保持着增长态势，从 2003 年的 35 万人增长到 2015 年的 40.98 万人，2019 年降至 34.7 万人。再次是吉林，失业人数呈现先下降后增长再下降的过程，2003 年失业人数为 28.4 万人，缓慢降至 2011 年的 22.21 万人，然后缓慢增长到 2019 年的 23.9 万人。

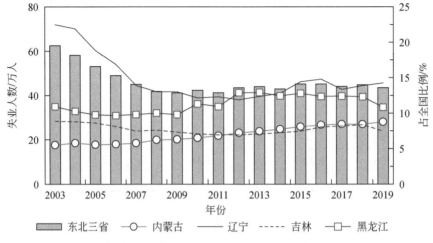

图 4-12　2003~2019 年东北地区失业人数变化

城镇登记失业率总体呈现不断下降的趋势。如图 4-13 所示，2003~2017 年东北四省区一直高于全国平均水平，近两年，辽宁和内蒙古仍高于全国平均水平。内蒙古的城镇登记失业率由 2003 年的 4.5% 下降到 2019 年的 3.7%，高于全国平均水平（3.6%）1 个百分点。辽宁由 6.5% 下降到 2012 年的 3.35%，但近年来又逐步回升到 2019 年的 4.2%，高于全国平均水平（3.6%）0.6 个百分点。吉林由 4.3% 下降到 3.1%，黑龙江由 4.2% 下降到 3.5%。

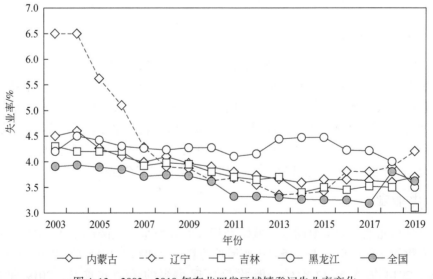

图 4-13　2003~2019 年东北四省区城镇登记失业率变化

四、区域发展环境

1. 区域交通网络

东北地区是中国交通网络建设比较早且比较完善、成熟的地区。但在新一轮的交通网络建设中，东北地区未能抓住机遇，特别是在对改善区域发展环境显著的高铁建设热潮中，东北地区未能及时赶上先行建设。这影响了区域发展环境的改善。

21世纪初，中国进入高速铁路建设热潮。但在此过程中，东北地区仅建设了哈大高铁、长吉图高铁等干线。2017年，东北地区的高铁里程仅有2828公里，占全国高铁里程（2.5万公里）的11.3%，仅连接了22个地市，覆盖了东北地级行政区总量的51.6%，尚有19个地级政区未能有高铁连通。

东北地区尤其是蒙东地区有着广阔的土地面积，部分县旗的辖区面积大，支线机场的建设对改变其可达性和可进入性具有重要意义。2018年，在80公里范围内享受到航空服务的县级行政区数量达到79个，占东北地区县级政区数量的32.2%，不足1/3，尚有大量的县级行政区未能享受到航空服务。41个地级行政区中，仅有24个地级行政区建有机场，覆盖比例为58.5%，离"市市通机场"的覆盖水平较远。

虽然东北地区铁路、公路、航空、港口等交通网络相对密布，区域内部交通便利，但与其他地区交通连接仍不够通畅，狭窄的山海关通道、渤海湾和广阔的黄海海域，阻隔了东北地区与东部沿海等人口经济核心区实现便利、及时和顺畅的交通连接。同时，东北地区的生产生活等基础设施仍然不完善，工业化和城镇化过程中建设的基础设施已老化，社会基础设施等公共服务系统不完善，各地区交通、生活、邮电通信等基础设施发展不均衡（魏淑艳和孙峰，2017）。如表4-10所示，2018年中国前35强城市基础设施发展指数排名中，东北地区四大中心城市排名均居后。其中，大连位居第14位，沈阳为第17位，长春和哈尔滨分别为第20位和第23位。

表4-10　2018年中国城市基础设施发展指数排名

名次	城市	基础设施指数	名次	城市	基础设施指数	名次	城市	基础设施指数
1	上海	0.783	13	青岛	0.219	25	厦门	0.131
2	北京	0.739	14	大连	0.197	26	贵阳	0.112
3	广州	0.632	15	郑州	0.196	27	福州	0.110
4	重庆	0.601	16	长沙	0.194	28	太原	0.092
5	深圳	0.549	17	沈阳	0.185	29	乌鲁木齐	0.087
6	成都	0.392	18	济南	0.175	30	南昌	0.076
7	天津	0.387	19	宁波	0.175	31	兰州	0.062
8	南京	0.360	20	长春	0.172	32	呼和浩特	0.045
9	武汉	0.332	21	石家庄	0.170	33	海口	0.038
10	西安	0.273	22	合肥	0.161	34	银川	0.027
11	杭州	0.272	23	哈尔滨	0.145	35	西宁	0.004
12	昆明	0.220	24	南宁	0.135			

2. 营商环境

与东部沿海地区相比，东北地区营商环境尚存在一些差距。"雪乡欺客""企业家质疑亚布力管委会"等事件的接连发生，对东北地区社会经济发展的负面影响较大，以至于"投资不过山海关"，对东北地区吸引新产业、新业态产生了负面影响。

营商环境是指伴随企业活动整个过程的各种周围境况和条件的总和，如经商的政治环境、经济环境、法律环境等。全国营商环境格局中，华东地区明显高于其他区域，西南、华北、华南、华中地区次之，东北地区和西北地区最为落后。在各省市区中，东北三省的营商环境排名明显居后，其中吉林、黑龙江、辽宁的得分分别为51.21、47.98、47.43，分别位居第20位、第21位、第22位，而内蒙古为44.97，位居第25位。

如表4-11所示，在全国营商环境排名前100位城市中，东北地区仅有6个城市进入该行列，这与东北地区的土地面积、人口总量、经济占比都显然不符。东北四大中心城市在全国重点城市的排名多居后，大连和沈阳分别位居第24和第25位，长春和哈尔滨分别位居第30位和第34位；地级城市中仅有吉林市和大庆市进入前100强，但排名明显靠后，分别为第70位和第72位。

表4-11　2020年中国城市营商环境TOP100排行榜

排名	城市	营商环境指数
24	大连市	70.79
25	沈阳市	69.83
30	长春市	67.95
34	哈尔滨市	65.98
70	吉林市	37.22
72	大庆市	36.11

东北地区营商环境尚存在许多问题，重点表现在如下方面。①条块关系混杂，简政放权不到位，流于形式，往往只看重数量，不注重质量，实质性部门的权力没有放，许多地区"机构换牌子，人员换位子，效果老样子"，效率低下。②部分政府部门"错位越位缺位"屡禁不止，政商关系不佳。③地方法律法规不健全，"官本位"观念根深蒂固，决策失误追究制、执法责任制尚未完全建立。④市场观念落后，对民营经济作用认识不足。⑤民营经济发展壁垒多，融资难融资贵，扶持政策不充足，政策连续性差。⑥政府性基金收费种类多，政府经营性服务收费有所减少，准政府经营性服务收费乱象依然存在。⑦企业发展成本高，2016年8月工业用电的全国平均价格为0.77元/度①，辽宁、吉林、黑龙江分别为0.86元/度、0.87元/度和0.81元/度，均高于全国平均价格。

---

① 1度＝1千瓦时。

第三节　技术创新与体制机制

一、科技创新

1. 研发投入

东北地区具有丰富的科研资源和良好的技术创新基础，但一直以来，其创新力排名不但没有占据全国领先地位反而在持续下降。这是影响东北地区经济发展活力与产业转型升级的重要问题。

投入始终是科技研发的基础。东北地区国有企业比例过高，资源投入低，自身创新动力不强，科研合作意愿较低。如表4-12所示，2018年东北三省万人R&D人员数为24.02人/万人，仅相当于全国平均水平（44.7人/万人）的53.7%，规上工业企业的R&D人员仅占全国总量的2.89%，研发机构数量仅为全国总量的1.08%。东北三省的R&D经费内部支出为710.09亿元，仅占全国总量的3.23%，占比低。其中，辽宁占比为2.34%，吉林和黑龙江的占比很低，仅为0.58%和0.69%，均不足1个百分点。同年，东北三省规上工业企业R&D经费内部支出占全国比例为3.23%，外部支出占全国比例为4.36%。如图4-14所示，从R&D的投入强度来看，东北三省一直低于全国平均水平。2018年，全国R&D经费投入强度为2.14，而辽宁为1.82，吉林仅为0.76，黑龙江为0.83，吉林和黑龙江不足全国平均水平的一半。规上工业企业中，东北三省有研发机构的企业仅占全国总量的0.99%，有R&D活动的企业仅占全国总量的2.04%。2018年，东北三省孵化器内的企业总数仅占全国总量的5.8%，孵化企业从业人员占比仅为5.9%。

表4-12　2018年东北三省规上工业企业R&D人员与研发机构

指标		辽宁省	吉林省	黑龙江省	东北三省	东北三省占全国比例/%
工业企业R&D人员	R&D人员/万人	8.20	1.82	2.29	12.31	2.89
	R&D人员折合全时当量/万人年	5.31	1.11	1.31	7.73	2.60
企业办研发机构	研发机构数量/家	592	181	121	894	1.08
	机构人员/万人	4.16	1.31	1.16	6.63	2.08
	仪器设备原价/亿元	136.32	41.40	32.86	210.58	2.62
企业数量	有研发机构的企业/家	478	141	100	719	0.99
	有R&D活动的企业/家	1489	324	329	2142	2.04
企业R&D经费支出	R&D经费内部支出/亿元	300.60	57.50	60.57	418.67	3.23
	R&D经费外部支出/亿元	19.68	13.93	4.39	38.00	4.36

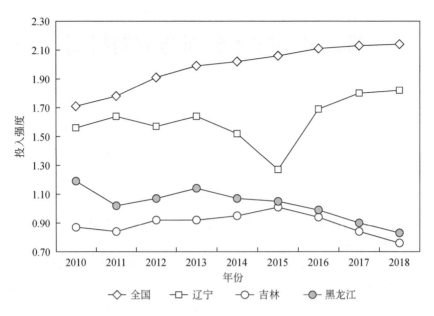

图 4-14　东北三省与全国 R&D 经费投入强度

从具体地区来看，各指标则有着不同的特征。

（1）万人 R&D 人员数：多数地市的人力资源投入水平较低，仅有 4 个地市高于全国平均水平，即大连、长春、沈阳和哈尔滨的科技人员投入水平远高于全国平均水平。其他地市的科技人员投入水平较低，盘锦相当于全国平均水平的 84.4%，本溪为全国平均水平的 55.8%，吉林、鞍山、抚顺和锦州介于全国平均水平的 40%~50%，营口和辽阳介于全国平均水平的 30%~40%，丹东、通化、阜新、辽源、葫芦岛 5 个地区介于全国平均水平的 20%~30%，牡丹江、七台河、四平、齐齐哈尔、赤峰、松原、双鸭山、伊春、铁岭 9 个地区介于全国平均水平的 10%~20%，其他地区低于全国平均水平的 10%。

（2）人均 R&D 经费支出：多数地市的人均 R&D 经费支出水平较低，仅有 3 个地市高于全国平均水平，38 个地区低于全国平均水平。其中，大连、盘锦和沈阳高于全国平均水平。长春接近全国平均水平，相当于全国平均水平的 98.9%。哈尔滨和本溪介于全国平均水平的 70%~80%，鞍山、营口介于全国平均水平的 50%~60%，吉林、辽阳介于全国平均水平的 40%~50%，锦州为全国平均水平的 34.63%，抚顺、七台河、葫芦岛介于全国平均水平的 20%~30%，伊春、丹东、通化、朝阳、双鸭山、阜新等地区介于全国平均水平的 10%~20%，其他地区均低于全国平均水平的 10%。

2. 创新成果

拥有专利数量少。如表 4-13 和表 4-14 所示，2014 年工业企业专利申请数量、有效发明专利数量分别为 2370 件和 1884 件，仅占全国总量的 0.37% 和 0.4%。2017 年，东北地区申请商标 19.89 万件，占全国总量的 3.59%，核准注册比例为 3.74%。东北地区的专利申请数量达到 1.79 万件，包括 0.79 万件发明专利，有效发明专利达到 2.83 万件，分别占全国总量的 2.19%、2.46% 和 3.03%，比例很低。结果最终导致东北的科研成果常常是"墙里开花墙外香"，地区的创新活力降低。东北地区科技中介服务机构建设尚处于起步阶段，社会化、市场化的科技中介机构和服务体系不健全。

表 4-13　1985～2017 年东北四省区国内专利申请授予状况

地区	1985～2012 年	2013 年	2014 年	2015 年	2016 年	2017 年
辽宁省	278 882	160 929	21 656	19 525	25 182	25 095
吉林省	90 030	47 156	6 219	6 696	8 878	9 991
黑龙江省	176 814	86 357	19 819	15 412	18 943	18 062
内蒙古自治区	46 702	21 200	3 836	4 031	5 522	5 842

表 4-14　2017 年东北三省商标注册与工业专利　（单位：万件）

地区	商标注册申请与注册				规上工业企业专利		
	申请数量	核准注册	1991～2015 年核准注册商标	截至 2015 年底有效注册商标量	专利申请数量	#发明专利	有效发明专利数量
辽宁省	8.60	4.48	25.59	25.02	1.12	0.50	1.90
吉林省	5.28	2.28	12.75	12.53	0.29	0.12	0.35
黑龙江省	6.01	3.19	16.75	16.46	0.38	0.16	0.58
东北三省	19.89	9.95	55.10	54.01	1.79	0.79	2.83
东北三省占全国比例/%	3.59	3.74	3.99	3.97	2.19	2.46	3.03

专利资源呈重化工业偏向型分布结构，创新仍然聚集在传统优势产业，新兴产业的专利资源占比较小。

（1）万人专利申请数：该指标达到 8.23 件/万人，仅相当于全国平均水平（26.6件/万人）的 30.94%，所有地市均低于全国平均水平。沈阳的水平最高，最接近全国平均水平，达到全国平均水平的 94.39%；大连、哈尔滨介于全国平均水平的 80%～90%，长春达到全国平均水平的 75.26%。盘锦和大庆相当于全国平均水平的 41.79%和 31.48%。抚顺、锦州、辽阳、营口、佳木斯均介于全国平均水平的 20%～30%，吉林、阜新、鞍山、丹东、本溪、大兴安岭地区、牡丹江、锡林郭勒和四平等地区均介于全国平均水平的 10%～20%，其他地区低于全国平均水平的 10%。

（2）万人专利授权数：该指标较低，达到 4.61 件/万人，相当于全国平均水平（13.21 件/万人）的 34.89%，所有地市均低于全国平均水平。大连、哈尔滨、沈阳介于全国平均水平的 90%～99%，长春达到全国平均水平的 82.78%。大庆和鞍山介于全国平均水平的 40%～50%，盘锦和锦州介于全国平均水平的 30%～40%，抚顺、佳木斯、丹东、辽阳、吉林、本溪、营口等地区介于全国平均水平的 20%～30%，大兴安岭地区、阜新、牡丹江、七台河、铁岭、锡林郭勒、辽源和鸡西等地区介于全国平均水平的 10%～20%。

（3）万人发明专利数：该指标较低，仅为 1.38 件/万人，仅相当于全国平均水平（3.02 件/万人）的 45.70%。各地市之间的差异较大。哈尔滨、大连、沈阳和长春 4个城市高于全国平均水平。营口相当于全国平均水平的 65.23%，鞍山和大庆分别达到全国平均水平的 48.42%和 34.57%。锦州、佳木斯、阜新、抚顺、丹东等地区均介于全国平均水平的 20%~30%，盘锦、锡林郭勒、吉林、辽阳、本溪和白山介于全国平均水平的 10%~20%，其他地区均低于全国平均水平的 10%。

3. 创新转化

在振兴发展过程中，科研教育发挥了重要作用。但科技创新的资源优势多停留在初始阶段，成果转化率偏低，尚未有效转化为现实生产力，不能很好地就地转化为产业发展的动力源。尤其是一些"国家队"科研院所的科技创新成果就地转化更少，部分专利未能及时落地，其重要因素是围绕创新链的资金链不够完善，尤其是科技成果转化在试验—中试阶段等创新链前端环节具有很大不确定性，东北地区很难找到资金，即孵化基金、种子基金、风险资本等缺乏。吉林各类研究、研发机构较多，是科技大省，但在科研投入、成果转化、发明专利及人才吸引方面存在严重不足。科研成果转化率低，2015 年在技术市场成交 2891 项合同中，买方单位属于吉林省的有 1747 项，占 60.4%，有近 40% 的技术成果流到域外。2017 年，东北三省的工业新产品开发项目数量为 14 271 项，仅占全国总量的 2.99%，新产品销售收入仅占全国总量的 3.73%（杨威，2016）。具体如表 4-15 所示。

表 4-15　2017 年东北三省规上工业企业新产品开发和销售

地区	新产品开发项目数/项	新产品开发经费支出/亿元	新产品销售收入/亿元
辽宁省	8 228	305.81	3 696.20
吉林省	2 791	117.12	2 774.70
黑龙江省	3 252	66.94	682.48
东北三省	14 271	489.87	7 153.38
东北三省占全国比例/%	2.99	3.63	3.73

4. 创新成果外流

尽管东北地区有密集的科技资源和丰富的创新成果，但就地转化较少。据统计，70%~80% 的科技成果并不在东北本地进行转化和产业化，一些"国家队"科研院所在东北地区产生的技术反而输出到其他地区，形成"墙内开花墙外香"。中国科学院大连化学物理研究所主持的"甲醇制取低碳烯烃技术"获得了国家技术发明一等奖，2011 年该技术就在省外实现商业化运营，但在辽宁却迟迟未能落地（何平等，2015）。东北地区的许多大学和研究机构选择南方地区进行成果落地转化。目前，中国科学院沈阳分院在东北三省共建了 15 个转化平台，而在其他 13 个省市区建了 39 个；2011~2013 年，在东北三省外的转移转化科技创新成果项目数和科技合同额分别为 829 项和 14.3 亿元，占比分别为 78.7% 和 83.7%，而本地仅占 21.3% 和 16.3%（杨威，2016）。2015 年，吉林在技术市场成交 2891 项合同中，有近 40% 的成果流到吉林之外的地区。2011 年，东北地区输出的技术合同额约为 248 亿元，此后呈逐年上升趋势，2015 年为 421.1 亿元。

成果外流导致本地高新技术产业和新兴产业新产品开发较少，影响了产业结构的优化与转型升级。如表 4-16 所示，2017 年东北地区孵化器内企业总数仅占全国总量的

6.1%，在孵化企业从业人员占比仅为 6.5%。从新产品开发项目数看，2014 年辽宁、吉林和黑龙江分别为 1301 项、781 项和 1057 项，合计仅占全国的 3.3%；从新产品销售收入看，2014 年辽宁、吉林和黑龙江分别为 360.5 亿元、129.8 亿元和 77.7 亿元，合计仅占全国的 1.6%（杨威，2016）。

表 4-16　2018 年东北三省企业孵化器指标比较

地区	在统孵化器数量/个	孵化器内企业总数/家	在孵企业/家	在孵化企业从业人员/人	当年获得风险投资额/亿元
辽宁省	68	4 461	3 940	58 932	3.56
吉林省	112	4 237	3 616	61 904	2.93
黑龙江省	178	6 509	5 405	49 587	3.75
东北三省	358	15 207	12 961	170 423	10.24
东北三省占全国比例/%	7.4	5.8	6.3	5.9	1.6

二、对外合作

1. 外资利用

改革开放以来，外资成为中国各地尤其是沿海地区经济发展的重要驱动力。长期以来，东北地区实际利用外资的规模持续增长，为区域经济发展提供了一定的动力。如图 4-15 和图 4-16 所示，20 世纪 90 年代初之前，东北三省利用外资规模一直很低；1985 年，东北三省实际利用外资规模为 0.67 亿美元，截至 1993 年一直保持较低的规

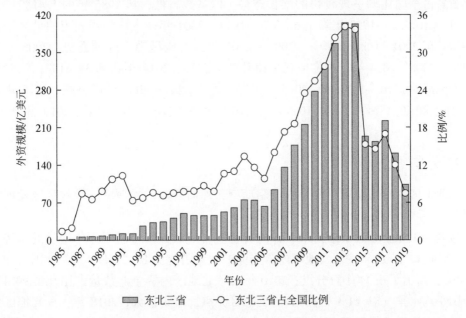

图 4-15　东北三省实际利用外资规模及占全国比例

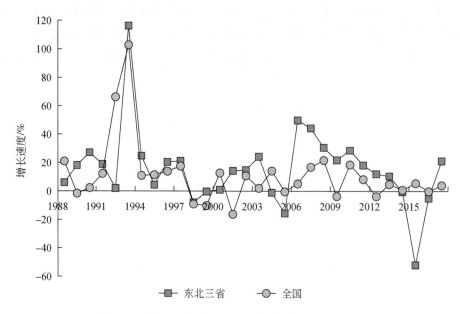

图 4-16　东北三省和全国实际利用外资规模增长速度

模，1994 年开始逐步增长，2004 年达到 74.22 亿美元。2006 年开始，东北三省的实际利用外资规模迅速增大，2013 年达到最高规模，为 404.46 亿美元，2006 ~ 2014 年成为外贸规模增长最迅速的时期。2015 年开始，实际利用外资规模迅速减少，2016 年降至 183.27 亿美元，2017 年略微回升到 222.08 亿美元，2018 年又降到 161.84 亿美元，2019 年继续滑落到 103.3 亿美元。

东北地区的实际利用外资规模占全国的比例也呈现类似的趋势。1985 ~ 1991 年，东北三省占全国比例呈现较快的增长态势，但基数较低，从 1985 年的 1.41% 增长至 1991 年的 10.3%。1992 年降至 6.33%。1993 ~ 2001 年，占比呈现稳定的低幅增长态势，增长至 2001 年的 10.61%。2003 ~ 2005 年，占比呈现下降的态势，2005 年达到 9.32%。2006 ~ 2014 年，占比呈现快速升高的态势，2014 年达到 33.61%，该时期为东北振兴战略提出实施阶段。2015 年开始，东北地区的占比迅速下跌，2016 年达到 14.54%，2017 年略微升至 16.95%，2018 年继续跌至 11.99%，2019 年再度跌至 7.48%。

2. 外向经济

东北地区的经济发展主要是内资驱动型，外向经济发展薄弱，导致区域发展动能不足。

从规上工业企业数量结构来看，内资企业占绝对数量且呈现逐年增长的态势。如图 4-17 所示，2005 年，东北地区内资企业的数量占比为 85.28%，高于全国平均水平 78.84%，高出了 6.44 个百分点；2010 年，东北地区内资企业数量占比升至 90.12%，比全国平均水平（83.41%）高出 6.71 个百分点，差距扩大；2018 年，东北地区内资企业数量占比继续提高至 90.88%，比全国平均水平（86.64%）高出 4.24 个百分点。从港澳台企业数量占比来看，东北地区一直很低，且低于全国平均水平；2005 年占比

东北地区高质量发展的战略路径

仅为3.44%,远低于全国平均水平10.39%;2010年,该占比降至2.18%,2018年略上升至2.46%。外资企业数量占比呈现逐年减少的态势;2005年为11.28%,高于全国平均水平(10.77%);2010年该占比降至7.7%,2018年进一步降至6.66%。

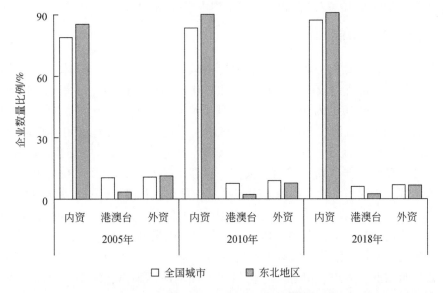

图4-17 东北地区三资规上工业企业数量结构

从工业产值的内部结构来看,东北地区的工业经济主要是内资经济,港澳台和外商工业经济占比较小。如图4-18所示,2003~2016年,东北地区内资企业工业产值比例呈现持续增长的趋势;2005年占比达到81.16%,远高于全国城市平均水平(67.59%),高出13.57个百分点;2010年,该占比升至81.93%,2016年进一步提高至85.68%,增长了3.75个百分点。从港澳台企业来看,东北地区有着较低的比例,但大致呈现小幅增长的态势;2005年,该占比仅为2.86%,远低于全国平均水平11.43%;2010年,该占比略升至3.69%,低于全国平均水平(9.61%);2016年,该

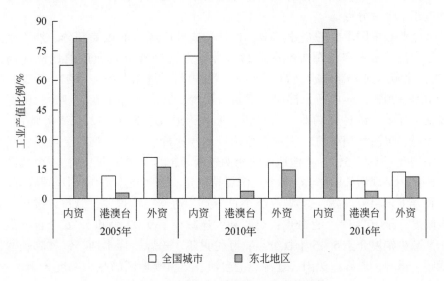

图4-18 东北地区三资规上工业产值结构

占比略降至 3.55%，低于全国平均水平（8.76%）。从外资企业产值来看，东北地区有相对较高的比例，但呈现持续下降的趋势；2005 年占比达到 15.98%，低于全国平均水平（20.97%）；2010 年，该占比降至 14.38%，低于全国平均水平（18.12%）；2016 年该占比进一步降至 10.77%，低于全国平均水平（13.28%）。

3. 外向经济布局

从各地区来看，内资企业的产值比例有着较大的空间差异。整体上，辽中南、哈长地区和黑龙江东部有着较高的内资企业数量比例和产值比例，这是传统的老工业基地。2016 年，部分地市的内资企业产值呈现出绝对的比例；七台河、鹤岗、松原、赤峰、葫芦岛、朝阳、辽源、呼伦贝尔、双鸭山、绥化、大兴安岭地区、黑河、伊春 13 个地市均高于 95%；通辽、抚顺、四平、鞍山、通化、牡丹江、兴安盟、锡林郭勒盟、白山、吉林、盘锦、佳木斯、鸡西、大庆、阜新 15 个地市均介于 90%~95%。锦州、铁岭、哈尔滨、本溪、延边、白城、齐齐哈尔、丹东、长春、辽阳、营口 11 个地市均介于 80%~90%。沈阳达到 70.93%，大连达到 62.87%。2005~2016 年，26 个地市的内资企业产值比例呈现增长态势。其中，长春的比例提升最大，达到 30.16 个百分点；牡丹江、通辽、营口、绥化和大兴安岭地区均增长 10~20 个百分点；丹东、兴安、锡林郭勒盟、哈尔滨、大连、伊春、呼伦贝尔、佳木斯、鸡西、沈阳、松原、四平、赤峰、朝阳、锦州、七台河、抚顺均介于 1~10 个百分点。

港澳台投资是中国各地区的重要投资来源，东北地区的港澳台企业较少，工业产值较低，所占比例较低。辽中南地区的港澳台企业产值比例较高。其中，辽阳的港澳台企业产值比例最高，达到 14.04%，本溪也达到 11.43%；铁岭、大连、鸡西、锦州的比例介于 5%~7%；其他地区均低于 5%。2005~2016 年，19 个地市的港澳台企业工业产值比例呈现增长态势，1 个地市保持稳定，21 个地市的比例呈现下降过程。其中，牡丹江的下降幅度最大，达到 5.3 个百分点，而铁岭、兴安盟、锡林郭勒盟、四平、丹东、伊春、锦州、沈阳、佳木斯、绥化和大兴安岭地区的下降幅度介于 1~5 个百分点，营口、赤峰、黑河、葫芦岛、呼伦贝尔、辽阳、朝阳、鞍山、七台河的下降幅度均低于 1 个百分点。

外资企业是中国重要的企业类型，也是构成外向经济的重要部分。外资企业主要集中在辽中南、哈大齐走廊等地区。2016 年，大连的外资企业产值比例最高，达到 30.84%，沈阳达到 25.48%；营口、白城、延边州、丹东、齐齐哈尔、长春、哈尔滨均介于 10%~20%；佳木斯、锦州、阜新、铁岭、大庆均介于 5%~7%；伊春、牡丹江、盘锦、辽阳、锡林郭勒盟、兴安盟、通化、通辽、鞍山、大兴安岭地区、绥化、白山、吉林、黑河、葫芦岛、抚顺、呼伦贝尔、赤峰、四平、鸡西、本溪、辽源、松原、朝阳均介于 1%~5%；其他地区的比例较低。2005~2016 年，有 14 个地区的外资企业产值比例呈现增长的态势，2 个地区保持稳定，25 个地区的比例呈现降低的过程。其中，长春下降幅度最高，达到 33.2 个百分点，通辽、牡丹江、营口、绥化、大兴安岭减少幅度介于 10~18 个百分点；鸡西和大连减少了 9.02 个和 7.76 个百分点，丹东和哈尔滨减少幅度介于 5~6 个百分点；呼伦贝尔、松原、佳木斯、锡林郭勒盟、兴安盟、抚顺、伊春、赤峰、沈阳、辽源、七台河、阜新等地区的减少幅度介于 1~5 个百分点；白山、鹤岗和朝阳减少幅度不足 1 个百分点。

三、体制机制

东北地区与沿海地区的发展差距是综合因素作用的结果,但东北问题的症结源于其自身相关体制机制。

1. 政府体制

截至目前,东北地区的政府体制仍受计划经济体制思维的影响,或多或少地存在计划性、政企不分、强政府弱企业等特点。政府对市场经济的干预过多,政府职能出现"错位、越位、缺位"现象。政府倾向于培养和发展国有企业,产业政策优先向制造业、重工业等传统优势产业和基础设施等领域倾斜,对服务业、战略性新兴产业的政策支持和发展理念均落后于沿海地区。许多资源型城市形成"企业大、政府小"的状况,中央企业对所在地区和城市的发展具有重大的影响。例如,鞍山的鞍钢集团、大庆的大庆油田等。东北振兴战略实施以来,尤其是"放管服"改革以来,东北地区的行政机制虽有很大改善,但仍存在很多问题。各行业部门的权力利益化,揽权多,管得死,行政壁垒高;锦州一家养老院拆迁另建的政府审批盖了133个公章仍尚未办完手续。简政放权的难度较大,许多地区虚于"数字游戏",实际行政过程并未改变。部分地区"放管脱节,监管不力",网上服务事项不全、信息共享程度低、可办理率不高、企业群众办事不便等问题仍然存在(马健瑞,2018)。

2. 国企体制

东北地区是国有企业的主要分布地区,国有企业体制机制运行直接关系市场运行。东北地区的经济增长主要依靠大型国有企业的带动和引领,其产业结构基本由少数大型国有企业决定。

如表4-17所示,东北三省的国有企业和集体企业数量仍占有2.30%的比例,同时有大量的国有控股企业。吉林的国有企业中,央企占80%;黑龙江的国有企业中,央企占一半以上;辽宁省的钢铁石化企业以央企为主。其中,中国一汽、一重、哈电、鞍钢4家东北企业均为国资委管属企业。近年来,民营企业得到了一定程度的发展,但主要是为国有企业提供原材料等上下游服务。央企和国企的大量财税并未留在地方,大庆油田、辽河油田、鞍钢等盈利大户的收益归中央政府,并未惠及地方,这影响了地方政府的财力建设与区域发展能力的塑造。

表4-17 东北三省工业企业结构构成

类别	辽宁省		吉林省		黑龙江省		东北地区	
	数量/家	比例/%	数量/家	比例/%	数量/家	比例/%	数量/家	比例/%
国有企业	70	1.06	41	0.69	119	3.19	230	1.41
集体企业	88	1.33	30	0.50	28	0.75	146	0.89
股份合作企业	23	0.35	7	0.12	6	0.16	36	0.22
联营企业	4	0.06	1	0.02		0.00	5	0.03
有限责任公司	1799	27.15	2170	36.33	1532	41.06	5501	33.69

类别	辽宁省		吉林省		黑龙江省		东北地区	
	数量/家	比例/%	数量/家	比例/%	数量/家	比例/%	数量/家	比例/%
股份有限公司	281	4.24	336	5.63	191	5.12	808	4.95
私营企业	3131	47.25	3052	51.11	1660	44.49	7843	48.04
其他企业	4	0.06	26	0.44	13	0.35	43	0.26
港澳台商企业	323	4.87	78	1.31	65	1.74	466	2.85
外商投资企业	903	13.63	230	3.85	117	3.14	1250	7.66

2003 年启动东北振兴战略之初，国家和地方政府重点解决企业办社会、厂办大集体、独立工矿区、棚户区改造、"拨改贷"等问题，但许多国有企业仍盲目扩张规模，产能严重过剩，债务负担沉重，加之配套改革跟不上，特别是社会保障制度不健全、历史欠账太多，致使一些历史遗留问题没有得到彻底解决。

随着市场环境的变化，国有企业积极寻求转型方法和路径，但等政策、要政策、依赖政策、享受政策优惠、等待政府扶持的旧观念仍旧浓厚，区域创新、创业动力不足，导致东北地区以国有企业为重、民营经济发展落后、竞争力不强的困境难以突破（马健瑞，2018）。

3. 市场机制

东北地区是中国最早进入计划经济体制的地区，受计划经济体制的影响深刻，市场经济体制发展相对滞后，区域资源配置很大程度上仍旧依赖于行政手段。东北地区的企业尤其是国有企业"等靠要"的计划经济意识仍旧存在，企业发展比较保守，市场经济意识相对淡薄。民营经济发展的社会氛围和生长空间尚不足，导致中小企业、民营经济发展受限，市场活力难以得到充分激发，致使产业创新能力不足，经济增长缺乏动力。东北地区尚有较多的垄断行业，许多行业的准入门槛较高，公平竞争的市场环境尚未形成（马健瑞，2018）。

上述因素导致东北地区的市场化发育程度低。2008 年以来，东北三省的市场化指数虽然在不断提高，但仍处于全国中游水平。如图 4-19 所示，根据《中国分省份市场化指数报告（2018）》，2008 年东北三省的市场化指数为 5.63，略高于全国平均水平（5.45），2016 年达到 6.53，略低于全国平均水平（6.72）。辽宁的市场化指数从 2008 年的 6.32 提高至 2018 年的 6.75，均高于全国平均水平，但在全国排名从第 9 位降至第 16 位。吉林的市场化指数从 2008 年的 5.72 提高到 2016 年的 6.7，从略高于全国平均水平转变为略低于全国平均水平，在全国排名从第 14 位降至第 17 位。黑龙江的市场化指数从 2008 年的 4.84 增长至 2016 年的 6.14，但在全国排名从第 20 位降至第 21 位，市场化指数一直低于全国平均水平。

4. 民营经济

民营经济与小微企业是创业富民的重要渠道，在扩大就业、增加收入、改善民生、促进稳定、国家税收、市场经济等方面具有举足轻重的作用。

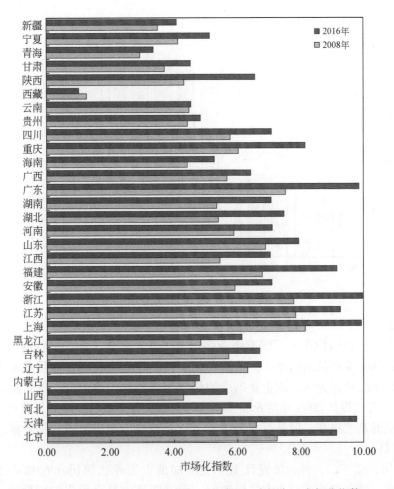

图 4-19　2008～2016 年中国各省（自治区、直辖市）市场化指数

在以重工业为主的东北地区，民营经济发展相对滞后。东北振兴战略的实施，虽然大大促进了民营经济的发展，但仍然相对不足，尤其是 2013 年以来民营经济发展呈现衰退的态势。如表 4-17 所示，2018 年，东北三省的民营企业数量占比为 48.03%，辽宁、吉林和黑龙江分别为 47.25%、51.11% 和 44.49%。虽然民营企业数量占比很高，但其工业产值比例并不高。如图 4-20 所示，2009 年以来，辽宁民营经济的工业产值比例呈现先增长后下降的趋势，2003 年为 36.18%，2013 年达到最高比例为 46.58%，此后一直下降，降至 2017 年的 18.15%，2018 年略微增至 19.5%。此外，民营企业投资技术含量不高，投资项目多为国有企业做配套，收益低，技术变革动力和能力弱。

5. 国有企业

东北作为退出计划经济最晚的地区，2016 年国有企业比例仍然高于 50%，高于全国平均水平（王丹，2017）。国有企业一支独大，市场化程度不高，导致企业效率低下，经济效益缓慢。"十二五"时期，吉林发展靠大国企，2015 年全省年产值 100 亿元以上企业有 12 户，其中半数为国企，产值占全省的 21.4%，"一柱擎天"尤为突出。黑龙江现有规上企业 4113 家，国有企业比例接近 70%。

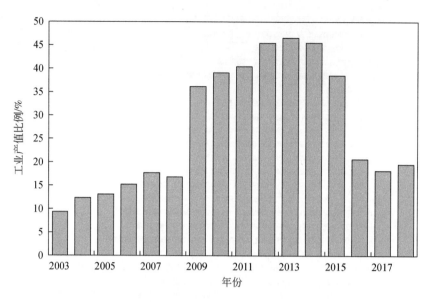

图4-20　2003~2018年辽宁民营经济的工业产值比例变化

国有企业产业结构单一。国有企业多以重工业、重化工业、装备制造业、能源领域为主。这些企业产品结构单一，依赖资源，产品技术含量低，而且经常出现产能过剩现象。以龙煤集团为例，该企业出产的焦煤因煤质好、热值高，价格随市场行情一路走高，10级焦煤从2005年的600元/吨冲到2008年2000元/吨的最高点，集团每月入账十几亿元甚至更高。但是近年来煤价下跌比较快，龙煤集团亏损严重，2014年亏损接近60亿元。

2013年，辽宁、吉林、黑龙江重工业增加值占工业比例仍在65%以上，能源资源、原材料、装备制造等产业占主导地位，而这些产业具有很强的周期性，大概每十年就会出现一个发展轮回，现在这些原字号产业多处于产业发展周期的低谷期。2013年，辽宁冶金、石化、农产品加工三大产业增加值占比达到54%，吉林省一汽集团就占全省工业增加值19%，黑龙江能源、石化、装备制造三大产业的增加值的占比为72%，而电子及通信设备制造业的占比不足1%，金融业不到4%。

第四节　生态保护与环境污染

一、生态安全

东北振兴战略的实施，促进了东北地区的生态文明建设和循环经济的发展，生态功能得到了加强，生态安全地位得到了巩固，但局部地区依然存在一定的生态安全问题，尤其是东北西部的生态功能仍存在退化现象。

1. 土地退化

土地退化仍然存在，主要表现为土地盐碱化、沙漠化、草原退化和黑土地退化等问题。如表 4-18 所示，2003 年，东北地区的退化土地达到 4.08 万平方公里，2017 年扩大至 4.27 万平方公里。其中，东北西部地区的土地荒漠化仍然在持续推进，每年仍以较高的速度递增，2008 年曾达到 1.4%。2003~2017 年，沙地从 1.87 万平方公里增长至 2.12 万平方公里，主要集中在蒙东地区，并有向东北中部平原扩展的态势，危及商品粮基地安全。呼伦贝尔草原、科尔沁草原和松嫩平原存在不同程度的沙化，2017 年科尔沁草原的退化速度达到 1.2%。草原呈现出功能退化，植被高度"矮草化"，风沙土变成了流动沙丘；草原演替逆向化，植被组成"杂草化"等退化特征。东北西部土地沙漠化面积 7.8 万平方公里，占土地总面积 9.7%。天然草场和农牧交错带仍有大面积的盐渍化土壤，东北地区的盐碱化土地面积达到 3.7 万平方公里，占比为 4.6%，且每年仍以 1.4%~2.5% 的速率在递增。盐碱地主要分布在松嫩平原，其中吉林大安是集中分布地区。

表 4-18　2003 年和 2017 年东北地区未利用土地结构（单位：平方公里）

年份	未利用地	辽宁省	吉林省	黑龙江省	蒙东地区	东北地区
2017 年	滩涂	192	0	0	0	192
	滩地	1 579	885	2 263	2 053	6 780
	沙地	55	227	2	20 898	21 182
2017 年	盐碱地	56	7 513	3 664	10 329	21 562
	沼泽地	1 593	3 018	39 141	46 132	89 884
	裸土地	14	13	47	100	174
	裸岩石质地	47	47	192	1 743	2 029
	未利用地	3 536	11 703	45 309	81 255	141 803
2003 年	滩涂	303	0	0	0	303
	滩地	1 794	1 573	7 273	1 491	12 131
	沙地	12	239	8	18 488	18 747
	盐碱地	30	8 089	3 744	10 209	22 072
	沼泽地	1 325	3 062	25 063	18 501	47 951
	裸土地	8	7	195	138	348
	裸岩石质地	9	119	28	2 340	2 496
	未利用地	3 481	13 089	36 311	51 167	104 048

2. 黑土地退化

黑土是重要的农业资源和生产要素，是东北地区粮食生产能力的基石。长期以来，东北地区的黑土地数量在减少、土壤在退化、质量在下降。自 20 世纪 50 年代大规模开垦以来，黑土区逐渐由林草生态系统演变为农田生态系统。由于随后的长期高强度利用，黑土有机质自然流失较多，补充回归较少。同时，黑土区受水蚀、风蚀与冻融侵蚀等因素的综合影响，部分坡耕地黑土层变薄。东北地区的农业种植结构单一，长期以大豆等为主，导致土壤微生物多样性下降。此外，水稻面积逐年扩大，地下水超采严重。20 世纪以来，黑土区不但面积在缩小，而且肥力在下降。

黑土变"瘦"、变"薄"、变"硬","亚健康"状态突出。目前,黑土区的黑土平均土层为 30 厘米,已有 700 万公顷坡耕地的黑土层厚度不足 20 厘米,237 万公顷坡耕地的黑土层已消失。据监测,开垦前黑土有机质含量高达 8%~10%,目前已降到 2%~3%。近 60 年来,黑土耕作层土壤有机质含量下降了 1/3,部分地区下降了 50%,辽河平原多数地区的土壤有机质含量已降到 20 克/千克以下,局部地区出现完全丧失腐殖质层的"破皮黄黑土"。黑龙江东部和东北部的草甸黑土和白浆化黑土地带呈现明显的酸化现象。此外,黑土区 86% 的旱作农田为坡度>0.5°的坡耕地,存在不同程度的水土流失,面积达到 4.47 万平方公里,占黑土区总面积的 37.9%;北部漫川漫岗典型黑土区的坡耕地的黑土有机质含量以年均 13.5‰ 的速率下降,导致农作物的生产能力逐步减弱。

3. 水资源

东北地区的水资源在总量上较为丰富,但分布不均衡。部分地区存在严重缺水的现象,影响了产业布局与经济发展,并对生态系统产生了较为显著的负面影响。该类区域集中在东北西部和中部的城市化地区。东北西部为水资源匮乏地区,工农业生产受限。其中,松辽流域人均水资源量为 1500 立方米左右,比全国人均水资源量 2220 立方米偏少 32.4%。东北西部生态环境恶化尤其土地荒漠化、草原退化长期存在,主要原因之一就是干旱缺水。东北地区的水资源利用率达到 33.3%,黑龙江超过了 39.78%,严重超过了相关标准。许多工矿城市的工业和城市用水紧张,部分工业园区严重缺水,部分地区超采地下水,地下水位下降,大庆、沈阳、鞍山等城市均已形成了一定面积的地下漏斗,部分地区出现沉降现象。

4. 生态系统

长期的过度开垦和毁林开荒促使土地退化,东部地区表现为黑土水土流失,西部地区表现为"三化",即沙漠化、盐渍化和植被退化,湿地持续萎缩。

森林资源是东北地区的重要自然资源,但部分保护区基础设施薄弱,生物多样性保护需要加强。省级以下保护区缺少资金支持,达不到规范标准与管理要求。2003 年以来,林地面积在略有增加的同时,黑龙江和吉林却呈现减少的态势,森林面积减幅达到 7.4% 和 0.5%。兴安盟森林资源调查结果显示,近、成、过熟林面积仅为有林地面积的 6%,可采伐利用的森林资源接近枯竭;有林地平均每公顷蓄积不足 50 立方米。

草原面积一直呈现减少的态势。长期以来,东北草原地区重利用、轻保护,草原经营方式粗放且多为掠夺式。如图 4-21 所示,2017 年东北地区共有草地 34.26 万平方公里。但相比 2003 年,草地面积呈现减少的态势,共减少了 6.5 万平方公里,减幅达到 19%,幅度较大。四省区的草地资源均呈现减少的态势,蒙东地区减少了 5 万平方公里,减幅达到 13.8%;黑龙江减少了 0.97 万平方公里,减幅达到 30.65%;辽宁减少了 0.47 万平方公里,减幅达到 50%;吉林减少了 0.1 万平方公里,减幅达到 12.2%。目前,白城草原超载量达 50%,而退化面积已占可利用草原的 42%。

东北地区是中国湿地资源丰富的地区。20 世纪 60 年代的农场建设,大量湿地被排干,湿地面积迅速萎缩。21 世纪以来,湿地面积持续萎缩,水污染日趋严重,有些河

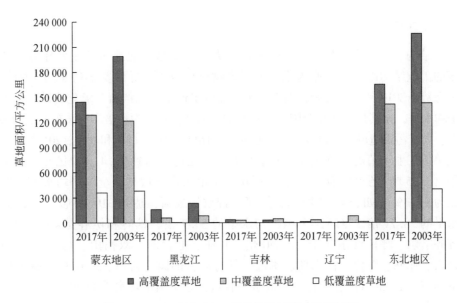

图 4-21　2003 年和 2017 年东北地区草地类型结构

流已成为季节河或干枯河，水库和湿地缺少足够水源补给，泡沼锐减，湿地面积逐渐萎缩。湖泊用地呈现减少的态势，2003 年为 10 902 平方公里，2017 年减少至 9314 平方公里，减幅达到 14.6%。各省区的湖泊用地面积均呈现减少的态势，导致湿地生态功能衰退。

5. 采煤沉陷

随着资源开采重点地区的转移，新的生态环境破坏不断发生，形成历史遗留与新生破坏共存的现象。煤炭开采区产生大量矸石、垃圾等废弃物，并导致部分地区出现了采煤沉陷区。采煤沉陷区主要集中在鸡西、七台河、双鸭山、鹤岗、阜新、抚顺、本溪等地区。辽宁采煤沉陷区总面积达到 340 万平方公里，受灾居民约 12 万户、34 万人；其中，阜新为 100 多平方公里，抚顺达到 23.29 平方公里，影响区达到 74.73 平方公里；本溪采煤沉陷区达到 50.6 平方公里，平均下沉 5.29 米，最大下沉 8.8 米。黑龙江四大煤城数百平方公里采煤沉陷区曾居住着 14.05 万户居民。其中，鸡西采煤沉陷区面积达到 353 平方公里，居民有 6.7 万户；七台河达到 44.5 平方公里；鹤岗采煤沉陷区面积达到 63 平方公里，最大沉陷深度达到 30 米，最大开裂宽度达到 6 米；双鸭山形成的采煤沉陷区达到 140 平方公里。在新的资源开采地区，煤炭开采对地下水的影响较大。根据历年遥感影像数据，蒙东煤矿区的水域面积一直在减少。

二、环境污染

由于"三高"产业的持续发展和东北农业发展的特殊形式，各类环境污染现象仍然存在，大气污染、水污染、矿区土壤污染等仍需要加强治理，节能减排与资源集约利用任务巨大，生态环境与新型工业化、新型城镇化、农业现代化的矛盾尚未有效解决。

1. 大气污染

工业结构、冬季采暖及秸秆焚烧决定了大气污染是东北地区的重要环境问题。东北地区的工业结构以重化工业为主，大污染物排放较多，导致雾霾等重污染天气呈高发频发态势。2017年，东北地区有7个地市盟的单位工业总产值二氧化硫排放水平超过全国平均水平，尤其是阜新是全国平均水平的8倍多，朝阳为4倍多。蒙东地区的酸雨区域扩大、大气污染造成的经济损失估计已超过GDP的3%（赵欣和刘艳，2015）。

从单位工业产值的二氧化硫排放量来看，东北地区达到21.41吨/亿元，是全国平均水平（3.95吨/亿元）的5.4倍，有36个城市的排放量高于全国平均水平，城市数量占比为97.3%。如表4-19所示，黑河的排放量最高，达到310.9吨/亿元，为全国平均水平的78.71倍，阜新是全国平均水平的55.7倍，铁岭和伊春是40倍以上，朝阳、齐齐哈尔、呼伦贝尔介于30~40倍，丹东、七台河、双鸭山、鸡西介于20~30倍，鞍山、赤峰、绥化、佳木斯、本溪、牡丹江、鹤岗、营口、通辽9个城市介于全国水平的10~20倍，仅有长春的排放水平较低，是全国平均水平的69%。

表4-19 东北地区城市的工业二氧化硫排放效率

地区	单位工业产值的二氧化硫排放量/（吨/亿元）	相当于全国平均水平/倍	地区	单位工业产值的二氧化硫排放量/（吨/亿元）	相当于全国平均水平/倍	地区	单位工业产值的二氧化硫排放量/（吨/亿元）	相当于全国平均水平/倍
黑河	310.90	78.71	绥化	67.66	17.13	东北地区	21.41	5.42
阜新	220.00	55.70	佳木斯	56.87	14.40	葫芦岛	20.18	5.11
铁岭	184.72	46.77	本溪	47.98	12.15	吉林	18.45	4.67
伊春	161.15	40.80	牡丹江	46.78	11.84	通化	14.36	3.64
朝阳	152.59	38.63	鹤岗	44.41	11.24	松原	12.27	3.11
齐齐哈尔	130.96	33.15	营口	41.00	10.38	大连	10.30	2.61
呼伦贝尔	126.14	31.93	通辽	40.90	10.35	哈尔滨	9.96	2.52
丹东	109.28	27.67	锦州	34.48	8.73	大庆	8.89	2.25
七台河	99.79	25.26	白城	33.33	8.44	白山	8.04	2.04
双鸭山	98.47	24.93	抚顺	32.65	8.27	沈阳	7.62	1.93
鸡西	87.72	22.21	四平	24.61	6.23	辽源	5.88	1.49
鞍山	76.27	19.31	辽阳	22.49	5.69	全国	3.95	1.00
赤峰	73.31	18.56	盘锦	22.36	5.66	长春	2.72	0.69

注：全国平均水平为全国城市平均水平，不包括州盟地区

冬季雾霾是东北地区的重要污染，秋冬季秸秆焚烧污染防控压力大。东北秸秆资源利用尚处于粗放阶段，露天焚烧问题突出，屡禁不止，"禁不住"问题突出，尤其集中在三江平原和辽河平原。2015年11月9日至15日全国监测到134个疑似秸秆焚烧火点，其中，黑龙江有125个，辽宁有4个，内蒙古有2个，吉林和甘肃分别有2个和1个，东北地区的集中率达到99.25%。2019年，卫星遥感共监测到全国秸秆焚烧火点6300个，主要分布在黑龙江、内蒙古、吉林、河北、山西、辽宁、安徽、山东、湖北、河南等省（自治区），东北地区的焚烧火点数量较多，对各地 $PM_{2.5}$ 的日均浓度影响贡献

率在14%~55%。东北地区11月产生的"重雾霾"的主要病根是黑龙江的秸秆焚烧。

2. 水污染

东北地区的河流水质总体逐步变好，但局部河段仍存在明显的污染现象。2018年，松花江为轻度污染，辽河流域为中度污染；2019年，两大流域均为轻度污染。

在松花江流域，主要污染指标为化学需氧量、高锰酸盐和氨氮。如表4-20所示，在所监测的107个水质断面中，Ⅰ~Ⅲ类水质断面占66.4%，比2018年上升8.5个百分点；劣Ⅴ类占2.8%，比2018年下降9.3个百分点。其中，松花江干流、图们江水系和绥芬河水质良好，松花江主要支流、黑龙江水系和乌苏里江水系为轻度污染。

表4-20 2019年松花江和辽河流域水质状况

流域		断面数/个	比例/%					
			Ⅰ类	Ⅱ类	Ⅲ类	Ⅳ类	Ⅴ类	劣Ⅴ类
松花江流域	流域	107	0.0	13.1	53.2	26.2	4.7	2.8
	干流	17	0.0	0.0	88.2	11.8	0.0	0.0
	主要支流	55	0.0	21.8	41.8	23.6	7.3	5.5
	黑龙江水系	18	0.0	11.1	33.3	55.6	0.0	0.0
	图们江水系	7	0.0	0.0	85.7	14.3	0.0	0.0
	乌苏里江水系	9	0.0	0.0	66.7	33.3	0.0	0.0
	绥芬河	1	0.0	0.0	100	0.0	0.0	0.0
	省界断面	23	0.0	43.5	52.2	4.3	0.0	0.0
辽河流域	流域	103	3.9	37.9	14.6	25.2	9.7	8.7
	干流	14	0.0	14.3	0.0	57.1	21.5	7.1
	主要支流	19	0.0	10.5	15.8	36.8	15.8	21.1
	大辽河水系	28	7.1	35.7	17.9	17.9	10.7	10.7
	大凌河水系	11	0.0	54.5	18.2	9.1	9.1	9.1
	鸭绿江水系	13	15.4	84.6	0.0	0.0	0.0	0.0
	省界断面	10	0.0	40.0	0.0	30.0	20.0	10.0

在辽河流域，主要污染指标为化学需氧量、高锰酸盐和五日生化需氧量。在103个水质断面中，Ⅰ~Ⅲ类水质断面占56.4%，比2018年上升7.3个百分点；劣Ⅴ类占8.7%，比2018年下降13.4个百分点。其中，鸭绿江水系水质为优，干流、大辽河水系和大凌河水系为轻度污染，主要支流为中度污染。

辽宁近岸海域水质总体良好，但辽东湾仍存在显著的污染，劣Ⅳ类水质占到37%左右，典型海洋生态系统健康状况改善不明显。

湖库水质总体较好，但部分湖库仍存在明显的污染。如表4-21所示，Ⅳ类水质的湖库有小兴凯湖和松花湖，兴凯湖为Ⅴ类水质。呼伦湖是"只进不出"的内陆湖泊，污染物净化能力很低，目前水质为劣Ⅴ类，化学需氧量、总磷、氟化物等指标呈上升态势。

表 4-21   2019 年重要湖泊（水库）水质

水质类别	重要湖泊	重要水库
Ⅰ类、Ⅱ类		大伙房水库、水丰湖
Ⅲ类	镜泊湖	察尔森水库、磨盘山水库
Ⅳ类	小兴凯湖	松花湖
Ⅴ类	兴凯湖	—
劣Ⅴ类	呼伦湖	—

　　工业污染排放效率较低。东北地区的单位工业产值的废水排放量达到 2.96 吨/万元，远高于全国平均水平（0.8 吨/万元），为全国平均水平的 3.7 倍，有 35 个城市高于全国平均水平，城市数量占比达到 94.6%。如表 4-22 所示，牡丹江最高，达到 63.2 吨/万元，是全国平均水平的 79.00 倍；鹤岗和黑河分别达到 33.84 吨/万元和 25.70 吨/万元，是全国平均水平的 42.3 倍和 32.1 倍。绥化、双鸭山、呼伦贝尔、丹东是全国水平的 20～30 倍。铁岭、伊春、辽阳市是全国水平的 10～20 倍；其他城市是全国水平的 1～10 倍，仅辽源和长春较低，仅为全国平均水平的 66% 和 40%。

表 4-22   东北地区城市的工业废水排放效率

地区	单位工业产值的废水排放量/（吨/万元）	相当于全国平均水平/倍	地区	单位工业产值的废水排放量/（吨/万元）	相当于全国平均水平/倍
牡丹江	63.20	79.00	东北地区	2.96	3.70
鹤岗	33.84	42.30	抚顺	2.87	3.59
黑河	25.70	32.13	佳木斯	2.55	3.19
绥化	23.47	29.34	赤峰	2.40	3.00
双鸭山	21.95	27.44	通辽	2.37	2.96
呼伦贝尔	19.13	23.91	营口	2.20	2.75
丹东	18.45	23.06	四平	2.16	2.70
铁岭	11.12	13.90	盘锦	2.13	2.66
伊春	10.45	13.06	白山	1.86	2.33
辽阳	8.07	10.09	哈尔滨	1.61	2.01
七台河	7.39	9.24	葫芦岛	1.47	1.84
齐齐哈尔	7.12	8.90	大庆	1.33	1.66
大连	5.59	6.99	白城	1.26	1.58
锦州	4.69	5.86	通化	1.20	1.50
吉林	4.60	5.75	沈阳	1.13	1.41
鸡西	4.19	5.24	松原	0.86	1.08
鞍山	4.06	5.08	全国	0.80	1.00
阜新	3.71	4.64	辽源	0.53	0.66
朝阳	3.42	4.28	长春	0.32	0.40
本溪	3.00	3.75			

　　注：全国平均水平为全国城市平均水平，不包括州盟地区

城市环境设施仍然处于短缺状态。污水处理厂和污水管网等环境设施建设相对滞后，设施管理和运营能力较低。部分地区的污水处理厂集中处理率较低，有 16 个城市低于全国平均水平，城市数量占比达到 43.2%；大庆和丹东等城市的处理率低于 50%，牡丹江低于 70%，抚顺、齐齐哈尔、鹤岗低于 80%，鸡西、双鸭山、佳木斯、营口、七台河、白城、伊春、沈阳、白山、阜新等城市均低于全国平均水平（88.7%）。部分城市的生活垃圾无害化处理率较低，东北地区有 15 个城市低于全国平均水平（94.8%）；其中，鹤岗最低，仅为 36.59%，双鸭山为 54%；伊春和齐齐哈尔均低于 70%，营口、吉林、白城均低于 80%，辽源、白山、鸡西、哈尔滨、通化均低于 90%。畜禽养殖、农业面源污染未能有效得到遏制，江河源头、沿江区域产业布局对水体环境保护的影响仍然突出。

3. 工业固废

工业固废处理水平较低。2016 年，东北地区有 15 个城市的工业固体废弃物综合利用率低于全国平均水平（79.42%），占东北地级城市数量的 40.5%。其中，黑河仅为 5.2%，赤峰仅为 33.14%，呼伦贝尔市、抚顺市、本溪市、辽阳市、吉林市等城市低于 50%，铁岭、佳木斯、鸡西、通辽等城市低于 70%，伊春、双鸭山、大庆和沈阳等城市低于 80%。

工业固废排放量的经济效益较低。东北城市的单位工业产值固废排放量平均为 22.65 吨/亿元，远高于全国平均水平（3.74 吨/亿元），是全国平均水平的 6.06 倍。36 个城市的排放水平低于全国平均水平，城市数量占比为 97.3%。如表 4-23 所示，朝阳的工业固废排放量最高，达到 390.47 吨/亿元，是全国平均水平的 104.40 倍，黑河、铁岭、双鸭山分别是全国平均水平的 62.66 倍、52.62 倍、51.14 倍，具有较高的排放量；本溪、呼伦贝尔、鹤岗介于全国平均排放水平的 30~40 倍；营口、伊春、鞍山、丹东、七台河介于全国平均水平的 20~30 倍。鸡西、葫芦岛、牡丹江、抚顺、佳木斯、齐齐哈尔、阜新、锦州介于全国平均水平的 10~20 倍。其他城市介于 1~10 倍，仅有长春低于全国平均水平。

表 4-23　东北地区城市的单位工业产值粉尘排放水平

地区	单位工业产值固废排放量/(吨/亿元)	相当于全国平均水平/倍	地区	单位工业产值固废排放量/(吨/亿元)	相当于全国平均水平/倍	地区	单位工业产值固废排放量/(吨/亿元)	相当于全国平均水平/倍
朝阳	390.47	104.40	葫芦岛	54.00	14.44	通辽	18.60	4.97
黑河	234.34	62.66	牡丹江	52.74	14.10	通化	16.25	4.34
铁岭	196.81	52.62	抚顺	49.55	13.25	白山	13.42	3.59
双鸭山	191.28	51.14	佳木斯	47.46	12.69	四平	12.06	3.22
本溪	142.22	38.03	齐齐哈尔	43.83	11.72	盘锦	10.90	2.91
呼伦贝尔	120.64	32.26	阜新	42.32	11.32	哈尔滨	8.27	2.21
鹤岗	113.77	30.42	锦州	38.54	10.30	松原	6.83	1.83
营口	111.51	29.82	赤峰	36.95	9.88	大连	6.60	1.76
伊春	110.90	29.65	绥化	36.02	9.63	大庆	6.50	1.74

地区	单位工业产值固废排放量/(吨/亿元)	相当于全国平均水平/倍	地区	单位工业产值固废排放量/(吨/亿元)	相当于全国平均水平/倍	地区	单位工业产值固废排放量/(吨/亿元)	相当于全国平均水平/倍
鞍山	102.83	27.49	白城	28.58	7.64	沈阳	6.12	1.64
丹东	98.44	26.32	辽阳	24.89	6.66	辽源	5.12	1.37
七台河	86.53	23.14	吉林	24.79	6.63	全国	3.74	1.00
鸡西	54.90	14.68	东北地区	22.65	6.06	长春	3.04	0.81

注：全国平均水平为全国城市平均水平，不包括州盟地区

三、资源利用

1. 水资源利用

从水资源利用效率来看，东北地区的单位 GDP 耗水量为 7.97 吨/万元，是全国平均水平（6.61 吨/万元）的 1.21 倍。在 37 个城市中，有 21 个城市的单位 GDP 耗水量高于全国平均水平，有 16 个城市低于全国平均水平。如表 4-24 所示，本溪的单位 GDP 耗水量最高，达到 33.64 吨/万元，是全国平均水平的 5.09 倍；抚顺达到 23.52 吨/万元，是全国平均水平的 3.56 倍；七台河、阜新、伊春、鹤岗、锦州是全国水平的 2~3 倍，沈阳、牡丹江、辽阳、鞍山、大庆、齐齐哈尔、鸡西、营口、盘锦、丹东、吉林、葫芦岛、佳木斯、双鸭山是全国水平的 1~2 倍。其他城市的水资源利用效率高于全国平均水平。

表4-24 东北地区城市的水资源利用效率

地区	单位 GDP 耗水量/(吨/万元)	相当于全国平均水平/倍	地区	单位 GDP 耗水量/(吨/万元)	相当于全国平均水平/倍	地区	单位 GDP 耗水量/(吨/万元)	相当于全国平均水平/倍
本溪	33.64	5.09	鸡西	9.40	1.42	赤峰	6.05	0.92
抚顺	23.52	3.56	营口	8.53	1.29	大连	5.98	0.90
七台河	18.62	2.82	盘锦	8.28	1.25	通化	4.30	0.65
阜新	18.38	2.78	东北地区	7.97	1.21	辽源	4.24	0.64
伊春	16.48	2.49	丹东	7.94	1.20	朝阳	4.22	0.64
鹤岗	15.01	2.27	吉林	7.84	1.19	白山	3.58	0.54
锦州	13.65	2.07	葫芦岛	7.69	1.16	四平	3.36	0.51
沈阳	12.89	1.95	佳木斯	7.30	1.10	松原	3.31	0.50
牡丹江	12.18	1.84	双鸭山	7.00	1.06	绥化	3.08	0.47
辽阳	11.57	1.75	全国	6.61	1.00	白城	3.01	0.46
鞍山	10.00	1.51	哈尔滨	6.45	0.98	通辽	2.74	0.41
大庆	10.00	1.51	长春	6.45	0.98	黑河	1.97	0.30
齐齐哈尔	9.45	1.43	铁岭	6.20	0.94	呼伦贝尔	1.37	0.21

注：全国平均水平为全国城市平均水平，不包括州盟地区

2. 能源利用

东北地区的能源利用涉及多个方面，总体上是能源资源消耗量较高、资源能源利用率较低。全社会用电量和工业用电量是重要的分析指标。

从单位 GDP 耗电量来看，东北地区城市①的万元耗电效率为 501.6 千瓦时/万元，约是全国平均水平（397.6 千瓦时/万元）的 1.26 倍，有 20 个城市的单位 GDP 耗电量高于全国平均水平，占东北地区城市总量的 54.1%。如表 4-25 所示，鸡西最高，达到 3001.4 千瓦时/万元，是全国平均水平的 7.55 倍，是能源利用率最低的地区。伊春、本溪、鞍山、营口、鹤岗、辽阳是全国平均水平的 3~4 倍，双鸭山、丹东、抚顺、七台河、阜新是全国平均水平的 2~3 倍，牡丹江、大庆、朝阳、盘锦、葫芦岛、沈阳、锦州、铁岭是全国平均水平的 1~2 倍。其他城市的全社会耗电效率均高于全国平均水平。

表 4-25　东北地区城市的全社会耗电效率

地区	单位 GDP 耗电量 /(千瓦时/万元)	相当于全国平均水平/倍	地区	单位 GDP 耗电量 /(千瓦时/万元)	相当于全国平均水平/倍	地区	单位 GDP 耗电量 /(千瓦时/万元)	相当于全国平均水平/倍
鸡西	3001.4	7.55	大庆	773.7	1.95	赤峰	307.1	0.77
伊春	1540.0	3.87	朝阳	750.4	1.89	辽源	303.4	0.76
本溪	1477.1	3.72	盘锦	673.6	1.69	齐齐哈尔	292.8	0.74
鞍山	1445.6	3.64	葫芦岛	544.5	1.37	哈尔滨	286.1	0.72
营口	1412.5	3.55	东北地区	501.6	1.26	白山	283.5	0.71
鹤岗	1391.0	3.50	沈阳	489.4	1.23	长春	259.1	0.65
辽阳	1301.2	3.27	锦州	411.3	1.03	佳木斯	212.9	0.54
双鸭山	1077.2	2.71	铁岭	401.1	1.01	松原	199.3	0.50
丹东	1069.1	2.69	全国	397.6	1.00	白城	173.0	0.44
抚顺	1052.1	2.65	大连	391.2	0.98	通化	161.4	0.41
七台河	1030.1	2.59	吉林	378.4	0.95	呼伦贝尔	111.6	0.28
阜新	956.6	2.41	黑河	350.5	0.88	四平	65.5	0.16
牡丹江	773.7	1.95	通辽	346.0	0.87	绥化	51.6	0.13

注：全国平均水平为全国城市平均水平，不包括州盟地区

工业耗电是能源消耗的重点领域。东北地区城市的单位工业产值耗电量达到 515 千瓦时/万元，是全国平均水平的 4.74 倍。东北地区多数城市的工业耗电效率较低，有 33 个城市低于全国平均水平，占比达到 89.2%。如表 4-26 所示，丹东的单位工业产值耗电量最高，达到 7425.3 千瓦时/万元，是全国平均水平的 68.37 倍，工业能源利用效率最低；鸡西和牡丹江分别达到 6067.8 千瓦时/万元和 4419.1 千瓦时/万元，是全国平均水平的 55.87 倍和 40.69 倍；伊春和黑河分别达到 3964.2 千瓦时/万元和 3709.3 千瓦时/万元，分别是全国平均水平的 36.50 倍和 34.16 倍。双鸭山、鞍山、朝阳分别

① 主要是指东北地区的地级城市，不包括盟州。全国数据同样如此。数据来源均为城市统计年鉴。

是全国平均水平的 20~30 倍，鹤岗、营口、本溪、铁岭、阜新、辽阳和七台河 7 个城市是全国平均水平的 10~20 倍。抚顺、大庆、锦州、通辽是 5~10 倍，呼伦贝尔、赤峰、葫芦岛、齐齐哈尔、佳木斯、盘锦、松原、吉林、大连、哈尔滨、沈阳、绥化、白山和白城介于 1~5 倍。上述城市主要以黑龙江和辽宁的城市为主。长春、辽源、通化、四平低于全国平均水平。

表 4-26　东北地区城市的工业能源利用效率

地区	单位工业产值耗电量/（千瓦时/万元）	相当于全国平均水平/倍	地区	单位工业产值耗电量/（千瓦时/万元）	相当于全国平均水平/倍	地区	单位工业产值耗电量/（千瓦时/万元）	相当于全国平均水平/倍
鸡西	6067.8	55.87	大庆	957.7	8.82	赤峰	474.2	4.37
伊春	3964.2	36.50	朝阳	2444.8	22.51	辽源	88.7	0.82
本溪	1475.2	13.58	盘锦	398.0	3.66	齐齐哈尔	461.5	4.25
鞍山	2465.4	22.70	葫芦岛	462.9	4.26	哈尔滨	288.1	2.65
营口	1617.9	14.90	东北地区	515.0	4.74	白山	222.0	2.04
鹤岗	2118.7	19.51	沈阳	260.1	2.40	长春	100.5	0.93
辽阳	1318.1	12.14	锦州	639.6	5.89	佳木斯	437.8	4.03
双鸭山	2560.9	23.58	铁岭	1420.7	13.08	松原	391.6	3.61
丹东	7425.3	68.37	全国	108.6	1.00	白城	131.8	1.21
抚顺	992.7	9.14	大连	350.2	3.22	通化	55.2	0.51
七台河	1279.8	11.78	吉林	382.6	3.52	呼伦贝尔	490.2	4.51
阜新	1392.2	12.82	黑河	3709.3	34.16	四平	30.5	0.28
牡丹江	4419.1	40.69	通辽	564.9	5.20	绥化	238.7	2.20

注：全国平均水平为全国城市平均水平，不包括州盟地区

第五章
东北地区高质量发展水平的评价

高质量发展是中国新时代经济和社会发展的基本特征，是新常态下东北地区发展的必由之路。科学评价高质量发展的基本状态与空间分异，是判断一个地区未来发展路径的基础。本章主要在解读高质量发展内涵的基础上，分析东北地区高质量发展的基本状态。重点设计高质量发展的指标体系、数理方法及参考阈值，系统测度东北地区高质量发展的总体情况及分项指标情况，对各地市高质量发展状态进行类型划分，探讨东北地区高质量发展的短板领域与短板地区，尤其是揭示各地市的短板领域。

本章主要得出以下结论。

（1）由于发展基础、资源禀赋、财力积累及发展战略的不同，东北各地市的高质量发展有着明显的差异，得分跨度较大。发展水平较高的地市均为副省级市。各地市的高质量发展水平呈现"南高北低"的空间格局，但集聚性相对较弱。辽中南地区发展水平较高且集中连片，形成高质量发展的"凸起区"，黑龙江东西两侧发展水平较低且集中连片，形成高质量发展的"塌陷区"，南北"两极分化"较为显著。哈大走廊沿线高质量发展水平较高，形成"隆起带"。

（2）东北各地市的发展有效性得分较高，相互间差异较大；经济稳定性、发展持续性、发展分享性的得分较低，相互间差异相对较小；发展协调性、发展创新性的得分较低，但相互间差异较大。经济发展协调性、发展可持续性分布具有一定的空间集聚性，其余维度指标的集聚性较弱。有效性、创新性与整体高质量发展水平的分布具有相似性，水平较高的地市主要分布于哈大走廊沿线；稳定性和分享性水平较高的地市主要分布于东北西部和中部；协调性水平较高的地区集中于辽中南；持续性水平较高的地区则主要分布于哈长经济区及其周边。

（3）各地市的各指标项有着明显不同的贡献差异，多数地市的发展有效性和发展分享性贡献率比较高，其次是发展创新性，而发展持续性、发展稳定性和发展协调性的贡献率都比较低。

（4）东北地区高质量发展的短板是发展协调性、发展稳定性和发展持续性，具体表现在现代服务业、外向经济发展滞后，经济增长不稳定甚至负增长，比较高的失业率和通货膨胀率，污染排放水平较高、生态退化等，这是东北地区未来发展的重点问题。短板地区包括葫芦岛、鸡西、白城、四平、黑河、齐齐哈尔、双鸭山、鹤岗、伊春、兴安盟和绥化 11 个地区，主要集中在黑龙江，重点是煤炭城市和森工城市。

第一节　高质量发展与指标体系

一、发展背景

1. 发展规律

发展是一个动态过程，是事物从产生开始的进步变化过程，是事物连续不断更新、持续前进的变化过程。发展强调了事物由小到大、由简单到复杂、由微弱到强大、由低级到高级、由旧物质到新物质的运动变化过程。

"数量"与"质量"为发展的两个方面，存在于社会经济发展的不同阶段，相继发挥主导作用。发展是一个全面的概念，是社会经济的综合性发展。

（1）效率效益关系：效率是速度的表征指标，而效益是质量的表征指标。速度与质量是发展的两个方面，效率和效益也是发展的两个方面，较高的速度往往有着较高的效率，但发展质量往往较低，综合发展效益较低。

（2）量变到质变：发展往往分为三个阶段，即初级阶段、渐变阶段和质变阶段。事物的发展总是从量变开始，当量变达到一定限度时，量变就转化为质变。任何事物的发展，既需要重视"量"的积累，又需要促成"质"的飞跃，将事物的发展推向一个新的更高阶段。

（3）结构变化：经济、社会等社会经济要素结构日渐复杂，发展的水平和层次更高，新产业、新业态、新模式不断涌现，体系更加齐全，种类更加丰富，各部门间的协调性、联动性和均衡性更强，促使结构不断升级变化。

（4）发展模式：逐次形成数量扩张型高增长、质量提升型中高增长和创新引领型低增长的分化，但总体形成由外延粗放式发展与内涵集约式发展。外延粗放扩大式的生产体现为生产要素投入的数量的扩大，大规模的要素投入成为提高经济增长速度的必要条件，但忽视了效益与质量。内涵集约提升式的生产更加注重技术研发投入以及管理效率的提升，通过提高企业全要素生产率来实现经济的内生增长（李浩民，2019）。

2. 概念提出

1978 年党的十一届三中全会以来，中国以经济建设为中心，集中力量建设四个现代化，经济开始持续高速发展，经济总量持续扩张，世界影响力也大为增强。但经济发展的资源环境成本也很高，是建立在资源环境和生产要素大量投入的基础之上，为粗放型发展模式，生态和社会代价高昂。资源环境的承载力已接近上限，过度依赖自然资源的发展模式难以为继，要素的规模驱动力正在减弱。

2007 年 10 月，党的十七大报告强调，"继续全面建设小康社会、加快推进社会主义现代化"。2012 年，党的十八大报告提出，"把推动发展的立足点转到提高质量和效益上来"。2014 年，习近平总书记提出，推动中国速度向中国质量转变。2015 年，党的十八届四中全会提出，坚持发展以质量为中心。2016 年，中央经济工作会议提出，供给侧结构性改革的主线是质量，主攻方向是全面提高产品工程和服务质量。

2017 年 10 月，党的十九大报告提出了高质量发展，指出中国经济由高速增长阶段转向高质量发展阶段，必须坚持"质量第一，效益优先"，以供给侧结构性改革为主线推动经济发展质量变革、效率变革、动力变革，提高全要素生产率。党的十九大报告提出，中国经济建设的主要精力是聚焦到基本建成现代化经济体系，经济增长的核心是提高发展质量和效益，提出建设质量强国目标。党的十九大以来，中共中央和习近平同志多次就推动高质量发展做出指示与部署。2017 年 12 月中央经济工作会议提出，"推动高质量发展是当前和今后一个时期确定发展思路、制定经济政策、实施宏观调控的根本要求"。

2018 年，国务院政府工作报告指出："按照高质量发展的要求，统筹推进'五位一体'总体布局和协调推进'四个全面'战略布局，坚持以供给侧结构性改革为主线，统筹推进稳增长、促改革、调结构、惠民生、防风险各项工作"。2018 年 7 月中央经济工作会议则强调，"深入推进供给侧结构性改革，打好'三大攻坚战'，加快建设现代化经济体系，推动高质量发展"。

这标志着中国经济发展的政府指导思想从追求量的增长转向追求质量和效益的增长，这标志着经过改革开放 40 年的高速增长以及党的十八大以来的政策探索与调整，高质量发展成为未来一段时期中国经济发展的前进方向。

二、概念辨析

经济发展理念随时间不断变化，经历了由注重数量到注重质量的转变，经济增长质量的概念和评价受到学者的广泛关注。Popkova 等（2010）认为经济增长质量的提升是指经济体在现有生产要素基础上提高商品和服务的生产能力；人力资本、创新能力、绿色可持续等都是经济增长质量的重要内容（Ni et al., 2014; Pan et al., 2019; Li et al., 2019）；吴玉鸣和李建霞（2006）、Curtis（2016）、Beugelsdijk 等（2018）采用全要素生产率衡量经济增长质量的高低；李胭胭和鲁丰先（2016）、耿焕侠和张小林（2014）、李博等（2019）则设计多项指标对经济增长质量进行综合评价。高质量发展是中国在即将实现全面建成小康社会目标、社会主要矛盾已发生重大变化的背景下提出来的，其科学内涵受到学者的广泛关注，是经济发展质量的高级状态和最优状态，是经济发展的有效性、充分性、协调性、创新性、持续性、分享性和稳定性的综合（任保平和文丰安，2018），其本质特征是以各种有效和可持续方式满足人民不断增长的多方面需求（金碚，2018）。由此可见，经济增长质量与高质量发展既有联系又有区别，二者均强调经济结构优化、绿色可持续等多个方面，但经济增长质量相对于经济增长数量而言，是对经济增长速度的补充，而高质量发展的内涵更加丰富，是数量扩张和质量提高的统一，并且具有鲜明的时代特征（马茹等，2019）。与经济增长质量相类似，高质量发展的评价指标也是学者关注的重点，如李金昌等（2019）构建了由经济活力、创新效率、绿色发展、人民生活、社会和谐 5 个部分 27 项指标构成的评价体系；李梦欣和任保平（2019）从创新发展、协调发展、绿色发展、开放发展、共享发展五个方面，构建了由 42 个基础指标组成的评价体系；马茹等（2019）构建了高质量供给、高质量需求、发展效率、经济运行和对外开放 5 个一级指标、15 个二级指标及 28 个三级指标组成的评价体系。这些指标体系是对高质量发展评价的有益探索，但仍存在诸如停留在理论设想未实际计算、部分指标不可计量、测算难度大等问题。此外，已有研究大多探讨全国省际层面的整体经济高质量发展问题，少量研究聚焦于长江经济带、长江三角洲、湖北、雄安新区（方敏等，2019；滕堂伟和欧阳鑫，2019；孟祥兰和邢茂源，2019；李国平和宋昌耀，2018）等中小尺度以及高质量发展背景下某一维度的评价（徐丽婷等，2019）。

针对高质量发展，学术界进行了积极探讨。部分学者研究了高质量发展的科学内涵。高玉伟和李大勇（2018）认为高质量发展是坚持以人民为中心、能够很好满足人民日益增长的美好生活需要的发展，是全面体现创新、协调、绿色、开放、共享新发展理念的发展，是更高质量、更有效率、更加公平、更可持续的发展。任保平（2018）提出高质量发展是生产要素投入低、资源配置效率高、资源环境成本低、经济社会效益好的质量型发展水平。金碚（2018）研究了高质量发展的经济学性质，将高质量发展表述为能够更好满足人民不断增长的真实需要的经济发展方式、结构和动力状态。陈昌兵（2018）认为高质量发展的含义丰富，但根本在于提高劳动生产率和全要素生产率。刘伟（2020）认为，高质量发展微观上要建立在生产要素、生产力、全要素效率的提高之上，而非靠要素投入量的扩大；中观上要重视经济结构包括产业结构、市场结构、区域结构等的升级，把资源配置到最需要的地方；宏观上要求经济均衡发展。李国平和宋昌耀（2018）认为高质量发展是实现创新、协调、绿色、开放、共享的发展，是实现创新驱动、区域协调、城乡统筹、基本公共服务均等化的发展，是实现生产、生活、生态共生共荣的发展。

三、评价指标

对于不同地区，高质量发展的具体内涵既有共性之处，又有特色差异。东北地区是中国重要的工业和农业基地，维护国家国防安全、粮食安全、生态安全、能源安全、产业安全的战略地位十分突出。

（1）自振兴战略实施以来，东北地区的经济得到了一定发展，但是伴随着中国经济进入新常态，经济再度下行，近年来 GDP 总量波动下降，占全国的比例急剧下滑。保持经济平稳向好是高质量发展的应有之义，因此设计能够反映经济发展有效性和稳定性的指标度量高质量发展水平。考虑数据的可获取性，有效性是生产要素使用效率的重要体现，采用经济增长率、劳动生产率、投资产出率、土地产出率和能源利用率衡量。稳定性是经济健康发展的基础，采用经济增长波动率、失业率和通货膨胀率衡量。

（2）作为传统的老工业基地，东北地区工业结构重型化突出。近年来，工业升级步伐加快，工业结构持续改善，对外开放水平提升，在已有基础上实现经济结构的进一步优化升级，构建合理的工业体系是实现高质量发展的重要内容，因此采用第三产业增加值比例、城市化率和外贸依存度等指标测度经济发展的协调性。

（3）创新是经济发展的动力和源泉，将东北地区的经济发展模式由"生产要素驱动"转向"创新驱动"是实现东北振兴的关键。因此，采用 R&D 投入占 GDP 的比例、每万人专利授权数、人均科技投入和人均教育投入等指标测度经济发展的创新性。

（4）东北地区高质量发展要转变其资源型城市的发展模式，切实保护生态环境，因此选取人均工业废水排放量、人均工业二氧化硫排放量、人均工业烟尘排放量等指标测度经济发展的持续性。

（5）东北地区的高质量发展要以人民为中心，注重社会效益，因此采用人均GDP、城乡居民收入比、城镇居民收入增长率及人均公共物品拥有量等指标测度经济发展的分享性。

综上所述，本研究设计有效性、稳定性、协调性、创新性、持续性和分享性6个维度的指标体系，共计25个指标，测度东北地区的高质量发展水平，如表5-1所示。

表5-1 东北地区高质量发展评价的指标体系及权重

一级指标	一级指标权重	二级指标	指标属性	二级指标权重
有效性	0.2912	经济增长率	正向	0.0194
		劳动生产率	正向	0.0482
		投资产出率	正向	0.0621
		土地产出率	正向	0.0996
		能源利用率	正向	0.0619
稳定性	0.0454	经济增长波动率	逆向	0.0069
		失业率	逆向	0.0208
		通货膨胀率	逆向	0.0177
协调性	0.1449	第三产业增加值比例	正向	0.0216
		城市化率	正向	0.0189
		外贸依存度	正向	0.1044
创新性	0.3089	R&D投入占GDP的比例	正向	0.0856
		每万人专利授权数	正向	0.0758
		人均科技投入	正向	0.1232
		人均教育投入	正向	0.0243
持续性	0.0450	人均工业废水排放量	逆向	0.0103
		人均工业二氧化硫排放量	逆向	0.0124
		人均工业烟尘排放量	逆向	0.0059
		一般工业废物综合利用率	正向	0.0164
分享性	0.1646	人均GDP	正向	0.0586
		城乡居民收入比	逆向	0.0201
		城镇居民收入增长率	正向	0.0304
		农村居民收入增长率	正向	0.0118
		人均在校人数	正向	0.0239
		人均床位数	正向	0.0198

研究单元以地级行政区为主，共计39个地级单位。相关经济数据源于2018年

《辽宁统计年鉴》《吉林统计年鉴》《黑龙江统计年鉴》《内蒙古统计年鉴》，以及各地市的市统计年鉴。

第二节　东北地区高质量发展评估

一、总体评价结果

由于发展基础、资源禀赋、财力积累及发展战略明显不同，各地区有着明显的发展差异。东北各地区高质量发展的差异相对较高，总体上介于 0.2~0.829，得分跨度较大，得分最高的大连是得分最低的绥化市的 4 倍。东北各地区高质量发展的平均得分为 0.3114，高于该平均得分的地市有 14 个，占比为 35.9%，低于该平均得分的地区有 25 个，占比为 64.1%。东北地区高质量发展的分布特征如下所示。

（1）各地市的发展水平分异显著，呈现"南高北低"的空间态势，但整体的集聚性相对较弱。辽宁省大连、沈阳、盘锦、本溪、营口和丹东 6 个地区的发展水平较高，均居前 10 位，空间上集中连片形成高质量发展的"凸起区"。黑龙江省绥化、伊春、鹤岗、双鸭山、齐齐哈尔、黑河和鸡西 7 个地市的高质量发展水平较差，均居后 10 位，在空间上集中连片形成高质量发展的"塌陷区"。南北"两极分化"较为显著。采用全局 Moran's I 测度高质量发展水平在相邻地级行政区之间的空间自相关性程度，得到其值仅为 0.062，这说明整体集聚性较弱。

（2）哈大走廊沿线地市的高质量发展水平较高，由南向北形成一条"隆起带"。哈大轴线是东北地区的大动脉，区位和交通条件优越，高质量发展水平位居前列的地市均沿该轴线分布，如大连、沈阳、长春、哈尔滨等。

综上所述，东北地区经济高质量发展水平整体呈现"南高北低"且沿哈大线形成"隆起带"的空间格局。

（3）从省级单位来看，四省区的高质量发展平均水平有明显的差异。辽宁省的高质量发展水平最高，达到 0.372，其次是吉林省，达到 0.3083；再次是蒙东地区，达到 0.2713，而黑龙江省最低，为 0.2595。蒙东地区高质量发展的变异系数最高，达到 0.594，六个指标项之间的得分差异相对较大；辽宁省和吉林省次之，分别为 0.446 和 0.433，而黑龙江省最低，为 0.337，各项指标之间的得分差距相对较小，具体如图 5-1 所示。

（4）发展水平位居前列的地市均为副省级城市。其中，大连发展水平最高，得分为 0.829；沈阳紧随其后，得分为 0.7113。上述两个地区的发展水平远高于其他地区。长春居第三位，得分为 0.5302。哈尔滨、大庆和盘锦的得分介于 0.4~0.5，分别为 0.4536、0.4186 和 0.4027。本溪、营口、丹东、锡林郭勒、鞍山、辽阳、通化、锦州、辽源和呼伦贝尔 10 个地区的得分介于 0.3~0.4；其余 21 个地市的高质量发展得分值低于 0.3，绥化的高质量发展水平最差，得分仅为 0.2，具体如图 5-2 所示。

东北地区高质量发展的战略路径

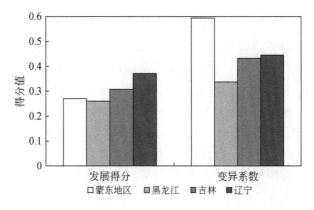

图 5-1　东北省级单位的高质量发展得分及指标变异系数

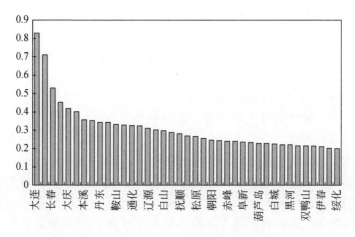

图 5-2　东北地级单位的高质量发展得分

二、分项评价结果

地区发展的有效性、稳定性、协调性、创新性、持续性和共享性分别反映了高质量发展的不同方面，分析各地市不同维度的评价结果并探讨其空间分布，从中可以得出以下特征。

1. 发展有效性

发展有效性反映了地区经济增长效率，是各种资源配置关系及综合运用的结果。高质量发展的要义是以尽可能少的资源投入获得尽可能多的经济产出。各地市在发展有效性方面的得分差异较高，均介于 0.0336 ~ 0.2554，得分跨度较大，变异系数为 0.558，高于综合得分的变异系数（0.419）。东北各地市发展有效性的平均得分为 0.077，比较高；高于平均得分的地市有 12 个，占比为 30.8%，低于平均低分的地市有 27 个，占比为 69.2%。

大连是东北地区经济发展有效性水平最高的地区，达到 0.2554，劳动生产率和土地产出率尤为突出;沈阳也具有很高的发展有效性,达到0.2116。上述两个地市的发展水平远高于其他地市。长春、大庆的发展有效性均高于0.1,分别居第三和第四位。辽源、锦州、抚顺的得分均高于0.09,盘锦、辽阳、丹东、哈尔滨、营口均高于0.08。其他地市的得分均低于平均分。鞍山、四平、铁岭、松原、本溪、锡林郭勒盟、吉林均高于0.07,阜新、双鸭山、葫芦岛、白山均高于0.06,呼伦贝尔、伊春、黑河、绥化、通辽、鸡西、佳木斯均高于0.05,牡丹江、鹤岗、朝阳、七台河、赤峰、齐齐哈尔、白城均高于0.04。兴安盟和通化发展有效性最差,分别为0.0336和0.0382,分别约为大连的15.9%和18.1%。从空间特征看,东北地区发展有效性与整体高质量发展水平的分布具有一定的相似性,得分较高的地市主要分布于哈大走廊沿线地区,辽中南与哈长城市群较为明显,其中大连都市区、沈阳都市区、长春都市区、大庆最为明显,是产业和人口较为集中的城镇化地区。

2. 发展稳定性

稳定性是高质量发展的重要保证。各地市在经济稳定性方面的得分差异相对较小,均介于0.0089~0.041,变异系数为0.264,小于综合得分的变异系数。各地市经济稳定性的平均得分为0.027,比较低;高于平均得分的地市有21个,占比为53.8%,低于平均低分的地市有18个,占比为46.2%。

锡林郭勒经济发展稳定性水平最高,得分值为0.041,朝阳、辽阳、辽源、绥化、呼伦贝尔、松原、牡丹江、营口、鞍山、黑河、本溪、双鸭山12个地市的得分值超过0.03,大连、四平、大庆、佳木斯、长春、铁岭、沈阳、白城8个地市的得分高于平均值。鸡西、赤峰、白山、吉林、兴安盟、七台河、通辽、伊春、丹东、鹤岗、哈尔滨11个地区的得分虽然高于0.02,但低于平均值。其他地市的得分很低,通化、盘锦、阜新、齐齐哈尔、锦州和抚顺6个地市均高于0.01,而葫芦岛的得分值最低,仅为0.0089,约为锡林郭勒盟的1/5。从空间分布看,稳定性较高的地市主要位于东北西部、中南部和中北部,与综合性高质量发展的空间格局差异较大。

3. 发展协调性

经济结构和社会结构的调整优化是东北地区实现高质量发展的重要方面。目前,东北各地市发展协调性水平差异较大,总体上介于0.0059~0.1372,分异系数为0.725,在各指标项分异系数中居第二位,远高于综合性得分的分异系数。东北各地区发展协调性的平均得分为0.037,得分高于该平均值的地市有13个,占比为33.3%,即三分之一,得分低于该平均值的地区有26个,占比为66.7%,即三分之二。

大连和丹东的经济发展协调性水平较高,居前两位,得分超过0.1,分别达到0.1372和0.1015。营口和本溪的得分次之,分别达到0.0905和0.0755;沈阳和鞍山均高于0.06,盘锦和长春分别为0.054和0.0508,辽阳、锦州、大庆的得分超过0.04。以上地市除长春、大庆之外,均隶属于辽宁省,由此判断辽宁省发展的协调性水平较高。采用全局Moran's I测度经济发展协调性水平在相邻地市间的空间自相关性程度,得到其值约为0.44。其他地市发展的协调水平较低,抚顺、哈尔滨、朝阳、葫芦岛、黑河、阜新、佳木斯、牡丹江的发展协调性得分均高于0.03,伊春、白山、铁岭、吉林、鹤岗、双鸭山、七台河、通化、鸡西、呼伦贝尔均高于0.02,赤峰、齐齐哈尔、辽源、白城、通辽、松原、锡林郭勒盟、兴安盟均高于 0.01，而四平和绥化最低，仅为 0.008 和 0.0059。在空间上，发展协调性呈现出由辽东半岛向西、北依次递减的态势，辽东半岛成为发展协调性水平最高的地区，而蒙东地区的发展协调性最差。

4. 发展创新性

创新驱动是新常态背景下东北地区提升发展质量的必然趋势，也是反映地区发展品质的重要方面。东北地区发展的创新性平均得分为 0.066，比较低，所有地市的得分均介于 0.0122~0.2801，得分跨度较大。各地市的发展创新性存在明显的差异，变异系数达到 0.948，远高于综合性得分的变异系数。高于平均得分的地市有 12 个，占比为 30.8%，低于平均得分的地市有 27 个，占比为 69.2%。

沈阳和大连的经济发展创新性水平较高，得分为 0.2801 和 0.2688。其次是哈尔滨和长春，得分分别为 0.1718 和 0.1716。上述四个城市为东北地区的中心城市，这与"东北地区创新资源主要集中在沈阳、大连、长春和哈尔滨四大城市，并在其周边形成热点区"的研究相吻合（焦敬娟等，2016）。以上四大城市是高校、科研院所、高技术企业及大型国企、央企等创新主体的集聚区，创新投入及创新产出水平较高。通化、盘锦、本溪的得分也高于 0.1，大庆、鞍山、锦州、辽阳和呼伦贝尔的得分值高于东北地区平均水平，辽宁省是创新发展水平最高的省份。其他地市的发展创新性水平较低，吉林、锡林郭勒均高于 0.06，抚顺、七台河、白山均高于 0.05，营口、丹东均高于 0.04，阜新、齐齐哈尔、朝阳、通辽、赤峰、葫芦岛、辽源均高于 0.03，白城、兴安盟、铁岭、牡丹江、鹤岗、佳木斯、黑河、伊春、鸡西、松原 10 个地市均高于 0.02，双鸭山、四平和绥化均低于 0.02。从空间上来看，与有效性及整体高质量发展水平的分布类似，创新性较高的地市主要分布在哈大走廊沿线，尤其是辽中南和哈长地区，这些地市是东北地区科教资源、研发资源最集中的地区。

5. 发展持续性

高质量发展是保护生态环境的可持续性。东北地区各地市的持续性水平差距相对较小，总体上介于 0.0174~0.0445，得分跨度较小，其分异系数达到 0.21，小于综合性得分的分异系数（0.419）。东北各地区发展持续水平的平均得分为 0.034，高于该平均得分的地市有 22 个，占比达到 56.4%，低于该平均得分的地市有 17 个，占比达到 43.6%。

经济发展持续性呈现出与其他指标项不同的层级与空间格局。绥化、白城、哈尔滨、长春、齐齐哈尔、松原、辽源、四平、鸡西、丹东的发展持续性水平较高，均介于 0.04~0.05，以上地市均隶属于吉林省和黑龙江省。锦州、白山、大庆、沈阳、朝阳、通化、佳木斯、通辽、铁岭、牡丹江、七台河、伊春均介于 0.034~0.04。上述地市的发展持续性得分均高于平均水平。其他地市的得分较低。营口、鹤岗、阜新、双鸭山、葫芦岛均介于 0.03~0.034，大连、兴安盟、盘锦、吉林、抚顺、锡林郭勒盟、赤峰、呼伦贝尔、黑河、鞍山的得分较低，均介于 0.02~0.03，而辽阳和本溪的得分最低，分别为 0.0197 和 0.0174。发展持续性水平的全局 Moran's I 指数约为 0.185，具有一定的空间集聚性，水平较高的地市主要分布于东北中部的哈长经济区及其周边，辽中南则形成低集聚区，蒙东地区的得分也较低，总体上形成以哈长经济区为中心向四周逐步递减的格局。

6. 发展分享性

高质量发展的出发点和最终目的是提高人民生活水平，满足人民消费升级需求，提高教育、医疗等公共服务供给量及均等化水平。东北地区发展的分享性差异较小，所有地市介于 0.0403～0.1316，变异系数为 0.309，低于综合得分的变异系数。所有地市发展分享性的平均得分为 0.071，比较低；高于该平均值的地市有 17 个，占比为 43.6%，低于该平均值的地市有 22 个，占比为 56.4%。

经济发展分享性高于 0.1 的地市有 4 个，占比仅为 10.2%。其中，锡林郭勒的得分值最高，为 0.1316，大连、通辽、长春也均高于 0.1。大庆、盘锦、哈尔滨、呼伦贝尔、赤峰均高于 0.09，沈阳、白山、辽源、松原均高于 0.08，牡丹江、吉林、兴安盟、通化、佳木斯均高于 0.07。其他地区的发展分享性均低于平均水平，辽阳、营口、白城、鸡西的得分均高于 0.06，鞍山、鹤岗、本溪、丹东、七台河、葫芦岛、齐齐哈尔、抚顺、四平、朝阳、锦州 11 个地市的得分均高于 0.05；黑河、阜新、绥化、伊春、双鸭山、铁岭均高于 0.04，其中铁岭最低，仅为 0.041，约为锡林郭勒盟的 1/3。从空间上看，发展分享性水平较高的地市主要分布在内蒙古东部和哈长经济区，前者主要得益于地广人稀而人均 GDP、人均公共物品拥有量较高，后者则与其 GDP 和公共服务丰富相关。

综上所述，东北地区经济发展协调性和持续性分布具有一定的空间集聚性，其余维度的集聚性较弱。有效性、创新性与整体高质量发展水平的空间分布具有相似性，水平较高的地市主要分布于哈大走廊沿线；稳定性和分享性水平较高的地市主要分布于东北西部和中部；协调性水平较高的地市集中于辽中南；持续性水平较高的则主要分布于哈长经济区及其周边。

三、贡献差异

不同的指标项对高质量发展水平有着不同的贡献程度，反映了各地区发展侧重点的不同及各方面或领域之间的差距。

（1）对于整个东北地区，高质量发展的各指标项的分异系数为 0.419，各指标之间的得分差距相对较大。其中，发展有效性和发展分享性较高，分别为 0.077 和 0.071；其次是发展创新性得分较高，达到 0.066；其他三个指标项发展协调性、发展稳定性、发展持续性得分较低，分别为 0.037、0.034 和 0.027。如图 5-3 所示。

（2）东北四省区的各指标项得分有着不同的差距水平。四个省区的得分中，发展创新性、发展分享性、发展有效性都有着较高的贡献水平，尤其是辽宁、吉林、黑龙江和蒙东地区发展有效性的贡献率都很高，分别为 26.75%、24.34%、23.56% 和 19.24%，而发展共享性的贡献率有着较大差异，分别为 17.37%、25.28%、24.26% 和 36.66%，发展创新性的贡献率分别为 24.52%、21.12%、17.20% 和 16.45%。而四个省区的发展持续性、发展稳定性贡献水平都比较低，辽宁、吉林、黑龙江和蒙东地区的发展持续性贡献率分别为 8.2%、12.79%、14.07% 和 10.63%，而发展稳定性贡献率分别为 6.86%、9.17%、10.4% 和 11.1%；发展协调性也比较低，蒙东地区和吉

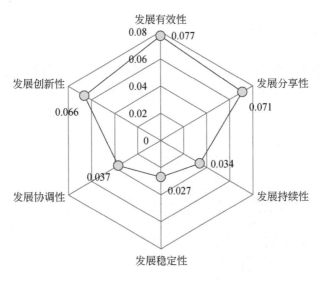

图 5-3　东北地区分项指标的得分图

林分别为 5.92% 和 7.30%，黑龙江为 10.51%，但辽宁相对较高，为 16.3%。

（3）东北各地市高质量发展的变异系数有明显的差异，反映了六个指标项的贡献率差异，进而反映了高质量发展的内部差异。沈阳和通化的变异系数最高，分别达到 0.795 和 0.733，说明两个地区的高质量发展水平主要源于少数指标项的贡献。大连、通辽、锡林郭勒盟、哈尔滨、四平、赤峰的变异系数介于 0.6~0.7，长春、辽源、松原、兴安盟、抚顺、绥化、盘锦、大庆介于 0.5~0.6，呼伦贝尔、葫芦岛、本溪、锦州、吉林、丹东、双鸭山、白山、铁岭、白城、牡丹江介于 0.4~0.5。上述地区除牡丹江之外，均高于东北地区的变异系数。辽阳、阜新、鞍山、鹤岗、营口、鸡西、齐齐哈尔、佳木斯、七台河、伊春、黑河等地市均介于 0.3~0.4；朝阳最低，为 0.141。

（4）对于每个地市，各指标项有着明显不同的贡献差异。多数地市的发展有效性和发展分享性贡献率比较高，其次是发展创新性，而发展持续性、发展稳定性和发展协调性的贡献率都比较低。其中，发展有效性贡献率超过 30% 的地市有四平、抚顺、辽源、双鸭山、铁岭、大连和大庆 7 个，剩余 32 个地市中除兴安盟和通化低于理论贡献率 16.7% 外，其余贡献率均介于 16.7%~30.0%。发展稳定性的贡献率超过理论值 16.7% 的地市仅有绥化，但也仅达到 18.3%。发展协调性的贡献率超过理论值 16.7% 的地市有丹东、营口、本溪、鞍山。发展创新性的贡献率超过 30% 的地市有通化、沈阳、哈尔滨、大连、长春，贡献率介于 16.7%~30.0% 的地市有本溪、盘锦、鞍山、锦州、七台河、呼伦贝尔、吉林、辽阳、抚顺、大庆、白山、锡林郭勒盟、齐齐哈尔 13 个。发展持续性的贡献率超过理论值 16.7% 的地市有绥化、齐齐哈尔、白城、四平和鸡西 5 个。发展分享性的贡献率都比较高，超过 30% 的地市有通辽、赤峰、锡林郭勒盟、兴安盟、松原、牡丹江、呼伦贝尔，除本溪、丹东、锦州、大连和沈阳 5 个地市低于理论贡献率 16.7% 外，其他 17 个地市的贡献率均介于 16.7%~30.0%。

四、高质量发展分类

根据高质量发展六个分项维度的得分值，运用 SPSS 软件进行系统聚类，选用的聚类方法为最远邻元素，距离测量指标选择两变量差值的绝对值之和（即"块"）。由此可将所有地市分为以下七类，每一类别对应不同的发展短板和提升重点，如图 5-4 所示。

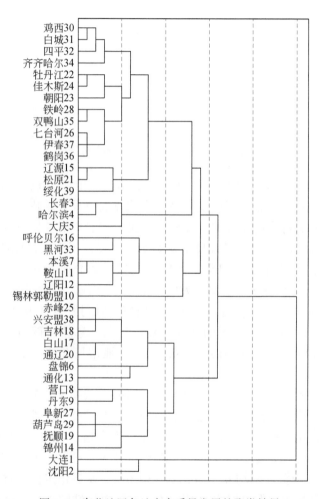

图 5-4 东北地区各地市高质量发展的聚类结果

类型Ⅰ：该类型覆盖的地市数量较少，仅包括大连和沈阳，但城市规模较大、中心性较高，而且均分布在辽宁省。此类地市的高质量发展水平最高，其中经济发展的有效性、创新性尤为突出，协调性、分享性较好，但稳定性和持续性较弱。大连和沈阳分别位居高质量发展水平的第 1 位和第 2 位，得分为 0.829 和 0.711，远高于其他地市。从各分项指标来看，两地市的经济发展有效性和创新性均位列前两位；稳定性和持续性较弱，其中大连居第 14 位和第 28 位，沈阳市居第 20 位和第 15 位。

类型Ⅱ：该类型覆盖的地市数量较少，仅包括长春、哈尔滨和大庆，主要为黑龙江省和吉林省的中心城市，城市规模较大，中心性较高。该类地区的高质量发展水平高，其中发展的分享性、创新性突出，发展的有效性、持续性良好，但发展的协调性和稳定性较弱。具体来看，长春、哈尔滨、大庆分别位居高质量发展的第 3 位、第 4 位和第 5 位，得分分别为 0.53、0.454 和 0.419。三个地市的发展分享性、创新性排名与其综合排名大致相似，发展的协调性分别位居第 8 位、第 13 位和第 11 位，但发展的稳定性最差，分别位居第 18 位、第 32 位和第 16 位。

类型Ⅲ：该类型覆盖的地市数量极少，仅有锡林郭勒盟，为草原地区。锡林郭勒盟的经济发展具有独特性，与东北其他地市相比差别较大。该类地市的综合发展质量整体较好，排名居第 10 位，发展的稳定性和分享性突出，均居东北地区首位，发展的协调性和持续性差，分别居倒数第 4 位和倒数第 7 位，发展有效性和创新性居中。

类型Ⅳ：该类型覆盖地市数量较多，包括营口、丹东、锦州、抚顺、阜新和葫芦岛；而且上述地市的分布有集中性，均分布在辽宁省，尤其是以辽宁沿海地市为主。该类地市的高质量发展处于中等水平，其协调性、有效性较好，稳定性、分享性较差。营口、丹东、锦州的发展质量居中上游，分别为第 8 位、第 9 位和第 14 位，抚顺、阜新和葫芦岛的发展质量居中下游，分别为第 19 位、第 27 位和第 29 位。6 个地市的发展协调性排名均优于其综合性排名，尤其是丹东和营口分别居第 2 位和第 3 位；稳定性和分享性排名均低于综合性排名。营口和丹东为第一亚类，高质量发展水平居中上游，其稳定性、分享性和创新性弱。锦州为第二亚类，高质量发展的综合性水平较高，发展有效性、协调性、创新性、持续性均优于综合性排名，而发展稳定性和分享性严重滞后，分别居倒数第 3 位和倒数第 7 位。阜新、葫芦岛和抚顺是第三亚类，高质量发展水平居中游偏下，其有效性、协调性、创新性均显著优于综合性排名，但其稳定性、分享性严重滞后。

类型Ⅴ：该类型覆盖的地市数量较多，达到 7 个，包括赤峰、兴安盟、吉林、白山、通辽、盘锦、通化。该类地市的发展有效性、持续性较差，但创新性和分享性相对较好。该类地市可细分为四个亚类。第一亚类包括赤峰、兴安盟和吉林，发展质量处于中下游，其分享性表现突出，指标显著优于综合性排名，分别居第 9 位、第 16 位和第 15 位，而综合性排名分别为第 25 位、第 38 位和第 18 位，除有效性和持续性较差外，协调性也较弱，尤其是吉林和赤峰的协调性均落后于综合性排名 5 位。第二亚类包括白山和通辽，发展质量居中，其持续性和分享性排名较为突出，有效性、稳定性和协调性相对落后。第三亚类是盘锦，发展质量居第 6 位，发展整体质量及有效性、协调性、创新性、分享性均较好，排名均居第 6~8 位，但稳定性和持续性落后，排名倒数第 6 位和倒数第 10 位，严重影响高质量发展，其他指标与综合发展水平大致相当。第四亚类是通化，高质量发展的整体水平较高，发展质量居第 13 位，其发展的创新性突出，居第 5 位，但有效性、稳定性和协调性差，排名均在 25 名之后，拉低了发展的整体质量。

类型Ⅵ：该类型覆盖地市数量相对较少，主要涉及 5 个地市，即呼伦贝尔、黑河、本溪、鞍山和辽阳，主要分布在辽中南和东北北部地区。该类地区的显著特点是发展的持续性差，排名均居东北地区后 5 位。根据其内部差异，上述地市可细分为两个亚类。第一个亚类包括呼伦贝尔和黑河，发展的稳定性强，分别居第 6 位和第 11 位，远优于综合排名。第二个亚类包括本溪、鞍山和辽阳，综合发展质量居中游偏上，发展质量排名分别居第 7 位、第 11 位和第 12 位，除发展持续性差外，分享性也较为落后。

类型Ⅶ：该类地区数量较多，达到 15 个，这些地市主要分布在黑龙江省和吉林省，尤其是集中在黑龙江省东部。该类地市可进一步细分为四个亚类。第一亚类包括鸡西、白城、四平、齐齐哈尔，高质量发展排名靠后，分别居第 30 位、第 31 位、第 32 位和第 34 位，发展的持续性突出，均居前 10 位。第二亚类包括牡丹江、佳木斯和朝阳，高质量发展居中游水平，分别为第 22 位、第 24 位和第 23 位，发展稳定性和协调性较好，发展有效性和创新性较差。第三亚类包括铁岭、双鸭山、七台河、伊春和鹤岗，发展质量居中游偏下，其分享性较差。第四亚类包括辽源、松原和绥化，高质量发展的稳定性和持续性突出，协调性和创新性差。

第三节　高质量发展短板

一、短板领域

短板领域是高质量发展的缺陷行业或部门。对于整个东北地区，高质量发展的短板是发展协调性、发展稳定性和发展持续性，这是东北地区未来发展的重点方向。

发展协调性——该指标项的得分仅为 0.037，对高质量发展总得分的贡献率仅为 11.8%，低于理论贡献率 14.5%。现代服务业发展滞后始终是东北地区的问题之一，生产性服务业尚未形成规模发展，生活性服务业也相对落后。受经济体制的影响，外向经济发展滞后，国际贸易规模较小，区域发展的外来动力较弱。

发展稳定性——该指标项的得分仅为 0.027，对高质量发展总得分的贡献率仅为 10.9%，远高于理论贡献率 4.54%，是理论贡献率的 2 倍多。从 2014 年开始，东北各地区的经济发展进入了新一轮下行通道，许多地区经济发展呈现负增长，经济发展不稳定甚至负增长成为东北地区高质量发展的突出短板，带来了比较高的失业率和通货膨胀率。

发展持续性——该指标项的得分仅为 0.034，对高质量发展总得分的贡献率仅为 8.7%，远高于理论贡献率 4.5%，约为理论贡献率的两倍。人均工业废水排放量、人均工业二氧化硫排放量、人均工业烟尘排放量、一般工业废物综合利用率等指标明显偏高，生态系统退化、环境污染严重、生态环境治理能力偏低仍是东北地区高质量发展的重要短板。

二、短板地区

东北各地区高质量发展的得分总体上介于 0.2 ~ 0.829，得分跨度较大，平均得分为 0.3114，低于该平均得分的地区有 25 个，占比为 64.1%。以低于平均得分 0.3114 的四分之三即 0.233 为阈值判断短板地区。依据此阈值，可以发现共有 11 个地区为高质量发展的短板地区，这些地区需要加强各领域的建设，提高发展质量。

短板地区包括葫芦岛、鸡西、白城、四平、黑河、齐齐哈尔、双鸭山、鹤岗、伊春、兴安盟和绥化。上述地市主要分布在东北东部和西部的北部，沿海和城镇密集区

（辽中南城市群和哈城市群）的地市较少。而且，上述地市主要分布在黑龙江省，集中了7个，由此可看出，黑龙江省是东北地区高质量发展的短板地区。同时，这些主要是资源型城市，即煤炭城市和森工城市，森林禁伐、煤炭资源枯竭与煤炭市场行情等因素促使这些地市发展相对困难。

三、各地区的短板领域

1. 辽宁省

沈阳——经济发展稳定性位居第20位，GDP增长波动率大，居东北地区倒数第6位，2015年GDP增长率为3.35%，2016年为-5.6%。沈阳市环境发展各项指标较弱，但排放量低于东北地区的平均值。

大连——人均工业废水排放量高达46.7吨，为东北地区排放量最高的城市，高于平均值（约35吨），是排放量最少的白城的34倍，具有很大的提升空间。

营口——经济波动率大，2015年的GDP增长率为4.5%，2016年为-7.5%。城乡居民收入增长率低，分别为1.06%和1.07%，排名均在23名之后；人均在校人数和人均床位数分别居第18位和第20位。创新性指标较低，原因在于较低的人均科技和教育投入，二者分别居倒数第9位和倒数第4位。

丹东——高质量发展的稳定性和分享性分别居第30位和第26位，拉低了整体发展质量。失业率和物价指数分别为3.9%和101.5，分别居第25位和第30位，农村居民收入增长率和人均床位数分别为1.077%和60.1张/万人，分别居第28位和第22位。创新性相对于总体发展质量来说较为落后，原因在于较低的每万人专利授权数。

锦州——价格指数为101.8，居第3位。经济增长波动率高，2015年GDP增长率为1.14%，2016年为-6.55%。人均GDP为33 692元，居第25位，城镇居民收入增长率和人均床位数分别居倒数第4位和第25位。

阜新——发展的稳定性和分享性均居倒数第5位。失业率高达4.5%，居第二位。GDP增长波动大且持续负增长，2015年和2016年分别为-6%和-12.3%。人均GDP不足锡林郭勒的1/4，居倒数第3位。农村居民收入增长率为1.06%，居倒数第3位。

葫芦岛——高质量发展的分值为0.2286，居第29位。稳定性居倒数第1位，分享性和持续性与综合排名大致持平。失业率在东北地区最高，为4.7%；人均GDP为25 347元，居倒数第7位；人均床位数量为43.04张/万人，居倒数第5位；人均工业二氧化硫排放量为192吨/万人，居第5位。

抚顺——高质量发展的协调性、有效性较好，稳定性、持续性和分享性较差。失业率和价格指数分别为4.1%和101.8，分别居第7位和第3位；经济增长波动率居东北地区的第5位，2015年GDP增长率为2%，2016年仅为-7.1%，稳定性分项指标均表现较差。从持续性指标看，人均工业烟尘排放量高达174吨/万人，居东北地区第5位，一般工业废物综合利用率仅为42.56%，居倒数第6位。农村居民收入增长率和人均在校人数分别为1.07%和6%，分别居倒数第7位和倒数第5位。

盘锦——发展整体质量及有效性、协调性、创新性、分享性均较好，排名均居第6~8位，稳定性和持续性较差，排名居倒数第6位和倒数第10位，严重影响高质量发展。经济增长波动率大，2015 年 GDP 增长率为 4%，2016 年出现负增长，为-4.2%；失业率高达 4.2%，排名第 5 位；环境污染严重，人均工业废水排放量、人均工业二氧化硫排放量、人均工业烟尘排放量分别居第 5 位、第 2 位和第 12 位。

本溪——发展的持续性和分享性分别居倒数第 1 位和第 25 位。水污染、大气污染和固体废弃物污染严重，人均工业废水排放量居第 10 位，大气污染尤为严重，人均工业二氧化硫排放量居第 4 位，人均工业烟尘排放量和一般工业废物综合利用率分别居东北地区首位和倒数第 7 位。城镇居民收入增长率和人均在校人数较低，分别居倒数第 2 位和倒数第 8 位。

鞍山——发展的持续性和分享性分别居第 37 位和第 23 位。大气污染严重，人均工业二氧化硫排放量和人均工业烟尘排放量分别为 168.1 吨/万人和 226.7 吨/万人，分别居第 6 位和第 3 位，一般工业废物综合利用率仅为 23.45%，居倒数第 3 位；城镇居民收入增长率在东北地区居末位，仅为 1.05%。

辽阳——发展的持续性和分享性分别居第 38 位和第 19 位。水污染、固体废弃物污染严重，人均工业废水排放量居第 4 位，一般工业废物综合利用率极低，仅为 6%，居倒数第 2 位。人均 GDP 为 35 476 元，居第 24 位，远落后于综合发展质量排名；人均在校人数为 7.3%，居倒数第 11 位。

铁岭——铁岭的发展分享性在东北地区最差，人均 GDP 仅为 22 178 元，居倒数第 2 位，城镇居民收入增长率低，为 1.05%，居倒数第 3 位；医疗资源不足，人均床位数约为 38.2 张/万人，居倒数第 4 位；人均教育投入不足，约为 1021 元，居倒数第 7 位。

朝阳——高质量发展的稳定性突出，居第 2 位，而有效性和分享性差，分别居第 33 位和第 32 位。2016 年 GDP 增长率为-6%，劳动生产率和人均 GDP 分别居末位和倒数第 5 位；居民收入增长率低，城镇和农村居民收入增长率分别为 1.055% 和 1.065%，分别居倒数第 7 位和倒数第 4 位；人均床位数为 48.3 张/万人，居倒数第 10 位。

2. 蒙东地区

锡林郭勒盟——综合发展质量整体较好，排名居第 10 位，发展的稳定性和分享性突出，均居东北地区首位，发展的协调性和持续性差，分别居倒数第 4 位和倒数第 7 位，发展有效性和创新性居中。从拉低整体发展质量的分项指标看，第三产业增加值比例仅为 30.3%，位居末位；外贸依存度仅为 0.24%，与第一名相差悬殊；人均工业二氧化硫排放量高达 284.6 吨/万人，位居东北地区首位，人均工业烟尘排放量高达 171.9 吨/万人，排放量居第 6 位，大气污染严重，发展的持续性差。

赤峰——高质量发展的有效性、持续性和协调性居 30 位之后，是未来提升和推动建设的重点领域。具体来看，投资产出率为 1.32%，居第 29 位，土地产出率为 214.8 万元/平方公里，居第 32 位；大气污染较为严重，人均工业二氧化硫排放量为 132.2 吨/万人，居第 9 位，一般工业废物综合利用率仅为 29.95%，居倒数第 4 位；第三产业增加值比例和城市化率分别为 37.88% 和 48.3%，分别居倒数第 11 位和倒数第 10 位。

兴安盟——整体发展水平很差，在东北地区居倒数第 2 位，其有效性、协调性分别排名倒数第 1 位和倒数第 3 位。投资产出率和土地产出率均居倒数第 5 位，第三产业增加值比例和外贸依存度分别居倒数第 6 位和倒数第 2 位。

通辽——发展的分享性突出，居第 3 位，但有效性和协调性较差。能源利用率和投资产出率较低，分别居第 30 位和第 28 位。第三产业比例偏低，仅为 36.4%，居倒数第 7 位，城市化率和外贸依存度分别为 47.5% 和 1.46%，居倒数第 8 位和倒数第 10 位，协调性指标均较差。

呼伦贝尔——在东北地区排名第 16 位，其发展的持续性、协调性和有效性较差。人均工业废水排放量、人均工业二氧化硫排放量、人均工业烟尘排放量分别居第 8 位、第 12 位和第 13 位，一般工业废物综合利用率仅为 40.21%，居倒数第 5 位，环境污染较为严重。从发展的协调性看，第三产业比例和外贸依存度偏低，分别为 40% 和 1.2%，分别居第 26 位和倒数第 7 位；土地集约利用程度较低，土地产出率为 64.12 万元/平方公里。

3. 吉林省

长春——协调性指标中的第三产业增加值比例较低，仅为 0.452，位居东北地区的第 17 位。

吉林——发展质量整体居中游水平，持续性、稳定性和协调性较弱。水污染严重，人均工业废水排放量和一般工业废物综合利用率分别居第 6 位和倒数第 9 位。物价指数为 101.6%，通货膨胀率居第 7 位。经济外向性较差，外贸依存度仅为 2.18%，居第 26 位。

白山——GDP 增长率、能源利用率、劳动生产率均有突出表现，排名均居前 10 位，土地产出率与综合排名大致相当，拉低发展有效性的指标是投资产出率，居倒数第 6 位；经济增长波动率较小，2015 年 GDP 增长率为 7.14%，2016 年为 7.3%，拉低发展稳定性的指标为 3.85% 的失业率；第三产业增加值比例仅为 37.1%，居倒数第 9 位。

通化——经济有效性仅为 0.02，居倒数第 2 位。投资产出率仅为 0.89%，居倒数第 2 位，GDP 增长率为 -3.8%，居第 28 位，能源利用率居第 22 位。通货膨胀率居东北地区首位，物价指数高达 102.1，经济增长波动率大，2015 年为 7.2%，2016 年变为 -3.8%。第三产业增加值比例、城市化率、外贸依存度均较差，排名均在 20 名以后。

白城——高质量发展的发展有效性和协调性差，分别居第 37 位和第 33 位。经济增长率、能源利用率和劳动生产率表现较好，导致发展有效性较差的关键是较低的投资产出率，仅为 0.96%，居倒数第 3 位。城市化率和外贸依存度均较低，居倒数第 5 位和倒数第 8 位。

四平——高质量发展的协调性和创新性表现差，均居倒数第 2 位。三个协调性指标排名均靠后，第三产业增加值比例、城市化率和外贸依存度分别 35.5%、44% 和 0.426%，分别居倒数第 3 位、倒数第 5 位和倒数第 4 位。创新性指标除人均教育投入较好外，其余指标均居 30 位以后，R&D 投入占 GDP 比例和每万人专利授权数均居倒数第 6 位，人均科技投入居倒数第 7 位。

辽源——高质量发展水平居第 15 位，其稳定性居第 4 位，持续性居第 7 位，而协调性和创新性分别居第 32 位和第 26 位。产业结构落后，第三产业增加值比例低，仅为 35.1%，居倒数第 2 位；城市化率居第 26 位，每万人专利授权数和 R&D 投入占 GDP 比例分别居第 26 位和第 24 位。

松原——高质量发展的整体水平居第 21 位，其持续性和稳定性分别居第 6 位和第 7 位，而协调性和创新性分别居第 35 位和第 36 位，影响了综合性发展水平。城市化率和外贸依存度较低，仅分别为 34.1% 和 0.8%，分别居倒数第 2 位和倒数第 5 位，每万人专利授权数和人均科技投入分别居倒数第 5 位和倒数第 8 位。

4. 黑龙江省

哈尔滨——发展的稳定性差，位居倒数第 7 位，源于价格指数较高，为 101.8，居第 5 位，稳定物价是哈尔滨提升发展质量的重要内容。发展协调性、有效性分别位居第 13 位和第 11 位。尽管哈尔滨进出口总额较大，但相对于 GDP 而言其外贸依存度较低，在东北地区仅位居第 19 位；投资产出率较差，单位固定资产投资所带来的 GDP 较低，居倒数第 9 位。

大庆——发展的有效性、分享性和创新性较好，发展的稳定性、持续性和协调性较弱。经济增长波动率较高，失业率为 4.06%，居第 11 位。人均工业废水排放量为 13.63 吨，居第 9 位。第三产业增加值比例为 36.8%，居第 32 位。

黑河——发展的综合质量较差，居倒数第 7 位；其中，发展的稳定性和协调性较好，而发展的持续性、创新性和分享性较弱。一般工业废物综合利用率较低，仅为 5.2%，居东北地区的末位；R&D 投入不足，仅占 GDP 的 0.06%，居倒数第 4 位；人均教育投入不足，农村居民收入增长率偏低，二者分别居倒数第 8 位和倒数第 5 位；人均在校人数和人均床位数分别居倒数第 4 位和倒数第 12 位。

鸡西——发展的创新性排名第 35 位，R&D 投入不足，占 GDP 比例仅为 0.0579%，居倒数第 3 位；每万人专利授权数、人均科技投入、人均教育投入排名均在第 20～26 位。发展的有效性排名第 29 位，究其原因在于，能源利用率和土地产出率相对较低，分别排名第 31 位和第 33 位。

齐齐哈尔——高质量发展的有效性和稳定性较差，均居倒数第 4 位。有效性指标中，劳动生产率最为落后，居倒数第 6 位，仅为大连的 1/4。失业率和价格指数分别达 4.3%，分别居第 4 位和第 9 位。

牡丹江——高质量发展的有效性和创新性分别居第 31 位和第 30 位。拉低有效性排名的指标是投资产出率，约为 1.01%，居倒数第 4 位；土地产出率也较低，居第 27 位。R&D 投入不足，R&D 投入占 GDP 比例居倒数第 9 位。

佳木斯——高质量发展的有效性和创新性较差，分别居第 30 位和第 32 位。土地产出率，R&D 投入占 GDP 比例较低，二者分别居第 30 位和第 28 位，人均科技投入和人均教育投入少，分别居第 29 位和第 31 位。

双鸭山——高质量发展水平在东北地区居第 35 位，其有效性和稳定性好，创新性和分享性差。人均科技投入不足，城镇居民收入增长率低，人均在校人数比例低，仅为 5.5%，三者分别居倒数第 2 位、倒数第 6 位、倒数第 2 位。

七台河——发展的有效性较差，其中较为突出的是能源利用率低，在东北地区居末位，不足第一名沈阳的 1/10；劳动生产率居倒数第 5 位，人均 GDP 低而居倒数第 9 位，失业率为 4.31% 而居第 3 位。

伊春——发展的分享性和创新性较差，其中人均 GDP、人均在校人数、人均教育投入均居末位。

鹤岗——高质量发展的稳定性、有效性、持续性、分享性较为均衡，其中有效性、稳定性和创新性略差。能源利用率和土地产出率低，均居倒数第6位；失业率为4.1%，居第8位，每万人专利授权数居第29位。

绥化——高质量发展居倒数第1位，但其持续性居东北地区首位，稳定性居第5位，拉低发展质量的是协调性和创新性。产业结构落后，第三产业增加值比例低，约为35.6%；城市化率仅为26.6%，居末位；外贸依存度也较低，居倒数第6位；R&D投入占GDP比例偏低，居倒数第7位；每万人专利授权数和人均科技投入分别居倒数第6位和倒数第4位。

第六章
东北地区高质量发展的总体思路

　　区域在不同时期和不同阶段有着不同的发展战略，这与当时的社会经济发展环境及国家战略需求相关联。总体思路是确定东北地区高质量发展的基本理念、基本原则与战略定位，是关于"基本"问题的思考，是东北地区高质量发展的总纲。本章主要是分析东北地区高质量发展的总体思路，重点分析了东北地区发展的宏观形势与变化，考察了东北地区发展的最新要求，剖析了东北地区高质量发展的重大关系、关键矛盾和突出难点，思辨了东北地区高质量发展的基本理念，提出了其基本原则和振兴方案，总结了其发展战略定位和重点方向。

　　本章主要得出以下结论。

　　（1）近些年来，东北地区发展面临的宏观形势不断变化。营商环境日益成为区域发展的竞争优势，智能工业革命开始快速推进，生态文明建设成为中国社会经济发展的重要趋向，基本公共服务均等化与民生事业成为地区建设的重要内容，中国对空间管控越来越严格。同时，中国对东北地区的发展提出了新要求，包括全方位振兴与全面振兴、"五个安全"建设、"五头五尾"建设与"冰天雪地也是金山银山"。

　　（2）东北地区的高质量发展面临几个必须要协调的重大关系，包括国家战略与地方诉求、中心城市与中小城市、集约开发与均衡发展、经济发展与社会民生等基本关系。面临着几个关键矛盾，包括财力积累基础薄弱并不断削弱、全国赋予的产业定位与分工、外来动力与内生动力不足、体制机制烙印长期存在作用、区域增长动力较为单一。面临几个突出难点，包括产业发展的综合效益较低、资源型城市发展困难、大量中小城市缺失产业实体、历史遗留问题与新问题叠加交融、营商环境较差等。

　　（3）东北地区的高质量发展必须坚持两手抓，突出两个中心，面向东北亚视野和全国视野，实施全面振兴与全方位振兴。坚持一个中心，实施三力并行，重点遵循三条路线，实施三区协同发展，实施五个战略，重点建设六个任务，将东北地区打造为具有国际竞争力的先进装备制造业基地、保障国家粮食安全的战略性农业生产基地、中国北方生态安全屏障。

第一节　发展背景环境

一、宏观形势与变化

1. 地区营商环境

　　随着中国发展阶段的转化，软环境日益成为区域发展的竞争优势与突出资源。其中，良好的营商环境是一个地区软环境或软实力的重要体现，是提高区域综合竞争力的重要方面，其优劣水平直接影响地区招商引资、地区形象，间接影响地区的经济发展、社会就业等方面（段月红，2020）。营商环境是市场主体在准入、生产经营、退出等过程中涉及的政务环境、市场环境、法治环境、人文环境等外部因素和条件的总和，涉及社会要素、经济要素、政治要素和法律要素等方面。

近年来，中国政府开始关注地区营商环境的构建，先后出台了一系列指导意见与措施，推动各地区优化营商环境，以更好地推动地区发展动能转换，改善地区发展环境与地区形象。各地区、各部门持续推进"放管服"等改革。2014年国务院出台了《国务院关于促进市场公平竞争维护市场正常秩序的若干意见》，2015年颁布了《国务院关于取消和调整一批行政审批项目等事项的决定》。2018年11月，国务院出台了《关于聚焦企业关切进一步推动优化营商环境政策落实的通知》，破解企业投资生产经营中的"堵点"和"痛点"。2019年8月，国务院又出台了《国务院办公厅关于印发全国深化"放管服"改革优化营商环境电视电话会议重点任务分工方案的通知》。2019年9月，国务院出台了《国务院办公厅关于做好优化营商环境改革举措复制推广借鉴工作的通知》。2019年10月，国务院公布了《优化营商环境条例》。中国政府的一系列举措表明，加强营商环境的优化与建设成为各地区的重要工作任务。

2. 智能工业革命

技术对工业发展始终有着基本的原动力作用，技术进步推动工业革命不断升级。随着技术的快速进步，以发达国家为核心，一场瞄准智能化工业的革命开始启动。工业4.0是由德国在《德国2020高技术战略》中提出的十大未来项目之一，目的是提升制造业的智能化水平，建立具有适应性、资源效率及人因工程学的智慧工厂，在商业流程及价值流程中整合客户及商业伙伴。2008年法国启动第三次工业转型，旨在通过创新重塑工业实力，使法国重回全球制造业第一梯队；2013年法国公布了"工业化新法国"计划，2015年法国对"工业化新法国"计划进行大幅调整，形成"工业化新法国Ⅱ"，明确了"一个核心，九大支点"发展战略格局。"一个核心"是实现工业生产向数字化、智能化转型，"九大支点"包括新资源开发、城市可持续发展、新能源汽车、网络和信息技术、新型医药等。

改革开放以来，中国工业化快速推进，当前已处于中后期，特别是东部地区已进入工业化后期。中国开始加快产业转型升级步伐，推动"中国制造"向"中国创造"转变。"十二五"规划提出"坚持技术进步和创新作为转变经济发展方式的重要支撑"。2015年，国务院颁布了《中国制造2025》，全面推进实施制造强国战略，明确了9项战略任务：提高国家制造业创新能力，推进信息化与工业化深度融合，强化工业基础能力，加强质量品牌建设，全面推行绿色制造，大力推动重点领域突破发展，深入推进制造业结构调整，积极发展服务型制造和生产性服务业，提高制造业国际化发展水平（肖翔和廉昌，2019）。同年，中国成立了"国家制造强国建设领导小组"。2016年，国务院出台了《国务院关于深化制造业与互联网融合发展的指导意见》，国家发展和改革委员会和工信部联合出台了《国家发展改革委工业和信息化部关于实施制造业升级改造重大工程包的通知》。2019年，工信部、国家发展和改革委员会、教育部、财政部等13个部委联合印发了《制造业设计能力提升专项行动计划（2019—2022年）》。

这为东北地区的产业转型提供了历史机遇。

3. 生态文明建设

生态文明是人类文明发展的一个新阶段，即工业文明之后的文明形态，反映了一个社会的进步状态。2007 年党的十七大报告提出"建设生态文明"，将"建设生态文明"作为实现全面建设小康社会的新要求。党的十八大报告指出，建设生态文明，是关系人民福祉、关乎民族未来的长远大计。面对资源约束趋紧、环境污染严重、生态系统退化的严峻形势，必须树立尊重自然、顺应自然、保护自然的生态文明理念，把生态文明建设放在突出地位，融入经济建设、政治建设、文化建设、社会建设各方面和全过程，努力建设美丽中国，实现中华民族永续发展（杜鹃，2019）。生态文明建设的重点就是改变以经济利益为导向的国土开发模式，注重生态效益，推动节能减排和资源节约，建设"两型社会"。转变产业发展方式，优化产业结构，保护生态环境，成为必然趋势。

美丽中国是近年来出现的最新执政思想。美丽中国是生态文明的自然之美、科学发展的和谐之美、温暖感人的人文之美，天蓝、地绿、水清是重要的表征词。2012 年11 月，美丽中国在党的十八大报告中首次作为执政理念出现，报告中提出，"努力建设美丽中国，实现中华民族永续发展"，提出"美丽中国，山要绿起来，人要富起来"。2015 年 10 月，美丽中国被纳入"十三五"规划。2017 年 10 月，党的十九大报告提出，"加快生态文明体制改革，建设美丽中国"。近年来，围绕农村、生态环境、城市建设等领域，先后出台了一系列规划与政策，推动美丽中国的建设。

4. 民生事业发展

经过 40 多年的发展，中国经济实力已为解决"富民"问题提供了物质基础。长期以来，中国社会事业发展相对滞后的问题未能得到根本性解决，经济和社会发展不协调的局面未能根本改变，民生建设已成为中国不可回避的重大问题（姚莉，2012）。"十一五"规划追求"国强"，"十二五"规划追求"民富"，"十三五"规划和"十四五"规划重视"民强"。对此，中央政府已在国家"十二五""十三五""十四五"规划中明确提出"保障和改善民生"，"坚持把保障和改善民生作为加快经济发展方式的根本出发点和落脚点"，更加注重以人为本，更加注重改善和保障民生。这说明，与人们生活密切相关的社会保障、教育、医疗卫生等社会事业和公共服务体系在未来要进一步加快发展。上述工作方向的确定以及政策制定与落实，是东北地区各项社会事业建设的保障，有利于新型保障体系的建立。

长期以来，中国经济发展形成了各类问题，并在后期的经济体制改革中未能得到有效解决或彻底解决，由此成为历史遗留问题，包括"企业办社会"、"厂办大集体"、历史欠税和银行贷款本息欠债等。2002 年，国家经贸委下发了《关于国有大中型企业主辅分离辅业改制分流安置富余人员的实施办法》，开始解决国有企业的历史遗留问题。2005 年，国务院下发了《国务院关于同意东北地区厂办大集体改革试点工作指导意见的批复》，在局部区域探索解决历史遗留问题的途径。2011 年，国务院下发了《国务院办公厅关于在全国范围内开展厂办大集体改革工作的指导意见》，开始在全国范围解决历史遗留问题（姚莉，2012）。国家对历史遗留问题的关注及解决措施的出台，为东北地区解决各类历史遗留问题提供了机遇，东北地区可借机解除包袱，轻装上阵。

5. 主体功能区建设

主体功能区是新时期中国对国土进行空间管治的新模式与新途径，目的是采取合理的空间发展模式，引导人口和产业在空间上合理集聚，引导形成有序的空间秩序。"十一五"规划提出，"推进形成主体功能区，根据资源环境承载能力、现有开发密度和发展潜力，统筹考虑未来中国人口分布、经济布局、国土利用和城镇化格局，将国土空间划分为优化开发、重点开发、限制开发和禁止开发四类主体功能区，按照主体功能定位调整完善区域政策和绩效评价，规范空间开发秩序，形成合理的空间开发结构。"在此基础上，提出了"部分限制开发区域功能定位及发展方向"，并给出了"禁止开发区域"明细。2008年以来，在"主体功能区"战略的总体框架下，针对"优化开发"和"重点开发"两大类型区域，国家密集出台了一系列区域战略规划和指导性文件，关注跨省区和省域内较小区域单元的发展。"十二五"规划进一步明确了"主体功能区战略"，针对不同功能区类型，"实施分类管理的区域政策"，"实行各有侧重的绩效评价"。

在东北地区，优化开发区、重点开发区、农产品主产区、重点生态功能区、禁止开发区等各类功能区都有分布。同时，辽宁省、吉林省、黑龙江省和内蒙古自治区也纷纷制定了主体功能区规划，提出了省级层面的各类功能区。具体如表6-1所示。其中，辽中南地区是国家级优化开发区，包括辽宁省中部和南部的部分地区。国家级重点开发区指哈长地区，具体包括长吉图经济区、哈大齐工业走廊和牡绥地区。东北平原成为农产品主产区，覆盖了水稻产业带、专用玉米产业带、大豆产业带、畜产品产业带。生态功能区有大小兴安岭森林生态功能区、长白山森林生态功能区、呼伦贝尔草原草甸生态功能区、三江平原湿地生态功能区、浑善达克沙漠化防治生态功能区、科尔沁草原生态功能区。这是东北地区空间管制的总体框架。

表6-1 东北地区的主体功能区

功能区类型	覆盖地区
优化开发区	辽中南地区
重点开发区	长吉图经济区、哈大齐工业走廊、牡绥地区
农产品主产区	东北平原 水稻产业带、专用玉米产业带、大豆产业带、畜产品产业带
生态功能区	大小兴安岭森林生态功能区、长白山森林生态功能区、呼伦贝尔草原草甸生态功能区、三江平原湿地生态功能区、浑善达克沙漠化防治生态功能区、科尔沁草原生态功能区

二、东北地区发展新要求

1. 全方位振兴与全面振兴

21世纪以来，在国家的大力扶持和地方的共同努力下，东北地区的振兴工作取得了重要成绩。但过去十五年的振兴工作主要是限制在某些领域、某些行业或某些部门，振兴工作的目标聚焦于某些问题，如体制机制、国企改革、民生建设等主题。随着东北地区社会经济的发展，振兴工作需要从某些问题的聚焦实施向全面振兴工作、全方位振兴的转变。2018年，习近平总书记在东北三省考察，主持召开深入推进东北振兴座谈会时，强调以新气象新担当新作为推进东北振兴，明确提出新时代东北振兴是全面振兴、全方位振兴。

全面振兴意味着东北地区要推动经济产业、生态环境、体制机制、对外开放、营商环境、科技创新、社会事业等各方面实现振兴，覆盖各领域、各部门、各行业。这要求振兴工作既重视存量优化，更重视增量扩大，发展不仅强调速度而且重视质量，既重视协调更重视协同，不仅关注效率而且重视效益，把振兴工作做强做实做优。全方位振兴要求实现优质发展，即经济发展充满活力、社会文明进步、生态环境优良、文化优良、体制机制灵活，走出一条质量更高、效益更好、结构更优、优势充分释放的发展新路。

2. 五个安全建设

20世纪20年代以来，东北地区一直是中国国土开发的重要板块，对全国的社会经济发展、生态文明、国防建设及地缘政治均具有战略意义。2018年，习近平总书记指出，东北地区的振兴发展，事关中国区域发展总体战略的实现，事关中国工业化、信息化、城镇化、农业现代化的协调发展，事关中国周边和东北亚地区的安全稳定，在维护国家国防安全、粮食安全、生态安全、能源安全、产业安全的战略地位方面发挥着十分重要的作用，关乎国家发展大局。"五个安全"是新时期下国家对东北地区高质量发展的新要求。

东北地区是中国最早建立的以重化工业为特色的老工业基地，拥有一批关系国民经济命脉和国家安全的战略性产业和骨干企业，是中国产业安全体系的基础部分。东北地区有丰富的耕地资源，土地肥沃，东北平原是世界三大黑土区之一，是中国重要的粮食生产基地，对实现"中国人的饭碗任何时候都要牢牢端在自己的手上""中国粮食！中国饭碗！"的粮食安全有巨大支撑作用。东北地区有漫长的边境线，同蒙古国、俄罗斯、朝鲜等国家接壤，远东地缘形势复杂多变且前景不明朗，东北地区的高质量发展具有重要的国防安全意义。东北地区有丰富的能源资源，是中国最重要的石油生产基地和境外油气资源输入基地，也是重要的煤电基地，同时风能、太阳能等新能源富集，是中国能源安全的重要保障基地。东北地区有丰富的森林、草原及河流、湖泊湿地资源，生态环境优良，是中国北方的生态安全屏障。

3. 五头五尾发展

深度开发是东北地区产业发展的重要短板。东北地区有较好的产业基础与资源禀赋，油、煤、粮、木等"原字号"与生俱来的"量大、链短、销弱、价低"特性困于困境。围绕资源禀赋，在既有产业基础上延伸产业链，积极发展下游产业，提高精深加工水平，提高产品附加值和经济效益，是未来产业发展和资源利用的重要方向。2016年，习近平总书记指出，东北地区要扬长避短、扬长补短，打好组合拳，以"油头化尾""煤头电尾""煤头化尾""粮头食尾""农头工尾"为抓手，推动发展转型。

国家要求东北地区按照"五头五尾"的思路，加快产业转型发展，向资源开发和精深加工要发展，推动"原字号"产业链条不断延伸，提高市场竞争力。尤其是在资源日渐枯竭的背景下，提高资源精深加工利用水平就更加重要。

4. 冰天雪地也是金山银山

随着发展理念的转变，生态环境资源成为重要的财富，资源优势向产业优势转变进而向经济优势转变是东北地区振兴发展的重要路径。任何地区均拥有自己良好的生态环境、拥有自己独有的资源禀赋，均可以把生态资源利用好、经营好，为社会创造价值，为经济发展提供动力。2005年，习近平总书记提出了"绿水青山就是金山银山"的论断；2017年10月，十九大报告提出，"必须树立和践行绿水青山就是金山银山的理念"，为推动生态文明建设和发展绿色经济指明了方向。这推动各地区发展理念的转变。

东北地区有丰富的生态资源，也有独特的冰雪资源，这是巨大的生态资源宝库。如何将生态资源和冰雪资源转化为产业资源和经济资源是重要方向。2016年3月，习近平总书记在参加全国两会黑龙江代表团讨论时指出，绿水青山是金山银山，黑龙江的冰天雪地也是金山银山。"冰天雪地也是金山银山"突出了东北地区生态环境的经济发展潜力与优势。近年来，东北各地积极探索发挥自然环境优势，化冰雪资源为冰雪文化、冰雪经济，让"冷"资源"热"起来。东北地区的转型发展必须坚持"绿水青山是金山银山、冰天雪地也是金山银山"的理念，充分利用独特资源和优势，统筹山水林田湖草治理，加快开发旅游资源，推进寒地冰雪经济。

第二节 东北地区高质量发展的矛盾思辨

一、重大关系

1. 国家战略与地方诉求

东北地区是中国的一个经济区，其发展不仅是地方发展的基本诉求，而且是国家发展的战略安排，不仅涉及普通居民，而且关系国家发展大计甚至东北亚地区和平。作为中国工业体系形成和发展的摇篮，东北地区已成为中国经济的重要板块，部分城市在某些行业或领域中占据战略性地位。东北地区的振兴发展不但要承担地方社会经济发展的任务，而且要继续承担国家发展的战略任务，既包括新型工业化、"五个安全"、"一带一路"倡议等，而且包括战略产品、设备与资源的生产。因此，东北地区的振兴发展必须妥善处理地方发展需求和国家战略需求的关系，要基于国家战略任务，兼顾地方发展诉求，综合考虑各方面和各领域甚至周边国家的诉求，科学制定振兴发展的基本方向、重点任务及实施路径，在全国格局甚至东北亚格局中思考东北地区的优势与特色，设计其发展定位，在基本发展方向上满足国家战略，在具体发展任务上适应地方需求。

2. 中心城市与中小城市

东北地区是中国最早开展城市化的地区，也是中国城市化水平较高的地区，有着规模较大的城市群。但东北地区的城市发展存在较大的差异，尤其是形成了中心城市与中小城市的明显差距，两类城市分别拥有不同的发展资源与动力。中心城市过多地集中了东北地区的各方面资源，包括经济产业、政治资源、扶持政策、改革试点等各方面，中小城市的资源较少。尤其是许多重大政策、重大工程和重大项目，甚至有些重要定位均赋予了沈阳、大连、长春和哈尔滨四个中心城市，其他中小城市未能获得较好的资源。这导致中小城市发展动力不足，中心城市过于集聚，"大中心"和"小腹地"的错位格局促使资源配置的效率较低，拉低了东北地区整体发展水平。这是东北地区振兴发展的重要问题，如何赋予中小城市更多的发展资源是拉动整个地区发展的重要方面。

3. 集约开发与均衡发展

均衡（扩散）与非均衡（集聚）是贯穿区域发展过程的矛盾统一体，相互交替，不断推动区域系统从低层次向高层次演化。东北地区不是新兴地区或新开发地区，而是已经经历过大规模工业化和城镇化的地区。根据区域发展阶段理论，东北地区处于成熟发展阶段，是产业需要扩散、空间采取均衡发展的地区。作为完整的自然地理单元和经济区，东北地区的国土开发究竟是集约开发还是均衡发展，成为当前的重要问题。加强集聚开发显然是将更多的资源集中在发展条件较好的四大中心城市，最大限度地发挥要素集聚效益，以提高区域发展效率，但这会拉大中心城市与其他地区的发展差距，牺牲了公平。采用均衡发展则需要将资源相对均衡地分布在各城市，统筹配置各类公共资源，重视了地区公平和综合效益，但忽视了效率。东北地区振兴发展需要妥善处理集聚与均衡、效率与公平的关系，寻求更为有效的发展方式。

4. 经济发展与社会民生

东北地区是典型的老工业基地，工业生产是主要的经济活动。改革开放以来，社会领域与民生事业的发展成为东北地区的短板。当前东北地区处于经济发展低迷状态，理论上应当以产业发展与经济增长为主题，将更多的资源尤其是投资集中到产业领域，以优化产业存量、扩大产业增量，壮大经济规模。但国家从"十二五"时期开始就明确将解决民生问题作为发展的首要目标，要"加强民生建设""缓解社会矛盾"。在有限的财力范围内，强调公平将影响建设资金与公共资源的分配方向，影响经济发展的速度。东北地区振兴必须关注公平与效率的关系，合理处理经济发展与社会发展的关系，重视短期发展与长期效益的关系，重视社会事业发展和生态文明建设，将新型工业化、新型城镇化等发展主题相统一。

二、关键矛盾

1. 财力基础

东北地区曾一度是中国经济发展的主要集聚地区和社会财富创造的主要地区。东

东北地区高质量发展的战略路径

北地区作为老工业基地，实行原材料低价政策以支持全国国民经济建设，形成了工业制成品和资源初级产品的剪刀差。东北地区上缴了大量的利润和税收，工业税收一直高于全国平均水平，即使在20世纪80年代及以后相当长的一段时期，税收仍远高于沿海地区。"一五"期间，黑龙江省向国家上缴的利润就等于国家给其工业投资的3倍多，吉林省上缴中央财政16.55亿元，占全省总收入的60.1%；1953～1988年，辽宁省的工业企业为国家提供的利润和税金，相当于国家投资的4倍多。1960～1987年大庆油田财政上缴819亿元，相当于同期国家对油田投资的21倍。1951～1985年，长春第一汽车制造厂向国家上缴利税和折旧费61.6亿元，相当于建厂投资额的10倍。50年来，阜新海州煤矿上缴利税33.45亿元，是投资的10多倍。这导致东北地区缺少财力积累，影响了自我发展能力构建。同时，长期积累的技术、人才、资金等资源大量外流，流向东南沿海地区甚至西部地区，基础不断被弱化，严重影响了东北地区的发展动力。

2. 产业定位与分工

中国是一个拥有相对独立且比较完整的工业体系的国家，生产分工是在国家内部不同地区之间实现。东北地区自新中国成立初期以来，就一直承担着重化工业和重大装备制造业、资源型产业（石油化工、钢铁冶金、机械制造、军工制造）的产业分工，由此形成了当前的基本工业结构。在各个时期，各工业部门有着不同的经济效益，在计划经济环境下，东北地区虽以提供基础原材料产品为主，但产业保持较好的发展效益。在市场经济环境下，国家赋予东北地区的产业定位影响了经济效益发展，产业结构不合理的矛盾凸显出来，许多赖以生存的产业部门逐步成为过剩甚至落后产能，而新兴产业部门尚未形成规模，发展活力被削弱。未来全国产业分工体系将继续深度变化，尤其是产业分工体系将从中国拓展到全球。在此背景下，东北地区必须要结合全球产业分工体系，在数字化、网络化、智能化技术发展浪潮中，妥善处理在全国分工体系下的产业定位，在基础原材料工业之外培育更多元化的产业部门是重要方向。

3. 外来动力与内生动力

改革开放以来的中国发展实践证明，积极吸引外资是加速各地区发展的重要动力。但东北地区吸引外资的成效并不明显，"投资不过山海关"一度成为中国网络、媒体及投资圈关于东北地区投资现象的描述。东北地区毗邻日本和韩国两个发达国家，2017年吸引外资达到222.08亿美元，占全国的比例为16.95%。但除大连吸引外资较多外，许多城市的吸引外资规模较小，新生企业数量不足，既有企业设备老旧，技术改造缓慢。目前，吉林省国有及国有控股企业的技术装备相当于20世纪90年代水平的只有15%，大部分都相当于50年代到60年代的水平（冯威力，2004）。

4. 体制机制影响

东北地区产业发展、城市建设是计划经济时期、工业化初期和重大生产布局阶段的发展产物，是受体制机制约束比较明显的工业化地区。目前，东北地区经济结构以国有经济为主，大量城市仍分布有许多的国有企业、中央企业，企业体制僵化，经营机制不灵活，市场适应能力较差，并有着巨大的企业办社会负担。许多国有企业长期处于亏损状态或边缘。东北地区的经济投资主体单一,非国有经济成分不活跃,民营经济薄弱。税收的中央和地方分配比例显然不能给地方带来足够的财力,影响东北地区的发展能力。在全国市场经济体系已形成并日渐完善的背景下,东北地区仍面临计划经济体制的影响。

5. 区域增长动力

任何区域的增长都分为投资、贸易和消费三部分。长期以来,东北地区的经济发展主要依靠投资拉动经济增长。东北地区经济增长中投资贡献率偏大,以经济表现最好的辽宁省为例,这一比例超过70%。消费和出口的拉动作用则较低,2012年东北三省进出口贸易额仅占全国的4.3%,全年社会消费品零售总额仅占全国的5.9%(陈梦阳等,2014)。尽管东北地区大力发展服务业,但服务业比例不升反降,民营经济仍旧不够发达,居民收入增长缓慢进而又影响了居民消费扩张。经济增长乏力是因为过去主要靠投资驱动的增长方式已难以为继。

亚洲金融危机之后,中国进入了新一轮的重化工业阶段,这对各地区乃至全球经济增长都产生了重要影响。在2003~2013年"黄金十年"期间,东北地区的发展在很大程度上得益于全国重化工业发展对能源、原材料和装备制造业的需求。这正好符合了东北产业结构的优势(康大林和宫景玉,2019)。但随着国际大宗商品价格的大幅下跌,东北地区的优势转化为了劣势,导致增长面临问题。

三、突出难点

1. 产业发展效益

东北地区许多产业的主体企业多是老旧国有企业和集体企业,这些企业有大量的企业员工、陈旧的装备设施及技术,产业生产效率和效益均较低。东北地区的工业结构以重工业为主,污染物排放较多。2017年,东北地区的单位工业产值的二氧化硫排放量达到21.41吨/亿元,是全国平均水平(3.95吨/亿元)的5.4倍,有36个城市高于全国平均水平,占比为97.3%。2012年以来,亏损企业数量呈现不断增长的趋势,并保持较高的亏损面,这深刻影响了各地区的财力建设与发展活力。2017年,东北地区的亏损企业数量达到598家,吉林省规上亏损企业覆盖率达到10.02%。黑龙江省比吉林省有更多的亏损企业和更高的亏损率,2017年达到1001家,亏损覆盖率达到26.83%。

2. 资源型城市

东北地区是中国的重工业基地,大规模的能源和矿产资源开发塑造了大量的资源型城市。资源型城市的典型发展规律是资源与经济相共生。在全国262个资源型城市中,东北地区有43个,占比为16.4%,包括23个地级城市,占东北地级政区总量的56.1%以上,覆盖面大。在全国69个资源枯竭型城市中,东北地区有22个,占比为31.9%,其中包括地级城市10个,占东北地级政区总量的24.4%。在黑龙江省13个地市(地区)中,有7个是资源枯竭型城市,包括4个煤城、2个林城和1个油城。东北地区资源型城市转型情况最为严峻，转型压力最大，尤其是经济社会压力较重，经济发展能力、环境保护能力和资源利用能力较差（表6-2）。

表6-2　东北地区的资源型城市名单

地区	地级行政区	县级市	县（自治县、林区）	市辖区（开发区、管理区）
辽宁省（15个）	阜新市、抚顺市、本溪市、鞍山市、盘锦市、葫芦岛市	北票市、调兵山市、凤城市、大石桥市	宽甸满族自治县、义县	弓长岭区、南票区、杨家杖子开发区
吉林省（11个）	松原市、吉林市、辽源市、通化市、白山市、延边朝鲜族自治州	九台市、舒兰市、敦化市	汪清县	二道江区
黑龙江省（11个）	黑河市、大庆市、伊春市、鹤岗市、双鸭山市、七台河市、鸡西市、牡丹江市、大兴安岭地区	尚志市、五大连池市		
蒙东地区（6个）	赤峰市、呼伦贝尔市	霍林郭勒市、阿尔山市、锡林浩特市		石拐区

3. 中小城市与产业实体

任何地区的经济增长都需要有实体企业作为基本支撑，东北地区的大量中小城市缺少产业发展的实体。中小城市在计划经济时期曾依附中心城市的经济网络和少数国有集体企业，在企业改制过程中国有集体企业纷纷破产倒闭，导致企业实体不断减少，尤其是破产倒闭的少数大型国企对中小城市的影响是显著的。截至目前，东北地区的规上企业数量很少，主要集中在四大中心城市。同时，中小城市的资源包括资金、人才纷纷外流，人口消费也纷纷因交通条件改善而转移到邻近的大城市。这导致东北地区的中小城市发展缺少活力。

4. 历史遗留问题与新问题

东北地区的发展面临着长期形成且不断积累的历史遗留问题，如国企改革、企业办社会、厂办大集体、历史欠税、棚户区等。这些历史遗留问题成为国有企业深化体制改革、提高市场竞争力的重要约束，也影响了东北地区发展活力和社会问题的有效解决，成为企业和城市的重要发展负担。同时，东北地区也面临着改革开放以来所产生的新问题，如医疗保险、养老保险、人居环境、城市内部二元结构、淘汰落后产能、生态环境管控等各类新生问题。新老问题的相互叠加与交错，增加了东北地区振兴发展的难度和复杂性。

5. 营商环境

当前，区域软环境日益成为吸引投资和产业转移的重要动力。长期厚重的计划经济体制对营商环境产生了很多负面影响。东北地区的营商环境尚存在很多的问题，投资环境和服务理念相对较差，诚信和法治环境尚需要加强，许多方面为企业所诟病。"雪地陈情""雪乡宰客"等现象仍然存在。营商环境较差成为制约经济发展和引进投资的重要障碍，尤其是在媒体过度解读、唱衰东北的环境中，营商环境成为东北地区振兴发展的重要制约。

第三节　高质量发展思路

一、基本理念

1. 振兴解读

振兴是相对衰落而提出的术语。振兴的本意包括四个方面：一是指举拔，使振发兴举、增强活力，使兴盛；二是使复兴；三是春回大地、万物复苏；四是整顿恢复。与振兴相关相似的术语是复兴。复兴是指衰落后再兴盛起来，再创辉煌。

2. 路线演变

东北地区的振兴发展大致分为四个阶段。

阶段Ⅰ：1995～2002年，典型特征是"试点，局部，国企"。坚持摸索探索主题，以试点为主，局部地区推行调整改造，聚焦核心问题实施振兴发展，围绕国有企业实施改革。

阶段Ⅱ：2003～2013年，典型特征是"推行，全域，国企"。振兴发展覆盖东北地区，以问题导向为主，聚焦关键问题与突出矛盾，以解决问题即国企改革、体制机制为主推动振兴发展，以摆脱困境、扭转区域发展态势为目标。该时期，东北地区经历了振兴发展的"黄金十年"。

阶段Ⅲ：2014～2019年，典型特征是"全域，全面，应急"。振兴发展覆盖东北地区，以应急扭转经济下滑态势和解决"新东北现象"为主，覆盖各个部门和各个领域，主题是改善发展环境、增强内生动力、培育发展新动能。

阶段Ⅳ：2020年以来，典型特征是"新时代，全面，全方位"。振兴发展覆盖东北地区，以目标导向为主，聚焦长期问题与全方位问题实施振兴发展。

3. 振兴理念

"十四五"时期，东北地区的振兴发展要坚持两个基本理念。

两手抓——"一手"抓重点地区的创新引领发展，"一手"抓困难型地区的振兴发展，解决突出矛盾和问题。

两个中心——以提高发展质量和综合效益为中心，不再把GDP作为第一衡量标准或主要衡量标准，重视基本公共服务与居民生活条件的改善。

新的视野——坚持东北亚视野和全国视野。前者是指东北地区的各项发展置于东北亚的空间范围进行综合考虑和统筹设计，后者将东北地区的发展置于全国范围内进行系统思考和全面设计。

新的思维——全面振兴与全方位振兴。

（1）全面振兴：是指政治、经济、文化、生态和社会治理等方面多要素综合性的振兴，不是单向振兴，而是系统工程，着眼于整体推进，形成各部门各领域的协同振兴发展。

（2）全方位振兴：是指东北内部各地区的共同振兴，不是中心城市的振兴，所有地区均不能"独善其身"，应实现区域协调发展、均衡发展，在发展中不能掉队，形成所有地区推动的共同振兴发展。

二、基本原则

坚持改革创新——进一步解放思想，推动改革创新，转变政府职能，加强国企改革，加强管理体制改革，理顺发展机制，加强区域环境建设，完善有利于激活潜力的体制机制和营商环境，破解东北地区全面振兴与高质量发展的主要问题与矛盾，全面激发区域发展活力。

坚持绿色发展——倡导"绿水青山就是金山银山"的发展观念，把生态文明理念全面融入经济社会发展全过程，坚持生态优先，保护生态环境，建设生态安全屏障。推进节能减排，加强污染治理，发展低碳及循环经济。集约利用土地、水和能源等资源，促进绿色增长和绿色消费，实现生态保护与经济社会协调发展。

坚持共享发展——以增进民生福祉为出发点和落脚点，着力解决群众最关心最直接最现实的利益问题，改善民生条件，切实维护人民群众权益，守住底线，补齐短板，保基本，兜底线，增加基本公共服务供给，完善就业、收入分配、社会保障、教育医疗、住房等民生保障制度，缩小城乡差距与区域差距，增强民族团结，使全体人民共享发展成果。

坚持开放合作——以开放促开发、促振兴、促发展，更加注重对外开放，建立国际交流合作机制，加强东北振兴与东北亚开发的衔接，推进与韩国、蒙古国、日本、俄罗斯等周边国家的合作，加强各领域合作，实现互利共赢。更加注重对内开放，发挥比较优势，完善与沿海地区的对口合作机制，承接产业转移。

三、振兴方案

一个中心——高质量发展。

三力并行——提升发展活力、内生动力和整体竞争力。

三条路线——坚守生态、民生和发展三条底线，"三生"发展是底线，包括生态、生活和生产，实现并行推动发展。

三区协同——主要指根据东北地区的资源环境承载力格局，实施中部集聚示范、东部绿色发展、西部生态保护，在空间上形成三区协同发展。

五个战略——坚持生态安全、能源安全、粮食安全、产业安全和国防安全并重，覆盖生态、产业、农业、边境及国防军事等各领域。

六个任务——主要指实现东北地区振兴发展六个具体建设任务，包括生态保护、生态农业、产业升级、对外开放、社会民生、营商环境，聚焦上述领域实施具体建设任务。

四、战略定位

东北地区不仅在过去 70 多年中，为中国的工业化和城镇化做出了巨大贡献，而且在当前乃至未来建设中仍居于不可替代的战略地位，在全国承担着生态安全、产业安全、能源安全、国防安全与粮食安全的重要职责。

具有国际竞争力的先进装备制造业基地——坚持高端化、智能化、服务化和特色化发展方向，以智能改造为核心，以高端装备为引领，巩固提升传统优势产业，提升重大装备产品技术工艺水平，积极发展先进装备制造业，打造大国重器，打造具有国际竞争力的先进装备制造基地和重大技术装备战略基地。

保障国家粮食安全的战略性农业生产基地——发挥耕地草地森林资源丰富的优势，优化农业区域布局，积极发展粮食生产与特色农业、绿色草原畜牧业、渔业养殖、林下产业及农产品加工业，建设为维护国家粮食安全的战略基地、绿色农产品生产基地、优质精品畜牧产品生产基地和特色林下产业基地。

中国北方生态安全屏障——坚持生态优先，科学划定森林、草原、湿地等生态红线，全面加强森林、草原、湿地、河湖、海洋保护，积极治理水土气环境污染，推进节能减排，促进绿色增长和绿色消费，建设中国北方生态安全屏障。

五、重点方向

1. 产业转型升级

产业结构调整与产业转型发展始终是东北地区振兴发展的核心任务，壮大实体经济是核心要点。实施"粮食为本"战略，做大做强生态农业，壮大绿色农产品知名品牌，建设全国商品粮基地。做优工业，处理好新老关系，改造升级"老字号"，深度开发"原字号"，培育壮大"新字号"，提高重点行业和企业的国际竞争力，新产业和新业态不断增长。大力发展以生产性服务业为重点的现代服务业，加快发展旅游、休闲和现代物流等产业，促进经济持续健康发展。

2. 生态保护与宜居环境

生态环境是东北地区振兴发展的宝贵资源和优势，要坚持"生态为本"的战略，将生态环境置于优先位置，实施绿色发展。划定并严守生态保护红线，加强森林、河流、草原、湿地保护，推动沙地、盐碱地治理，保护黑土地资源。加强大气污染、水污染和土壤污染的环境治理，加强城市黑臭水体治理，推动宜居城市建设，改善乡村牧区林区居住环境。加强产业绿色发展，推进节能减排，发展循环经济。

3. 区域营商环境

必须客观面对东北地区营商环境尚存在许多需要改善的客观事实，加快营商环境建设，改变区域形象。以优化营商环境为基础，全面深化改革。加快行政管理制度改革，破除体制机制障碍。继续推进"放管服"改革，构建"亲清"新型政商关系，加强服务职能建设。加强地方干部队伍建设，积极学习沿海地区的成功经验。构建支持非公有制经济发展的大环境，完善人才政策。

4. 社会民生事业

东北地区是各类社会民生问题集中分布的地区，涉及各方面、各领域、各层次，民生是东北地区振兴发展的关键问题。必须妥善处理好发展、改革和稳定的关系。坚持把着力保障和改善民生作为东北地区振兴的出发点和落脚点。在增加基本公共服务有效供给、提升基本公共服务均等化的基础上，推进以保障和改善民生为重点的社会建设，补齐民生短板，改善创业环境，扩大就业，增加居民收入，完善社会保障体系，解决好民生问题，使振兴发展成果更多惠及全体人民。

5. 对外开放合作

切实发挥东北地区东北亚中心与毗邻国家较多的区位优势，推动对外开放合作。加强与东北亚各国的战略对接与合作，主动融入"一带一路"建设，加快自由贸易区发展，积极吸引外资，建设一批国际合作产业园区，打造东北亚经济走廊。与沿海地区开展深度对口合作，融入京津冀协同发展、长江经济带发展和粤港澳大湾区建设。全力构建内外联动、陆海互济的全面开放新格局。

6. 创新发展与成果转化

发挥人才资源与科教资源丰富的优势，实施创新驱动战略，加快创新发展。推动产学研深度融合，提高技术创新研发能力，优化创新要素配置，完善创新体系。抓好创新平台建设，积极发展重要技术创新与研发基地，大力培育创新主体。实施重大创新工程，加快科研成果转化，实施产业化和规模化发展，培育一批创新产业集群，打造区域发展新动能。积极培育创新工场、创客空间等创新型孵化器，优化大众创业、万众创新环境，加快创业发展。

第七章
东北地区国土空间优化发展格局

由于各种空间要素与活动存在不同的技术特点及区位选择法则，区域呈现出不同的空间结构与空间形态，并存在不同的开发模式。这是由各区域的自然地理要素与社会经济活动属性及发展战略所共同决定的。采用合理的空间开发模式、构筑有序的开发秩序、构建合理的地域分工并随着发展阶段的变化而有所调整与优化是东北地区振兴发展的重要内容。本章立足最新发展阶段，从空间结构和主体功能区两个维度，分析东北地区的国土空间优化路径。重点从面状维度分析了东部、中部和西部三大板块的发展路径，从线状维度设计了纵向轴线和横向轴线的发展路径，从主体功能区的视角分析了优化开发区、重点开发区、生态功能区和农产品主产区的发展路径。

本章主要得出以下结论。

（1）自然地理环境、人文社会环境、发展基础和发展战略综合作用决定了东北地区形成三大板块。东部地区发挥绿色生态优势，突出"绿色发展，生态保护"，打造为东北亚国际合作核心区、东部绿色生态安全屏障、东向出海物流大通道。中部地区要突出人口和产业集聚优势，推动综合性发展，构建城市群轴带，打造为东北全面振兴发展的示范区和引领区。西部地区坚持"保护优先"，建设全国重要的生态功能区。

（2）发展轴线始终是东北地区空间开发的重要依托。纵向发展轴线包括西翼草原发展轴、京通白齐发展轴、哈长沈大发展轴、东翼沿边开发轴，横向发展轴线包括北部沿边开放轴、哈大齐牡发展轴、图敦白阿发展轴、丹本通霍发展轴、锦朝赤林发展轴、南部沿海发展轴。依托这些重大通道，引导各类要素集聚，强化经济联系，扩大腹地范围，形成产业和人口集聚带。

（3）东北地区形成生态功能区、重点开发区、优化开发区、农产品主产区等主体功能区的发展格局。优化开发区分布在辽中南，重点开发区包括哈大齐工业走廊、长吉图、延吉-牡丹、辽中南地区、锡林郭勒-赤峰、海拉尔-乌兰浩特、黑龙江东部城市群，生态功能区包括大小兴安岭森林生态功能区、长白山森林生态功能区、呼伦贝尔草原草甸生态功能区、科尔沁草原生态功能区、三江平原湿地生态功能区、浑善达克沙漠化防治生态功能区、辽西丘陵生态功能区。农产品主产区包括三江平原、松嫩平原、辽河平原、锡林郭勒草原。以此，东北地区形成合理的空间开发结构、规范的空间开发秩序。

第一节　三大发展板块

当前，东北地区正处于全面振兴发展的阶段，科学合理地进行地域分工，构建各

东北地区高质量发展的战略路径

地区、各层次、各部门的生产布局的有机联系，实现内部各板块的协调发展与共同振兴。根据自然地理环境、人文社会环境、政策变化、经济发展基础和发展战略的差异，以及这些方面的综合作用与相互影响，可以将东北地区划分为东部绿色发展带、中部城镇建设带和西部生态保护带。三大板块之间既存在差异，也存在有机联系，形成功能互补与错位发展，共同组成了东北地区全面振兴与国土优化发展的空间体系。

一、东部绿色发展区

东部绿色发展带是位于东北东部的发展板块。2005 年，丹东市发起建设东北东部经济带，牵头举办了两届"构建东北东部经济带论坛"，东北东部各地市州迅速达成共识，并将东北东部经济带纳入各省"十一五"规划与各地市"十一五"规划的重点建设任务。2009 年 1 月，东部铁路通道全线开工建设。9 月，东北东部十二市州区域合作圆桌会议在丹东市召开，共同签署了《东北东部十二市（州）区域合作框架协议》，建立了各市州的工作机制。2010 年，通过了《关于进一步推进东北东部区域合作的倡议书》和《东北东部（12+1）区域经济优惠政策》，成立了东北东部（12+1）区域合作秘书处，制定了《区域合作联席会议章程》、秘书处议事规则、部门衔接落实制度等，编制了东北东部（12+1）区域合作制度汇编及通讯录，开通了东北东部区域合作网。举办了系列专题论坛交流活动，宣传媒体、共青团、统计、妇联、总工会、旅游、人力资源、体育、金融等部门和单位相继开展了十三市州区域范围内的圆桌会议、论坛等合作交流活动。2016 年 12 月，东部铁路全线竣工。为快速推进"陆港"建设，2010 年 11 月通化丹东陆港建设项目启动，协调推进通化、牡丹江、本溪在建陆港工程建设进度，推进佳木斯、鹤岗、同江、富锦等陆港项目前期工作。

2017 年 5 月，国家开始组织相关科研力量研究编制东北东部经济带发展规划。构建东北东部经济带，充分发挥东北东部绿色生态优势，打造东北东部绿色转型示范区，是促进东北地区全面振兴战略目标的重要组成部分。

1. 空间范围

东部绿色发展带位于东北东部地区，共覆盖 14 个市州，涉及辽宁省、吉林省和黑龙江省，具体包括辽宁省丹东市、本溪市、大连市；吉林省通化市、白山市、延边朝鲜族自治州、吉林市；黑龙江省牡丹江市、双鸭山市、七台河市、鹤岗市、佳木斯市、鸡西市、伊春市（姚莉等，2012）。

东部绿色发展带覆盖的地市数量占东北三省省辖地级政区的 1/3，覆盖面积达 31 万平方公里，占东北三省总面积的 38.3%。

2. 发展基础

地理区位独特。东部均为沿边地区，东接鸭绿江、图们江与朝鲜半岛接壤，东南隔渤海、黄海、日本海分别与韩国、日本相望，北沿黑龙江、乌苏里江与俄罗斯相邻。突出的地缘地位，加上东北亚各国发展层次和资源禀赋不同，促使各国生产要素具有很强的互补性、市场需求具有广泛的兼容性，可以辐射朝鲜半岛和俄罗斯远东地区。

自然资源丰富。自然地理单元完整，大部分地区属于长白山和小兴安岭，森林广布，野生动植物多样。煤、铁、石墨、硅藻土、镁、钼等矿藏资源富集。河流、湖泊密布，水资源丰富。自然景观秀美，拥有多处国家级自然保护区和旅游名胜。耕地以黑土为主，人均耕地面积 13.7 亩，超出全国平均水平 3.5 亩，土地后备资源丰富（袁艺，2017）。

生态环境条件优越。属于大陆性季风气候，自南而北跨暖温带、中温带与寒温带。黑龙江、松花江、鸭绿江与小兴安岭和长白山系的高山、中山、低山和丘陵相拥相绕，山清水秀，森林茂密，有大量国有林区、国家级自然保护区，多类生态系统交错分布。

交通网络日益完善。已形成以丹东海港、珲春河港、东部铁路、201 国道、鹤大高速、丹东浪头机场、通化三源浦机场、绥芬河东宁机场、建三江湿地机场等为主体的立体交通网络。丹东是最为便捷的出海通道，是东部地区的物流中心。长期以来，东北地区的煤炭、钢铁、粮食、木材等大宗商品要先运往各省中部城市，再经哈大沿线的铁路、公路运往港口，运输距离远（姚涕等，2012）。

国际合作基础较好。与朝鲜、俄罗斯接壤的陆路边境线较长，分布着 16 个一类的陆路边境口岸，占东北地区一类口岸的 25%，具体如表 7-1 所示。另外，还分布着大连周水子国际机场、延吉朝阳川国际机场、佳木斯东郊国际机场、牡丹江海浪国际机场等航空港口岸，以及大连港、丹东港等水运口岸。黑龙江在莫斯科建立的格林伍德商品营销中心，内蒙古在赤塔建立的商品展销中心以及在伊尔库茨克建立的菜果储运分拨中心，均为东北国际贸易发展提供了良好基础（姚涕等，2012）。

表 7-1　东北东部地区一类口岸名单

省份	航空港	陆路口岸	水运口岸
辽宁省	大连周水子国际机场	丹东铁路口、丹东公路口岸	大连港、长兴岛港、旅顺新港、庄河港、丹东港
吉林省	延吉朝阳川国际机场	珲春铁路口岸、珲春公路口岸、图们铁路口岸、图们公路口岸、延边州公路口岸和龙古城里公路口岸、圈河公路口岸、集安公路口岸、长白公路口岸	
黑龙江省	牡丹江海浪国际机场、佳木斯东郊国际机场	绥芬河铁路口岸、绥芬河公路口岸、东宁公路口岸、虎林公路口岸、密山公路口岸	嘉荫、萝北、同江、抚远、饶河、佳木斯、绥滨、富锦、桦川

3. 发展指引

根据自然地理条件、发展基础、存在问题及国际地缘环境及各地区的发展差异与比较优势，东部的未来发展要坚持"绿色发展，生态保护"的主题，围绕基础设施、物流网络、生态保育、绿色产业发展、沿边开放与国际合作、协调推进机制等领域，实施错位竞争，加快协同发展，力争打造为东北亚国际合作核心区和东部绿色生态安全屏障，实现绿色转型发展。

建设绿色生态安全屏障。依托长白山山脉，以森林生态功能为主，着力实施林地清收、退耕还林和停止天然林商业性采伐等森林保育工程，建设成为东北森林生态安全屏障。

构建东向出海物流大通道。构建由丹东港直接出海、珲春—俄罗斯扎鲁比诺港、由珲春经朝鲜罗先港、绥芬河—符拉迪沃斯托克港四条对外运输通道，形成腹地与港口连通、内陆与口岸互通的物流大通道（姚涕等，2012）。在促进资源要素快速流通的同时，提升对外开放水平，使该地区成为东北亚开放的重要枢纽。

积极发展绿色产业。坚持绿色、循环、低碳发展方向，大力发展绿色健康产品，培育医药、矿泉水、人参、食品、林产等绿色产业集群，深化实施找矿战略，大力培育绿色新型工业、特色农业和现代服务业，构建绿色生态产业体系。

扩大对外开放。共同打造跨境企业、跨境园区、跨境产业链，对外开放转型升级。重点依托在俄罗斯设立的中俄乌苏里斯克经济贸易合作区、中俄赤塔工业合作园区等平台，引导企业进驻园区，发展跨境加工贸易。联合建立新的境外经贸合作区。以此，将东部打造成为东北亚国际合作的核心区。加强丹东、集安、图们、珲春、绥芬河、抚远等边境口岸建设，改造基础设施，增强对俄、对朝贸易集散功能，积极发展陆海、江海联运（姚涕等，2012）。

整合旅游资源，建设无障碍旅游区。整合沿长白山、鸭绿江的旅游资源，以珲春为中心，开发近及俄朝、远达日韩的东亚国际旅游线路。整合丹东、集安、临江、长白山及朝鲜等旅游资源，共同打造风光旅游带，将丹东鸭绿江国际旅游节拓升为长白山—鸭绿江国际旅游节。东部城市以东部铁路为轴线，连接沿线特色旅游产品和精品旅游景区，延伸旅游产业链，形成黄金旅游线路，建设环长白山旅游经济圈、沿江旅游风光带和跨境旅游合作区（姚涕等，2012）。

二、中部城镇建设区

1. 空间范围

东北中部主要是指以哈大铁路为轴线的沿线地区，是东北地区的核心地带。该区域涉及东北三省，覆盖了 13 个地市，即辽宁省的营口市、盘锦市、鞍山市、辽阳市、葫芦岛市、锦州市、抚顺市、沈阳市、铁岭市，吉林省的四平市、长春市、辽源市，黑龙江省的哈尔滨市、绥化市①。东北中部覆盖土地面积达到 24 万平方公里，占东北地区土地面积的 16.3%。该地区是主要的城镇化发展地区，形成以哈长沈大为主轴的城市群轴带。

2. 发展特征

地势平坦，平原广布。中部有着优良的自然地理条件，主要是平原地区，包括松嫩平原和辽河平原，生产生活条件好。海拔在 200 米以下，地势平坦开阔。河流水系发达，拥有辽河、松花江等河流，水资源丰富。土地肥沃，优质耕地面积大，为重要的黑土地区。长期以来，该地区一直是人口比较密集的地区，历史上就是重要农业生产基地。

---

① 相关分析包括大连市和吉林市。

城镇分布密集，城市群集聚。哈大铁路线沿线分布有数量众多的城市和城镇，包括哈尔滨市、长春市、沈阳市和大连市四大中心城市，四平市、铁岭市、营口市、锦州市、吉林市等区域性中心城市，以及大批小城市和各具特色的中小城镇，是中国城镇密集地区之一。尤其是，围绕四大中心城市，形成了三大城市群和四大都市区；城市群包括哈大齐城市群、吉林中部城市群和辽中南城市群，城镇化率达到57%；四大都市区分别为沈阳都市区、大连都市区、哈尔滨都市区和长春都市区。

集聚轴线突出，南出海北通边。该地区是典型的交通经济带，是以干线铁路和干线公路为轴线，串联中心城市并带动沿线中小城镇发展的主体轴线。核心依托铁路是哈大铁路与京沈铁路、哈大高速公路和京沈高速公路。该区域南靠渤海，拥有大连港、营口港、锦州港等大型港口，是东北地区的出海门户。同时，向北连通俄罗斯边境，直通远东地区，是面向俄罗斯远东开放合作的前沿。

经济基础好，产业发展水平高。中部是东北经济最发达的地区，也是最集聚的地区。人均GDP约为5.56万元/人，约是东北地区人均GDP的1.08倍，地均GDP约为1164亿/平方公里，相当于东北地区地均GDP的2.83倍。该区域是全国重要的老工业基地和最大的商品粮基地，煤炭、石油、天然气等资源禀赋条件良好，已形成以装备、汽车、石化、能源、医药、农产品加工等为主体的工业体系，经济实力较强。国际贸易、现代物流等服务业快速发展，开放型经济体系初步形成（刘梦雨，2016）。

科技资源集中，创新潜力大。该地区是东北教育资源、科技资源的集聚地区，分布着吉林大学、哈尔滨工业大学、大连理工大学、辽宁大学等高水平的普通高等院校100余所，国家、省级科研院所和研发机构1500余所，两院院士超过60名，智力资源富集。同时，有国家级经济技术开发区15个，国家级高新区11个，以及保税港区、合办产业园区等，创新发展的基础坚实（李霄，2016）。具体如表7-2所示。

表7-2　东北中部地区的国家级开发区名录

省份	开发区名称
辽宁省	旅顺经济技术开发区、大连经济技术开发区、大连长兴岛经济技术开发区、锦州经济技术开发区、营口经济技术开发区、盘锦辽滨沿海经济技术开发区、铁岭经济技术开发区、沈阳高新技术产业开发区、大连高新技术产业园区、鞍山高新技术产业开发区、锦州高新技术产业开发区、营口高新技术产业开发区、辽阳高新技术产业开发区、沈阳综合保税区、大连保税区、辽宁大连出口加工区、大连大窑湾保税港区、营口综合保税区、中德（沈阳）高端装备制造产业园、沈阳海峡两岸科技工业园、大连金石滩国家旅游度假区
吉林省	长春经济技术开发区、长春汽车经济技术开发区、吉林经济技术开发区、四平红嘴经济技术开发区、松原经济技术开发区、长春净月高新技术产业开发区、长春高新技术产业开发区、吉林高新技术产业开发区、长春兴隆综合保税区、吉林珲春出口加工区
黑龙江省	哈尔滨经济技术开发区、哈尔滨利民经济技术开发区、宾西经济技术开发区、明水经济技术开发区、哈尔滨高新技术产业开发区、哈尔滨综合保税区

3. 发展指引

根据特有的资源基础、地理环境，该地区要重点发展为东北地区全面振兴与全方位振兴的示范区和引领区。

实施体制机制改革。先行先试，深化行政管理体制改革，推进简政放权、放管结合、优化服务，统筹推进行政审批、职业资格、收费管理、商事制度、教科文卫体等领域改革，形成区域统一大市场。建立协作协同发展机制，逐步统一土地、环保等政策，推进区域产业政策对接。建立跨地区投资、财税等利益分享机制，推动产业分工、产业整合、园区共建。探索建立跨行政区水资源开发利用、生态环境保护和生态保护补偿机制（刘梦雨，2016）。

推动产业结构转型升级。加快互联网等新技术和产业跨界融合，推动工业向高端智能绿色转型，重点发展高端装备制造、汽车及零部件、石化及化工、生物医药、农产品加工、船舶及海工制造、新材料等产业，打造世界级先进装备制造业基地和全国重要的精品钢材基地、石油化工基地、农副产品生产加工基地及高新技术产业化示范区（陈蔚镇和陈玲，2011）。

加速建设高品质城市群。突出打造以哈长沈大为主轴的城市化地区，加快哈长城市群建设，积极建设辽中南城市群，突出建设沈阳都市经济区。推动沈抚等同城化进程。推进城区老工业区搬迁改造，以老城区、老厂区、棚户区、城中村等为重点，实施城市更新改造。加快城市绿化景观建设，提升城市人居环境。以中心城市为核心，以哈大高铁、京沈高铁为主通道，建设城市群的快速城际交通网。

积极促进创新成果转化。壮大区域创新主体，支持一汽、一重、长客、哈电气、吉化、齐轨道交通等骨干企业增强自主创新能力，建设智能制造业创新中心。加强汽车、高铁、飞机、石化、生物医药、新材料、机器人、海洋工程和高端船舶装备、卫星等重大关键性核心技术与共性技术研发。支持哈尔滨市、长春市建设科技创新转化基地，推进哈尔滨市、长春市国家创新型城市试点建设。鼓励企业与高校院所开展合作，推动科技成果率先在本地转化。加快建设长春长东北科技创新中心、长春北湖科技园、哈尔滨科技创新城等一批科技创新产业园，推进吉林中部创新转型核心区建设（刘梦雨，2016）。

扩大对外开放。优化升级哈大对外贸易通道。培育哈尔滨、长春、沈阳等面向俄罗斯远东，以及日本、朝鲜、韩国的区域性航空枢纽。推进中俄、中德、中韩、中新等产业合作园区建设，提升哈尔滨、绥芬河、长春兴隆等综合保税区和大连保税港等的发展水平，推动大连—营口—沈阳自贸区突破性发展，在沿线城市依托铁路站场与公路枢纽建设一批内陆干港与保税物流园区/中心。

三、西部生态经济区

1. 空间范围

西部生态经济区位居东北地区的西侧，是中国实施"一带一路"建设、构建国家生态安全屏障、推动远东地区开发合作的重要地区。该地区地势西高东低，依次分布着高原草原、高山森林、山地丘陵、冲积平原等地貌板块。递进性自然地理环境赋予各盟市不同的资源禀赋、人口分布与产业基础，但地域相连、文化相近、交通网络贯通、产业要素互补性强，具备一体化发展的自然地理与社会经济基础。

西部生态经济区涉及东北地区的14个地盟市，包括内蒙古的呼伦贝尔市、兴安盟、通辽市、赤峰市、锡林郭勒盟，黑龙江的齐齐哈尔市、大庆市、大兴安岭地区、黑河市，吉林的松原市与白城市，辽宁省的朝阳市、阜新市。土地面积广阔，达到95万平方公里，占东北地区土地面积的比例达到64.5%。该区域为农牧交错地带，人口分布较少；2017年，人口规模达到3560万人，占东北地区人口总量的29%。

2. 发展特征

重要生态功能区。草原和森林面积广阔，分布大量的湿地。覆盖呼伦贝尔草原、科尔沁草原、锡林郭勒草原，多条河流纵横交错，有500多个星罗棋布的湖泊，具有重要的生态涵养功能。区域森林覆盖率很高，大兴安岭纵贯，向南延伸到赤峰市，动植物资源丰富，林木蓄积量超过14亿立方米，约占全国总蓄积量的1/6。分布有大量的湿地湖泊，包括向海、莫莫格、查干湖、达里诺尔湖、查干诺尔湖、乌拉盖湖、呼伦湖等。该区域是东北地区重要的生态屏障，对调节气候、涵养水源、稳定生态平衡有重要影响。

经济已形成一定规模，近年来发展迅速。西部生态经济区虽为东北边缘地带，但经过长期发展，也具备了一定的经济基础。2017年GDP达1.48万亿元，占东北地区的24.3%。工业总产值达1.5万亿元，占东北地区的23.9%，规上工业企业占东北地区规上工业企业总量的19.2%。2000年以来，GDP总量快速增长，由2601亿元增至2017年的14 752亿元。人均GDP稳步增长，由2000年的7157元/人增长至2017年的41 402元/人。

区域分布差异显著。朝阳市、阜新市、锦州市的GDP合计占辽宁省的9.7%；齐齐哈尔市、大庆市、黑河市、大兴安岭地区合计占黑龙江省的28.9%，白城市、松原市占吉林省的15.8%；呼伦贝尔市、兴安盟、锡林郭勒盟、赤峰市、通辽市总计占内蒙古自治区的33.1%。人均GDP呈现"西高东低"的分布格局，地区分异较大。霍林郭勒市、二连浩特市、新巴尔虎右旗、大庆市辖区、镶黄旗、东乌珠穆沁旗、苏尼特左旗、陈巴尔虎旗、西乌珠穆沁旗、阿巴嘎旗、满洲里市、锡林浩特市人均GDP超过10万元，其中霍林郭勒市、二连浩特市居前两位，人均GDP超过30万元。齐齐哈尔市的克东县人均GDP最少，不足1.5万元。地均GDP的分布特征与人均GDP大致相反，地均GDP的高值区域集中在东南片区，西部、北部除呼伦贝尔市辖区外不存在地均GDP的高值区。

部分产业基地已形成。该区域是中国杂粮杂豆和油料主产区、八大牧区之一，是玉米、高粱、小麦、大豆、马铃薯重要生产基地，是国家可靠的大粮仓、重要商品粮基地、绿色农畜产品生产加工基地。工业发展基础较好，形成了部分具有优势的产业基地。拥有东北地区4/5的石油天然气开采业和有色金属矿采选业及其他采矿业、超过1/2的有色金属冶炼和压延加工业。拥有全国近1/2的其他采矿业、1/5的石油和天然气开采业、1/6的有色金属矿采选业。大庆市拥有东北地区82.9%的石油和天然气开采业、67%的石油化工，锦州市拥有东北地区26%的石油化工，赤峰市拥有东北地区69.2%的有色金属矿采选业，通辽市和锡林郭勒盟分别拥有东北地区26.4%和23.9%的煤炭开采和洗选业，朝阳市有东北68.8%的黑色金属矿采选业，通辽市和锦州市分别有东北地区44.4%和41.7%的有色金属冶炼和压延加工业。具体如图7-1所示。

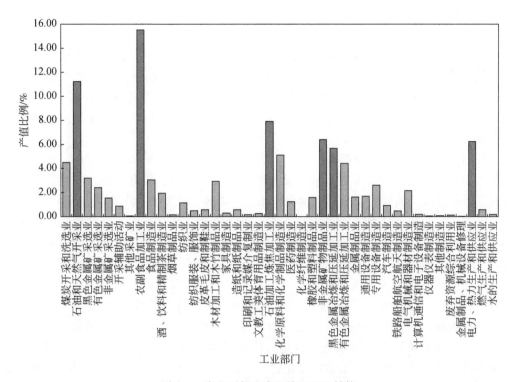

图 7-1　东北西部生态经济区工业结构

区域人口较少，地广人稀。该区域有人口 3560 万人，占东北地区人口总量的 29.4%。人口分布的空间差异极为显著，东南部人口密集，北部、西北部、西南部人口稀少，县域人口均在 20 万人以下。以农牧业为主要生产经营方式的蒙东地区普遍粗放，农牧区对人口的"推力"不足。城镇化步伐加快，2017 年城镇化率达到 46.4%，但仍落后于全国 56.1% 的平均水平。已逐步形成以大庆市、齐齐哈尔市、赤峰市、通辽市、阜新市、朝阳市等中心城市为支撑，以铁路和干线公路为纽带，城镇点状分布的城镇空间格局。该区域拥有大城市 3 个、中等城市 11 个、小城市 9 个。

3. 发展指引

根据自然地理条件、资源禀赋及区域差异，坚持"保护优先"，重点建设为全国重要的生态功能区、中蒙俄开放合作先行区、东北地区绿色生态安全屏障。

打造绿色生态安全屏障。贯彻"山水林田湖是一个生命共同体"理念，实行主体功能区分类建设和保护，严格落实生态红线，加强自然保护区、生态示范区的建设和管理，实施生物多样性保护，强化生态修复与综合整治，全面提升各类生态系统稳定性和生态服务功能。加快生态系统修复，推进森林资源保护，合理利用草原资源，推动湖泊湿地保护，实施盐碱地、土地沙化、水土流失治理。

建设绿色宜居家园。根据农牧林垦区与多民族杂居的特点，依据资源环境承载力，坚持点状开发、中心集聚与集约建设的原则，优化城镇布局，推进都市区和区域中心城市建设，引领区域发展，促进中小城市协调发展，加快据点式小城镇开发，建设特色小城镇，推进新农村新牧区新林区新垦区建设。构建"三群、五中心、多点"的城镇发展格局，提高中心城市辐射引领能力，推动宜居中小城市建设，积极发展特色小镇，扎实推进美丽宜居农牧林垦区建设。

积极发展现代产业体系。继续化解过剩产能，淘汰落后产能，逐步提升产业发展质量与水平。重点发展生态农业，建设复合型特色农业基地，巩固壮大优质粮食生产基地，优化提升蒙古大草原畜牧基地，大力发展大兴安岭高寒森林产业基地，发展现代农业服务业，优化提升生态工业体系，积极发展生产性服务业，推动产业集聚发展。

基础设施互联互通。以提升基础设施服务保障能力和质量效率为导向，继续强化交通、能源、水利、信息等重大基础设施建设，合理布局，提升干线，完善支线与联络线，形成便捷、高效、安全的基础设施体系，提高区域发展的支撑能力。

区域对外开放。紧密结合"一带一路"建设和蒙古国"草原之路计划"及俄罗斯"亚欧大陆桥经济带"战略，发挥地缘优势和合作基础优势，统筹推进沿边开放与内陆开放。以俄蒙为重点，拓展国际经贸投资合作，打造跨境国际大通道和国际产业合作基地，加强基础设施、资源开发、产业、文化旅游、农牧渔业、商贸物流、人文科技等方面的合作，促进国际产能合作，增强向北开放对区域发展的带动力。

加强特殊地区发展。按照场局城市化、场部城镇化、场队社区化和职工市民化方向，推动林区场局居民点与属地城镇化一体化建设。将垦区纳入各盟市城镇化范围，推进农垦管理局局址和农场场址城镇化建设。用好国家扶持少数民族发展的各项优惠政策，加强基础设施建设，改善生产生活条件，发展少数民族特色产业。推进矿区城镇建设，探索"以矿建镇"模式，促进资源型城市可持续发展。

第二节　重点开发轴线

依托铁路和高速铁路、高速公路和公路等交通干线，以中心城市、城镇和产业园区为支撑点，合理引导各类要素集聚，强化经济联系，扩大沿线腹地范围，打造若干发展轴线，形成集约布局、层次合理的轴带状产业和人口集聚带。

一、纵向发展轴线

1. 西翼草原发展轴

该发展轴主要依托沿线铁路和高速公路而形成，始于二连浩特口岸，自南至北依次串联了锡林浩特市、苏尼特左旗、阿巴嘎旗、西乌珠穆沁旗、霍林郭勒市、乌兰浩特市、阿尔山市等城市，到达呼伦贝尔市，并延伸至漠河，形成西侧的纵向发展轴线。该地区主要为沿边地区，与蒙古国和俄罗斯接壤，以高原草原和森林为主，生态地位重要。

根据沿线地区的资源禀赋、地理环境、水资源及发展基础，该轴线重点建设为以草原生态保护为主、牧业经济与资源经济协同发展的资源型经济带。①合理发展有色金属开采及初加工、煤炭开采及煤电、石油天然气开采，积极发展农畜产品加工、草原旅游与民族文化旅游等产业。②高度重视生态保护，加强草原保护与建设，以草定畜，严格控制载畜量；大力治理退化草原与沙地，保护森林资源，禁止森林采伐。③坚持绿色点状开发，合理建设生态工业园区，积极发展循环经济。④围绕重要口岸和边境城镇，加快基础设施建设。⑤依靠铁路干线和公路干线，推动矿区城镇建设，促进资源型城市转型发展。

2. 京通白齐发展轴

该发展轴主要依托京通线、通让线、平齐线、齐北线、北黑线等铁路及大广高速公路（G45）、国道111而形成。该发展轴始于北京市，自南向北依次连通赤峰市区、通辽市区、白城市区、齐齐哈尔市区、嫩江县，最终达到黑河口岸，形成南通京津冀都市圈、北连俄罗斯的发展轴。沿线为经济相对落后地区，但部分城市的产业基础较好，生态环境脆弱，土地沙化、盐碱化明显。

该发展轴的建设要坚持以下几点。①推动干线铁路的电气化改造与技术升级，合理建设两侧支线铁路，谋划高速铁路建设，推动沿线国省道改造。②重视生态环境保护，推动沙化土地和盐碱地治理，节约利用水资源，保护大小兴安岭森林资源，保护黑土地、湖泊湿地和科尔沁草原，推动退耕还林还草还湿。③推动工业结构升级，重点发展煤炭电力、装备制造、有色金属、煤化工等产业，合理开发能源和矿产资源。④突出发展特色农业和农产品加工业，重视杂粮杂豆和林下经济，积极发展节水灌溉农业。

3. 哈长沈大发展轴

该发展轴为一级国土开发轴线，是东北地区的发展主轴，重点依托哈大线、京沈线、哈大高铁等铁路，沈海高速公路（G15）、京哈高速公路（G1），以及国道G102、G202和G222而形成。该发展轴始于北京市和大连市，自南向北依次连接葫芦岛市区、锦州市区、沈阳市区、鞍山市区、辽阳市区、铁岭市区、四平市区、长春市区、哈尔滨市区、绥化市区，并达到嘉荫口岸。该发展轴连通了辽中南城市群、长吉城市群、哈大齐城市群，城市化水平较高，是东北地区人口和产业最集中的地区。工业基础雄厚，重工业具有较强的优势，农业发展条件优越，科教基础较好，技术人才集聚。近年来，部分优势产业发展缓慢甚至呈现衰退态势，国有企业的发展包袱仍然沉重，水资源、矿产资源、石油资源供给问题日渐突出，环境污染问题依然存在。

该发展轴的建设要坚持以下几点。①加快重点城市快速通达的铁路网络建设，推进以哈尔滨、长春为核心的高速铁路及区域连接线建设，优化路网结构。②推动沿线地区的产业结构转型升级，做大做强装备制造、石油化工、电子信息、钢铁冶金等优势产业，加速培育新型材料、机电一体化成套设备、环保设备、生物和基因制药等新兴产业，推动自主创新发展，建设成为具有世界先进水平的装备工业基地、高技术含量的原材料基地、高新技术产业基地。③推动生态环境污染治理。④推动城市化发展由数量扩张向质量提高过渡，完善城市功能与布局，提升中心城市的人居环境。⑤加快规模化和标准化国家级商品粮基地和菜篮子建设及名优特产品生产，积极发展农产品加工业。⑥发展现代服务业，重点发展信息服务、旅游业、社区服务业、商贸流通业。

4. 东翼沿边开发轴

该发展轴线主要以鹤岗线、图佳线、珲白线、新通化线等铁路及鹤大高速公路（G11）为基础而形成，丹东港为出海港口，呈现门户港-内陆腹地的空间结构。该轴线自北至南依次串联鹤岗市、佳木斯市、双鸭山市、七台河市、鸡西市、牡丹江市、延吉市、白山市、通化市、丹东市等地级城市，纵向连通东北三省。

该轴线重点打造为东部协调发展的主要轴线，推动东北地区的对外开放与生态建设。①积极发展绿色产业，突出发展休闲旅游、生物医药、矿泉水、食品、林产等产业。②重视生态保护，加强森林保护与建设，实施林地清收、退耕还林等森林保育工程。③依托东部沿边铁路和公路，强化交通干线，完善集疏运网络，畅通出海物流通道。④扩大对外开放，加强丹东港与沿边口岸建设，完善功能，建设跨境产业园区。

二、横向发展轴线

1. 北部沿边开放轴

该发展轴为沿边发展轴，主要依托东北北部沿边公路、沿边铁路、黑龙江航道及沿江港口而形成，与俄罗斯西伯利亚大铁路相连接，并连通鄂霍茨克海，是东北地区开发开放的关键轴线，是外向型的经济产业带。该轴线依次串联了漠河县、塔河县、呼玛县、逊克县、嘉荫县、萝北县、同江市和抚远市等县市，也是中国与俄罗斯既有海上通道又有陆地接壤的唯一区域，与俄罗斯有深厚的历史渊源和文化融合基础。

该轴线的重要方向是国际合作。①尽快完成东北沿边铁路的建设，形成强有力的交通基础。加强沿线各地市涉外的基础设施建设。②加快铁路、港口、公路和航空等各类口岸建设，完善基础设施，推动大通关合作机制，完善连接后方县市的集疏运网络。③推动中俄贸易发展，建设互惠边境贸易经济带。④推动黑瞎子岛中俄经济合作区、跨境产业园区等重点区域的建设，培育发展林业、农业、石油化工、装备制造、矿产开采等跨境产业集群。

2. 哈大齐牡发展轴

该发展轴为一级国土发展轴，主要依托滨绥线、滨洲线、哈齐高铁、哈牡高铁等铁路，绥满高速公路（G10）、国道（G301），以及边境口岸而形成。该发展轴始于满洲里口岸，自西向东依次串联呼伦贝尔市、阿荣旗、齐齐哈尔市区、大庆市区、哈尔滨市区、牡丹江市区，最终达到绥芬河口岸，从东西两个方向连通俄罗斯。该发展轴交通便利，土地资源丰富，人口集中，城市规模较大。

该发展轴的建设要坚持以下几点。①推进满洲里、绥芬河—东宁重点开发开放试验区建设。②重点发展能源重工、资源进口及精深加工、农畜产品加工、林特产品加工、装备制造、新型建材、生物制药、旅游、现代物流等产业。③突出城镇化发展，推动哈大齐、黑龙江东部等城镇密集区建设，进一步集聚人口和产业。④加强松花江、

东北地区高质量发展的战略路径

嫩江流域污染防治和水环境保护，开展松嫩平原、三江平原湿地修复，对大兴安岭、长白山进行封山育林、植树造林。⑤完善满洲里和绥芬河等口岸综合功能，实施大通关，建设综合保税区和跨境产业园区，加快发展进出口产品加工、商贸物流和跨境旅游等产业。

3. 图敦白阿发展轴

该发展轴主要依托白阿、长白、长图等铁路干线，G302国道、省道203等干线公路，以及边境口岸而形成，横贯吉林省和内蒙古自治区东部，西连蒙古国，东接朝鲜和俄罗斯。该发展轴始于阿尔山口岸，自西向东依次串联白城市、松原市、长春市、吉林市、敦化市，并至珲春市，将东北西部科尔沁草原、长吉地区和图们江地区相连接。该发展轴耕地资源丰富，西段能源矿产资源富集，中段产业资源和科教资源集中，东段生态资源和森林资源富集。

该发展轴要坚持以下几点。①推动区域一体化建设，重点推动长吉一体化和延龙图一体化发展。②积极发展交通设备制造、石化、生物、光电子和农产品加工，强化技术创新。③加强农业基础设施建设，保护耕地和黑土地。发挥粮食生产优势，打造特色农产品产业带。④加强生态环境建设，推动科尔沁草原的沙化治理，保护长白山的森林和水源，治理松花江水污染。⑤加强口岸建设，完善口岸功能，建设跨境经济合作区，推动进口资源精深加工。

4. 丹本通霍发展轴

该发展轴依托通霍线、大郑线、沈丹线等铁路和304国道、丹锡高速公路（G16）而形成，连通辽宁中部城市群和东部沿边地带、西部草原地区。该轴线始于霍林郭勒市，自西向东依次串联通辽市区、铁岭市区、沈阳市区、本溪市区，至丹东口岸，东西向横向延伸，形成东北南部国际化经济轴带。该发展轴的西段能源、矿产资源富集，生态环境脆弱；中段人口产业集聚，技术创新能力强；东段生态环境容量大，产业基础薄弱。该发展轴的建设要坚持以下几点。①合理开发西段的能源与矿产资源，产业发展和城市建设坚持点状集聚，规避面上开花。②中段推动沈阳都市区建设，合理推动产业和人口扩散，加强城市人居环境建设。③西段要重视生态环境保护，发展特色农业，合理开发优势矿产资源。

5. 锦朝赤林发展轴

该发展轴主要依托赤大白铁路、锦赤铁路、锡锦赤高速公路及沿线公路、港口和口岸而形成，横贯辽宁省和蒙东地区，是门户港口-内陆腹地的空间组织区域。该发展轴始于珠恩嘎达布其口岸，自西向东依次串联东乌珠穆沁旗、西乌珠穆沁旗、林西县、赤峰市区、朝阳市区，到达锦州港。该发展轴区位优越，煤炭、风能、太阳能、有色金属、铁矿石及草原等资源富集，已形成了以能源、化工、冶金、农畜产品加工和文化旅游为主的特色优势产业，特色产业园区、高新区、保税区发展迅速。

该发展轴的建设要坚持以下几点。①推动城镇化进程，重点推动中心城市建设，积极发展中小城镇。②加快工业化进程，发展能源、电力、冶金、化工和农产品加工等产业，推动精深加工，建设综合经济建设，沿线布局重要产业基地。③加快重大铁路干线建设，完善快速客运通道、煤运通道，推动既有铁路的电气化改造和复线建设，畅通俄蒙运输通道，实现连疆达海。④合理开发矿产资源，在生态环境脆弱地区控制煤炭和矿产资源开发。推动草原地区与生态功能区保护，加快生态治理与修复。⑤加强与京津冀都市圈的连接，承接产业转移和技术外溢，实现优势互补、合作发展。⑥积极发展文化旅游、草原旅游、跨境旅游等旅游活动，加快发展工业、能矿、冷链、保税与贸易物流。

6. 南部沿海发展轴

该发展轴为沿海发轴，主要是依托辽宁沿海港口、铁路、公路及临港产业园区而形成。该轴线始于葫芦岛，自西至东依次串联锦州市、盘锦市、营口市、大连市，最终达到丹东。该地区处于环渤海地区重要位置和东北亚经济圈关键地带，拥有大陆海岸线 2290 公里，资源禀赋优良，工业实力较强，交通发达，为东北出海门户地区，是东北发展条件最好的地区。

该发展轴的建设任务包括如下方面。①提升大连市核心地位，强化大连—营口—盘锦主轴，壮大渤海翼（盘锦—锦州—葫芦岛渤海沿岸）和黄海翼（大连—丹东黄海沿岸及主要岛屿），增强核心、主轴、两翼之间的有机联系，形成"一核、一轴、两翼"的布局框架。②培育建设一批功能定位准确、产业分工合理、示范带动作用突出的重点区域和产业集群。突出发展临港工业，包括石油化工、船舶修造与海洋工程、钢铁冶金、电子信息及软件、海洋生物等产业。发展现代服务业，突出发展港口物流、国际物流和金融商贸。③加强生态环境建设，突出治理沿海水域污染，保护沿海湿地与海洋生物。④优化港口资源整合，规避竞争，完善航运基础设施和服务体系，建设现代化智能化港口，完善港口与东北腹地的集疏运网络，构建东北亚国际物流中心。⑤推动保税港区提升建设，发展对外贸易和外向经济。突出建设大连长兴岛临港工业区、营口沿海产业基地、盘锦辽滨经济区等重点产业园区。具体如表7-3所示。

表7-3　辽宁省沿海经济带重点产业园区

等级	名称
国家级开发区	大连经济技术开发区、大连出口加工区、大连高新技术产业开发区、大连保税区、大连金石滩国家旅游度假区、大连大窑湾保税港区、丹东市边境经济合作区、营口经济技术开发区
省级开发区	瓦房店炮台经济开发区、长兴岛经济开发区、大连旅顺经济开发区、大连金州经济开发区、普兰店经济开发区、甘井子工业园区、东港经济开发区、前阳经济开发区、锦州经济开发区、锦州高新技术产业园区、沟帮子经济开发区、营口高新技术产业园区、营口南楼经济开发区、大石桥经济开发区、盘锦经济开发区、葫芦岛经济开发区、葫芦岛高新技术产业园区、杨家杖子经济开发区、八家子经济开发区

第三节　主体功能区建设

主体功能区指基于不同区域的资源环境承载能力、现有开发密度和发展潜力等，将特定区域确定为特定主体功能定位类型的一种空间单元。根据各县区的自然生态状况、水土资源承载能力、区位特征、环境容量、现有开发密度、经济结构特征、人口集聚状况、参与国际分工的程度等多种因素，东北地区可形成禁止开发区、生态功能区、重点开发区、优化开发区、农产品主产区等主体功能区的发展格局。主体功能不同，则区域任务与发展定位不同。优化开发区和重点开发区是城市化地区，以提供工业品和服务产品为主体功能；农产品主产区是农业地区，以提供农产品为主体功能；生态功能区是生态地区，以提供生态产品为主体功能。以此，规范东北地区的开发秩序，形成合理的空间开发结构。

一、优化开发区

优化开发区是因经济比较发达、人口比较密集、开发强度较高、资源环境问题突出而需要优化工业化城镇化开发的城市化地区。该类地区一般综合实力较强，能体现国家竞争力。经济规模较大，能支撑并带动整个区域甚至全国发展。城镇体系比较健全，有条件形成具有全球影响力的特大城市群。内在经济联系紧密，区域一体化基础较好。科学技术创新实力较强，能引领并带动整个区域甚至全国自主创新和结构升级。

1. 范围与发展基础

东北地区的国家级优化区域均分布在辽宁省，集中在辽中南地区，即传统概念上的辽中南城市群，大致由沈阳都市区、沈大城市走廊组成。该地区具体包括沈阳市、大连市、鞍山市、抚顺市、本溪市、营口市、辽阳市、盘锦市 8 个市的 39 个辖区，覆盖土地面积达到 1.35 万平方公里，占东北地区总面积的 0.92%，具体如表 7-4 所示。该地区城镇密集，平均 25 公里就分布有 1 座城市。该地区地理区位优越，气候温和，地形平坦，土壤肥沃，水资源丰富，煤铁资源丰富，水陆交通便利，发展历史悠久，是近代中国工业文明起步较早的地区，经济发达，产业基础雄厚。但该地区以重工业为主，以生产生产资料为主，包括煤炭、石油、钢铁、造船、机械、化工等工业；能源和矿产资源逐步枯竭，部分地区的主导产业呈现衰退态势；部分地区呈现明显的过度开发，人口过于集中；原料和能源消耗大，污染排放较为严重；市场经济起步较晚，计划经济影响较大，国有企业改革步伐缓慢。

表 7-4　东北地区国家级优化开发区域县区名单　（单位：平方公里）

县市区	面积	县市区	面积	县市区	面积
抚顺县	2376.14	和平区	21.51	兴隆台区	614.39
旅顺口区	493.79	沈河区	19.02	南芬区	597.21
甘井子区	487.78	沈阳铁西区	286	弓长岭区	301.36
金州区	1376.28	大东区	35.74	文圣区	14.34
中山区	44.87	新抚区	28.34	平山区	178.00
西岗区	26.73	皇姑区	36.05	白塔区	23.72
沙河口区	36.21	大东区	8.32	明山区	413.32
鲅鱼圈区	265.84	东洲区	190.47	太子河区	169.56

続表

县市区	面积	县市区	面积	县市区	面积
西市区	33.97	浑南区	911.48	老边区	450.42
千山区	328.59	望花区	209.41	双台子区	58.22
铁东区	234.08	顺城区	275.55	站前区	131.25
鞍山铁西区	38.82	于洪区	762.56	溪湖区	313.02
立山区	95.89	沈北新区	857.78	苏家屯区	782.44

2. 发展思路与重点任务

根据资源环境承载力和发展基础，辽中南要打造成为东北地区对外开放的重要门户和陆海交通走廊、全国先进装备制造业和新型原材料基地、重要的科技创新与技术研发基地，成为辐射带动东北地区发展的龙头。核心任务是促进信息化和工业化深度融合、工业化和城镇化良性互动、城镇化和农业现代化相互协调，率先转变经济发展方式，优化调整经济结构，提升参与全球分工与经济的层次。

（1）优化空间结构。减少工矿建设空间和农村生活空间，适当扩大服务业、交通、城市居住、公共设施空间，扩大绿色生态空间。促进城市集约紧凑发展，优化人口分布，合理控制沈阳市、大连市等特大城市主城区的人口规模，增强周边地区和其他城镇吸纳外来人口的能力，引导人口均衡、集聚分布。

（2）发展辽宁沿海产业带。重点发展具有国际竞争力的临港产业，强化科技创新与技术研发，建设成中国沿海地区新的经济增长极。加强辽宁中部城市间分工协作和功能互补，提升产业竞争力，将沈阳都市区建设为先进装备制造业、重要原材料和高新技术产业基地。发挥沈阳、大连中心城市功能，加强综合服务功能，提高辐射带动能力，把沈阳建设成为东北亚商贸物流服务中心，把大连建设成为东北亚国际航运中心和国际物流中心。

（3）建设商品粮生产基地，发展生态农业。稳定特色农产品生产、加工和出口基地地位，重视海洋渔业经济，推进循环农业发展。积极发展节能、节地、环保的先进装备制造业和高加工度原材料工业，特别是精细化工产业，大力发展拥有自主知识产权的高技术产业。加快发展现代服务业，构建以服务经济为主的产业结构。

（4）率先实现经济发展方式的根本性转变，提高清洁能源比例，推广天然气有效利用，壮大循环经济规模，广泛应用低碳技术，大幅度降低二氧化碳排放强度，实现垃圾无害化处理和污水达标排放。

（5）加强环境治理和生态修复。推动东部山地水源涵养区和饮用水源地保护，净化水系，提高水质。严格保护耕地以及海域、水面、湿地、林地。加快采煤沉陷区综合治理及矿山生态修复，加强辽河流域和近海海域污染防治，构建由长白山余脉、辽河、鸭绿江、滨海湿地和沿海防护林构成的生态廊道。保护好城市之间的绿色开场空间，改善城乡人居环境。

二、重点开发区

重点开发区域是因具有一定经济基础、资源环境承载能力较强、发展潜力较大、人口集聚和经济条件较好而重点进行工业化城镇化开发的城市化地区，具有一定的科技创新能力和较好的发展潜力，城镇体系初步形成且具备一体化的潜力，中心城市有一定的辐射带动能力，有可能发展成为新的大城市群或区域性城市群，能够带动周边地区发展。

目前东北地区重点开发区域涉及的县市区有 111 个；总面积约 16.93 万平方公里，占东北地区总面积的 11.52%。其中，国家级重点开发区域涉及的县市区有 39 个，覆盖面积约 3.8 万平方公里，集中在吉林省中部和东部、黑龙江省南部。省级重点开发区域涉及的县市区有 72 个，覆盖面积约 13.13 万平方公里，集中在辽宁省南部沿海地带以及东北部和东北西部草原，具体如表 7-5 所示。

表 7-5　东北地区重点开发区域县市区名单

省区	国家级重点开发区	省级重点开发区
辽宁省		瓦房店市、普兰店市、庄河市、盖州市、兴城市、东港市、大石桥市、海城市、凌海市、调兵山市、辽阳县、辽中县、新民市、铁岭县、绥中县、盘山县、灯塔市、朝阳双塔区、阜新清河门区、阜新太平区、阜新海州区、阜新新邱区、锦州太和区、锦州凌河区、葫芦岛龙港区、丹东振安区、大洼县、阜新细河区、锦州古塔区、铁岭银州区、葫芦岛连山区、葫芦岛南票区、铁岭清河区、辽阳宏伟区、朝阳龙城区、鞍山铁东区、鞍山铁西区
吉林省	龙井市、图们市、延吉市、珲春市、长春朝阳区、长春南关区、长春绿园区、长春二道区、长春宽城区、吉林船营区、吉林昌邑区、吉林龙潭区、吉林丰满区、松原宁江区	辽源龙山区、辽源西安区、通化二道江区
黑龙江省	绥芬河市、萨尔图区、让胡路区、昂昂溪区、龙沙区、富拉尔基区、建华区、碾子山区、梅里斯区、牡丹江东安区、牡丹江爱民区、牡丹江阳明区、哈尔滨南岗区、牡丹江西安区、哈尔滨道里区、齐齐哈尔铁锋区、哈尔滨香坊区、哈尔滨道外区、哈尔滨阿城区、哈尔滨松北区、哈尔滨呼兰区、大庆大同区、大庆红岗区、大庆龙凤区、哈尔滨平房区	双鸭山宝山区、双鸭山岭东区、双鸭山尖山区、双鸭山四方台区、七台河新兴区、鹤岗工农区、鹤岗南山区、鹤岗兴安区、鹤岗东山区、鹤岗兴山区、佳木斯前进区、佳木斯向阳区、七台河桃山区、鸡西麻山区、鸡西梨树区、绥化北林区、鸡西恒山区、鸡西城子河区、七台河茄子河区、鸡西鸡冠区
蒙东地区		锡林浩特市、霍林郭勒市、满洲里市、乌兰浩特市、宁城县、陈巴尔虎旗、海拉尔区、呼伦贝尔扎赉诺尔区、赤峰红山区、赤峰元宝山区、赤峰松山区、鄂温克旗

从空间上来看，东北地区的国家级重点开发区主要可以分为三大块，包括哈大齐、长吉图、牡绥；省级重点开发区可以分为四大块，包括辽中南、锡林郭勒—赤峰、海拉尔—乌兰浩特、黑龙江东部城镇密集区等重点城市化地区。

1. 哈大齐工业走廊

该区域主要是指哈大齐地区、牡绥城市带及部分县（市）重点开发区、园区所在乡镇，共58个区（市）、镇，覆盖土地面积达到2.7万平方公里，人口约1136万人。该区域有着较好的产业基础，交通条件便利，土地资源丰富，人口集中，城市规模较大。

哈大齐工业走廊是指哈尔滨途经大庆到齐齐哈尔的工业集聚分布地带，东西长约200公里。该地区覆盖面积约2.12万平方公里，土地资源丰富，是黑龙江省经济实力最强、工业化水平最高、经济辐射力最大、科技人才优势最明显的地区。该走廊要建设为全国重要的能源、石化、医药和重型装备制造基地，区域性的农产品加工和生物产业基地。①构建以哈尔滨市为中心，以大庆市、齐齐哈尔市为重要支撑，以交通走廊为主轴的空间开发格局。②哈大齐工业走廊要继续强化科技创新、综合服务功能，增强产业集聚能力和核心竞争力。哈尔滨市要建设成为全国重要的装备制造业基地、东北亚地区重要的商贸中心和国际冰雪文化名城，大庆要建设成为全国重要的原油、石化基地和自然生态城市，齐齐哈尔要建设成为全国重型装备制造基地。③发挥区域生态优势和资源优势，积极建设绿色特色农产品生产及加工基地，推动规模化经营，提高农产品精深加工和农副产品综合利用水平。④加强松花江、嫩江流域的污染防治和水环境保护，开展松嫩平原湿地修复，推动丘陵黑土地区水土流失防治，加强盐碱地治理。实施封山育林、植树造林，构建以松花江、嫩江、大小兴安岭和大片湿地为主体的生态格局。

牡绥地区主要覆盖牡丹江、绥芬河地区，以牡绥铁路为发展轴线。牡丹江被誉为"对俄经贸第一市"，拥有4个国家一类口岸。强化绥芬河综合保税区功能，重点发展进出口产品加工、商贸物流、旅游等产业，建设成为重要的国际贸易物流节点和对外合作加工贸易基地。推动"哈牡绥东"对俄贸易加工区建设，巩固发展境外产业园区。加快对外开放合作，由灰色清关向规范贸易、一般贸易转变，由以沿边合作为主向腹地延伸合作转变，鼓励进出口产品在本地加工、配套和集散（张晶川，2011）。

2. 长吉图经济区

该区域包括长春市的朝阳区、宽城区、二道区、南关区和绿园区，吉林市的船营区、昌邑区、龙潭区和丰满区，延边州的延吉市、龙井市、图们市和珲春市，松原市的宁江区等点状开发的城关和重点镇区（区城区、市城区）。该地区地处东北亚的地理几何中心，图们江是东北地区进入日本海最近的水上通道，珲春市离日本海仅2公里。长吉图地区面积和人口均占吉林省总量的1/3，经济总量占1/2强。该地区的科技教育和产业基础较好，高校院所数量较多，轨道交通、石化、农产品加工等产业发展基础雄厚，有着较强的资源环境承载力，生态环境优良，资源禀赋良好，可利用水资源、能源和动植物资源丰富，毗邻境外地区能源资源丰富。21世纪以来，延龙图一体化发展开始启动，2007年颁布了《延吉、龙井、图们城市空间发展规划纲要（2006～

2020）》。

根据资源环境承载力、产业基础和地缘环境，长吉图经济区要建设为全国重要的交通运输设备制造、石化、生物、光电子和农产品加工基地，区域性高新技术产业基地，中国参与图们江区域国际合作开发的先导区，中国面向东北亚开放的重要门户。

具体建设坚持以下几点。

（1）构建以长春为中心，以长春、吉林为主体，以延龙图（延吉市、龙井市、图们市）为开放前沿，以珲春市为开放窗口，以交通走廊为轴线的空间开发开放格局。

（2）提高区域城镇化水平。继续巩固长春市和吉林市特大城市的核心地位，加快延龙图组合城市向大城市发展，把珲春市打造成为大城市，把位居交通轴线的主要节点城市打造成中等城市，分步推进县城镇升级为小城市（于吉海，2010）。

（3）提升产业发展层次。重点发展汽车、石化、农产品加工、光电子信息、建材、装备制造、生物、新材料等产业，积极发展现代物流、特色旅游、文化创意、商务会展及金融保险等现代服务业，大幅提升区域经济实力。

（4）推进延龙图一体化。积极发展先进制造、商贸物流、旅游等产业，建设重要的物流节点和对外合作加工贸易基地。把珲春建设成为集出口加工、境外资源开发、生产服务、国际物流、跨国旅游等于一体的特殊经济功能区（于吉海，2010）。

（5）提升交通、水利、能源、信息等基础设施共建共享、互联互通水平。加快高速铁路干线与城际铁路建设，推进干线铁路扩能改造。加强松花江、图们江等大江大河和重点城市防洪建设，全面完成病险水库除险加固任务，实施中部引松供水等重点城市水源工程，加快实施大型灌区及重点中型灌区的续建配套。提升骨干电信传输网络、宽带接入网络建设水平，加快第三代移动通信、数字电视、下一代互联网建设。

专栏 7-1　长珲城际铁路

长珲城际铁路，是连接长春市到珲春市的城际铁路，被称为"东北最美的高铁"。长珲城际铁路由长吉城际铁路和吉图珲客运专线两段线路组成。长珲城际铁路长吉段于 2007 年 5 月开工建设，2011 年 1 月 11 日正式运营。2011 年 8 月 16 日，长珲城际铁路吉珲段开工建设，2015 年 7 月 30 日长吉城际铁路和吉图珲客运专线合并，9 月 20 日，长珲城际铁路吉珲段正式运营。

长珲城际铁路为有砟轨道和无缝钢轨，车辆可采用两列重联运行，适用于高寒地区。该铁路由长春站至珲春站，全长 471 公里，设计最高时速 250 公里/小时；西流松花江大桥是全线重点控制性工程，拉法山隧道是东北地区最长的隧道。共设 13 个车站，包括长春站、龙嘉站、九台南站、双吉站、吉林站、蛟河西站、威虎岭北站、敦化站、大石头南站、安图西站、延吉西站、图们北站、珲春站。每天开行 21.5 对动车组列车。截至 2020 年 9 月，长珲城际铁路累计运送旅客 5446 万人次，日均发送旅客 3 万人。长珲城际铁路拉近了长春市与图们江流域的距离，促使延边州"高铁游"持续升温。

（6）积极发展特色农业。发挥粮食生产优势，加强特色农产品产业带建设。以玉米深加工、畜禽产品加工和人参等特色产品加工为重点，大力发展农业产业化经营。加快推动灌区改造、沃土培肥、黑土区治理、标准粮田建设、良种培育和推广、全程农业机械化示范、生产技术集成与普及、病虫草鼠害预防等项目建设（李靖宇和修士伟，2010）。

（7）增强长白山生态屏障功能。加强长白山森林和水源保护，加快松花江水污染防治，推动黑土地治理，构建以长白山、松花江为主体，森林、水系多要素共生的绿色生态格局，提升区域生态环境承载力。

3. 辽中南地区

该区域属于省级重点开发区域，包括沈阳市、大连市、鞍山市、丹东市、锦州市、营口市、阜新市、辽阳市、盘锦市、铁岭市、朝阳市、葫芦岛市 12 个市的 38 个县（市、区），以及 76 个重点开发的城镇。该区域覆盖土地面积达到 3.89 万平方公里，占辽宁省土地总面积的 26.3%。

该地区要积极推动工业化、城镇化进程，承接产业转移，改善人居环境，壮大城镇综合实力，建设成为统筹城乡发展的重要支撑点、县域经济发展的核心区、辽宁省重要的人口和经济密集区，打造成为引领东北地区高质量发展的重要增长极。

（1）优化三生空间布局。积极扩大先进制造业和服务业发展空间，增加交通和城市居住等空间，合理压减农村生活空间，扩大绿色生态空间。

（2）促进城镇人口集聚。继续优化城镇规模，提高城镇综合承载力，形成辐射带动力强的中心城镇，促进其他城镇集约发展，形成分工协作、优势互补、集约高效的新型城镇体系。完善城镇基础设施和公共服务，提高城镇的人口承载能力。

（3）积极发展现代农业，稳定粮食生产能力。通过高新技术改造传统产业，加快发展现代服务业，促进产业集群发展。合理开发矿产资源，高效转化为经济优势。

（4）各类开发区和工业园区要遵循循环经济的理念，积极发展清洁生产，减少污染物排放，降低资源消耗，杜绝土地过多占用、水资源过度消耗等问题。

（5）完善基础设施。统筹规划建设交通、能源、水利、通信、环保、防灾减灾等基础设施，构建完善、高效、城乡统筹的基础设施网络。

4. 锡林郭勒–赤峰和海拉尔–乌兰浩特地区

该重点开发区域包括海拉尔区、满洲里市、鄂温克旗、陈巴尔虎旗、乌兰浩特市、霍林郭勒市、红山区、松山区、元宝山区、宁城县、锡林浩特市、二连浩特市。该区域共涉及 12 个旗县市区，土地面积为 5.09 万平方公里，人口达 237 万人。该区域有丰富的能源、矿产资源及农业资源，尤其是煤炭、有色金属、草原畜牧业资源优势显著，与俄蒙两国接壤，拥有对俄、对蒙的最大陆路口岸，生态环境良好，但土地广阔，人口稀少，产业基础薄弱，生态环境脆弱，城市规模较小，缺少中心城市。

依据资源环境承载能力和产业基础，该区域要建设为国家褐煤开采及综合利用基地、国家重要的能源和有色金属生产加工基地、农畜产品生产加工基地，以及国家向北重点开发开放的试验区。

专栏 7-2　蒙东地区的国家级煤炭矿区

2016 年，国土资源部、国家发展和改革委员会、工信部、财政部、环境保护部、商务部共同编制的《全国矿产资源规划（2016-2020 年）》颁布，提出 162 个国家煤炭规划矿区和 12 个国家煤层气规划矿区。162 个煤炭矿区主要分布在内蒙古自治区（42 个）、新疆维吾尔自治区（34 个）、山西省（17 个）、陕西省（14 个）。

蒙东地区布局了部分大型煤田，包括大雁煤田（36 亿吨）、宝日希腊煤田（41 亿吨）、呼山煤田（23 亿吨）、伊敏煤田（48 亿吨）、红花尔基煤田（27 亿吨）、呼和诺尔煤田（104 亿吨）、扎赉诺尔煤田（83 亿吨）、伊敏五牧场煤田（53 亿吨）、乌尼特煤田（69 亿吨）、白音华煤田（140 亿吨）、胜利煤田（214 亿吨）、白音乌拉煤田（30 亿吨）、霍林河煤田（131 亿吨）和平庄元宝山煤田（16 亿吨）。

呼伦贝尔市：共有 7 个国家级矿区，包括五九矿区、扎赉诺尔矿区、胡列也吐矿区、宝日希勒矿区、伊敏矿区、五一牧场矿区、诺门罕矿区。

锡林郭勒盟：共有 20 个国家级矿区，包括准哈诺尔矿区、查干淖尔矿区、吉日嘎郎矿区、哈日高毕矿区、赛罕塔拉矿区、霍林河矿区、农乃庙矿区、贺斯格乌拉矿区、白音华矿区、高力罕矿区、道特淖尔矿区、乌尼特矿区、五间房矿区、巴彦胡硕矿区、巴其北矿区、吉林郭勒矿区、白音乌拉矿区、那仁宝力格矿区、胜利矿区、巴彦宝力格矿区。

通辽市：霍林河矿区。

赤峰市：主要有绍根矿区。

该区域重点坚持以下建设要点。

（1）加快推进城市化建设，完善城市功能，建设若干生态宜居城市，提高人口集聚能力。合理发展能源、冶金、化工、农畜水产品加工、生物医药、特色旅游等产业。加快沿边开发开放经济带、重点口岸建设，深化与俄蒙合作。

（2）发挥呼伦贝尔大草原品牌优势，推进海拉尔区与鄂温克旗、陈巴尔虎旗一体化发展，完善城市功能，重点发展农畜产品加工、能源和煤炭精深加工等特色产业，建设美丽草原宜居城市。

（3）依托乌兰浩特经济技术开发区，重点发展农畜产品加工、煤炭精深加工、冶金、建材、能源、生物制药等产业。

（4）发挥资源优势，统筹霍林郭勒工业园区和扎哈淖尔工业园区，重点发展煤炭、电力、冶金等产业。

（5）建设赤峰区域中心城市，加强基础设施建设，完善城市功能，改善人居环境，重点发展农畜产品加工、有色金属、新能源和生物制药等产业，建设宜居宜业城市和历史文化名城。

（6）以锡林浩特市为中心，结合水资源承载力、资源优势，重点发展农畜产品加工、煤炭采选、煤化工及新能源等产业，完善城市基础设施建设，建设休闲旅游城市。

（7）以满洲里市、二连浩特市为中心，建设重点开发开放试验区，深化与俄蒙合作，加强口岸和国际通道建设，建设跨境经济合作区、境内进出口资源精深加工基地，发展国际物流、跨境旅游、自由贸易等产业。

5. 黑龙江东部城镇密集区

该区域属于黑龙江省级重点开发区域，主要包括佳木斯市辖区、鸡西市辖区、鹤岗市辖区、双鸭山市辖区、七台河市辖区、绥化市建成区以及部分县（市）城关镇和重点园区所在乡镇。该区域的核心部分是黑龙江东部城镇密集区。该区域煤炭资源、矿产资源、土地资源丰富，城镇分布相对密集，煤电化产业基础良好，农业较为发达，生态环境优良，是中国重要的能源、农业生产基地。区域总面积达到2.20万平方公里，总人口约560万人。

依据资源环境承载力和产业基础，该区域重点建设为黑龙江省重要的清洁能源和煤炭精深加工基地、农产品加工基地和生物产业基地以及东北对外开放的重要地区。

具体建设坚持以下要点。

（1）建设煤电化产业基地。充分发挥资源优势，加强煤炭资源接续能力建设，合理开发和有效保护煤炭资源，推动煤炭资源精深加工，加快发展新材料、冶金、装备制造、生物等替代性产业，推动产业结构多元化。

专栏 7-3 石墨烯产业与东北地区

石墨烯是世界上最优质的材料之一。全球天然石墨探明可开采储量为2.3亿吨，中国探明可开采储量为5500万吨，占全球石墨总量的23.9%。中国20个省（自治区）有石墨矿产出，矿床主要分布于东部环太平洋构造带、康滇—龙门大巴—黄陵、祁连—秦岭—淮阳、天山—阴山以及金沙江—哀牢山5个成矿地带。全国探明储量的矿区有91处，主要分布在黑龙江省、四川省和山东省。

我国在20世纪30年代就开始石墨的生产加工，2013年产量约为81万吨，占全球总量的68%。石墨烯企业分布由东南沿海局部地区扩展至整个东部沿海地区，并逐渐向西部拓展。长江三角洲是石墨烯发展较早且产业链较为完善的地区，2015年有170余家石墨烯企业，营业收入达3.5亿元，占全国总量的58%。珠江三角洲是石墨烯产业发展的活跃地区，2015年有60余家企业，营业收入达1亿元，全国占比达到17%。京津冀是石墨烯产业发展的潜力地区，有40余家企业。山东省是石墨烯产业极具发展势头的地区，有50余家企业。福建省有10余家企业。西南地区以四川省和重庆市为主，有10余家企业。

东北地区的石墨烯产业起步较晚，截至2016年底，石墨烯相关企业超过90家，形成石墨烯业务的企业30余家。黑龙江省的石墨矿资源最为丰富，分布有最大的石墨矿，已形成石墨烯产业集群。2014年鸡西市被中国矿业联合会授予"中国石墨之都"矿业名城的称号。七台河市已连续举办两届石墨烯应用创新创业大赛，发展负极材料、石墨烯应用、高端石墨三大产业集群。

（2）发挥生态优势和资源优势，突出发展生态农业和绿色农业，重点发展绿色特色农产品生产，推动规模化经营，提高农产品精深加工和农副产品综合利用水平。

（3）加强黑土地保护，推动水土流失预防和治理，开展三江平原湿地保护和修复。

（4）加快城镇建设，完善人居环境，重点推动老旧社区、城市棚户区改造，提高城镇宜居性。积极推动城市扶贫工作，消除城市内部二元结构。

三、生态功能区

生态功能区是指生态系统十分重要或生态系统脆弱，关系全国或较大范围区域的生态安全，目前生态系统有所退化，需要限制大规模高强度工业化城镇化开发，保持并提高生态产品供给能力的区域。生态功能区涉及的县市区有 102 个，总面积达 86.44 万平方公里，占东北地区总面积的 58.86%。具体如表 7-6 所示。

表 7-6　东北地区生态功能区分布

生态功能区	覆盖县市区
大小兴安岭森林生态功能区	牙克石市、根河市、额尔古纳市、鄂伦春旗、阿尔山市、阿荣旗、莫力达瓦旗、扎兰屯市、北安市、逊克县、伊春区、南岔区、友好区、西林区、翠峦区、新青区、美溪区、金山屯区、五营区、乌马河区、汤旺河区、带岭区、乌伊岭区、红星区、上甘岭区、铁力市、通河县、甘南县、庆安县、绥棱县、呼玛县、塔河县、漠河县、加格达奇区、松岭区、新林区、呼中区、嘉荫县、孙吴县、爱辉区、嫩江县、五大连池市、木兰县
长白山森林生态功能区	临江县、抚松县、长白县、浑江区、江源区、敦化市、和龙市、汪清县、安图县、靖宇县、方正县、穆棱市、海林市、宁安市、东宁市、林口县、延寿县、五常市、尚志市、集安市、通化东昌区、新宾县、本溪县、桓仁县、宽甸县、清原县、岫岩县、凤城市
呼伦贝尔草原草甸生态功能区	新巴尔虎左旗、新巴尔虎右旗
科尔沁草原生态功能区	阿鲁科尔沁旗、巴林右旗、翁牛特旗、开鲁县、库伦旗、奈曼旗、扎鲁特旗、科尔沁左翼中旗、科尔沁右翼中旗、科尔沁左翼后旗、通榆县
三江平原湿地生态功能区	同江市、富锦市、抚远市、饶河县、虎林市、密山市、绥滨县
浑善达克沙漠化防治生态功能区	克什克腾旗、多伦县、正镶白旗、正蓝旗、太仆寺旗、镶黄旗、阿巴嘎旗、苏尼特左旗、苏尼特右旗
辽西丘陵生态功能区	喀左县、凌源市、建昌县、朝阳县

东北地区的国家重点生态功能区主要包括大小兴安岭森林生态功能区、长白山森林生态功能区、呼伦贝尔草原草甸生态功能区、科尔沁草原生态功能区、三江平原湿地生态功能区、浑善达克沙漠化防治生态功能区的蒙东部分，总面积达到 81.7 万平方公里，占东北地区总面积的 55.63%。省级重点生态功能区涉及的县市区有 13 个，总面积约 4.78 万平方公里，主要分布在辽宁的西南部和东部。

1. 大小兴安岭森林生态功能区

该生态功能区分布在呼伦贝尔市、通辽市、兴安盟、黑河市、伊春市等地区，覆盖面积约 34.7 万平方公里。该地区主要是大兴安岭林区和小兴安岭林区，以林业生产和营林为主，具有完整的寒温带森林生态系统，是中国寒温带针叶林、温带针阔混交林的重要分布区，是黑龙江、松花江、嫩江等水系及其主要支流的重要源头和水源涵养区，是松嫩平原和呼伦贝尔草原的生态屏障。该地区森林、动植物和矿产资源丰富，森林覆盖率较高，达到60%以上，有各种珍禽异兽400多种，野生植物1000多种，大兴安岭被誉为"绿色林海"，小兴安岭素称"红松故乡"。

该生态功能区重点坚持以下建设要点。

（1）以保护和改善生态功能为主要目标，调整森林经营方向，对划入生态公益林中禁伐区的森林实行严格管护，坚决停止采伐，对划入限伐区的森林只进行更新伐和抚育伐。北部以保护原始森林为主，南部加强次生林建设。

（2）加强森林资源抚育，积极发展次生林种植，改造低产林。恢复植被，控制水土流失，提高嫩江、西辽河等水系的涵养水源，保护野生动物。重点在山麓和低山丘陵地区及边境线地区进行植树造林。

（3）合理发展农林经济，合理开发林间、林下草地和树叶资源，积极发展林间经济、林下经济，开展森林生态旅游。

（4）合理保障重点城镇及矿产资源开发，严禁大规模的无序开发与过度开发建设。

2. 长白山森林生态功能区

该生态功能区跨吉林省和黑龙江省，主要分布在牡丹江市、延吉市、白山市、通化市等地市，主体为长白山林区，属于水源涵养类型。该地区覆盖11.19万平方公里。该地区拥有温带最完整的山地垂直生态系统和火山地貌景观，是大量珍稀物种资源的生物基因库，有国家重点保护动物43种，是松花江、图们江和鸭绿江的发源地，在生物、生态、地质等方面具有突出的价值。1961年，长白山国家自然保护区建立，为中国最美的十大森林之一。目前，森林仍存在一定的破坏现象，威胁多种动植物的生存。

该地区的发展应坚持以下重点。①调减木材产量，禁止非保护性采伐，禁伐天然林，保护森林资源，建设为中国储备木材资源的战略基地。②植树造林，通过人工造林、封山育林、森林经营等措施，全面保护森林生态系统，涵养水源，增强森林生态功能。③推动水土流失治理，保护生物多样性。④禁止毁林开垦和非法占用林地，严格限制林区矿产资源开发。

长白山国家自然保护区——南北最大长度为80公里，东西最宽处为42公里，地跨安图县、抚松县和长白县，总面积为1965平方公里，包括天池水面4.02平方公里。该保护区是我国建立较早、地位十分重要的保护区。1960年，长白山保护区建立，1980年联合国教育、科学及文化组织正式批准长白山保护区加入国际生物圈保护区网，列为世界自然保留地之一；1986年长白山保护区晋升为国家级自然保护区，1992年被世界自然保护联盟评审为具有国际意义的A级自然保护区。该保护区为森林生态系统类型的自然综合体保护区，森林覆盖率达到85.97%，是松花江、鸭绿江、图们江的"三江源"。主要保护对象为温带森林生态系、自然历史遗迹和珍稀动植物，保护典型的火山地貌景观和复杂的森林生态系统，保存野生动植物种质资源，保护、拯救和扩繁珍稀濒危生物物种，保障长白山乃至松花江、图们江、鸭绿江三大水系中下游广大地区的生态安全。

3. 呼伦贝尔草原草甸生态功能区

该生态功能区主要是指呼伦贝尔大草原地区，包括新巴尔虎左旗、新巴尔虎右旗，覆盖土地面积约 4.55 万平方公里。该生态功能区位居高纬度地区，气候高寒，植被以草原草甸为主，产草量高，但土壤质地粗疏，多大风天气，草原生态系统脆弱。目前，该生态功能区的草原过度开发，草场沙化严重，鼠虫害频发（陈映，2018）。

该生态功能区的重要任务主要包括以下要点。

（1）加强草原生态建设，积极发展优质天然牧草地，推进改良草场和人工草场建设。

（2）禁止过度开垦、不适当樵采和超载过牧，以草定畜，严格控制载畜量。实施禁牧休牧轮牧制度，退化严重地区实行禁牧，防止超载放牧。

（3）严禁开垦草原，退牧还草，对沙质草原、禁垦区内的耕地实施退耕还林。

（4）防治草场退化沙化，通过围栏封育、人工种草、草原改良、棚圈建设等配套措施，大力治理退化草场。

（5）合理控制煤炭等矿产资源开发，控制开发强度。

（6）因地制宜发展资源环境可承载的特色产业，大力发展牛羊产业，合理发展农牧产品加工业，建设一批优质肉牛肉羊产业基地，鼓励发展草原旅游业。

4. 科尔沁草原生态功能区

该地区主要覆盖通辽市、白城市、赤峰市等地市，具体包括阿鲁科尔沁旗、巴林右旗、翁牛特旗、开鲁县、库伦旗、奈曼旗、扎鲁特旗、科尔沁左翼中旗、科尔沁右翼中旗、科尔沁左翼后旗、通榆县。该地区覆盖土地约 11.12 万平方公里，地处温带半湿润与半干旱过渡带，气候干燥，土地沙漠化敏感程度极高（陈映，2018）。目前，该生态功能区草场退化、盐渍化和土壤贫瘠化严重，为北方沙尘暴的主要沙源地，对东北和华北地区生态安全构成威胁。

该生态功能区重点开展以下工作，打造东北西部生态安全屏障。围绕宜林荒沙、沙化草原和沙化耕地，推进科尔沁沙地综合治理，建立以自然恢复为主的修复机制。以水定地，开展沙漠锁边防护林体系建设，建立沙化土地封禁保护区，恢复沙地林草植被，提高水土资源涵养能力。对已发生沙化的天然草地，综合运用"退、围、种、管、退"等手段，实施围栏封育、人工种草、草地改良、退牧退耕还草、补播改良、鼠虫害防治、防沙治沙等综合治理，恢复草原生态系统。收缩转移农牧业生产活动，引导草原超载人口向城镇有序转移。严格落实各项草原基本制度，加大退牧还草力度，实施新一轮草原生态保护补助奖励政策。

5. 三江平原湿地生态功能区

该生态功能区为"中国最美的六大湿地"第三名，是中国最大的沼泽分布区，涉及同江市、富锦市、抚远市、饶河县、虎林市、密山市、绥滨县 7 个县（市）及位于上述区域内的森工、农垦系统所属局、场，覆盖土地面积达到 4.8 万平方公里，天然沼泽湿地面积达到 134.7 万公顷。该生态功能区的原始湿地面积大，湿地生态系统类型多样，多属于冲积平原沼泽湿地，湿地泡沼遍布，河流纵横，自然植被以沼泽化草甸为主，并间有岛状森林分布，约有1700个物种，在蓄洪防洪、抗旱、调节局部地区气候、维护生物多样性、控制土壤侵蚀等方面具有重要作用，是丹顶鹤和天鹅等珍稀水禽的重要栖息地和繁殖地。已建成国家级湿地自然保护区6个，有3个被列入国际重要湿地名录。目前，该区域湿地面积减小和破碎化，面源污染严重，生物多样性受到威胁。

该生态功能区重点实施以下建设要点。

（1）扩大天然林保护范围，巩固退耕还林成果，恢复森林植被和生物多样性。

（2）扩大保护范围，控制农业开发和城市建设强度，改善湿地环境。加强水环境治理，控制水质恶化的趋势。

（3）正确处理水利工程建设与湿地环境保护的关系，加强对自然湿地和重要人工湿地资源的保护和修复。

（4）继续推进退耕还湿，限制湿地造林和湿地树木采伐，禁止湿地开垦和过度放牧，积极开展生物多样性保护，通过补水等人工措施的适度干预，增强湿地涵养水源、调蓄洪水、保护生物多样性的能力，维护湿地生态系统健康安全。

（5）围绕湿地生态系统治理，加快实施河湖水体连接、湖泊湿地补水、城市湖泊湿地景观建设、富营养化治理、水生植被恢复等重大工程，建设国家级水产资源保护区、珍稀濒危野生动物救护与繁育中心，构建湿地保护群落。

（6）完善湖泊湿地保护网络，建立健全保护管理机制，力争湿地保有量稳定。

专栏7-4 三江平原的湿地自然保护区

黑龙江三江自然保护区。位于佳木斯市的抚远市和同江市，地处黑龙江和乌苏里江汇流的三角地带，总面积为1981平方公里，1994年设立，2000年晋升为国家级，2002年列入《国际重要湿地名录》并加入国际鹤类保护网络。以沼泽湿地为主要保护对象，主要是保护内陆湿地和水域生态系统，重点保护东方白鹳、大天鹅、丹顶鹤等珍贵水禽及沼泽湿地。

黑龙江兴凯湖国家级自然保护区。分布在鸡西市的密山市东南部，面积达到2246平方公里，与俄罗斯兴凯湖国家自然保护区相接。1986年设立省级保护区，1994年晋升为国家级，2002年列入《国际重要湿地名录》。以森林生态系统、沼泽生态系统、水生生态系统为主要保护对象，重点保护丹顶鹤等珍贵水禽及湿地生态系统。

黑龙江洪河国家级自然保护区。位于三江平原腹地、同江市与抚远市交界处，面积为218平方公里。1984年设立省级保护区，1996年晋升为国家级，2002年列入《国际重要湿地名录》。主要保护对象为原始沼泽生态系统及珍禽，重点保护水生、湿生和陆栖生物及其生境，以及东方白鹳、黑鹳等珍稀濒危野生动物。

七星河国家级自然保护区。位于双鸭山市宝清县北部，是三江平原保持最完整、最原始的内陆低湿高寒湿地生态系统，覆盖面积达到208平方公里。1991年设立县级保护区，2000年晋级为国家级，2011年被列为国际重要湿地。主要以原始沼泽湿地生态系统及湿地珍稀水禽为保护对象。

珍宝岛湿地国家级自然保护区。分布在虎林市东部，是三江平原沼泽湿地集中分布地区，覆盖面积达到443.6平方公里，以乌苏里江为界与俄罗斯隔水相望。2002年设立省级保护区，2008年晋级为国家级，2011年列入国际重要湿地名录。重点保护沼泽湿地和岛状林。

6. 浑善达克沙漠化防治生态功能区

该生态功能区是中国十大沙漠之一和著名的有水沙漠，是离北京市最近的沙源地。主要覆盖内蒙古自治区和河北省两个地区，其中覆盖蒙东地区的克什克腾旗、多伦县、正镶白旗、正蓝旗、太仆寺旗、镶黄旗、阿巴嘎旗、苏尼特左旗、苏尼特右旗。该生态功能区地势西南高、东北低，东西长约450公里，平均海拔1300多米，覆盖土地面积约16.8万平方公里。该生态功能区地处温带半干旱、干旱大陆性季风气候区，年均降水量100~500毫米，以固定、半固定沙丘为主，干旱频发，多大风天气，是北京市乃至华北地区沙尘的主要来源地；植被以疏林、灌丛和草甸为主，形成固化沙地阔叶林、固化沙地疏林、沙地夏绿灌木丛、沙地禾草木、沙地半灌木半蒿类等景观，在沙地和草原中分布着众多的小湖、水泡子和沙泉（陈映，2018）。目前，该生态功能区因持续干旱和开垦，草场超载，造成草场退化，河流湖泊萎缩，土地沙化严重，干旱缺水，对华北地区生态安全构成威胁。

该生态功能区对保障北京乃至华北地区生态安全具有重要意义，是蒙古高原珍稀动植物基因资源保护地。该生态功能区具体又形成浑善达克草地保护建设区、坝上高原农田综合治理区、坝上低山森林保护治理区，具体如表7-7所示。

表7-7　浑善达克沙地生态保护与建设分区

区域名称	行政区	区域特点
浑善达克草地保护建设区	正蓝旗、正镶白旗、镶黄旗、阿巴嘎旗、苏尼特左旗、苏尼特右旗	浑善达克沙地核心地带，草地面积大，是传统牧区。目前牲畜数量较以前显著减少，区域生态承载力较高
坝上高原农田综合治理区	多伦县、太仆寺旗	浑善达克沙地的南缘，农田面积较大，林草资源缺乏，贫困人口较多，区域生态赤字较大
坝上低山森林保护治理区	克什克腾旗	浑善达克沙地的东缘，森林和湿地面积较大，是京津地区的水源涵养区，区域生态赤字较小

未来，该生态功能区的发展要坚持以下要点。

（1）采取植物和工程措施，加强综合治理，通过造林种草、合理调配生态用水，增加林草植被。

（2）对生态区位重要、人工难以治理的沙化土地实施封禁保护。

（3）深入开展京津风沙源治理和退牧还草工程建设，恢复草原植被。

（4）加强草地保护和合理利用。转变畜牧业生产方式，坚持草畜平衡制度，实行禁牧休牧，推行舍饲圈养，以草定畜，严格控制载畜量。对严重退化、沙化、盐碱化和生态脆弱草原，以及重要水源涵养区的草原实行禁牧、休牧，草畜平衡区严禁超载放牧。

（5）坚持"增牛稳羊"，调整畜群、品种结构。大力发展肉羊、肉牛生产和繁育，建立优势肉羊、肉牛和奶业生产基地。积极发展绿色有机肉类、乳品等安全、高品质食品，做大做强"锡林郭勒"等牛羊肉品牌，切实保护好"苏尼特"等品牌。

7. 辽西丘陵生态功能区

辽西丘陵生态功能区覆盖凌源市、朝阳县、喀左县、建昌县4个县（市），为水土保持型生态功能区。该功能区主要由努鲁尔虎山、松岭、医巫闾山等东北—西南走向的山脉组成，为辽宁西北部低山丘陵的总称，海拔介于300～1000米，地势自西北向东南的渤海和辽河平原逐级降低。受大凌河、小凌河及各支流的切割，地表较为破碎。该地区生态环境依然脆弱，资源消耗产业较多。

根据自然地理环境基础和存在问题，该生态功能区的保护与发展要坚持如下要点。

（1）加强水土流失综合治理。围绕坡耕地、侵蚀沟等水土流失严重的区域，坚持人工治理与生态修复相结合，采取生物措施结合工程，加大小流域综合治理力度，控制水土和养分流失。对部分洪水冲刷严重的河流进行护岸整治。

（2）对生态破坏严重的地区实行封山禁牧，恢复退化植被。

（3）根据气候和耕地分布，大力发展节水灌溉农业，科学发展杂粮、杂豆和设施农业等特色农产品，建设辽西北特色农业生产基地。

（4）加强生态恢复示范区建设。以生物多样性丰富区、水源涵养区、防风治沙区和资源开发区等为重点，加强重要生态功能区生态保护与建设工程。

（5）针对重要生态功能区，实施"减轻压力、休养生息"的方针，引导产业生态转型、部分生态超载退化严重地区的人口转移。推进辽河干支流、大小凌河流域河道生态系统的稳定恢复和水环境质量的大幅改善（王敏洁和李天舒，2013）。

四、农产品主产区

农产品主产区是指具备较好的农业生产条件，以提供农产品为主体功能，以提供生态产品、服务产品和工业品为其他功能，限制大规模高强度工业化城镇化开发，保持并提高农产品生产能力的区域。耕地面积多、耕地质量较高、农业生产历史悠久是该类地区的重要特点。东北地区的农产品主产区涉及84个县市区，总面积有39.7万平方公里，占东北地区总面积的27.03%。

国家级农产品主产区涉及的县市区有82个，占东北地区总县市区数量的23.36%，覆盖面积约32.58万平方公里，占东北地区总面积的22.5%，集中在松嫩平原、辽河平原、三江平原。省级农产品主产区涉及的县市区有3个，包括东乌珠穆沁旗、西乌珠穆沁旗、喀喇沁旗，位于蒙东地区。具体如表7-8所示。

表7-8　东北地区农产品主产区县市区名单

省区	县市区名称	数量
辽宁省	北票市、义县、建平县、北镇县（现北镇市）、阜新县、黑山县、彰武县、法库县、昌图县、开原市、台安县、康平县、西丰县	13
吉林省	洮北区、镇赉县、蛟河市、大安市、公主岭市、乾安县、农安县、扶余市、德惠市、长岭县、梨树县、洮南市、通化县、梅河口市、榆树市、双辽市、前郭尔罗斯县、九台区、双阳区、东丰县、永吉县、东辽县、磐石市、桦甸市、柳河县、辉南县、伊通县	27

省区	县市区名称	数量
黑龙江省	讷河市、宾县、依安县、青冈县、望奎县、富裕县、鸡东县、明水县、海伦市、克山县、舒兰市、杜尔伯特县、林甸县、拜泉县、克东县、泰来县、龙江县、肇州县、肇源市、兰西县、东风区、安达市、桦南县、肇东市、桦川县、宝清县、友谊县、双城区、汤原县、依兰县、勃利县、萝北县、向阳区、集贤县	34
蒙东地区	林西县、巴林左旗、敖汉旗、科尔沁区、西乌珠穆沁旗、东乌珠穆沁旗、科右前旗、突泉县、扎赉特旗、喀喇沁旗	10

1. 三江平原农产品主产区

三江平原位于东北平原东北部、黑龙江省东部,在三江盆地的西南部,北起黑龙江,南抵兴凯湖,西邻小兴安岭,东至乌苏里江。该主产区主要覆盖鹤岗市、佳木斯市、双鸭山市、七台河市、鸡西市等地区及农垦、森工系统所属场、局,为"北大荒"和"北大仓"的分布地区。该地区是世界土壤最肥沃的三大黑土地之一——东北黑土平原的核心区,覆盖面积约为 10.89 万平方公里,耕地面积达 10 万亩以上,土壤有黑土、白浆土、草甸土、沼泽土等,以草甸土和沼泽土分布最广,土壤有机质平均含量 3%~5%,高的可达 10%,是全国平均值的 5~6 倍(郭铭华,2017)。该地区是中国最大的沼泽分布区,后备土地资源丰富,是中国宜农荒地开垦的重点地区。该地区的主要农作物有小麦、大豆、玉米、水稻等,粮食总产量达到 1500 万吨,商品率高达70%。但该地区旱涝灾害频发,风害加重,水土流失严重。

三江平原是在生产条件、生产成本方面具有相对优势的重要农产品产区。未来该区域的发展重点坚持以下要点。

(1)围绕发展绿色水稻等优质农产品的生产,优化粮食主体功能区和重要农产品保护区布局,优化品种结构、经营结构,保证农产品优良品质。主要建设以优质粳稻为主的水稻产业带,以籽粒与青贮兼用玉米为主的专用玉米产业带,以高油高蛋白大豆为主的大豆产业带,以肉牛、奶牛、生猪为主的畜牧产品产业带,以及马铃薯产业带(陈映,2017)。

(2)加强土地整治,连片推进中低产田改造,建设连片标准粮田。

(3)积极推动洪涝与干旱灾害治理,搞好农田水利建设,加强气象灾害防御体系建设,提高防灾减灾能力。

(4)加强农业物资技术装备,鼓励农产品加工、流通、储运设施的建设。

(5)改革传统耕作制度,积极发展保护性耕作,探索休耕和轮耕模式。重点在第三和第四积温带井灌稻区,兼顾其他积温带渴水及低洼易涝稻田地区。

2. 松嫩平原农产品主产区

松嫩平原粮食主产区以大兴安岭岭东山麓平原和松嫩平原为主,为长白山、小兴安岭和大兴安岭所包围。该区域覆盖齐齐哈尔市、大庆市、白城市与松原市及黑河市部分地区,覆盖面积为 10.32 万平方公里。该地区地形平坦,土地肥沃,以黑土和黑钙土为主,有机质含量在 4%~8%,沼泽湿地较多,农业生产条件好。但该地区容易产生洪涝，盐碱地面积较大，平原生态退化较为明显。主要农作物有春小麦、玉米、高粱、谷子、马铃薯，局部地区栽种早熟的粳稻，经济作物以大豆、甜菜和亚麻为主，粮食商品率超过30%。

该主产区要把增强农业综合生产能力作为首要任务，建设为东北地区的重要商品粮基地、绿色农业基地与农产品深加工基地。重点坚持如下发展要点。

（1）切实保护耕地，强化基本农田红线意识，实施黑土地治理，统筹安排、连片推进，开展土壤改良和土地整理改造，改造中低产田，推进连片标准粮田建设。鼓励推行休养生息式耕地利用。

（2）加强农业基础设施建设，建设引水工程、大中型灌区、排灌泵站及水源工程与节水改造项目，改善农业生产条件。采用现代农业物资技术装备，推广先进农业技术，提高农业综合生产能力与防灾减灾能力。

（3）大力发展高产、高效、优质、安全的现代化大农业，在稳定并逐步提高粮食生产的基础上，优化农业生产布局和品种种植结构，重点发展水稻、玉米、蔬菜、淡水产品等农产品，建设以优质粳稻为主的水稻产业带、以籽粒与青贮兼用玉米为主的专用玉米产业带、以高油高蛋白大豆为主的大豆产业带、以肉牛、奶牛、生猪为主的畜牧产品产业带及马铃薯产业带（陈映，2017）。推动农产品深加工。

（4）加强生态建设，对严重三化耕地进行退耕还林还草还水，重视盐碱地和水土流失综合治理，推进湖泊湿地恢复与保护。

3. 辽河平原农产品主产区

该主产区地处辽宁西北部和内蒙古东部的南侧区域，主要覆盖辽河流域与大小凌河流域的河谷平原和山地丘陵，重点包括赤峰市、朝阳市、通辽市、阜新市、锦州市。该地区主要是山地丘陵及流域平原地区，地势低平，气候干旱少雨，日照充足，雨热同期。

该地区的发展重点坚持以下要点。

（1）发挥比较优势，重点建设西辽河平原农业主产区、绿色有机杂粮杂豆产业带、农区畜牧业区，发展节水灌溉农业，建设为山地丘陵农业主产区。

（2）在强化商品粮基地建设和稳定粮食产量的基础上，优化调整农业结构，积极发展特色农业和节水农业，增加花生、马铃薯、大豆等优质高效经济作物种植，加快发展水果业、干果经济林及西瓜、甜瓜等，促进食用菌、药用菌发展，推动禽畜养殖业规模化和标准化，建设玉米加工、大豆、肉猪生产基地。

（3）大力发展农产品加工业，壮大特色农产品加工产业集群。

（4）完善农田水利设施建设，积极推进基本农田建设，实施中低产田改造，提高农业物质技术装备水平。

（5）重视水土保持林、水源涵养林、农田防护林建设，加快退耕还林，治理水土流失、荒漠化与沙化土地，具有重要生态功能的山地丘陵地区施行封山育林。

4. 锡林郭勒草原农产品主产区

该主产区为内蒙古区级农产品主产区，地处草甸草原和典型草原地带，是中国四大草原之一，是内蒙古面积最大、产草量最高、再生能力最强的天然草原。该主产区覆盖 17.96 万平方公里，植被种类丰富，优良牧草占草群的 50%。主要畜种有乌珠穆沁羊、苏尼特羊、乌珠穆沁白山羊、苏尼特双峰驼、乌珠穆沁马，新品种有内蒙古细毛羊、内蒙古绒山羊、草原红牛、锡林郭勒马、黑白花奶牛、西门塔尔肉牛。该地区是距离北京市最近的草原畜牧基地，是中国北方重要的生态安全屏障。

该地区重点加强如下方面的建设，打造绿色优质草原畜牧业基地。

（1）以提高畜产品综合生产为核心，优化畜牧业结构，推动畜牧业生产规模化、标准化、集约化，建设具有全国意义的绿色优质畜牧业基地。

（2）坚持"增牛稳羊"，大力发展肉羊、肉牛生产和繁育，建立优势肉羊、肉牛和奶业生产基地，积极发展绿色有机肉类、乳品等安全高品质食品，拓展发展绒毛皮革等深加工业。

（3）突出绿色品牌，做大做强"锡林郭勒"牛羊肉品牌，切实保护好"乌珠穆沁""苏尼特"等品牌。优化区域布局，乌拉盖流域发展以乌珠穆沁肉羊、西门塔肉牛为主的优质肉羊、肉牛，锡林郭勒草原发展以苏尼特羊为主的优质肉羊。

（4）坚持"以草定畜"，推行限量养殖，做到草畜平衡。加强优质种源基地、饲草料基地建设，积极发展紫花苜蓿、杂花苜蓿等人工草地，推进牧区饲草青贮、青贮玉米、作物秸秆等优质饲料的开发利用，大力发展牧草和饲草料产业。

第八章

东北地区粮食安全与黑土保护路径

农业生产是东北地区的重要主体功能，对维系国家粮食安全具有战略意义。东北地区有着优良的农业生产资源条件，水、土、热、技术等资源要素决定了东北地区可以发展综合性农业生产，打造综合性农业生产基地和商品粮基地。但截至目前，东北地区的农业生产和土地保护仍存在一些短板。东北地区需要加快实施"藏粮于地、藏粮于技"战略，巩固提升粮食综合生产能力，保障土地资源安全，夯实国家粮食安全"压舱石"的基础。本章主要是分析东北地区的粮食安全与黑土保护路径。从粮食基地、畜牧业基地、林业基地等角度分析东北地区生态农业高质量发展路径，从仓储物流、绿色科技和农业机械化等角度考察农业发展保障能力建设路径，从轮休耕、高标准粮田等角度剖析黑土保护利用与长效机制构建路径。

本章主要得出以下结论。

（1）充分利用黑土、草原、森林、海域、湖泊等各类资源，加快生态农业高质量发展，重点建设复合型特色农业生产基地。东北大平原地区要巩固壮大优质粮食生产基地，优化农作物种植结构，发展高产稳产优质高效农业。西部草原地区要优化提升草原畜牧，收缩粮食种植业，做强农区畜牧业。大小兴安岭和长白山地区要坚持生态优先，发展林业与林下经济，建设高寒森林产业基地。利用海洋、湖泊湿地、水库等资源，积极发展渔业。

（2）提高农业发展保障能力。加强粮食仓储物流能力建设，优化仓储设施布局，完善农产品流通体系。构建农业绿色发展科创体系，加强农业信息化建设，支撑"藏粮于技"战略。培育绿色农牧业品牌，实行农畜产品质量安全全程监管。强化优化农机装备，提高农业机械化水平，加强农产品出口基地建设与农业科技国际合作。

（3）推动黑土保护与合理利用。持续建设高标准粮田，科学划定粮食生产功能区和农产品主产区。实施黑土休耕制度，优先在黑龙江省推进示范试验，以大豆为中轴作物推行科学轮作。强化黑土地综合治理，按照平原旱田、坡耕地、风沙干旱地、水田地等类型实施分区分类治理。优化各级政府、基层农户、企业、新型生产主体、科技组织等参与主体的职责与分工。构建黑土保护利用长效机制，加强黑土法规、保护条例、红线建设，增强中央-地方事权、田长制等行政刚性机制，建立黑土生态补偿制度，优化资金支付方式，继续完善生产保护补贴机制。

东北地区高质量发展的战略路径

第一节　生态农业发展

一、复合型特色农业基地

东北地区属温带大陆性季风气候，雨热同期，农业生产条件优越，是我国自然资源最为丰富和水土资源配置最好的地区之一，光温水热条件可以满足春小麦、玉米、大豆、粳稻、马铃薯、花生、向日葵、甜菜、杂粮、杂豆及温带瓜果蔬菜的种植需要。东北地区是中国重要的商品粮和农牧业生产基地，也是农业资源禀赋最好、粮食增产潜力最大的地区（贾若祥，2015），是我国条件最好的一熟制作物种植区。

发挥土地、气候、技术等资源优势，因地制宜，坚持宜农则农、宜牧则牧、宜林则林、宜草则草、宜渔则渔，以增产增效、生态安全、农牧民增收为目标，优化农业区域布局，加快特色农产品优势区建设，积极发展生态农业和特色农业，建设成为维护国家粮食安全的战略基地、全国重要的绿色农产品生产基地、精品畜牧产品生产基地和新型林业基地。

（1）东北西部草原地区坚持生态优先、适度发展，重点发展草原畜牧业，覆盖呼伦贝尔草原、科尔沁草原和锡林郭勒草原，收缩粮食种植业。

（2）辽西北丘陵地区、长白山山地重点发展种植业、山地杂粮和农区畜牧业，积极发展杂粮、杂豆、设施农业、果品、畜禽产品等农产品。

（3）中部平原包括松嫩平原、辽河平原和三江平原地区，发挥粮食生产优势，开展粮食稳定增长行动，继续发展高产稳产优质高效农业，重点发展优质玉米、水稻、大豆、畜产品和马铃薯等农产品。

（4）大小兴安岭、长白山地区坚持生态优先，发展林业，合理开发林上林下资源，重点发展天然绿色森林食品、中药材、小浆果、花卉苗木、坚果等农产品。

（5）利用海洋、湖泊湿地、水库湖泊等资源，积极发展渔业。

二、优质粮食生产基地

东北地区是中国重要的粮食产区、商品粮供给区和增产潜力区，年均粮食产量超过1.1亿吨，约占全国粮食产粮的20%，对保障中国粮食安全具有战略意义。

根据水土资源条件，以吉林省增产百亿斤商品粮能力建设、黑龙江省千亿斤粮食生产能力建设、内蒙古自治区新增四个千万亩高效节水灌溉、哈尔滨"两大平原"现代农业综合配套改革决策部署为抓手，加大三江平原、松嫩平原、辽河平原等粮食主产区的建设，粮食综合生产能力稳定在1亿吨以上，继续发挥"大粮仓"和"粮食市场稳压器"的作用，建设为国家粮食安全保障基地和全国最大优质安全绿色有机农产品生产基地。东北地区的商品粮基地县（市、区）如表8-1所示。

表 8-1　东北三省的商品粮基地县（市、区）布局

类型	省份	原有商品粮基地县	新增商品粮基地县
重点区域（含优势作物区域）	黑龙江省	富锦、桦川、龙江、依兰、望奎、肇源、肇东、延寿、宝清、双城、青冈、巴彦、五常、兰西、宁安、讷河、海伦、桦南、嫩江、拜泉、密山、宾县、虎林	林甸、肇州、庆安、安达、甘南、尚志
	吉林省	前郭尔罗斯、公主岭、双辽、农安、长岭、梨树、扶余、榆树、伊通、东丰、大安、德惠、东辽、桦甸、九台、辉南、柳河、舒兰、磐石、永吉、镇赉、洮南	—
	辽宁省	阜新、昌图、彰武、盘山、康平、法库、黑山、建平、新民、铁岭、台安、大洼、辽中、开原	—
规模经营试验区域	黑龙江省	逊克、同江、五大连池、绥滨、北安	抚远、呼玛、嘉荫、孙吴、饶河、杜蒙、泰来、富裕、通河、汤原、绥棱、克东、明水、集贤、木兰、林口、萝北、鸡东
	吉林省	前郭尔罗斯、长岭、洮南、双辽、扶余、农安、敦化	—

1. 高效农业

大力发展绿色农业与高效农业，突出"稳、减、扩、建"，落实国家对调减玉米种植实施粮改饲等相关政策，调整优化农作物种植业结构，适度调减玉米、大豆等作物种植面积，稳定优质水稻种植面积，扩大发展优质专用玉米、专用大豆、特色杂粮杂豆。

1）水稻

东北地区有丰富的灌溉水、肥沃的土壤，生育期日照充足，积温时间长，日夜温差大，病虫害少。东北地区的水稻种植主要分布在辽宁省的辽河中下游平原、吉林省的东部山间盆地、黑龙江省牡丹江半山区谷地平原及三江平原等地。

水稻作物坚持"稳"，稳定种植面积。优质粳稻种植以三江平原为重点区域，同时覆盖辽河平原及松嫩平原中部，形成三江平原和松嫩平原等优势产区。在其他水土资源条件较好的地区适当发展水稻种植。改进水稻灌溉方式，扩大自流灌溉面积，减少井灌面积。

（1）辽宁省：主要分布在辽河平原、辽宁东南沿海、辽东冷凉山区和辽西低山丘陵。其中，辽河平原稻区水稻面积最大，约700万亩。辽宁东南沿海稻区、辽东冷凉山区稻区和辽西低山丘陵稻区三个稻区面积约200万亩。

（2）吉林省：水稻种植主要分布在长春、吉林、通化、白城、松原、延边等地区的松花江、辉发河、饮马河、洮儿河、嫩江、鸭绿江、图们江等流域，形成松花江、东辽河、大柳河、图们江四大流域优质粳米基地。

（3）黑龙江省：受水、土、热资源条件限制，水稻种植主要集中在松嫩平原、中

部平原及牡丹江流域、三江平原。

2）玉米

玉米种植集中在第一、第二和第三积温带，以松嫩平原黑土区为重点种植地区，同时覆盖松嫩平原西部、辽河平原北部及三江平原南部。玉米种植通过市场引导和政策扶持，坚持调减原则，调减高纬度、干旱的玉米，适当调减籽粒玉米，发展生育期短的青贮玉米，调改玉米连作为粮豆轮作，扩大"粮改饲"规模。

重点调减黑龙江北部、呼伦贝尔第四和第五积温带以及农牧交错带的种植面积，提高玉米单产水平和产品质量。鼓励农区养殖聚集区和农牧交错带发展粮饲兼用全株青贮玉米生产，在内蒙古北部冷凉区、吉林省和黑龙江省东部山区及严重干旱区域压减籽粒玉米种植面积，建设优质专用玉米产业带。调减的玉米面积改种耐旱的大豆、春小麦、杂粮杂豆及青贮玉米，发展优质强筋春小麦，建立硬红春小麦生产基地，大力发展苜蓿等牧草和饲料油菜生产。

（1）籽粒玉米：为玉米调整的"压减"对象，调减非优势产区的籽粒玉米种植，改种大豆、杂粮和青贮玉米。

（2）青贮玉米：主要是指在收获期内收获包括果穗在内的地上全部绿色植株，经切碎、加工后适宜用青贮发酵的方法来制作青贮饲料，以饲喂牛、羊等为主的草食牲畜的玉米。重点实施"粮改饲"行动，推动东北地区种植青贮玉米。加大实用青贮技术和秸秆饲料化适用技术的推广普及。

专栏8-1 "镰刀弯"地区与东北地区

"镰刀弯"地区主要覆盖东北冷凉区、北方农牧交错区、西北风沙干旱区、太行山沿线区及西南石漠化区，呈现由东北向华北、西北、西南延伸并镰刀弯状分布。该地区是玉米结构调整的重点地区。该地区是典型的旱作农业区和畜牧业发展优势区，生态环境脆弱，玉米产量低而不稳定。

东北冷凉区：位于高纬度、高寒地区，包括黑龙江省北部、蒙东地区第四和第五积温带及吉林省东部山区。该地区≥10℃，积温在1900～2300℃，冬季漫长而严寒，夏季短促，无霜期仅有90多天，昼夜气温变化较大。由于多年玉米连作，该地区土壤板结、除草剂残留药害严重。

北方农牧交错区：涉及黑龙江省、吉林省、辽宁省、内蒙古自治区，属于半干旱半湿润气候区，土地资源丰富，光热条件好，但水资源紧缺，土壤退化沙化，是我国灾害种类多、发生频繁、灾情严重的地区。

3）薯类作物

合理扩大高淀粉马铃薯种植，推进脱毒种薯、加工专用薯和鲜食商品薯"三薯"协调发展，实现马铃薯主食化。扩种饲草作物。

4）大豆

大豆种植的生态条件是纬度在40°～50°，无霜期大于110天，有效积温大于2200℃，年降水量500毫米以上；大豆鼓粒期日照时数不低于15小时，日平均气温不低于20℃；土壤有机质丰富、有效磷和有效钾含量较高。东北地区是中国历史悠久和规模集中的大豆种植区，商品率高，商品量大。大豆种植集中在第四和第五积温带。

东北地区要在稳定高油大豆的基础上，扩大高蛋白大豆、芽豆、豆浆豆、豆腐豆等品种的种植面积，实行分种分收分储，建设优质大豆生产基地。推广粮豆轮作种植模式，促进结构调整与用地养地相结合（马晓明，2017）。

专栏8-2　中国粮食收储制度沿革

粮食收储政策是国家粮食生产流通与粮食安全体系的重要组成部分。新中国成立以来，中国粮食收储制度不断变化。

新中国成立初期到20世纪80年代中期，中国主要实行统购统销制度，该制度是控制粮食资源的计划经济政策，初期有稳定粮价和保障供应的作用，后来变得僵化，严重阻碍农业经济的发展。

20世纪80年代中期到2004年，各类农产品价格逐步放开。1992年全国844个县（市、区）放开了粮食价格，粮食市场形成，统购统销真正退出历史舞台。

2004年开始，粮食收购市场全面放开，实行粮食最低价收购政策，并在2005年和2006年先后对水稻和小麦实行最低购价政策。主要由国家指定的粮食企业——中国储备粮管理总公司（现中国储备粮管理集团有限公司，简称中储粮集团）来执行。该政策稳定了市场价格，维护了农民利益。

2008年金融危机导致农产品价格暴跌，国家实行临时收购政策，启动大豆、玉米、棉花、油菜籽等收储政策。该政策保持了主要农产品生产基本稳定，农民收入实现平稳较快增长。

2014年，国家提出棉花、大豆不再收储而实行价格直补，农产品价格由供求决定，政府不干预，但市场平均价格低于目标价格，国家将价差补贴给生产者，保证农民利益。启动东北和内蒙古大豆、新疆棉花目标价格补贴试点。

---

2. 特色农业

稳定发展特色农业。以长白山地区、辽西北丘陵山地、大兴安岭丘陵山地为主的地区，积极发展特色农业和精品农业，建设杂粮杂豆、瓜果生产基地，重点抓好杂粮杂豆、水果、特种经济作物、寒地果、油料、红薯、马铃薯等特色农产品，积极发展人参、食用菌、亚麻、蓝莓、北药等特色种植业，鼓励有条件的地方发展设施农业。推进设施蔬菜、露地冷凉蔬菜、加工蔬菜协调发展，建立丰富多样、优质安全、营养健康的蔬菜基地。建设一批生产规模大、市场稳定的标准化生产基地，构建"一村一品，一乡一业"发展格局（马晓明，2017）。

邻近哈长、辽中南、京津冀等城市群的地区，加快发展设施农业，重点发展蔬菜、花卉、瓜果、苗木、食用菌等特色瓜菜产品，扩大蔬菜、花卉、瓜果出口。在大城市的周边地区，促进都市农业和休闲农业发展，建设一批特色农业园区、休闲农庄、农家乐、采摘园，打造农村经济发展的新增长点。

各类农业投入要继续向粮食主产区倾斜，加大农业"四项补贴"（粮食直补、农资综合补贴、良种补贴、农机具购置补贴）力度，继续完善稻谷最低收购价政策和玉米、大豆临时收储政策。加强对大豆、大米、玉米等大宗粮食进出口的调控。

在大中城市因地制宜发展日光温室大棚等设施蔬菜，提高冬春淡季蔬菜自给率。

专栏8-3　黑龙江"两大平原"现代农业综合配套改革试验

黑龙江省的松嫩平原、三江平原（"两大平原"）是中国黑土资源分布的主要地区，涉及51个县（市、区）和黑龙江省农垦总局9个管理局的114个农场。该区域农业资源富集，耕地面积达到1.62亿亩，2012年粮食产量达到1043亿斤，占全国总量的8.8%，是中国重要的粮食主产区和商品粮生产基地。

2013年4月，《黑龙江省"两大平原"现代农业综合配套改革试验总体方案》获得批准，是2013年以来国家开展的涉及农业生产关系的重大调整和变革，提出以提高农业综合生产能力、确保国家粮食安全、确保农民持续增收为目标，守住农村基本经营制度和生态环境保护的底线，破解制约农业发展的体制机制问题和深层次矛盾，把两大平原建成国家商品粮基地核心区、绿色食品生产样板区、高效生态农业先行区和统筹城乡发展先导区。

主要建设任务包括：创新农业生产经营体制，建立现代农业产业体系，创新农村金融服务，创新涉农资金管理使用的体制机制，推进水利建设与管理体制改革，完善粮食主产区利益补偿机制，加快城乡一体化发展，深化土地管理制度改革，创新农产品流通方式和流通业态，完善农业科技创新和服务体系（贾辉，2013）。

三、蒙东草原畜牧基地

依据不同区域的资源禀赋、产业基础和养殖传统，以规模化、绿色化、品牌化和产业化为方向，坚持农牧并重，突出主导畜种和优势区域，统筹畜禽种业、畜禽生产、饲草料产业和加工业布局，优化调整畜牧业结构与空间布局，扶持牧区生态家庭牧场和农区标准化规模养殖场建设，做优草原畜牧业，做强农区畜牧业，建设全国重要的食源性优质安全畜产品基地。

1. 草原畜牧业

发挥草原优势，以锡林郭勒草原、科尔沁草原和呼伦贝尔草原为重点，积极发展绿色草原畜牧业，建立具有全国意义的绿色优质畜牧业基地。采用分区轮牧、移场放牧和封育保护相结合的办法建设牧场，立足少养精养，实现草畜平衡，大力实施肉羊和肉牛生产繁育基地建设，调整畜群、品种结构，建立优势肉羊和肉牛生产基地。推进草原牧场流转，培育龙头企业、家庭牧场等新型经营主体，加快发展舍饲、半舍饲集约化养殖，提高畜牧业经营的规模化、产业化水平。坚持"增牛稳羊"，做强做优肉牛产业，巩固提高肉羊产业和奶业。优化区域布局，建设规模化肉羊、肉牛和乳加工基地，科尔沁草原、乌拉盖流域发展以乌珠穆沁羊、西门塔牛为主的优质肉羊肉牛，锡林郭勒草原发展以苏尼特羊、昭乌达羊为主的优质肉羊，呼伦贝尔草原重点发展以呼伦贝尔羊为主的优质肉羊，支持锡林郭勒盟农牧交错区、科尔沁草原和西辽河平原区、呼伦贝尔市大兴安岭岭西区建设的奶牛基地（马晓明，2017）。突出绿色品牌，以发展名优、特色品牌为重点，大力开发地理标志性产品，做大做强"锡林郭勒""科尔沁""呼伦贝尔"等牛羊肉品牌，切实保护好"乌珠穆沁""苏尼特"等畜产品品牌，积极发展绿色有机肉类、乳品等安全高品质食品。继续推行粮改饲，加强种源基地、饲草料基地建设，大力发展牧草和饲草料产业，加大紫花苜蓿、杂花苜蓿等饲草种植，推进青贮玉米、作物秸秆等优质饲料开发利用，建立饲草饲料加工体系，完善饲草料储备制度。强化畜禽遗传资源保护，继续建设国家级畜禽遗传资源保种场、保护区和基因库。

2. 农区畜牧业

立足东北粮多、秸秆多、牧草资源丰富等优势，围绕粮食过腹转化和秸秆开发利用，发挥农垦集团和龙头企业的引领作用，推进多种形式的规模化饲养。以标准化、规范化的养殖场（小区）为重点，引导分散饲养向适度规模养殖转变，扶持养殖专业户和大户发展，支持规模养殖场（小区）实施标准化改造，建设专业小区，形成大中型高标准畜禽养殖场、畜牧养殖小区和家庭牧场、养殖户并存互促的养殖格局。推进传统畜牧业转型升级，大力发展精品畜牧业，以生猪、奶牛、肉牛为重点，兼顾肉羊、蛋鸡、肉鸡、绒山羊，推进马驴、狐貉产业。突出区域特色和品种优势，积极发展特色养殖，加快发展双阳梅花鹿、通榆草原红牛、延边黄牛、洮北首农奶山羊、洮南奶牛、松原生猪、白城肉鸡、松辽黑猪、科尔沁牛等地理标志商标品牌养殖。坚持市场导向，加强野生动物驯养基地建设，扩大狐貉、鹿、林蛙、野猪等野生动物的养殖规模，发展大小兴安岭、长白山、呼伦贝尔草原特色草食野生动物等观光养殖。推进大东北免疫无口蹄疫区建设，全面落实疫情疫病免疫、监测、预警及边境、口岸及主要通道检疫监管、应急处置等综合防控措施，实现可追溯管理，强化重大动植物疫情疫病防控能力。

3. 特色渔业

加快发展特色渔业。充分利用海域、河流、湖泊湿地等资源优势，突出高寒、地方特色，改善渔业养殖条件和装备水平，积极发展渔业养殖和休闲渔业。依托呼伦湖、月亮泡、向海、哈尔淖、哈达山水库、尼尔基水库、查干湖、莫莫格、兴凯湖、镜泊湖等湖泊及城镇周边池塘与水库，优化养殖品种结构，建设有机鱼生产基地与特色精品鱼基地。充分利用查干湖、呼伦湖、贝尔湖、兴凯湖等资源优势，加快发展特色渔业养殖与餐饮，积极发展休闲渔业，组织垂钓、捕鱼、观赏等休闲与旅游活动，打造冬季旅游品牌。开展松花江、黑龙江、图们江等重要水域增殖放流，建设水生生物保护区。加大宜渔盐碱荒地开发和老旧池塘改造，建设现代渔业产业园区和绿色水产品生产基地。完善东北地区水产原良种体系，建设适应东北气候环境的良种驯养及繁育基地。推进水产健康养殖，创建健康养殖标准化示范场，严格执行禁渔区和禁渔期制度，严格执行捕捞渔船"双控"制度，对捕捞渔船数量和功率实行总量控制（贾若祥，2015）。

四、高寒森林产业基地

发挥大小兴安岭、长白山和辽西北丘陵山地的资源优势，以生态建设和资源培育为方向，坚持"面、带、点"相结合的林业发展策略，加大森林资源保护、营造林、抚育工作力度，统筹林上经济和林下经济发展，培育特色种养基地，拉长林业产业链，建设北方重要的生态安全屏障和国家木材战略储备基地（贾若祥，2015）。

1. 森林资源

转变单纯依赖林木采伐的发展模式，促进林业生产由采伐森林、木材生产转变成为培育森林和营林护林，促进资源优势转变为生态优势。以优化林分结构为重点，实施森林中幼龄林抚育，积极开展中幼龄林抚育，对郁闭度 0.8 以上的过密林分进行疏伐，对郁闭度 0.5 以下的稀疏林分进行补植，以林相残破或病虫害严重、林分生长发育差的商品林为重点进行森林综合改造，以火烧迹地、采伐迹地等无立木林地、疏林地、宜林荒山荒地为对象，采取人工造林、人工促进天然更新等措施恢复发展森林。按照分类经营的原则，调减森林采伐量，大兴安岭、小兴安岭、长白山地区全面停止天然林商业性采伐；公益林要休养生息，抚育采伐、低效林改造采伐和更新采伐相结合，禁止商品性采伐，确保森林资源安全。在符合条件的 25° 以上农林交错带、缓坡、严重沙化耕地和重要水源地 15°~25° 坡耕地，继续实施新一轮退耕还林还草工程。大小兴安岭、长白山地区重点发展寒温带针叶林和温带针阔混交林，西辽河丘陵山地加强退耕还林，辽西北低山丘陵重点发展针阔混交林，在国境线、牧区山地、草原边缘、农区重点发展草牧场防护林、防风固沙林、水土保持林、农田防护林。围绕交通线、城镇、村屯、矿区、园区，加快绿化林建设（贾若祥，2015）。

2. 林业经济

培育一批增收带动能力强的林业经济，积极发展林粮、林药、林菌、林禽、林畜产业。加快传统林木种苗产业发展，建设林木良种繁育基地、采种基地、育苗基地。做深林木深加工业，积极发展人造板、家具等木制品加工，在珲春、白山、加格达奇、黑河、海拉尔、牙克石、阿尔山、伊春、漠河等地区培育一批大型木材精深加工企业。合理保护和开发野生林产品资源，重点发展森林食品、木本粮油、北方森林中药材、珍贵皮毛动物及特种经济动物养殖加工，壮大食用菌、山野菜、林下参等，以及小浆果、坚果等绿色保健食品发展，提升以梅花鹿、林蛙等为主的驯化饲养业。山地丘陵地区加大优质梨、苹果、葡萄、大枣、树莓等的种植，建设优质果品生产基地。积极打造森林产品大品牌，重点培育"黑森""林都""北奇神"等品牌。围绕林区特色产品，构建大型区域性绿色食品交易市场、毛皮交易市场、北药集散市场。

根据《大小兴安岭林区生态保护与经济转型规划（2021—2035 年）》，东北地区重点扶持的绿色生态产业基地如下。

有机食用菌种植基地：在大兴安岭地区、伊春市、黑河市、呼伦贝尔市、阿尔山市和科尔沁右翼前旗建设以有机黑木耳、蘑菇等为主的食用菌种植基地。

野生蓝莓、红豆产地保护基地：在大兴安岭地区、伊春市、呼伦贝尔市和爱辉区建设野生蓝莓、红豆产地保护基地。

特色山野菜生产和加工基地：在扎兰屯市、牙克石市、阿荣旗、阿尔山市、伊春市、黑河市等地建设蕨菜、黄花菜、金针菜、卜留克等特色山野菜产品生产和加工基地。

优质马铃薯育种基地：在黑河市、大兴安岭地区、呼伦贝尔市和科尔沁右翼前旗建设全国优质马铃薯育种基地。

高纬寒地特色浆果基地：在黑河市建设欧洲花楸、俄罗斯无刺大果沙棘、穗醋栗等基地。

野生动物养殖基地：在鄂伦春自治旗、额尔古纳市、鄂温克旗、新林区、黑河市等地区建设鹿、野猪、狐、貂等标准化养殖基地。

第二节　农业保障能力

一、粮食仓储物流

东北粮食安全能力建设必须将粮食仓储和物流能力纳入其中，加强粮食仓储、保管、市场交易和对外调运通道等方面的建设，减少"地趴粮"式储粮和"憋粮"现象，以保障东北粮食在全国调拨格局中的高效流通。

1. 粮食仓储设施

探索建立政府储备和社会储备相结合的分梯级粮食储备新机制，完善建设标准化仓储设施和一批散粮物流设施，探索建设地方储备粮承储粮库，推动集中统一管理。国有粮食企业和农业产业化龙头企业仓储设施应建设和承储国家政策性粮食，推进储粮多元化。提高粮食仓储设施与收储能力、接收发运能力、烘干能力，基本消除危仓老库"带病"储粮和席芡囤露天储粮。对吉林省、黑龙江省等仓容紧张地区，进行跨省移库腾仓。推广绿色生态智能储粮技术，提高粮食仓储设施自动化、智能化等现代化水平。在大城市群及边疆、偏远地区建设一批成品粮应急储备库，提升成品粮应急储备能力。

专栏8-4　国家政策性粮食类型

国家政策性粮食包括中央储备粮、最低收购价粮、临时储存粮、一次性储备粮，以及地方储备粮。

中央储备粮是中央政府储备的粮食，用于调节全国粮食供求总量、稳定粮食市场及应对重大自然灾害或其他突发事件等储备的粮食和食用油。

最低收购价粮是国家为了保护种粮农民利益，根据国家稻谷、小麦最低收购价执行预案收购的粮食。

临时储存粮是 2007 年起国家先后在部分主产区收购旺季对玉米、油菜籽、大豆实施临时收储，并委托中储粮集团临时储存的粮食。2014 年以来，国家先后取消大豆、油菜籽和玉米临时收储政策，目前仅在新疆保留小麦临时收储政策。

一次性储备粮是国家为了消化政策性粮油库存，将一定数量符合条件的政策性粮油划转为一次性储备，进行新陈置换，实现推陈储新。

中央储备粮、最低收购价粮、临时储存粮和一次性储备粮都属于中央事权粮食，国家委托中储粮集团管理，但管理方式有所不同。

2. 农产品流通体系

完善农产品流通体系，畅通"北粮南运"，加强运粮通道及物流基础设施建设，推进大型粮食收储点和战略装车点建设，实现散粮"入关"铁路直达，提高散粮铁水联运比例。加快农产品冷链物流体系建设，大型畜产品加工企业自建或联建冷链仓储物流设施。全面推进农产品批发市场升级改造工程、"双百"市场工程和"农超对接"，建设农产品直销采购基地，完善沈阳、长春、通辽等的国家粮食交易中心功能，在大连商品交易所推出东北优势农产品期货新品种（王树年，2011）。

（1）沈阳国家粮食交易中心：2012 年挂牌成立，是东北地区最大的粮食交易中心。现有业户 300 多家，年交易量 100 多万吨，辐射全国 29 个省市区。

（2）长春国家粮食交易中心：2008 年挂牌成立，满足大规模粮食竞价交易。年交易流量达到 200 万~300 万吨，主要交易品种覆盖玉米、粳稻和大豆等原粮。

（3）通辽国家粮食交易中心：2008 年挂牌成立，执行内蒙古国家政策性粮食交易任务。现有会员 3.2 万家，主要交易品种覆盖玉米、小麦、大豆、菜籽油等。2018 年完成国家政策性粮食交易 1481 万吨。

东北粮食外运主要是采用铁水联运和铁路直运两种模式。重点采用铁路、公路至辽宁港口装船下海，经水路运往东南沿海，并与京津、陇海等粮食陆运形成铁路运输通道，构建"东中西"三条粮食外运大通道。

（1）中路通道：以哈大铁路连接大连、营口港，连通出海门户枢纽与松嫩平原。

（2）东路通道：以东北东部铁路连接丹东港，连通丹东门户港与三江平原。

（3）西路通道：是将蒙东、辽西等地的粮食通过铁路和公路进入锦州港、盘锦港入海，连通辽西沿海门户港与辽河平原、蒙东地区。

其中，港口是"北粮南运"的关键节点。要积极巩固大连北良港"北粮南运"的枢纽地位，同时扩大丹东、盘锦等新的下水港建设。

专栏 8-5 东北地区粮食出海门户枢纽——北良港

目前，东北地区沿海港口粮食外运形成以大连港为主要装船港，营口港、锦州港和丹东港为辅助装船港的格局。

北良港是大连港的一部分，是世界最为先进、规模最为庞大、功能最为齐全的现代化散粮进出口港，隶属于中国华粮物流集团。2002 年北良港建成运营，港区约

5 平方公里，年综合通过能力为 1500 万吨，现有 5 万～8 万吨级散粮装卸专用泊位 3 个，可接卸 8 万～10 万载重吨级的进口粮船，散粮装船能力每小时达到 4000 吨，卸船能力达到 2000 吨，粮食筒仓仓容能力达到 200 万吨。拥有 3400 辆专业化散粮车，约占全国散粮车总量的 1/3；港口铁路专用线连通国家铁路网，散粮装车点遍布东北各地区。在粮食装卸、转运、仓储、计量、检验及粮情监测等环节实现了自动化控制。

北良港是大连商品交易所指定期货交割库，交割品种包括玉米、黄大豆 1 号、黄大豆 2 号、粳米。多年来，北良港玉米和大豆交割量位居东北前列，是大连商品交易所"先进指定交割库"。2019 年，北良港完成港口吞吐量 1368 万吨。

二、农业科创体系

构建农业绿色发展科创体系。实施"藏粮于技"战略，引导高校、科研院所与龙头企业建立紧密联结型科创联合体，在化肥农药除草剂减量高效利用、主要农作物新品种选育、有害生物绿色防控、绿色食品营养品质等领域加强研发与应用。完善"一主多元"基层农技推广体系，完善布局乡镇农业推广机构，加快成熟适用绿色技术和绿色品种的示范、推广、应用。建设一批国家农业科技园区，培育农牧业高新科技企业。建立村级农民技术员制度，每个行政村至少有 2 名农民技术员。大力发展现代种业，培育一批具有自主知识产权的优良品种，加强良种繁育基地建设，提高优质专用品种覆盖率及优良品种科技贡献率。

推进农业信息化建设。加强互联网、大数据、物联网等信息技术应用和推广，发展数字农业、精准农业、智能农业和智能粮库，推进种养业生产过程、农产品加工和粮食流通信息化（郭晓明，2015）。大力发展农业电子商务，带动上下游农户提高信息化应用水平。建设省、市、县、乡镇及村五级农业信息服务体系，实行信息采集、会商、分析预测和发布的规范化管理，推进农村基层信息服务站点建设。大力实施"互联网+农业"，支持加工、物流、商贸、电商等企业创办或借助畜产品电子商务平台发展新的商业模式和业态。

三、绿色农牧业品牌

培育绿色农牧业品牌。将品牌打造与粮食生产功能区、重要农产品保护区、特色农产品优势区建设以及绿色、有机等产品认证相结合，聚焦品牌宣传推介、"三品一标"建设、产地追溯、农畜产品加工业提升和绿色农畜产品输出，培育一批区域特色明显、市场知名度高、发展潜力大、带动能力强的绿色农产品区域品牌，壮大叫响东北知名品牌。充分利用高寒特色，继续开展东北地区农产品地理标志登记保护。加强绿色和有机食品认证标准、检验、监管、推广和服务体系建设。以优势农产品产业为依托，形成以区域公用品牌、企业品牌、特色品牌为核心的绿色农产品品牌格局。

实行农畜产品质量安全全程监管。加强省、市、县、乡四级农产品质检中心（站）

建设，全面提升检验检测能力，提升基层监管能力，加强农产品和农业投入品监测，建立农产品生产过程可追溯体系。农业产业化龙头企业生产基地、"三品一标"产品和地区重点农产品要纳入监管追溯范围。

四、农业机械化

提升农业机械化水平。优化农机装备结构，加强玉米收获、水稻插秧、深松作业等薄弱环节建设，推广大马力、高性能、节能环保和复式作业机械，尤其是在松嫩平原、三江平原等地区装备深耕（松）整地、精量播种、水稻插秧、玉米收获等大型配套农机具，推进农业生产全过程、多领域机械化，东北田间作业综合机械化程度达到95%。发展种植、养殖、农机、流通等各类农机专业合作社、农机大户和农机协会，培育一批星级示范社，壮大农机经纪人队伍。推动农机作业服务组织向企业化、市场化和社会化方向发展，形成农机作业合作社、农机作业协会、集体农机队、农机大户联合体、家庭机械化农场等多种组织形式多样化发展的格局。加强农业机械化技术推广、动植物疫病防控、农产品质量安全监管等公共服务体系建设，继续发挥农垦在良种化、机械化、信息化等科技创新和技术推广方面的引领优势。

建设农产品出口基地并开展农业科技国际合作。巩固传统农产品出口优势，扩大特色和高附加值农产品出口，积极发展果菜、杂粮杂豆、水稻、山特产品、畜产品优势出口基地，建设农产品出口备案基地和示范区。加快在蒙古国、俄罗斯等国家建设境外农产品贸易平台，推进农产品出口企业内外销"同线同标同质"。加强同农业发达国家在农业生物技术、大型农业装备研制等领域的科技合作，有条件的农业企业（农场）应加快"走出去"（王树年，2011）。

第三节　黑土保护与合理利用

土地资源是粮食生产的资源基础，黑土是东北地区承担国家粮食安全建设的重要支撑资源。东北典型黑土区的耕地面积约 2.78 亿亩，其中蒙东地区为 0.25 亿亩，辽宁省为 0.28 亿亩，吉林省为 0.69 亿亩，黑龙江省有 1.56 亿亩。立足国家粮食安全，因地制宜，采取"养""退""休""轮""控"等综合措施，实现"藏粮于地、藏粮于技"，切实保障农产品质量和人居环境安全。

一、高标准粮田

1. 高标准粮田

大力实施"藏粮于地"战略，持续推进高标准粮田建设，提高粮食综合生产能力。综合考虑各地区农业自然条件和灌溉条件等情况，落实最严格的基本农田保护制度，以粮食主产区和基本农田保护区为核心建设高标准农田，尤其是将增产潜力大、总产量大、商品率高的重点粮食主产区置于突出建设位置。实施田间工程、土地整治、中低产田改造和大中型灌区节水配套改造，重点推进吉林西部和三江平原东部土地整治，建成集中连片、水电路设施配套完善、耕地质量和地力等级较高的高标准农田。保持良好的质量，培育土体结构优良、耕层深厚、有机质丰富、养分均衡、生物群落合理的土壤，将剥离后耕层土壤用于中低产田改造、高标准农田建设和土地复垦。推进配套设施建设，推广应用先进适用耕作技术，统筹发展高效节水灌溉，改善农田基础设施，完善田间路网、农田输变电设施设备。东北地区力争形成高标准农田 9500 万亩，占全国建设高标准农田面积的 1/4，尤其是加快建成一批集中连片、土壤肥沃、生态良好、设施配套、产能稳定的商品粮基地。

专栏 8-6　东北三省的永久基本农田

永久基本农田是对基本农田实行永久性保护，无论什么情况下都不能改变其用途，不得以任何方式挪作他用的基本农田。永久基本农田的划定和管护，必须采取行政、法律、经济、技术等综合手段加强管理，实现质量、数量、生态等全面管护。全国永久基本农田面积约为 15.46 亿亩。

黑龙江省。全省耕地面积约为 2.39 亿亩，划定永久基本农田 1.68 亿亩，占全省耕地面积的比例达到 70.3%，占全国的比例达到 10.9%。在全国范围内率先建立耕地储备库制度。

吉林省。全省耕地面积约为 8295 万亩，划定永久基本农田为 7251 万亩，保护比例达到 87.4%。

辽宁省。全省耕地面积约为 6139 万亩，划定永久基本农田为 5528 万亩，保护比例达到 90.1%。

---

2. "两区"划定

"两区"是指粮食生产功能区和农产品主产区，"两区"划建是国家为保障国家粮食安全和重要农产品有效供给做出的重要制度性安排。2015 年中央 1 号文件提出"探索建立粮食生产功能区，将口粮生产能力落实到田块地头、保障措施落实到具体项目"。2016 年的中央 1 号文件要求"制定划定粮食生产功能区和大豆、棉花、油料、糖料蔗等重要农产品生产保护区的指导意见"。2017 年的中央 1 号文件提出"科学合理划定稻谷、小麦、玉米粮食生产功能区和大豆、棉花、油菜籽、糖料蔗、天然橡胶等重要农产品生产保护区"。

东北地区要加快划定水稻、玉米等粮食生产核心区和大豆等生产保护区，打造高产稳产"两区"，巩固和提高粮食综合生产能力。

（1）黑龙江省。全省划建粮食生产功能区和重要农产品生产保护区面积 16 670 万亩，占黑龙江省永久基本农田面积的 99.2%，约占全国"两区"划定面积的 1/6。其中，粮食生产功能区面积为 10 970 万亩，包括玉米 6200 万亩、水稻 4670 万亩、小麦 100 万亩；大豆生产保护区面积达到 5700 万亩。

（2）吉林省。全省划建粮食生产功能区和重要农产品生产保护区面积 7300 万亩。其中，粮食生产功能区面积达到 6500 万亩，包括水稻生产功能区 1300 万亩、玉米生产功能区 5200 万亩；大豆生产保护区面积达到 800 万亩。

（3）辽宁省。全省划建粮食生产功能区和重要农产品生产保护区面积 4600 万亩。其中，粮食生产功能区面积达到 4300 万亩，包括水稻生产功能区 900 万亩、玉米生产功能区 3400 万亩；大豆生产保护区面积达到 300 万亩。

专栏 8-7 东北地区国家级基本农田保护示范区

2006 年，国土资源部（现自然资源部）以县（市）为单位，在全国 31 个省（区、市）确定 116 个国家基本农田保护示范区。各示范区按照"基本农田标准化、基础工作规范化、保护责任社会化、监督管理信息化"的要求，采取基本农田整理形式加以推进。通过实施示范区土地整治项目，形成"田成方、路成网、树成林、沟渠配套、旱涝保收"的高质量基本农田标准，打造一批规模化、生态化的基本农田产业区（蓝颖春，2013）。

辽宁省——主要包括新民市、岫岩县、凌海市、昌图县、盘山县。

吉林省——主要包括九台市、农安县、永吉县、扶余县、梅河口市。

黑龙江省——主要包括农垦建三江分局、农垦牡丹江分局、五常市、海伦市、五大连池市、虎林市。

蒙东地区——主要包括科左中旗、敖汉旗。

二、土地轮休耕

1. 休耕制度

为了缓解土地的使用压力，东北地区要合理探索建立休耕制度，尤其是对土壤污染严重、黑土地力衰减退化显著、可利用水资源不足等不宜连续耕种的农田实行定期休耕。耕地休耕期间要加强地力保护，鼓励深耕深松、种植苜蓿或油菜等肥田养地作物（非粮食作物），提升耕地质量。休耕不能减少耕地、搞非农化、削弱农业综合生产能力。东北地区西部等生态退化地区探索实行休耕，改种防风固沙、涵养水分、保护耕作层的植物，减少农事活动。2030 年左右，东北地区要建立起合理的休耕制度。

黑龙江省是东北地区率先探索休耕的省份。2018 年，黑龙江省实施水稻休耕试点 140 万亩，包括农村 100 万亩和农垦 40 万亩，主要集中在三江平原第三和第四积温带井灌稻区，兼顾其他积温带缺水及低洼易涝稻田地区。2020 年，黑龙江省实行水稻休耕试点 140 万亩，包括农垦 40 万亩。2021 年，黑龙江省水稻休耕试点为 170 万亩，全部为新增。休耕以乡镇或行政村为单位，集中连片整建制推进，水稻休耕试点一个周期为 3 年（邸延顺和孙嘉利，2020）。

专栏 8-8　发达国家的耕地休耕制度

美国。休耕制度最成熟的国家。1930 年，受自然灾害影响，休耕成为美国农业的基本政策。1986 年正式实施，休耕类型包括有计划休耕、退耕还林、永久性退耕还林。休耕期限一般是 10~15 年，补偿期限较长。土地要退出粮食作物种植并进行绿化。每年美国农业部农场服务局采取差别补偿方式，实施精准补贴，提供两项补贴：土地租金补贴和分担植被保护措施的实施成本。农业部建立了环境效益指数，评估所申报的每块土地的环境收益情况。

日本。20 世纪 70 年代早期，日本出现粮食供给过剩，政府将农田休耕作为供给控制的手段。1993 年，在乌拉圭回合的《农业协定》中新增了休耕的环境目标。只要申请通过，均能获得休耕补贴。休耕分为轮种休耕、管理休耕和永久性休耕。日本休耕补贴门槛较低，休耕面积占耕地总面积比例大。

德国。休耕计划 1979 年开始推行，2000 年正式实施。遵循欧盟进行的麦克萨利改革，对每公顷休耕的土地根据价格下跌程度进行补偿。采取农民自愿申请参与、政府负责实际业务的模式，期限为 10 年，包括强制性义务休耕和自愿休耕。休耕土地补贴与支持价格下跌程度挂钩，实行市场竞争机制，休耕面积由农场定。休耕土地必须达到不使用化学肥料、种植绿色植物美化环境、不擅自恢复农耕利用、不种植饲料作物等要求。

加拿大。20 世纪 70 年代开始实施保护性耕作制度，休耕是主要部分。每年都有大量土地（超过 10 万平方公里）休耕养息。休耕期限相对较短，一般为一季，为化学休耕。休耕区域集中在加拿大西部平原比较干旱的地区，重视作物秸秆的处理。

2. 科学轮作

轮作是指在同一块田地上有顺序地在季节间或年间轮换种植不同作物或复种组合的种植方式，通常分为大田轮作和草田轮作。加快生态保护与修复，落实好耕地轮作试点任务，探索一批可复制、可推广的耕地轮作技术模式，构建合理轮作制度。①以大豆为中轴作物，推进东北地区种植业结构的科学调整，建立米豆薯、米豆杂、米豆经等"三三"轮作制度，发挥大豆固氮作用，恢复和提升地力，实现土地用养结合和各作物均衡增产增效。②在黑龙江省、内蒙古自治区第四、五积温带推行玉米大豆、小麦大豆、马铃薯大豆轮作，在黑龙江省南部、吉林省和辽宁省东部地区推行玉米大豆轮作，在东北的农牧交错区推行"525 轮作"（即 5 年苜蓿、2 年玉米、5 年苜蓿），在大兴安岭沿麓地区推行小麦油菜轮作，实现用地养地相结合。③积极发展粮改饲，在非优势区减少籽粒玉米面积，大力发展青贮玉米、苜蓿、黑麦草、燕麦等优质饲草料。④推进建设占用耕地耕作层剥离再利用制度，加强耕地数量、质量、生态"三位一体"保护（孙东方，2020）。

三、黑土综合治理

1. 综合治理

开展土壤环境质量调查与监测网建设，划分农用地土壤环境质量等级，实现土壤环境质量监测点位的县（市、区）全覆盖，建立农用地土壤环境质量档案。加强寒地黑土保护，围绕齐齐哈尔、大庆、牡丹江、松原、吉林等地区，通过农艺、农机、工程、生物等综合配套技术措施，实施黑土地保护治理及土壤有机质提升等工程，开展土壤环境保护、土壤培肥、耕地养护等工作，采取秸秆还田、增施有机肥及生物肥、轮作休耕、农膜减量等措施进行综合治理，有效遏制黑土耕地退化，提高黑土耕地质量。以农用地、重点行业企业用地、大中城市近郊、污灌区为重点，开展土壤污染治理与修复。以产粮（玉米和水稻）大县和蔬菜大县为重点，严格控制化肥施用量，禁止高毒、高残留农药和不符合国家标准地膜的使用，力争实现化肥农药使用量零增长行动（庄国泰，2015）。积极推广高效生态循环农业模式，建立健全农业废弃物无害化处理和资源化利用体系。

2. 分区治理

根据黑土耕地的地形特征、自然条件、存在的突出问题及农业生产实际等因素，将黑土耕地划分为平原旱田、坡耕地、风沙干旱和水田等类型区，实行分类施策、综合治理、重点保护。

平原旱田类型区。主要分布在三江平原、松嫩平原中东部，主要土类为黑土、黑钙土、草甸土、白浆土。该类型区建立以玉米—大豆为中轴的二二制或三三制轮作制度，推广深松深耕整地，提高土壤蓄水保肥能力，实施秸秆全量翻埋和碎混还田，采取种养结合方式，发展畜牧业，增加有机肥施用，培肥地力。

坡耕地类型区。主要分布在大小兴安岭、完达山、张广才岭和老爷岭等浅山区向低平原过渡的地区。该类型区重点实施小流域综合治理，以坡耕地改造和侵蚀沟治理为重点，重点采取横坡打垄、垄向区田、修筑地埂植物带、梯田等措施，加强水土流失综合防治体系，固土保水；推广增施有机肥、秸秆免耕覆盖、合理轮作、秋季整地、节水控灌等措施，培肥地力。

风沙干旱类型区。主要分布在松嫩平原西部，土壤类型主要为风沙土、黑钙土等。该类型区要加强风沙地和盐碱地治理，强化防风固沙林（草）、农田林网建设，防止沙化耕地发展；扩大秸秆覆盖免耕等保护性技术措施，防风保水；增施有机肥、改土剂、轮作培肥等，提升地力；推广节水灌溉措施，保护利用地下水；推广免耕栽培技术，减少风蚀沙化。

水田类型区。主要分布在三江平原及松嫩平原中南部，土壤类型以草甸土、沼泽土、低地白浆土、水稻土为主。该类型地区严格控制井灌稻种植规模，保护利用地下水资源；加强田间节水、排水工程建设，提高水资源利用效率；实施水稻秸秆还田，培肥地力；推广水稻节水控灌技术，节约用水。

四、参与主体职责

黑土地保护有着各种参与主体，需要系统梳理各类主体并进行解构分析，明确各主体保护黑土地的主要责任，充分发挥各主体的职能与作用。探索形成国家宏观调控、省市指导、县区组织落实、各类农业新型经营主体承担建设任务的实施机制，政府主导、企业和社会共同参与的多元化服务运行机制。

1. 基层农户

农户是黑土资源的直接使用者和农作物的直接种植者，也是黑土资源保护的最终执行者。农户的年龄、性别、受教育程度、对耕地保护的认知和环保意识等因素是影响农户保护黑土行为的主要因素。①随着年龄的增长，农户对黑土资源保护利用的意愿增强。要更加重视年长农户对黑土地保护的作用。②加大农户的生态环保意识教育，提高农户文化程度，打造知识型农民。受教育程度影响农户的思维模式、生产生活以及获取信息的方式等。③重视农业收入比例低的农户对黑土资源保护的作用。地块破碎会影响农户的保护意愿，要加强土地的流转，提高土地的农户集中度。④农户应积极改变传统作物培肥措施，改变单施化肥的模式，加大有机肥使用和秸秆粉碎还田，拓展农机配套服务。黑土保护离不开农机作业服务及农机维修、供应、中介和租赁等服务，要提高农机补贴水平，免费提供某些农机服务或提供部分资金补贴。⑤提高粮食种植收益，切实增强农户保护黑土资源的意愿。⑥发挥种植大户的主导作用和示范效应，鼓励种植大户作为实施主体承担秸秆还田、施有机肥等黑土保护工作（刘春妍，2018；李嫣然和陈印军，2017）。

2. 新型农业生产主体

（1）种粮大户。主要是指在一个县域内集中成片承包耕地或租种耕地，实际种粮面积不低于1000亩，而且单块连片耕种面积不低于500亩的种植户。耕种面积超过5000亩的种植户为超级产粮大户。黑龙江省财政部门与黑龙江省农村信用联合社对接，以放大贷款额度、项目补助的方式，为水稻、玉米、小麦和大豆4类符合标准的种粮大户发放财政补贴，用于解决土地流转和耕种经营中支付承包费及购买种子、化肥、农药等方面的资金需求。对超级产粮大户，通过以奖代补的方式给予项目补助（刘春妍，2018；李嫣然和陈印军，2017）。

（2）家庭农场。类似种粮大户的升级版，以家庭成员为主要劳动力，从事农业规模化、集约化、商品化生产经营，以种养业为主，并以农业收入为家庭主要收入来源的农业经营主体。家庭农场要发挥黑土保护的重要作用，增施有机肥，采用轮作与间套种植技术，促进农业商品化。

（3）农民合作社。有时指农民专业合作社，是在家庭承包经营的基础上，同类农产品的生产经营者、同类农业生产经营服务的提供者和利用者，自愿联合、民主控制的互助性经济组织。2007年《中华人民共和国农民专业合作社法》正式颁布实施。农民合作社应与农户建立稳固的合作关系，承担保护性耕作补贴作业任务，带动农户应用保护性耕作技术，为农户提供各种农业服务，包括农业生产资料购买、农产品加工销售、农业技术知识培训等。

3. 各级政府

1）各级政府的职责分工

（1）中央政府。将黑土保护利用上升为国家战略，制定黑土保护与利用的中长期规划，提出黑土休耕的重点区域，制定黑土保护的各类补偿与补贴政策，出台各类强农惠农政策。

（2）省区府。结合粮食安全省长责任制和省级政府耕地保护目标责任考核，建立黑土保护考核机制，将黑土保护纳入各级党委政府领导班子工作范围。成立由政府牵头，农业农村、发展和改革委员会、财政、自然资源、生态环境、水利、科学技术等部门组成的黑土保护推进机制。明确各部门的工作责任，加大公共财政投入。注重黑土保护的好经验、好做法、好典型与好模式的总结与推介。

（3）地方政府。强化保护黑土的责任，加强监管。统筹使用黑土保护的项目资金。加大黑土保护宣传，通过互联网、传统媒体等平台，多种渠道多种方式开展黑土退化危害、休养生息必要性、保护模式及技术知识、国省黑土保护政策与法规的宣传教育，引导公众保护黑土资源。鼓励公众参与决策黑土保护的政策与机制。

2）各部门的职责分工

人大部门——对黑土资源保护、管理、开发利用进行立法，国家层面加快修改或补充有关法律规定。

发展和改革委员会与自然资源部门——成立"黑土资源保育与可持续利用委员会"，协调多部门联动配合，统筹规划，综合治理，协调发展。

财政部门——建立黑土地保护生态补偿机制与黑土保护专项基金，加大对农田基本建设和黑土耕地的保护性耕作的投入和补助。

农业农村部门——建立黑土资源保护长效机制，引导农民推行免耕播种、少耕深松、秸秆还田、田间覆盖等技术措施。

建设部门——对新增建设用地占用耕地，制定表土剥离优惠政策或规章制度。

生态环境部门——加快黑土区试点污染土壤修复，率先开展黑土区试点，探讨和制定土壤修复办法和规程，建立行业标准。

水利部门——在土地整理、高标准基本农田建设等土地整治项目中增加水土保持内容，统筹安排农田水利工程等土地整治内容。

林业和草原部门——加强黑土区林业生态工程建设，提高黑土区造林绿化补助标准，建立农田防护林体系。

科学技术部门——设立重点研发专项，开展黑土地表水土过程、侵蚀机制与调控等重大基础研究，研发黑土资源保育农业关键技术、退化黑土生态修复技术、水土流失防治工程技术。

4. 龙头企业

1）农业企业

农业公司。农业公司又称农业企业，是指通过种植、养殖、采集、渔猎等生产经营而取得产品的营利性经济组织。主要是指国营农场和集体所有制农业。鼓励农业企业参与黑土保护工作，并在黑土保护中发挥技术优势与组织作用。

农业产业化龙头企业。农业产业化龙头企业是指以农产品加工或流通为主，通过各种利益联结机制与农户相联系，带动农户进入市场，使农产品生产、加工、销售有机结合、相互促进，在规模和经营指标上达到规定标准并经政府有关部门认定的企业。此类企业要充分利用产业链优势，注重黑土资源的保护。

2）农垦

黑龙江北大荒农垦集团前身是黑龙江农垦系统，创立于1948年。1998年，经国务院批准，成立黑龙江北大荒农垦集团总公司，组建北大荒集团。目前，集团总部设在哈尔滨市，下属9个分公司、113个农牧场，总人口达到157.9万人，土地面积达543.9万公顷，占黑龙江省面积的12.6%；包括耕地21.24万公顷，人均耕地达20.2亩，是中国人均水平的16.4倍，尚有可垦荒地47.6万公顷。农垦集团涉及的行业主要有成品油、农业生产资料、农产品经营、大型农业机械等，主要农产品有粮食、油料、甜菜、牛奶等。2010年，被农业部命名为"国家级现代化大农业示范区"。2019年中国企业500强中，北大荒农垦集团总公司位居第161位。黑龙江垦区分布在东北地区的小兴安岭南麓、松嫩平原和三江平原，分布在黑龙江省的各地市。

（1）宝泉岭管理局：驻地为鹤岗萝北县，分布有13个农场，覆盖绥滨、萝北、汤原、依兰，拥有耕地476万亩、林地118万亩、草原35万亩。

（2）红兴隆管理局：驻地为双鸭山友谊县，分布有12个农场，覆盖富锦、宝清、集贤、友谊、桦川、桦南、饶河、勃利等县市，拥有耕地40万公顷、牧地草原2万公顷和林地16万公顷。

（3）建三江管理局：驻地为佳木斯富锦市，分布有15个农场，覆盖富锦、同江、抚远、饶河等地区，拥有耕地1100万亩、林地249万亩和牧地草原35万亩，建有1个省级开发区和8个工业园区，拥有中储粮直属库等9个粮库，固定仓储能力达到192万吨。

（4）牡丹江管理局：驻地为牡丹江市区，拥有15个农场和334个农林牧渔生产连队，分布在密山、虎林、海林、宁安、鸡东和宝清等县市，拥有耕地30.7万公顷、林地14.4万公顷和草原4.8万公顷。

（5）北安管理局：驻地为黑河北安市，分布有15个农场，覆盖北安、五大连池、嫩江、孙吴、逊克等市县，拥有耕地500万亩，土壤有机质含量达6%~8%，有林地达到195.7万亩，草原面积为122.4万亩。

（6）九三管理局：驻地为黑河嫩江，分布有11个农场和70个农业管理区，覆盖嫩江、讷河、五大连池，拥有耕地402万亩、草原143万亩和林地132万亩，黑土占耕地面积的70%以上。

（7）齐齐哈尔管理局：驻地为齐齐哈尔市区，下辖11个农场，覆盖耕地13.6万公顷，有7个专业牧场，拥有国内规模最大、现代化程度最高的北大荒马铃薯产业集团。工业发展能力较强。

（8）绥化管理局：驻地为绥化市区，分布有10个农场，拥有耕地8.4万公顷、林地6万公顷、草原2万公顷，覆盖绥化、大庆、伊春等地区，种植面积占耕地面积的40%以上，家庭农场组织化率达到75%。

（9）哈尔滨管理局：驻地为哈尔滨市区，下辖11个农场，拥有耕地38.9万亩，黑土占耕地面积的 60% 以上，厚度为 30~70 厘米，有机质含量为 5%~7%；林地 15.1 万亩，牧草地面积为 13.4 万亩，绿色和有机食品认证面积达 20 万亩以上。

农垦系统要发挥大型企业的资源优势，通过运用农艺、农机、工程、生物等技术综合施策，形成能复制、可推广的黑土保护和治理修复技术与模式。重点开展规模格田替代一般农田、保护性耕作替代传统翻耕、智能化替代机械化、绿色农药替代传统化学农药、有机肥替代化肥、地表水替代地下水，实现高标准农田全覆盖、农机智能化全覆盖、标准化生产全覆盖、绿色生产全覆盖、投入品专业化统供全覆盖、数字农服管控全覆盖。推广实施机械化秸秆直接还田，开展绿色农药和有机肥生产推广工作。制定实施黑土保护的保护性耕作企业标准等标准体系，建立黑土保护技术产业体系。尽快建立一批黑土保护示范区，因地制宜开展黑土治理修复（杨世志，2020）。

专栏 8-9　黑龙江农垦系统的黑土保护

黑龙江农垦系统是东北黑土资源的重要使用者，也是黑土保护的重要力量。黑龙江农垦系统在黑土保护上已开展了大量工作（杨世志，2020）。

1973~1977 年、1981~1987 年、1991~1993 年开展了覆盖全垦区的土壤普查、土壤养分普查、土壤微量元素普查，2005~2012 年对土壤状况进行整体普查。

2002 年水利部松辽水利委员会牵头在七星泡农场开展水土流失综合防治试点，2006 年鹤山等 4 个农场启动黑土地水土流失综合防治一期工程，2011~2013 年共青等 7 个农场实施了国家农业综合开发黑土地水土流失综合防治二期工程。

2014 年开始，围绕农田灌排能力、土壤培肥地力和农机作业能力的农业基础设施建设在垦区全面铺开。截至 2018 年底，通过水土保持、基本农田建设、千亿斤粮食工程、三江平原灌区配套工程，建设了高标准农田 181.1 万公顷。

20 世纪 80 年代初开始，组织肥料投入品的联网试验，开展不同土壤类型、不同作物的养分比例和施肥技术的研究。2005 年开始开展测土配方施肥项目，截至目前已有 71 个农场成为项目单位，覆盖了 96% 的耕地。70 年代开始推广土壤深松和少免耕等保护性耕作技术，保护性耕作和秸秆还田推广面积分别达 10.98 万公顷和 280.5 万公顷。农田防护林从 1985 年开始呈现恢复性建设，目前形成防护林体系 13.1 万公顷。配套农艺措施农机总动力 1000 万千瓦以上。

制定了不同目标和重点措施的治理规划和方案。2000 年编制了《黑龙江垦区水土保持生态建设总体规划》。2013 年编制了《农业综合开发水土保持项目黑龙江省农垦总局实施规划（2014~2019）》。2014 年编制了《黑龙江省农垦黑土地保护"十三五"实施规划》。2018 年编制了《黑龙江垦区黑土耕地保护三年行动计划（2018~2020 年）》。2019 年成立了黑土保护领导小组，并成立了秸秆还田推进组、秸秆利用项目组、畜禽粪便利用组、投入品统筹组和生态环境保护组等工作组，开启了坚持用养结合、绿色发展为根本的黑土保护专项行动。

3）林区

东北地区共有五个国有林区，分别为内蒙古森工集团、吉林森工集团、龙江森工集团、大兴安岭林业集团、长白山森工集团。东北林区经营面积4.9亿亩，占全国国有林区经营面积的67%。

（1）内蒙古大兴安岭重点国有林区：覆盖呼伦贝市、兴安盟9个旗县市，包括牙克石市、扎兰屯市、根河市、额尔古纳市、鄂伦春旗、鄂温克旗、阿荣旗、莫力达瓦达斡尔族自治旗、阿尔山市。面积达10.67万平方公里，森林面积8.17万平方公里，占大兴安岭的46%。下设19个林业局。

（2）大兴安岭林业集团：经营面积为802.79万公顷。下设10个林业局和61个林场。

（3）龙江森工集团：覆盖小兴安岭、完达山、张广才岭，跨10个地市的37个县市，总经营面积10万平方公里。下设4个林管局和40个林业局、627个林场。

（4）吉林森工集团：位居长白山林区，经营面积达134.8万公顷。下设8个林业局。

（5）长白山森工集团：地处中朝俄三国交界处，经营面积达230万公顷。下设10家国有森林企业、1个森林经营局。

5. 科技组织

整合利用科研院所和农业技术推广单位等各类科技资源与力量，构建黑土地保护利用的基本科技支撑体系。

组建专业化黑土研究机构。加快建设黑土地国家级和省级重点实验室，创建国家级黑土保护防治工程研究中心和黑土地研究院，探索创建黑土保护科技创新联盟。

加强科研创新攻关。鼓励各单位开展协同攻关，开展黑土肥沃专项技术研究。重点在保护性耕作、水土流失治理、有机培肥、中低产田改良、节水灌溉、黑土质量标准与分等定级等方面加强技术研究，探索建立可复制、可推广的黑土保护技术模式和运行机制。

有组织地推进研究成果应用转化，及时推广黑土保护先进适用技术。

强化技术服务，创新服务机制，推广人员要进村进户开展技术指导。积极开展黑土保护技术培训，提高农民的科学施肥、耕地保育水平。

五、保护长效机制

加快构建中央指导、地方组织、各类经营主体及管护单位承担具体责任的长效保护机制，构建起政府部门牵头、技术服务保障、各类主体参与、示范带动的工作机制，促进黑土资源的持续利用。

1. 法规建设

建立健全黑土保护和利用的法制体系，从法规层面考察法律法规、规章体系、红线管理等基本约束，实现黑土地保护法律化。

1）基本法规

将黑土保护和利用列入立法计划，加强基本法规建设，明确黑土保护的国策地位。重点落实好《黑土地保护法》，修订完善《中华人民共和国土地管理法》《基本农田保护条例》等相关法律法规，从法律上明确中央和地方、相关部门和主体对黑土保护的责任和义务。完善并严格落实耕地保护各项法律法规和制度。主管部门制定配套实施专门规章，探索制定国家级的黑土地综合治理规划，统领黑土地综合治理。以此，将黑土地保护和利用纳入法治化轨道，做到依法管土、依法护土。

2）保护条例

结合寒地黑土的区域特点，加强地方性制度化建设。东北四省区尤其是黑龙江省、吉林省、内蒙古自治区要加强《耕地保护条例》《黑土质量保护条例》《水土保持条例》等地方性法规规章，同时加强《森林法》《环境保护法》《防洪法》等专业化规章制度建设，与国家法律法规相衔接配套。通过法规条例强化各级政府、农户及新型农业经营主体履行保护黑土耕地的责任，规范各领域各部门的黑土地保护、监测和监督管理行为。

3）保护红线

从数量和质量两个角度，制定黑土保护和利用的红线制度，形成"双红线"制度，全面筑牢国家粮食安全"压舱石"根基。结合永久性基本农田和高标准粮田，确定东北地区的黑土耕地保护面积和基本范围，建立数据库，牢牢守住黑土耕地的基本数量红线，防止黑土耕地"非农化""非粮化"。制定黑土的基本质量红线，根据红线实施休耕，保护好黑土质量的底线，确保百姓"吃得安全""吃得好"。

专栏 8-10　东北黑土保护利用的成功模式

梨树模式：重点实施保护性耕作技术，减少黑土地耕层土壤扰动，玉米等旱田作物的秸秆直接覆盖还田于土壤，是秸秆全量覆盖、免耕播种、达到保持土壤水分、防治土壤风蚀水蚀、培肥土壤肥力等多种功效为一体的农业种植技术模式。中国科学院沈阳应用生态研究所、中国农业大学等联合实验，通过与县农村合作社或农机大户建立了 100 个核心示范区，并在吉林省中西部、辽宁省东部、蒙东地区、黑龙江省西部等建立了近百个试验示范基地，形成覆盖东北四省区的示范网络。

龙江模式：秸秆翻埋还田的黑土层保育模式以黑土层扩容增碳为核心技术，建立"一翻"（秸秆和有机肥翻埋还田）和"两免"（条耕条盖、苗带休闲轮耕）技术模式。秸秆碎混还田的黑土层培育模式采用秸秆和有机肥混合翻埋、松耙碎混为核心技术，通过玉米大豆轮作，配套免耕覆盖、条耕条盖和苗带轮耕休闲技术，横坡打垄、垄向区田、植物篱等水土保持措施逐渐加深耕层。四免一松保护性耕作模式采用秸秆覆盖免耕配合深松的保护性耕作技术。坡耕地蓄排一体化控蚀培肥模式建立坡耕地蓄排水与控制面蚀、培肥土壤相结合的一体化系统工程保护坡耕地。

德惠模式：实施玉米秸秆全量还田。先用秸秆切碎还田机把秸秆粉碎，再用秸秆全量还田联合整地机进行整地作业，机器旋耕深度达到 25 厘米以上，然后重镇压，最后进行播种作业。这种模式能促进土壤有机质含量恢复提升，开创秸秆科学合理利用新途径，解决秸秆处理难等问题。

2. 行政机制

从政府层面考察中央-地方事权、田长制等刚性机制。

1）中央-地方事权

国家层面：重点实施宏观调控，提出黑土地保护和利用的基本方略，制定黑土保护的基本法规，将黑土保护确定为重要的国策。构建黑土保护的基本投资渠道，形成基本资金支撑。提出黑土保护的数量与质量"双红线"制度。

地方层面：完善黑土保护的地方条例或专业化规章，明确省、市、县、乡四级政府及相关部门黑土地保护职责。将黑土保护达标情况纳入地方党政领导班子和领导干部政绩考评体系，纳入生态省建设考评体系。建立黑土监测评价体系，定期开展黑土地质量监测评价。完善黑土保护的资金预算制度。

2）田长制

为了实现黑土耕地管护工作的长效化，参照河湖长制的做法，实行黑土耕地保护管理"田长制"，责任落实到部门、到田、到人，实现网格化管理。按照行政区划和属地管理的原则，设置省、市、县、乡、村和网格、户共7级田长，形成各级"田长制"监管责任体系。各级"田长"要定期督查耕地与高标准农田管护运行情况，层层压实监管责任，多措并举加大黑土地保护力度。各级"田长"要与基层执法监察建立联动巡查机制，定期召开由各级"田长"参与的会议。

3. 生态补偿机制

黑土保护是需要大量的资金投入，需要从补偿视角考察生态补偿、资金支付方式等的补偿机制。

1）黑土生态补偿

以《中华人民共和国黑土地保护法》为基本依据，协调粮食主产区与主销区的利益关系，通过财政转移支付，建立国家和地方黑土地保护生态补偿制度，为黑土保护提供制度保障。国家各部门要加强协调，确定黑土生态补偿的原则、程序、核算方法、资金来源、组织机构、补偿效果检验和监督等，尤其是明确设立黑土补偿专项资金、制定补贴方法和奖惩机制。通过生态补偿的方式，促进东北黑土地保护和生态环境及其功能恢复。鼓励跨省跨流域跨区域开展黑土地生态补偿试点。

2）资金支付方式

黑土地保护和利用需要加强完善资金支配方式，健全补偿途径，国家财政要提高转移支付系数，加大转移支付力度，探索市场化补偿模式。

中央转移支付。建议设立黑土地耕地补偿资金和黑土土壤保护专项基金。探索设立黑土地保护引导性基金，采取政府购买服务、政府与社会资本合作等方式，吸引社会资本参与。

地方财政预算支出。东北四省区要根据经济社会发展和财力增长状况，逐步增加省级财政预算安排。市、县财政也要加大黑土保护的财政预算安排。

中央预算内资金。中央预算内资金是由国家发展和改革委员会负责管理和安排的中央财政性投资资金，包括长期建设国债投资、投资补助和贷款贴息等方式，主要是对建设项目实施支付，具体如下。

其一,投资补助:是指国家发展和改革委员会对符合条件的地方政府投资项目和企业投资项目给予的投资资金补助。

其二,贷款贴息:是指国家发展和改革委员会对符合条件、使用了中长期贷款的投资项目给予的银行贷款利息补贴。在此方式中,政策性金融机构和商业金融机构需要加大对黑土地保护的绿色贷款力度,对积极采用秸秆还田、增施有机肥等措施的农户,对黑土地区的水利工程项目、农田基础设施建设、防护林耕种等,实行绿色贷款贴息。

其三,长期建设国债投资:是国家为了投资基础设施建设募集资金而发行的国债,主要是向四大国有商业银行定向发行。在发行方式中,建议发行黑土地的绿色债券,支持黑土地种植、轮作、伏耕、养护和治理。

专栏8-11　中国转移支付的基本方式

转移支付是指政府或企业无偿地支付给个人以增加其收入和购买力的费用,是非市场性的分配关系,多具有福利支出的性质。在中国,转移支付主要是政府间的财政资金转移,是中央政府支出的重要部分,是地方政府预算收入的重要部分。政府间转移支付是上一级政府对下级政府的补助,目的是平衡各地区由于地理环境或经济发展水平不同而产生的政府收入差距。

中国财政转移支付制度是在1994年分税制基础上建立起来的,是一套由税收返还、财力性转移支付和专项转移支付构成,以中央对地方的转移支付为主的制度。

税收返还——是中国财政转移支付的主要形式,将集中的部分税收收入返还给地方,是地方财政收入的重要来源。

一般性财力性转移支付——由中央财政安排给地方财政的补助支出,是缩小地区财政差距的重要手段。主要包括:一般性转移支付、调整工资转移支付、民族地区转移支付、农村税费改革转移支付、年终结算财力补助等形式。

专项转移支付——是中央财政为实现特定宏观政策及事业发展目标而设立的补助资金,重点用于公共服务领域。地方财政需按规定用途使用资金。

特殊转移支付——是在发生不可抵抗或国家进行重大政策调整时,由上级政府支付的特殊补助。

---

4. 补贴机制

从奖补层面考察黑土地保护利用奖惩政策、补贴的实现途径、范围。黑土地保护和利用要实行"粮补""地补""产补"并重,调动地方政府和农民保护黑土地的积极性(李然嫣,2017)。

1)农机购置补贴

黑土保护采用的秸秆综合利用、测土配方施肥、有机肥施用、轮作、休耕、深松补播等措施需要农机具进行辅助,地方政府需要对农机购置进行补贴。重点对深松整地、免耕播种、高效植保、节水灌溉、精准施肥施药、秸秆还田离田、残膜回收、畜禽粪污资源化利用、病死畜禽无害化处理等需要的农机具给予购置补贴，引导农民购置保护性耕作机具，提升农机装备配套水平。补贴对象包括从事农业生产的个人和农业生产经营组织。

2）秸秆还田补贴

在全域全时段全面禁止露天焚烧，实施秸秆综合利用补贴。主要有如下几种。

秸秆还田作业补贴——对玉米秸秆全量翻埋和碎混还田、秸秆覆盖还田给予补贴，对水稻秸秆翻埋还田、水稻秸秆本田腐熟作业给予补贴。

秸秆离田利用补贴——利用国家粮改饲项目，对省内所有奶牛场窖贮全株玉米青贮进行补贴。按照"谁利用、补贴谁"的原则，实施秸秆离田利用补贴，对纳入各级秸秆综合利用管理台账的村集体、各类经营主体和企业，根据当年实际利用秸秆量给予补贴。

秸秆还田离田机具购置补贴——对购置高性能拖拉机和秸秆专用机具的各类购机主体，在享受国家农机购置补贴的基础上，省级财政按照所购机具前2年市场最低售价的20%给予累加补贴，总补贴额不超过机械销售价格的50%。

秸秆离田作业补贴——为确保秸秆全部离田，剩余暂得不到利用的秸秆拟进行离田作业环节补贴。

秸秆固化利用补贴——农民或农业经营主体购买秸秆相关农机和设备，在国家农机购置补贴的基础上，市县级政府再补贴30%～50%。农民或农业经营主体将秸秆进行青贮、半干青贮、微贮、氨化，可享受秸秆三贮一化利用补助。从事生物质燃油、乙醇、秸秆发酵等秸秆能源化生产的企业等可申报秸秆综合利用能源化补助。实施秸秆粉碎还田补助，支持开展玉米秸秆机械化粉碎、深耕和耙压等机械化还田作业。

3）有机肥补贴

提出主要作物、主要产区有机肥高效安全生产和使用的补贴机制。

有机肥替代化肥补贴——在苹果、设施蔬菜等优势产区开展有机肥替代化肥试点，包括基础性工作、物化投入、社会化服务等方面实施补贴。

有机肥生产销售补贴——对纳税人生产、销售、批发和零售有机肥料、有机-无机复混肥料和生物有机肥免征增值税，促进有机肥产业发展。

4）农业生产补贴

定期深松作业补贴——补助对象为按作业规范实施深松整地作业的实际种植户、农机户、农机服务组织、农场或农业企业，作业深度介于25～60厘米，补贴大致为30～60元/亩，具体标准以各县为单位的实际政策为准。

耕地地力保护补贴——补贴资金以"一卡通"的形式直接补贴给农民，对实施作物轮作、测土配方施肥等保护性耕作措施提供补贴。

农业生产资料补贴——在农膜、种子、种苗、化肥、农药、农机等农资购置方面提供补贴。

专栏 8-12　中央财政在东北黑土保护利用上的投资

2015～2017 年，中央财政每年安排 5 亿元资金，累计安排 15 亿元，在东北四省（自治区）的 17 个县（市、区、旗）开展东北黑土地保护利用试点，积极探索黑土地保护利用的有效技术模式和工作机制。每县实施面积 10 万亩，按照同一地块连续实施 3 年原则，累计实施 510 万亩，实际保护利用面积 170 万亩。2018 年，中央财政加大黑土地保护工作的支持，将试点转为项目，实施项目县增至 32 个，每年安排 8 亿元资金。2019 年，中央继续安排财政资金 8 亿元，支持 32 个县实施黑土地保护利用项目。重点在东北地区组织项目县（市、区、旗）集成示范推广秸秆还田、有机肥施用、肥沃耕层构建、土壤侵蚀治理、深松深耕等技术模式。2020 年，按照中央一号文件，继续支持 32 个项目县（市、区、旗）实施四大类 17 种黑土保护利用综合技术模式示范推广。力争在 2025 年 1.4 亿亩土地实施保护性耕作，占东北地区适宜区域耕地面积的 70%。

农产品种植补贴——对种植大豆的农户进行补贴，鼓励农户改种植大豆，保持黑土资源地力。

5）黑土修复补贴

完善占用耕地耕作层土壤剥离再利用措施，建立黑土耕作层土壤剥离制度。在用地审批、工程预算和工程验收等环节中加入相关规定，严格实行占补平衡，在复垦中明确数量和质量的要求，落实"谁开发谁补偿"制度。利用金融手段推进表土剥离，对于黑土地区建设项目的融资需求，金融机构可以将其表土剥离措施的成效作为重要的业务审批参考依据。

对已受损耕地设立并实施"土壤修复计划"，试点建立耕地资源的"项目补偿"制度。

农膜回收行动项目——以玉米、马铃薯为重点作物，以加厚地膜应用、机械化捡拾、专业化回收、资源化利用为主攻方向，连片实施，整县推进。省市县三级财政补贴地膜使用，按照旱地 70 元/（12 斤地膜·亩）计算，财政补贴 60%；第二年给予购买目标，以 2∶1 的比例以回收的旧膜换新膜。

5. 产权制度改革

土地产权是指有关土地财产的一切权利的总和，包括土地所有权、土地使用权、土地租赁权、土地抵押权、土地继承权等。目前，农户或农业生产组织保护黑土资源的积极性不足，因为只有土地的经营权，没有继承、转让权利。

稳定农村土地承包关系，坚持"大稳定，小调整"，衔接落实好第二轮土地承包到期后再延长三十年的政策。规避承包农户与承包地发生分离。

加快土地产权制度的改革，使农民单一的经营权进一步拓展到占有、处置、入股、转让、抵押、继承等多种权利，从土地产权制度上根本解决农民保护黑土资源的积极性问题。

在黑土地地区选择若干县（市）进行试点，探索土地"三权"分置（所有权、承包权、经营权），依法维护农民集体对承包地发包、调整、监督、收回等权利，维护承包农户使用、流转、抵押、退出承包地等权利，依法维护经营主体从事农业生产所需的各项权利，健全农地产权体系。

推进土地经营权抵押贷款。为了拓宽农业经营主体发展生产的资金来源，推广农村承包土地经营权抵押贷款，允许经营主体以承包地的经营权依法向金融机构融资担保、入股从事农业产业化经营。

让市场发挥决定性作用，加大种养大户、家庭农场、农民合作社、农业企业等农业新型经营主体培育，利用专业合作、股份合作、土地流转、土地入股、土地托管、联耕联种、代耕代种、统防统治等形式，把分散的土地经营主体联结起来，引导土地有序向新型农业经营主体流转，发展规模经营，促进耕地集中连片生产，为黑土耕地保护创造条件。

6. 示范试点

面向东北四省区，选择典型黑土地县市开始试点示范，优先开展各种技术与政策的综合运用，探索有益的经验与模式。重点在 32 个县（市、区、旗、农场）推进试点示范（魏丹等，2016）。

1）整建制推进项目县

重点在 8 个县（市、旗、区）开展整建制推进示范，每个县的示范面积在 50 万亩以上，至少建设 10 个万亩集中连片示范区。黑土地保护利用治理模式要示范推广到各乡镇，有条件的地方开展整乡镇示范，实施 5 年以上的项目县要实现 20% 的乡镇整建制示范。

8 个示范县（市、旗、区）分布如下所示。

辽宁省——铁岭县。

吉林省——松原市宁江区、公主岭市。

黑龙江省——龙江县、克山县、桦川县、海伦市。

蒙东地区——阿荣旗。

2）保护利用项目县

重点在 24 个县（市、旗、区）开展黑土地保护利用试点，每个县的示范面积在 20 万亩以上，至少建设 3 个万亩集中连片示范区。实施 2 年以上的项目县要实现 20% 的乡镇示范，有条件的地方开展整乡镇示范。

24 个县（市、旗、区）分布如下所示。

辽宁省——台安县、新民市、灯塔市。

吉林省——前郭尔罗斯县、双辽市、梨树县、伊通县、东丰县、辉南县、柳河县。

黑龙江省——五常市、宾县、巴彦县、富锦市、青冈县、绥棱县、五大连池市、密山市、虎林市、宝清县及宝泉岭农场。

蒙东地区——开鲁县、鄂伦春旗、莫力达瓦旗。

第九章
东北地区经济产业高质量发展路径

经济始终是区域的核心空间要素，实体经济始终是区域发展的重要动力源。东北地区曾是我国最早系统实现工业化建设的地区，是我国重要的工业生产基地，拥有许多在全国具有战略地位和意义的产业行业和生产基地，是全国经济体系中的重要板块。在东北地区经济发展低迷的背景下，推动经济产业复兴发展是东北全面振兴、全方位振兴的核心事情，尤其是工业始终是东北地区的发展核心，需要科学合理设计其未来发展方向与推进路径。本章立足最新发展趋势，分析东北地区的产业布局与产业结构调整路径。重点分析传统优势产业的改造优化路径，剖析装备制造业做大做强路径，考察战略性新兴产业的培育壮大路径，论述现代服务业优质高效发展路径。

本章主要得出以下结论。

（1）以创新驱动与绿色发展为动力，促进"两化"深度融合，调整存量与做优增量并举，全力改造升级"老字号"，深度开发"原字号"，培育壮大"新字号"，淘汰落后产能，振兴支柱产业，改造提升传统产业，实施"五头五尾"建设，积极培育新兴产业，拓展工业发展新空间，确保产业安全、能源安全。

（2）需要优化调整传统优势产业，有效化解过剩产能，有序开发矿产资源，推进资源精深加工，做强农产品加工业，提档升级纺织服装业。做强做大装备制造业，重点发展航空、海洋工程、轨道交通、石化冶金设备、汽车、能源装备等制造业。培育壮大战略性新兴产业，包括生物医药、大数据、新能源、节能环保、电子信息和新材料等产业。以此确保产业安全、能源安全，为全面振兴提供强力支撑。

（3）服务业是东北地区全面振兴的重要支撑行业，未来需要以产业转型升级为导向，加快发展生产性服务业和生活性服务业。重点发展生态旅游业、特色文化产业、现代物流业、金融和商贸服务业、科技服务业、软件和服务外包、电子商务和养老健康服务业。以此活化东北地区发展环境，为全面振兴注入新动能。

第一节　传统优势产业

一、化解过剩产能

坚持综合施策、标本兼治、分类处置，聚焦钢铁、煤炭、水泥、造纸、印染、玻璃、电力等行业，鼓励企业通过转型转产、搬迁改造、国际产能合作等途径，主动压减过剩产能、退出落后产能。严格执行环保、能耗、质量、安全、技术等法律法规和产业政策，严格把关新建和在建项目产能置换。严守生态保护红线、环境质量底线、资源利用上线，划定产业市场准入负面清单，明确禁止和限制发展的行业、生产工艺和产业目录，防止过剩和落后产能跨地区转移。

推进企业兼并重组，依靠市场化机制推动"僵尸企业"有序退出。加强节能环保技术、工艺、装备推广应用，开展能效提升、清洁生产、工业节水等绿色化升级改造，实施重点行业和企业循环化改造。

政府及企业要把职工安置作为淘汰落后产能、化解过剩产能的重中之重，严格执行有关规定，制定职工安置方案，多渠道安置好职工，做好再就业帮扶，避免规模性失业。

二、矿产资源开发

以具有比较优势的矿种为重点，加强资源勘查，保护优势资源，扩大紧缺资源开采，限制污染环境的资源开发，以精深加工为抓手，做大做强矿业经济。完善资源开发调控方向，重点开采煤层气、地热等能源矿产和铁、锰、金、铜、银等金属矿产，以及菱镁矿、硼矿、滑石矿、玉石矿、方解石、高岭土、矿泉水、地下热水等非金属矿产，限制开采高硫高灰高砷高氟煤炭、河沙（砾）海砂（砾）、钨、石墨等矿产，禁止开采砂金、泥炭、蓝石棉、汞、砖瓦用黏土等矿产。在资源条件好、环境承载力强、配套设施齐全的地区，集中建设具有市场竞争力的大中型矿山，提高矿产资源供给能力。

1. 煤炭资源

根据各地煤炭资源的禀赋与品质，以巩固自给能力为主，合理开发煤炭资源，稳定东北地区煤炭生产规模。稳步推进煤田地质勘探，加强资源枯竭型矿山深部及外围找矿，增加煤炭资源储备。煤矿基本实现机械化采煤，大型井工煤矿数字化矿山达标率不低于60%，千万吨级以上露天煤矿全部达到数字化矿山标准。蒙东地区贯彻国家能源基地建设战略，深度开发大煤田，建设一批亿吨级和五千万吨级大型煤炭基地，原煤产量控制在1.5亿吨。辽宁省要削减煤炭产量，延长开采年限，推动朝阳、抚顺、阜新等枯竭城市转型发展，合理开发铁岭等地区的煤炭资源，全省原煤产量削减为5000万吨。吉林省逐步削减煤炭产量，重点推动白山、延边、长春等地区的煤炭开发，建设超千万吨煤炭基地，全省产量控制在1亿吨。黑龙江省限制煤炭产量开发，严格控制新增产能，推动鸡西、鹤岗、双鸭山、七台河等地区的煤炭开采，全省煤炭产量控制在7000万吨。加大与俄罗斯、蒙古国的煤炭资源开发合作，鼓励煤炭企业开发境外煤炭资源。

加快煤层气开发。加强收集利用技术攻关，推动煤层气规模化、产业化和市场化进程。辽宁省重点开发沈北煤田、沈南煤田等地区的煤层气资源。黑龙江省重点开发鸡西、鹤岗、哈尔滨依兰等地区的煤层气。

东北地区高质量发展的战略路径

2. 油气资源

实施精细勘探、效益勘探和战略勘探,加大重点区域油气资源勘查,增加资源储量。搞好老油气田调整和新油气田开发。围绕海拉尔盆地、二连盆地、大庆油田、松原油田、松辽盆地、伊通盆地,推进石油、天然气、页岩油、页岩气开采,实现原油稳产、天然气增产。

实施原油精准开发,加大外围油田难采储量和复杂区块油气开采力度。辽宁省重点推动辽河油田开发,原油产量达到1000万吨;建设大连、锦州等国家石油战略储备基地,强化石油供应安全。黑龙江省适当压减石油开采量,减缓大庆油田产量下降速度,原油产量达到2500万吨。吉林省以吉林油田为主体,延缓老油气田递减,重点推动大情字井、大安、扶新、长岭等油田开发,推进汪清、桦甸、农安等油页岩综合开发利用。蒙东地区稳定海拉尔油田、二连浩特油田、科尔沁油田产能。

加大深层气勘探,推进天然气增储上产。吉林省加大龙深、小城子、德惠、孤店等气田开发。蒙东地区加大二连盆地页岩气开发。黑龙江省天然气产量达到50亿立方米。

推动海外油气田合作开发。稳步发展对俄、对蒙油气合作,重点加强油气勘探、开采、深加工等上下游一体化合作。加强俄罗斯天然气进口,鼓励在大连进口液化天然气(Liquefied Natural Gas,LNG)。

3. 铁矿石资源

根据各地区的钢铁企业布局和需求,合理开采铁矿石资源。重点钢铁企业和地勘单位采用合资、合作等形式,对铁矿石进行勘查、开发。以朝阳、额尔古纳为主,压缩铁矿石采选业。辽宁省重点推动鞍山、本溪、辽阳、朝阳等地区的铁矿开采,鼓励大规模开采,限制小矿发展,原矿开采量保持在1亿吨。吉林省重点推动敦化、通化、白山、桦甸等地区的铁矿开采。朝阳、葫芦岛重点推动锰矿开采。

4. 有色金属资源

从严控制有色金属开采,对战略性资源实行保护性开发。对钼、铜、岩金、铅、锌、铀等有色金属资源要调控总量,合理布局,规范开采秩序,重点推动大兴安岭中南段地区有色金属资源开发。采用先进适用技术,开发利用共伴生资源。具体而言,重点推动白山浑江区、江源区、临江市,以及鞍山海城市等地区的镁矿开采,大小兴安岭地区、葫芦岛、伊春、小兴安岭—张广才岭的钼矿开发,吉林市等地区的镍矿开发,桦甸夹皮沟、珲春、白山、漠河、黑河、大兴安岭、朝阳、赤峰等地区的金矿开发,珲春、白山、齐齐哈尔、黑河、葫芦岛、抚顺、呼伦贝尔等地区的铜矿开采,珲春地区的钨矿开发,四平、赤峰等地区的银矿开发,以及葫芦岛、赤峰、四平、鞍山、呼伦贝尔、锡林郭勒、小兴安岭—张广才岭、岫岩—凤城等地区的铅锌矿开发。

5. 矿泉水资源

长白山区域拥有丰富的天然矿泉水资源,水源地有396处,占全国总允许开采量的13.7%,是世界三大矿泉水水源地之一,具体如表9-1所示。突出高端与长白山特色，实施总量控制，产能总量控制在 5000 万吨/年。提高项目建设门槛，对年产 20 万吨特别是 50 万~150 万吨规模及生产高附加值产品的项目优先建设。重点开发靖宇、抚松、安图等地区，推动辉南、长白、敦化、临江、和龙等地区开发，建成全球知名的长白山天然优质矿泉水基地。对各矿泉水源地区分类开发，重点开发偏硅酸型、锶型及复合型饮用天然矿泉水，逐步开发重碳酸和游离二氧化碳矿泉水及含锂、碘、硒等稀有类型矿泉水。重点开发日允许开采资源量 1100 吨以上的天然矿泉水水源地，优先开发日允许开采资源量 5000 吨以上的天然矿泉水水源地。鼓励开发含重碳酸、游离二氧化碳、硒、锶、锂等稀有矿泉，年允许开采规模不得低于 1 万吨。合理推进生态移民，加强运力建设，开辟矿泉水运输大通道。加强"吉林长白山天然矿泉水"地理标志品牌建设。

表 9-1　长白山区域已勘查评价矿泉水资源汇总

县市	已勘查评价水源地数/个	允许开采量立方米/天	尚可利用水源地数/个	尚可利用水源地的允许开采量立方米/天
抚松县	18	57 177	6	8 240
靖宇县	17	72 395	1	1 889
长白县	6	9 250	3	8 000
临江市	3	3 660	2	3 240
辉南县	10	42 845	2	29 400
敦化市	3	1 360	0	0
安图县	19	87 177	7	19 488
和龙市	5	1 060	0	0
长白山保护开发区管委会	2	1 340	1	670

三、资源精深加工

以优势资源为主导，坚持以规模化、品牌化、高端化为导向，深度开发"原字号"，改造提升冶金、建材、纺织等资源加工产业，延伸产业链条，提高资源精深加工比例，优化产品结构，推进资源优势转化为经济优势和发展优势。

1. 石油化工

以"油头化尾"和大化工为方向，坚持大型化和专业化，以产业布局集约化、原料路线多元化、产品结构高端化、生产过程智能化、节能环保生态化为路径，实施炼化一体化发展，不断优化产业布局，完善产业链，调整产品结构，大力发展精细化工，推动油城转型发展。

依托大型炼化企业，以本地油田原油和进口原油为原料，争取俄油落地加工，围绕千万吨级炼油能力，优化石油冶炼产业发展，适度扩大炼油规模，提高重质、高硫、高酸等原油加工能力，做好做大"油头"，巩固提升原油冶炼基地。新建炼化项目全部进入石化基地，新建化工项目全部进入化工园区。吉林省重点围绕吉林石化、利安石化、新大石化等企业，原油加工能力达到1700万吨/年。辽宁省重点围绕抚顺石化、辽阳石化、锦西石化、西太平洋石化、大连石化、长兴岛炼化、恒力炼化、锦州石化等企业，原油加工能力达到9000万吨，重点建设大连与盘锦两大世界级石化基地。黑龙江省依托大庆石化、中石油等龙头企业，原油加工能力达到2000万吨。

坚持"油头化尾"，以大庆、大连、锦州、吉林、盘锦、抚顺、辽阳、营口等城市为主，推动央地合作，做好地方吃配，补齐石化产业短板，拉长做精"化尾"。强化炼油、乙烯、芳烃项目联合布局，增强"三烯"、"三苯"、环氧乙烷/乙二醇、苯乙烯、环氧丙烷等基础化工原料生产能力，做好乙烯、丙烯、芳烃等若干产业链。坚持特色化、差异化、高端化方向，重点发展化工新材料、专用化学品、工程塑料、精细化学品、高端化学品。严格控制尿素、磷铵、电石、烧碱、聚氯乙烯、纯碱、黄磷等过剩行业新增产能（杨挺，2019）。

2. 电力工业

统筹考虑煤源、负荷中心和电网建设，优化布局燃煤火电，实施输煤与输电并举。立足煤炭就地转化和水煤组合优势，以"煤头电尾"为方向，优化发展煤电，以用电、用热需求引导煤电建设，科学发展热电联产，控制新扩建大型常规煤电，鼓励使用超临界、超超临界燃煤发电机组，大力发展优化型百万千瓦级火电机组，推进背压式机组等热电联产建设。促进燃煤机组转型发展，实施燃煤电厂超低排放改造，鼓励建设大型热电机组。完善骨干电网，打造外输通道。重点建设呼伦贝尔、赤峰白音华、霍林河、双鸭山、鸡西、鹤岗等煤电基地。吉林省和辽宁省煤炭资源禀赋较少，根据需要建设一定规模的负荷中心港口、路口电站。

充分利用水力资源，积极开发水电。对有条件的大中型水电站和航电枢纽进行扩机改造，推动嫩江、呼玛河、牡丹江、海浪河、松花江、汤旺河等河流梯级开发，重点建设长甸、莲花、镜泊湖、依兰、丰满、望江楼、文岳等水电站。在抽水蓄能资源丰富、建设条件优良的地区，合理建设抽水蓄能电站，重点建设辽宁省的蒲石河、清原、庄河、兴城等，吉林省的敦化、蛟河、红石等，黑龙江省的尚志、五常、依兰等抽水蓄能电站。把水电开发与农网改造、小水电代燃料、生态保护工程有机结合起来，妥善处理移民，改善偏远地区人民生活。

3. 化工产业

加快煤化工、氯碱化工、硅化工和氟化工、精细化工产业耦合发展，丰富终端产品品种，推动向精细化工延伸发展，提高资源就地加工转化增值水平。

煤化工。根据资源环境承载力，立足煤炭就地转化和水煤组合优势，以"煤头化尾"为方向，推动煤炭精深加工，提高就地转化率。推进褐煤精炼多联产，加快发展煤制烯烃、煤制乙二醇等产业，鼓励煤制化肥、焦化向下游延伸，控制发展煤焦油、煤制天然气等产业。重点发展多伦、扎鲁特、克旗、鹤岗、鸡西、双鸭山、七台河等地区的化工园区。

氯碱化工。改造提升传统电石法乙炔生产工艺，延伸补足电石-石灰氮-农药、土壤改良剂、电石-PVC-塑料制品、电石-PVA-合成纤维等产业链。

硅化工和氟化工。依托赤峰等地区的萤石资源，大力发展硅化工、氟化工产业集群。硅化工以有机硅单体为原料重点生产硅油、硅橡胶、硅树脂、烷偶联剂等产品，氟化工重点开发氢氟酸、二氟一氯乙烷等新产品。

精细化工。发展农药医药中间体、多元醇、PVC 糊树脂、纺织浆料等产品，鼓励发展 PET 等贴近终端消费市场的产品，积极发展氯化甲苯、甲烷氯化物、氯苯等产品。

生物化工。按照"替代石油化工原料、化学工艺和促进大宗发酵产业升级"方向，强化以玉米、秸秆为原料的生物化工技术产业化。以聚乳酸和多元醇为主线，加大技术研发和成果转化，发展生物基产品，延伸至医用、化工、汽车等应用制品领域。鼓励企业加快禽畜副产物的综合利用，开发生产功能性食品、保健食品、生化产品等产品。

4. 钢铁冶金

积极稳妥化解钢铁过剩产能，全面取缔生产"地条钢"，鼓励产能规模较大的地区主动压减钢铁产能。严禁新增钢铁产能，不得净增钢铁冶炼能力，结构调整及改造项目严格执行产能减量置换。加快钢铁企业技术装备升级改造，积极采用高效低成本冶炼技术、新一代控轧控冷技术、新一代可循环钢铁流程等关键技术，推动智能制造工厂建设。推动建筑用钢升级换代，重点推进高技术船舶、海洋工程装备、先进轨道交通、电力、航空航天、机械等领域高端钢材品种的研发和产业化（张京萍等，2020）。优势企业要以自产为纽带推动企业兼并重组，在不锈钢、特殊钢、无缝钢等领域形成若干家大型钢铁企业集团，改变"小散乱"局面。吉林省重点推动通化、长春、辽源、吉林、白城等城市的钢铁产业发展，产量保持在 800 万吨左右。辽宁省重点依托鞍山、本溪、朝阳、大连、抚顺、营口等地区，钢铁产量保持在 6000 万吨左右。黑龙江省重点推动伊春等地区的钢铁产业发展，钢铁产量保持在 300 万吨左右。蒙东地区重点推动赤峰等地的钢铁产业发展，产量保持在 200 万吨左右。

5. 有色金属冶炼

依托资源矿产基地，推动矿山企业和冶炼企业联合布局，构建有色金属探—采—选—冶—加产业链，推动"煤电冶加""探采选冶加"一体化循环发展，向新型合金、新型功能材料等精深加工延伸，丰富产品种类，建设有色金属生产加工基地。重点建设大兴安岭有色金属精深加工基地。

镁合金。完善"镁锭—（稀土）镁合金—压铸件"产业链，重点研发生产汽车轻量化用高精镁合金压铸件，推动开发航空航天用镁合金复杂铸造件、高性能镁合金粉等产品，支持镁基储氢合金发展。

铝合金。重点研发轨道交通及汽车轻量化用大断面高性能铝合金材料，开发预拉伸板等铝精深加工产品，研发生产铝合金箔材、高强韧压铸铝合金、铝合金精密锻件、铝合金箔材等，打造中国高精铝加工生产基地。重点建设霍林河煤电铝一体化产业基地。

钼产业。发展钼铁、氧化钼及钼棒杆丝、钼板、钼箔、钼异型件等深加工产品，打造钼产品产业链，重点研发生产航空航天领域的高纯钼粉及钼合金。在吉林、延边、伊春、大兴安岭等钼资源丰富地区，建设集采选、冶炼及钼制品深加工于一体的工业园区。

镍。围绕新能源汽车动力电池，建设镍锰钴酸锂三元系电池正极材料研发生产基地，推进磁材专用铁粉、医药食品级铁粉等功能性金属粉体材料发展。

黄金。引导黄金矿山规模化、集约化开采，推进大型成矿区带、重点产金地区的企业重组和资源整合。探索黄金精深加工，推进吉林黄金产业园建设，形成以黄金矿业为基础的多元化发展格局。依托西乌旗，积极发展银加工。

碳素。支持传统碳素制品升级，提升大规格超高功率石墨电极品质和产量，扩大特种石墨产品种类和产量。推进炭块类产品向全石墨质和石墨化产品转变，开发高炉用微孔炭砖和超微孔炭砖。研发锂电池用石墨负极材料，积极开展石墨前沿性新产品研发与产业化。

铁合金。重点发展高硅硅锰、低磷低碳铁锰、低钛碳铬合金等高附加值产品，以合金化、多元化、功能化材料为方向发展粉末冶金零部件。

铜铅锌。积极发展铜高精板带、高效热交换铜及铜合金特种异型管材、铜合金棒材等高端产品，重点建设赤峰铜产业园、西乌旗铜铅锌产业园，支持齐齐哈尔铜冶炼发展。依托朝阳、兴安、双源等地区，推动锌锭产品向板、带、材、棒、管、箔等高附加值终端产品升级。

6. 非金属产业

依托资源优势，以提质增效为主线，合理发展水泥、玻璃等产业，大力发展新型建材、绿色建材，化解过剩产能。

水泥产业。重点发展42.5级及以上水泥、C40及以上预拌混凝土、高性能专用混凝土、纯硅酸盐水泥、PC制品等，积极发展特种水泥，提升产品等级。

玻璃产业。重点发展新型安全节能玻璃、建筑节能镀膜玻璃、光伏玻璃、超薄基板玻璃、中空玻璃、夹层玻璃、高性能玻璃纤维，推动装饰装潢工艺品等玻璃精深加工。

陶瓷产业。重点发展以氮化硅、碳化硅为主的高温结构陶瓷、耐磨陶瓷、陶瓷绝缘子、陶瓷刹车片等新型功能和结构陶瓷系列产品。

新型建筑材料。重点推广高品质蒸压加气混凝土等轻质高强自保温墙体材料、板材，推广高品质非黏土烧结空心制品、蒸压硅酸盐制品和步道砖及高性能防火保温材料，加快发展新型环保型涂料、防水材料、3D打印等装饰装修材料。

鼓励发展石墨、膨润土、高岭土、菱镁矿等非金属矿及精深加工制品，积极发展无铬耐火材料、玄武岩纤维。

四、农产品加工业

贯彻落实"粮头食尾"和"农头工尾"战略，发挥农垦、林区林场等企业的引领作用，按照大基地、大品牌、大产业的思路，以发展有机食品、绿色食品、无公害农产品和地理标识产品为主攻方向，聚焦初加工、主食加工、精深加工、副产物综合利用4个领域，拓展产业链，推进精深加工，改造提升玉米加工、畜禽乳加工，发展壮大粮豆深加工、酒类、林下产品加工，建设全国重要的绿色农产品加工基地。

粮油加工。实施"中国好粮油"行动，突出发展绿色食品工业和粮食深加工。重点发展主食加工业，大力发展以玉米、大米等为原料的主食品、方便食品、休闲食品、功能性食品。统筹"五常大米""响水大米"等地理标志产品，提高稻米产品档次和品质，向快餐米饭、米粉、米糠油、米蛋白、膳食纤维及药用谷维素、维生素E、糠蜡等精深加工及综合利用发展，建设全国最大的优质安全绿色有机粳米生产基地。推进小麦加工业发展，提高面粉生产本地化水平。马铃薯加工稳步发展淀粉、粉条等传统生产，大力发展方便、休闲、膨化食品及精淀粉、变性淀粉等高端产品。饲料加工稳步发展饲料添加剂生产，重点发展无公害和绿色配合饲料。发展一批具有朝鲜族、蒙古族、满族等传统民族特色的食品。

豆类加工。推动非转基因大豆加工和杂粮杂豆深加工，重点发展非转基因大豆浓缩蛋白、分离蛋白、组织蛋白和大豆食品加工、豆粉、素肉、豆类冲调食品与营养口服液。加快发展瓜果蔬菜加工，重点发展无公害、绿色和有机产品加工。发展有东北特色的食用植物油产业，鼓励发展米糠、玉米胚芽制油。

畜产品加工。依托牧区和农区畜牧业，各地区加快发展畜牧产品深加工，推动由传统冻肉向精细分割、冰鲜、熟制品、半熟制品方向转变，探索制定牛羊肉精细分割标准，提高副产物综合利用水平，打造"乌珠穆沁羊肉"等高档牛羊肉品牌，建设齐齐哈尔北方畜产品交易中心。依托锡林郭勒、齐齐哈尔、松原、兴安、呼伦贝尔和通辽，大力发展乳制品加工，稳定发展液体乳，重点发展乳粉和炼乳。鼓励辽宁沿海各地区发展海洋鱼产品加工，重点发展系列鱼制品、风味食品、速冻制品、保健方便制品。

玉米加工。发挥"黄金玉米带"的优势，推动玉米加工业改造升级，加快发展高档主食、休闲、方便食品。鼓励发展聚乳酸、酶制剂、聚谷氨酸、聚赖氨酸等生物基材料和生物发酵深加工产品，适度发展酒精、淀粉等初级加工产品。推进玉米皮、玉米蛋白、玉米胚芽、玉米芯、玉米秆等资源的深度利用。

林产品加工。在大小安岭和长白山林区，扶持发展林特产品、森林食品、中药材。做优林木深加工，推进木结构房屋、木制工艺品、家具等林木产品提档升级，在黑河、加格达奇、伊春、海拉尔、牙克石、根河、扎兰屯等地，扶持大型木材精深加工企业（王作霖，2012）。扩大对俄木材资源进口，积极开发利用境外木材资源，建设境外木材加工基地。林下产品重点发展食用菌干制品、山野菜、即食产品、保健品等精深加工食品，蓝莓、沙棘等浆果果干和饮品，坚果仁、蜂蜜等特色林下食品。

酿酒产业。发展适合大众消费的高品质纯粮酒、果酒和功能性保健酒。做优做强高品质白酒，研发低度数纯粮多香型融合的白酒。适度开发水果啤酒、风味啤酒、低醇及无醇啤酒及具有地域特色的葡萄酒、蓝莓冰酒、配制酒、保健酒等系列产品。加快发展蓝莓、蓝靛果、沙棘、树莓等优质特色野生浆果饮料、生态粮蔬饮料等具有一定地方特色的饮料。

专栏 9-1　"中国好粮油"行动

　　"中国好粮油"行动计划要紧扣实现粮食产业兴旺、农民增收、企业增效，满足消费者对优质粮油产品的需求，2020 年全国产粮大县粮油优质品率提高 30% 左右。

　　吉林省"中国好粮油"行动计划 2018 年度新增示范县名单：吉林市直、桦甸市、双辽市、长春市九台区、长春市双阳区、镇赉县、辉南县申请成为吉林省"中国好粮油"行动计划示范县。

五、纺织服装业

　　依托纺织服装重点园区和龙头企业，大力发展高新技术和先进适用技术，以增品种、提品质、创品牌的"三品"战略为重点，做强化纤行业，做精棉纺、毛纺、麻纺，拓展羊绒毛织、棉毛制品、亚麻制品等中高档纺织服装市场，积极发展服装制造。

　　发挥锡林郭勒"中国承接纺织产业转移基地"政策优势，依托苏尼特右旗绒毛纺织产业循环经济园区，加快发展羊绒毛产业，重点发展无毛绒、洗净毛、绵羊绒、毛条、羊绒被、羊绒衫、围巾等产品。

　　推广应用先进的大麻纺纱、织造及低污染、低能耗脱胶和染整等技术，围绕产品品种丰富和质量水平提升，加强齐齐哈尔亚麻原料基地建设，扩大亚麻布、亚麻纱等原料产能，研发亚麻制衣、汽车内饰、麻制床上用品等高端精细产品，提升产品质量档次。

　　推广羊毛羊绒低温染色、新型小浴比染色等技术，白城重点发展呢绒、纱线、特种用途面料服装、军品服装、列车内饰布等，实现纺织产品的多样化和高档化。加强蒙古国羊绒进口、无毛绒与服装出口，推动进口羊绒精深加工。

　　做精棉纺产业，采用新型纺纱和先进织造技术，重点发展高档纱线、多种纤维混纺纱线及交织织物产品，开发生产高档服装面料、里料、缝纫线和高档家纺面料及其制品。

　　大力发展产业用纺织品，推进化纤、品牌服装和家纺加快发展。产业用纺织要推动非织造布技术升级，发展高档复合非织造布、土工布、高性能过滤材料、安全防护材料、医疗卫生用材料、篷盖材料和骨架材料、汽车用纺织品、结构增强用纺织品等新型材料。支持发展品牌服装和职业服装服饰产品，合作研发健康和保暖性能优异的户外运动、冰雪运动服装服饰系列产品。

　　围绕"技术创新、产业延伸、污染治理"的思路，在巩固皮革上游产业链基础上，向下游箱包、装饰类产品发展。重点发展环保生态革，提高高档头层革的比例，充分开发利用二层革、三层革，以鞋面革、服装革为主导产品，不断增加包袋革、家具革、装饰革、汽车坐垫革等的比例。

　　支持化纤行业传统产品优质化，积极开发功能性、差别化腈纶纤维和黏胶纤维（王斌，2017），扶持碳纤维、聚酰亚胺纤维等高性能纤维研究与开发，发展以可再生资源为原料的新型溶剂法纤维素纤维、聚乳酸纤维等新型生物质纤维。

第二节　装备制造业

基于打造"国之重器"的战略高度，坚持高端化、智能化、特色化方向，巩固提升传统优势，发展壮大新型优势，提升重大装备产品技术工艺水平，突出主导优势产品，完善产业链，打造具有国际竞争力的现代化装备制造基地。重点发展轨道交通装备、航空装备制造、机器人和智能制造装备、农机装备、精密仪器与装备、"专精特新"装备，重点领域企业数字化研发设计工具普及率达到80%以上，关键工序数控化率达70%以上。

一、交通运输设备制造

1. 航空装备制造

东北地区的航空装备制造业已初具规模，形成了一批在行业内具有较高市场占有率的龙头企业，在全国具有较强的影响力（贾若祥，2015）。拥有沈飞集团、沈阳黎明航发集团、哈飞集团等大型航空装备制造企业。

发挥传统优势，推进大型商用客机制造，重点推动飞机发动机和先进直升机制造，加快大部件转包向支线飞机总装发展，构建零部件生产、总装制造、新机型研发等一体化产业链。加快航空发动机北方维修基地和吉林航空产业园区等重大项目建设，建设国内直升机、轻型多用途飞机、支线飞机生产基地，做大做强国产飞机制造业。推进固定翼轻型飞机、机载设备、地面设备等通用航空装备产业化，发展航空传动、辅助动力装置、航电关键部件，积极培育涵道式无人机、多旋翼无人机、单旋翼无人机，重点建设哈尔滨、沈阳、大连、吉林等国家通用航空产业综合示范区，打造国内直升机、通用飞机生产基地。加快推进航天器、应急空间飞行器等新型航天装备及核心技术的研发应用。依托长春航天信息产业园，推动图像传感器、光学相机、星敏感器等关键核心部件制造，培育卫星激光通信、卫星应用产业，构建卫星制造产业链。

2018年，国家发改委颁布了《关于建设通用航空产业综合示范区的实施意见》，选择北京、天津、石家庄、沈阳、大连、吉林、哈尔滨、南京、宁波、绍兴、芜湖、南昌、景德镇、青岛、郑州、安阳、荆门、株洲、深圳、珠海、重庆、成都、安顺、昆明、西安、银川26个城市开展试点。东北地区各通用航空产业综合示范区的发展重点如下。

（1）沈阳示范区：建成国家级通航特色小镇，打造国家通用航空产业综合示范基地、无人机研发生产检测试飞基地、军民融合科研成果转化基地和特色户外运动观光体验基地。建设军民融合平台和无人机产业园。

（2）大连示范区：打造以通用航空工业为基础、通用航空服务业为主导、海滨航空小镇为依托的通用航空城。建设通用航空机场、机库和机队及国际通用航空保税中心，建设国家级通用航空研发基地、飞机制造基地、运营服务保障基地和区域通用航空旅游示范基地。

（3）哈尔滨示范区：以通用航空产业研发制造为核心，以飞行运营和服务保障为支撑，打造通用航空全产业链。开展通用飞机研发设计、空气动力研究和适航技术与体系开发，支持直升机和固定翼通用飞机的整机、无人机、小型航空发动机、航空传动系统和航空零部件制造及复合材料制造。

（4）吉林示范区：促进制造水平升级，大力发展配套产业，加强创新创业能力建设，加快通用机场建设，拓展运营服务，促进产业融合与协同发展。

2. 轨道交通设备

东北地区在轨道交通设备制造领域拥有独特的优势，拥有长客股份、大连机车等大型企业集团。东北地区应以市场需求为导向，调整产品结构，做大配套产业，建设国家级轨道交通装备研发制造基地。以齐齐哈尔和哈尔滨为中心，完善快捷系列棚车、平车等产品核心技术，攻克大轴重货车低动力作用转向架和高可靠性轮轴等关键技术，重点发展重载快捷铁路货车和普通铁路货车，发展大功率电力机车、内燃机车、超载柴油机车、特种货车等先进适用装备，提高铁路货车的国内市场占有率。建设货车修理及出口车基地和关键配件制造基地，加强铁路起重机、特种集装箱、非标装备等产品的技术升级和新产品开发。以长春和哈尔滨为中心，提升整车集成、车体、高性能转向架、列车牵引、网络控制等关键技术（系统）自主研发制造能力，加快中国标准高速动车组、混合动力动车组、城际快速动车组、城轨车辆等产品研发及产业化，研制智能化、轻量化、模块化、谱系化城铁车辆产品。引进牵引系统、制动系统、传动系统等关键核心部件配套企业，提高配套能力。

3. 汽车制造业

围绕汽车轻量化、电动化、智能化方向，加强整车研发、新能源汽车和发动机、变速箱、汽车电子关键零部件制造，提升整车产能和产品结构调整，加快发展汽车零部件制造，提升全产业链配套能力，打造具有国际竞争实力的综合性汽车产业基地。

整车制造。优化整车产品结构，推进整车量产规模化。以一汽等龙头企业为依托，扩大整车项目建设，突出发展自主品牌乘用车，丰富产品系列，打造高端乘用车和卡车品牌，提高市场竞争力。积极发展新能源汽车，推动插电式、纯电动汽车规模化发展，覆盖公交客车、旅游客车、物流车、环卫车等领域。加快发展专用车，重点发展油田、物流运输、工程类、自驾旅居车等系列产品，打造四平、长春等专用车基地。以一汽为龙头，开发智能网联汽车，实现半自动化驾驶智能网联汽车产业化。

汽车零部件制造。发挥整车企业的带动作用，扶持发展汽车配套企业，构建集研发设计、整车制造、零部件配套、销售及服务于一体的汽车产业全链条。围绕发动机及附件、传动、悬架、转向、制动、车身、环境、汽车电子八大零部件系统模块，发展新能源汽车动力电池、发动机、变速器、离合器、底盘、变速箱等关键零部件总成，推动总成及关键零部件近地化配套。鼓励企业向业务专一、品质精良、工艺技术独特的"专精特新"方向发展，打造一批汽车零部件配套产业基地。

2009 年，辽宁省上交了《辽宁省人民政府关于将沈阳经济区列为国家新型工业化综合配套改革试验区的请示》（辽政〔2009〕245 号）。经报请国务院同意，批准设立沈阳经济区国家新型工业化综合配套改革试验区。2010 年国家发展和改革委员会印发《国家发展改革委关于批准设立沈阳经济区国家新型工业化综合配套改革试验区的通知》。开展沈阳经济区新型工业化综合配套改革试验，按照新型工业化关于科技含量高、经济效益好、资源消耗低、环境污染少、人力资源优势得到充分发挥的要求，全面推进各个领域的改革。

秉持先行先试精神，在重点领域和关键环节锐意创新，率先突破，努力解决老工业基地存在的体制机制性矛盾，推进工业化与信息化融合。推动产业结构优化升级，提高经济效益和市场竞争力；构建与资源环境协调发展的工业化模式，处理好资本密集型产业与劳动密集型产业的关系，实现技术进步和扩大就业的有机统一。统筹城乡改革，实现工业化与城镇化相互促进，推动东北地区等老工业基地全面振兴。

二、重大工业装备制造

1. 机器人及智能设备

机器人设备制造。承接更多国家机器人领域共性关键技术，加快发展工业机器人、服务机器人、特种机器人产业。重点发展面向航空航天、汽车、冶金、焊接等领域的工业机器人，加快本体、减速器、控制系统等关键系统与零部件研发，推动工业机器人集成应用。开发面向医疗、家庭等领域的服务机器人，培育特种机器人。发展面向化工、冶金、医药、物流等领域的包装、码垛等后处理成套设备。加快哈南机器人产业园、中德机器人产业园建设，重点发展机器人核心零部件生产、系统集成、工业软件设计开发，提高外围设备供应配套能力。

高档数控机床。开发高速、精密、智能、复合、多轴联动并具备网络通信功能的高档数控机床，建设国家级重型数控机车制造基地。面向航空航天、船舶及海洋工程、轨道交通、汽车及钢铁检测等行业，发展重型数控立卧车床、铣镗床、钢材试样检测专用机床、物理钢材试样专用机床等，重点打造齐齐哈尔数控重型机床产业集群。

2. 石化冶金设备

石油石化装备。以通化、松原、大庆、吉林、齐齐哈尔、盘锦等地区为核心，主要发展特型石油钻采设备、三抽设备、车载钻修井机、固井设备、大型压裂车组、页岩气特种钻机等油气田设备，研发制造油气井智能测控系统、大型钻修两用机、油页岩地面干馏提高收油率装备、地下原位裂解提取页岩油装备，加快开发 ERW 输油管、智能传输控制装置、高压计量泵等油气集输装备。以"重大装备、高端成套"为主攻方向，积极发展百万吨级乙烯装置用三机、工艺流程泵、自动化仪表集散控制系统、百万吨级 PTA 装置、百万吨级 PX 装置、大型天然气液化设备、大型煤化工装置、大型炼油装置。

冶金成套装备。重点发展高性能超宽超薄镁合金板轧制成套装备、中厚钢板精整剪切系列化机组、高产球团焙烧机成套装备、大型烧结机成套装备、大型高效冷热轧机等产品。加快发展大吨位节能环保型冶金专用电弧炉、钢包精炼炉等冶炼设备，积极发展有色金属冶炼自动化成套生产线、冶金连铸连轧设备、烧结余热发电风机。

3. 能源装备制造

立足优势领域，优化产业布局，推动技术创新和产品创新，培育一批优势骨干企业，不断提升传统能源装备产业的竞争力，加快发展新能源发电装备制造。

电气设备。加快发展超超临界超净排放煤电机组、超临界循环流化床锅炉、高水分褐煤取水煤电机组、超超临界空冷汽轮机、超大容量水轮发电机组、高水头大容量大型抽水蓄能机组。积极发展电力变压器、智能型一体化变电站、高低压电力开关柜、二次变电成套设备、高压真空断路器、惰性介质高压开关等输变电设备。鼓励发展超高压电炉变压器、矿用防爆变压器、矿用防爆开关等专用变电设备，积极开展燃气轮机整机、进排气系统、热端部件、高温材料、综合控制等技术研究及产品开发（王斌，2015）。

煤炭装备。提升大功率采煤机、大功率掘进机、重型刮板输送机、重型带式输送机、薄煤层采煤机、矮窄机身中型掘进机等优势产品，提供井下采掘成套装备和洗选成套装备（曲艺，2017）。

风力发电装备。围绕千万千瓦级风电基地建设，打造集研发、制造、配件供应、服务于一体的风电设备产业集群。增强风电设备主机研发能力，加快 1.5 兆 ~3 兆瓦风力发电机组制造，重点发展双馈式、半直驱式、永磁直驱式风力发电机组。积极发展齿轮箱、主控系统、变流器、变桨减速器等关键零部件，加快发展轴承、塔架等基础零部件。重点建设哈尔滨、大庆、白城、黑河、锡林郭勒等风力发电装备产业园。

核电装备。依托一重、哈电等集团优势，以齐齐哈尔为中心，巩固二代加改进型百万等级核电市场，加快三核电关键设备制造技术的引进消化，开发四代核电技术，培育发展核岛主设备、常规岛主设备、大型铸锻件、电气设备等核电装备产业集群，打造国家级电力装备制造基地。

太阳能利用装备。发展高转化率太阳能光伏组件，重点发展大容量储能设备、单晶硅电池片生产设备、薄膜电池生产线、电池组件层压机、多晶硅铸锭炉、薄膜电池生产装备、大功率光伏并网逆变器及检测系统。

电动汽车动力电池。扩大动力电池、电池隔膜生产能力，形成规模化生产基地。

三、重大工程装备制造

1. 海洋工程装备

海洋工程装备制造业具有知识技术密集、资源消耗少、成长潜力大、综合效益好等特点，是海洋经济的先导性产业。围绕海洋工程及高技术船舶的需求，加快发展舰船动力及海工关键配套装备。提升液化天然气船、大型客滚船、液化石油气船、远洋渔船等船舶制造水平，开展北极新航道船舶、新能源船舶、散货船、集装箱船等国际航线、支线船舶等高端船型研制。加快发展舰船动力装置研发设计、产品制造和远程运维，发展大功率舰船燃气动力、蒸汽动力装置、LNG动力装置，加快发展通信导航、甲板机械、舱室设备等船用配套设备。面向国内外海洋资源开发需求，突破深海和远海装备的关键技术，加快发展海洋工程装备制造。以海洋油气开发装备为重点，积极发展海洋矿产资源开发装备，加快开发自升式钻井平台、深水超深水半潜式钻井平台、浮式钻井生产储卸装置等重点产品。以海洋风能工程装备为重点，积极发展海洋可再生能源开发装备。以海水淡化和综合利用装备为重点，积极发展海洋化学资源开发装备制造。积极培育潮流能、波浪能、天然气水合物、海底金属矿产等关联产业，发展海洋定位系统、导航、探测等海洋工程关键配套装备（贾若祥，2015）。

2. 其他装备制造

先进农机装备。以自动化、信息化和智能化为方向，加快发展适合东北地区耕种特点的动力机械，重点发展粮、油等大宗粮食和战略性经济作物育、耕、种、管、收、运、贮等生产过程使用的先进农机装备，加快发展新型高效拖拉机、变量施肥播种机械、大型高效联合收割机等高端农业装备及关键核心零部件，打造北方现代农机装备基地。以哈尔滨、齐齐哈尔、七台河为中心，谋划开发大马力动力机械，重点发展大马力轮式拖拉机和用于水田作业的节能环保型拖拉机。加快发展自走式玉米联合收获机、水稻收获机、青贮收获机等收获机械，加快发展精密播种机、免耕播种机、高速水稻插秧机、秸秆还田机等机械，积极发展精细化小型农机。加快开发拖拉机前后桥、变速箱、液压翻转犁、圆盘耙等功能部件，提高本地配套率。呼伦贝尔、通辽等地区加快发展牧业机械装备制造。

工程与矿山设备。推动工程机械高端化发展，研发智能建筑用塔式起重设备。支持发展港口起重机、船用浮吊、电站施工大型起重设备、大吨位桥机、斗轮堆取料机等产品。加快发展高效采掘装备、大型装载机、高效筑路机械，研发悬臂式重型掘进机、矿井提升机、矿热炉机电成套设备和碳素机电成套设备、高效捣固车等机械产品（王斌，2017）。

精密仪器与装备。依托精密仪器与装备国家实验室，加快精密仪器与装备制造基地建设，推动航空遥感与测量、检验检测装备、高端传感器、精密加工等高端装备制造，推进集成电路、高性能CMOS、光刻机、高精度光栅、精密减速器、特种机床等产业化。

"专精特新"装备。瞄准细分领域，积极发展智能装备、光电装备，培育一批"专精特新""小巨人"装备企业。推动冰雪装备发展，研发制造压雪车、浇冰车、雪地观光车、雪地摩托车、护具等冰雪旅游装备。加快安全装备发展，支持智能抑爆装置、矩阵式脉冲灭火系统等的研发及产业化。

第三节　战略性新兴产业

瞄准国内外前沿技术，坚持以重大技术突破和重大发展需求为导向，立足优势特色，培育壮大"新字号"，加快发展新产业新产品，优先发展生物医药、新材料、新能源、电子信息、大数据、节能环保等产业，不断壮大新兴产业规模，打造新的经济增长点。

一、生物产业

发挥高寒地区草原森林及中医药资源优势，采用先进适用的生物工程技术，统筹发展传统生物产业、中医药、原料药、生物医药等，做强中药，做优生物制药，做大化学药。

依托生物资源，加快发展生物农业、生物制造。围绕生物发酵、生物肥料、生物饲料、生物育种等重点领域，打造特色生物制造产业链。引进分子育种、细胞育种等现代生物技术，推动生物育种产业化、规模化发展，重点建设兴安—赤峰生物育种产业集群。

生物制药积极发展新兴生物药物、基因工程药物、新型疫苗。引进植物药提取分离等先进技术，重点发展中医优势病种及疗效确切、临床作用突出的重要创新药及二次开发产品。发挥哈尔滨生物医药产业开展国家试点的机遇，重点建设大庆、哈尔滨、大庆等生物医药产业集群。

突出发展中药产业。支持蒙中医药技术创新，建设蒙中医药工程实验室和研究中心，提升新产品研发能力。加大通辽、呼伦贝尔、白山、通化等蒙中医药生产基地建设力度，积极发展中药饮片、中成药、重要保健品及延伸产品。完善中药蒙药材种植、产地加工、销售一体化、全程可控的中药材产业综合发展体系，重点建设通辽—赤峰蒙药产业集群、通化–白山–延边中药产业集群。

化学药要依托产业基础，壮大骨干企业和名牌产品，加快开发活性化合物高效合成、手性合成与拆分、药物晶型、分子蒸馏等新技术，重点发展化学药品、原料药、特效仿制药。支持松原、赤峰、吉林、辽源、四平提升化学原料药，推动原料药、医药中间体生产向成品药、制剂转变。推动医疗机构与特医食品企业合作，开发生产营养类及辅助治疗类特医食品。

二、大数据产业

以建设国家大数据基础设施、统筹发展各类试验区为契机，充分利用东北地区的高寒气候和能源富集优势，完善基础设施，统筹建设大平台、大系统，推进云计算大数据中心布局，重点发展数据采集、存储处理、分析挖掘、数据流通等产业，加快发展新业态，培育壮大大数据产业。

在国家建设战略数据资源的基础上，东北地区分层推进数据资源的建设和储备，建设一批大数据创新中心、行业平台和服务示范基地。重点建设吉林（联通）云数据基地、吉林数据灾备中心、黑龙江大数据资源储备中心等大中型数据中心，加快建设东北卓越云、延边众生云等小型数据中心。鼓励国内外大型企业在东北地区布局大数据中心与平台，重点推动浪潮长春云计算大数据中心、华为云计算大数据中心建设。开展基于云的存储、计算、平台、软件、数据、应用等活动，为周边地区乃至全国提供服务。

优化大数据产业布局，建设大数据产业集聚区和综合试验区。建设沈阳大数据综合试验区、赤峰云计算产业园、锡林郭勒大数据产业园、吉林华为云计算数据产业园、浪潮长春大数据产业园、国家智能网联汽车应用（北方）示范区、长春航天信息产业园、哈南新区"云谷"大数据基地、黑龙江"云飞扬"大数据基地等产业园区，实现大数据产业集群发展。

结合各地优势特色产业，开展大数据与农牧业、工业、能源、服务业、旅游等领域的应用，在研发设计、生产制造、经营管理、市场营销、售后服务等各环节推动大数据与产业深度融合，创新经营方式，实现智能生产、智能服务。鼓励企业建设行业大数据平台，推动企业管理上云和业务上云。

三、新能源产业

根据国家可再生能源电力配额制要求，依托东北地区可再生能源资源条件、电力市场、电网结构及电力输送通道等情况，集中式与分布式并举，有序发展风电，大力开发生物质能源，促进太阳能多元化利用，加大地热资源勘探开发力度，将资源优势转化为经济优势。

1. 风能

根据资源富集程度，坚持"建设大风场，融入大电网"，有序开发风电资源，建设一批百万千瓦级大型风电基地，加快新能源外送基地建设。蒙东地区加快发展锡林郭勒、赤峰、通辽、呼伦贝尔大型风电基地，依托电力外送通道，重点建设呼伦贝尔—兴安、通辽—赤峰、锡林郭勒等千万级风电基地。黑龙江省重点发展哈尔滨、佳木斯、牡丹江、伊春等风电基地，辽宁风能资源开发集中在辽北山地丘陵和沿海，重点建设阜新、沈阳、铁岭等风电基地。吉林省重点发展白城、松原风电基地，尤其是白城要打造成为400万千瓦风电基地。通辽等新能源城市的示范内容如表9-2所示。

2. 太阳能

在资源条件较好、建设条件明确、具备大规模接入和本地消纳能力的地区，结合电力外送通道，有序建设光伏发电基地，重点建设以本地消纳为主的百万千瓦级基地。在蒙东草原、沙化土地、黑龙江省中西部盐碱地等未利用土地、太阳能资源丰富地区，建设大型光伏发电基地，集中打造锡林郭勒、通辽、赤峰、白城、松原、齐齐哈尔、大庆、绥化光伏发电基地，合理开发大连、长山群岛、朝阳、四平等光伏发电基地。积极利用采煤沉陷区，建设光伏发电基地。鼓励发展分布式光伏发电，积极发展"光伏+"；在贫困地区推进光伏精准扶贫，建设一批村级光伏扶贫电站。

表 9-2 东北地区创建新能源示范城市名单（第一批）

名称	重点建设内容
通辽市	重点发展风能和太阳能。规模化建设风电场，因地制宜开发分散式和用户侧风电利用项目，建设 100 万平方米风电供暖项目；建设分布式光伏发电项目，推广利用太阳能采暖和制冷
锦州市	重点发展可再生能源电力。在城区建设分布式屋顶光伏发电、城市垃圾焚烧发电和分散式风力发电等项目；在郊区开展集中型风电和光伏电站建设
阜新市	重点发展风电。在主城区及周边地区围绕负荷中心建设分散式风电场。积极开展工业园区分布式光伏发电、城市生活垃圾发电和地源热泵供暖等项目建设
洮南市	重点发展风电。依托低碳示范小区开展风电清洁供暖，依托低碳产业园建设开展分散式风电应用，促进风电就地消纳；开展生物质能综合利用、新能源节能低碳示范小区等建设
敦化市	重点发展生物质、风电和地热能。通过生物质秸秆直燃发电厂解决城市供电问题，推广分散式风电，提高城市清洁能源供电和供暖比例
白城市	重点发展风电和生物质能。推广分散式风电，通过生物质秸秆直燃发电解决城市供电供热问题，在新城和开发区推动分布式光伏发电，普及公用和民用建筑的太阳能热利用
牡丹江市	重点发展绿色电力和地热能。建设绿色电力和城市微网等工程，综合利用小水电、风电、光伏发电和生物质发电。在城区建设分布式光伏发电系统和垃圾焚烧发电
伊春市	重点发展生物质能和风能。建设热电联产电厂，推动生物质气化和沼气、污泥能源化利用；利用风电和小水电为城市提供清洁电力
海伦市	重点利用生物质能和太阳能。建设农作物秸秆能源化利用项目，利用秸秆、薪柴等生物质能资源生产清洁电力和固体成型燃料；推广利用太阳能热水器、太阳能房；在工业园区和近郊发展分布式光伏发电系统
双城市	重点发展生物质能。建设垃圾发电示范、生物质固体成型燃料、沼气利用等项目，利用秸秆生产生物质固体成型燃料代替燃煤，利用生物质发电实现热电联产集中供热
大连三十里堡工业园	发展分布式能源，实现园区分布式能源总供热、供冷热源和冷热负荷平衡
长春经济技术开发区	发展生物质能，建设生物质成型燃料利用工程，使用生物质成型燃料取代燃煤锅炉供热

3. 生物质能

生物质资源种类主要包括农作物秸秆、林业废弃物、畜禽粪便、城市垃圾、农产品加工业副产品等，尤其以农作物秸秆最为重要。辽宁省农产秸秆产量 1825 万吨，黑龙江省为 5500 万吨。

瞄准新一代生物质燃料，推进生物质发电、固化、气化、液体燃料等综合利用，争取在发电、供气、供热、燃油等领域实现规模化应用。以生物质成型燃料替代煤炭、以生物质成型燃料供热替代燃煤供热"两个替代"为方向，加快生物质成型燃料发展。在松嫩平原，有序发展玉米燃料乙醇产品、生物柴油、生物航油，推进玉米秸秆、玉米芯等副产品综合加工利用。在松嫩平原、三江平原，根据生物质资源赋存量和能源需求，因地制宜发展生物质热电联产，发展以秸秆、稻壳等为原料的生物质直燃发电、茎秆制燃料乙醇、生物质天然气。选择有条件的燃煤电厂进行秸秆掺烧改造试点，降低电厂煤耗。生物质发电受燃料运输半径限制，应采取小规模分散建设方式，生物质发电厂间距不得小于100公里。

4. 其他新能源

东北地区要做好核电项目工作，重点做好大连核电、赤松核电项目的工作；开展其他核电厂的区位选择与调查工作，增加核电厂址储备，条件成熟时推动项目建设。

勘探开发地热能资源。加快地热能源勘查力度，拓宽地热利用方向。在条件适宜的地区建设地热能利用示范项目，重点开发伊舒断陷盆地、松辽盆地、长白山地、辽西北等区域。在地热资源富集地区，加快建设温泉休闲、地热温室、养殖、供暖、发电等开发，推动大庆油田热干岩地热热电站项目前期工作，将地热资源与旅游、保健、洗浴、休闲度假、农业种植、城镇住宅供热、家庭养老等产业融合发展。

辽宁海洋能的蕴藏量约为700万千瓦，约占全国总量的0.67%。其中，潮汐能约为193.6万千瓦，约占全国潮汐能的1.05%；波浪能约152万千瓦，约占全国波浪能的1%。辽宁沿海平均潮差为2.57米，潮差较高的海域主要分布在大连及丹东鸭绿江口，潮汐发电以老铁山水道、青云河口为主，潮流发电以大连北黄海沿岸为主。鸭绿江口考虑到滩涂养殖及自然保护区，不适合开发潮汐能源。

四、节能环保产业

适应能源、化工、冶金、建材等产业节能减排、环境治理、废弃物利用的需求，研发推出一批高效节能和资源循环利用的新装备和新产品，打造区域性节能环保产业基地。依托哈电发电设备国家工程研究中心、高效清洁燃煤电站锅炉国家重点实验室等创新平台，以齐齐哈尔、哈尔滨为主，重点发展高效环保锅炉、高效电机系统、工业粉煤锅炉、生物质锅炉等重大环保设备，积极开发智能节能环保设备。以朝阳、锡林郭勒等地区为重点，发展污染防治设备、资源再生利用设备、工业固废处理设备、农牧业固废综合利用设备等，打造特色化节能环保装备产业基地。结合蒙东地区和黑龙江东部煤炭开发利用，支持煤矸石、粉煤灰、冶炼废渣等大宗工业固废回收和产业化利用，加快发展新型建材等产业。在松嫩平原、三江平原等秸秆资源富集地区和大小兴安岭林区、长白山林区等森林资源富集地区，加快农林废弃物综合利用，推动造纸、有机肥等产业发展。

五、电子信息产业

深化信息技术和智能产品应用，加强电子信息产业发展，重点发展集成电路、新型电子元器件、下一代信息技术、互联网通信等领域的产业，引导产业向价值链高端延伸，提升产业核心竞争力。

（1）集成电路。加快12英寸及以上涂胶机、显影机、刻蚀机、PECVD设备等芯片关键生产设备产业化，支持封装测试设备向高端发展，推动集成电路设备零部件制造及表面处理全工艺生产线建设，鼓励建设国产微电子装备验证线。扩大发展芯片制造业，重点发展移动智能终端、数字电视、网络通信等专用集成电路设计和芯片制造业，发展绝缘衬底上的硅材料、集成电路塑封引线框架及金属带材、键合金丝、塑封材料等辅料产业。

（2）电子元器件。以大连国家级电子元件产业园等专业化园区建设为契机，加快发展传感器、半导体等电子元器件。重点发展片式元器件、陶瓷元器件、半导体功率器件、微机电传感器件、真空电子器件、新型光电子器件，以及微特电机等元器件产品，鼓励发展高密度多层印刷电路板和柔性电路板等产品，积极推进锂离子电池、超级电容器等新型储能产品。

（3）新一代信息产品。以大连建设"国家级数字家庭应用示范产业基地"为牵引，整合 CMOS 图像传感器、GPU 算法处理技术和 OLED 新型显示材料等优势资源，加快发展光电传感器产业，推进高功率密度 LED 照明和高密度小间距 LED 显示技术产业化，重点发展 LED 外延片、高亮度大功率 LED 芯片制造业，加快发展 3D 显示适配、高清显示屏及相关组件。积极建设吉林省光电子产业孵化器、长春国家汽车电子高新技术产业化基地（王斌，2018）。

（4）互联网与通讯。大力发展智能手机、平板电脑、可穿戴智能终端等整机产品，提高智能终端配套能力，推动大连等新一代信息安全产业基地建设，扩大基站及基站控制器、直放站、移动交换、核心网分组域设备的生产能力。推动龙头企业通过自建、共建等方式建设行业级工业互联网平台、工业云平台，鼓励建设跨行业、跨领域工业互联网平台和工业云平台。

（5）软件业。重点发展工业创新设计、智能制造、生产控制、网络销售与运维领域的工业软件，推动工业嵌入式操作系统研发及应用，形成一批工业软件解决方案。

六、新材料产业

各地区根据产业基础，加快发展新材料产业，重点发展先进结构材料、新型功能材料、高性能复合材料、前沿新材料等新型材料，推进新材料产业协同创新与转化落地，形成一批中高端领域重点产品与产业，突出品级提升，延长产业链条，推动新材料与关联产业联动发展。

积极发展特种金属功能材料，重点发展高性能特种钢材、铝合金、镁合金、铁合金、钛合金、稀土等高端金属结构材料和新型轻合金材料，构建"金属矿石—金属材料加工—合金材料—合金材料应用"产业链。加快发展高效节能电机、高端发动机、高速铁路、高端精密机床、高档汽车等先进装备关键零部件的新材料。发挥鸡西、鹤岗等地的资源优势，重点发展高纯石墨、负极材料、石墨密封材料，加快发展石墨烯绿色制备、石墨烯散热、核级石墨材料等产品，构建"石墨材料—石墨精深加工—石墨制成品"产业链。加快建设技术领先的碳纤维生产基地、纳米碳酸钙产业基地，积极发展稀土镁合金、高性能羰基镍、硅藻土功能材料、高纯度硅材料、高性能纤维材料，推动发展树脂基复合材料、陶瓷基复合材料、金属基复合材料。加快发展包装材料及制品，重点发展高阻隔性、多功能性、环保型塑料包装材料。积极发展新能源材料，重点包括镍氢电池材料、锂离子电池材料、太阳能电池材料。

第四节　现代服务业

一、生态旅游业

突出自然环境与地域文化特色，突破行政边界，统筹推进文化遗产、地质公园、旅游景区、文化园区、美丽乡村及特色小镇建设，重点发展生态旅游、工业旅游、边境旅游、冰雪旅游，加快发展红色旅游、工业旅游、滨海旅游等专项旅游，丰富旅游产品，提高"豪情大东北，酷爽新天地"品牌影响力，共同打造"大东北无障碍旅游区"，打造为特色鲜明、吸引力强的国际旅游目的地，将旅游业发展成为东北产业结构调整的先导产业。

专栏 9-3　东北地区的国家级优秀旅游城市

辽宁省：沈阳市、大连市、锦州市、丹东市、鞍山市、抚顺市、本溪市、葫芦岛市、辽阳市、兴城市、铁岭市、盘锦市、朝阳市、营口市、阜新市、庄河市、开原市、凤城市。

吉林省：长春市、吉林市、蛟河市、集安市、延吉市、敦化市、桦甸市。

黑龙江省：哈尔滨市、佳木斯市、七台河市、牡丹江市、伊春市、大庆市、阿城市、绥芬河市、齐齐哈尔市、铁力市、虎林市、黑河市、绥化市、海林市、同江市、鸡西市、宁安市、五大连池市、抚远市、五常市、双城市、东宁市、双鸭山市、密山市、鹤岗市、富锦市、海伦市。

蒙东地区：锡林浩特市、呼伦贝尔市、满洲里市、扎兰屯市、赤峰市、阿尔山市、霍林郭勒市、通辽市。

依托草原、森林、湿地等生态景观，突出大草原、大森林、大湖泊、大湿地，重点建设呼伦贝尔、锡林郭勒、科尔沁三大草原生态旅游目的地，加强大小兴安岭、长白山森林、辽东山地三大森林生态旅游目的地，完善三江平原、松嫩平原和辽河下游三大平原湿地生态旅游目的地，培育长白山、大小兴安岭、北国鹤乡、林海雪原、北大荒、五大连池、呼伦贝尔草原、锡林郭勒草原、辽东山水、盘锦湿地十大生态旅游品牌，提升夏季旅游产品档次。

十大生态旅游品牌建设重点指引如下所示。

长白山：发展山岳型森林生态观光、避暑度假、温泉康疗、动植物科考旅游产品，打造成集生态游、风光游、边境游、民俗游和佛教文化游于一体的国际山岳观光度假胜地。

大小兴安岭：发展生态观光、森林养生、避暑度假、科考旅游产品，建设为知名的森林生态旅游区。打造神州北极——漠河、天然森林氧吧——伊春，以及新兴森林生态旅游城市——阿尔山、根河、加格达奇等旅游目的地。

北国鹤乡：发展湿地观光、国际观鸟、生态科考、科普教育等旅游产品，加强扎龙、向海和莫莫格 3 个世界 A 级湿地景区建设。

林海雪原：发展生态观光、度假旅游、红色文化旅游、历史遗迹旅游、边境体验旅游，串联"雪、虎、山"户外旅游，重点开发北国雪乡、镜泊湖、渤海国文化遗址等景区。

北大荒：开发大农业观光旅游，挖掘知青文化，建设风情农庄，开发特色旅游商品，建设中国独一无二的大农业生态旅游区。

五大连池：深度挖掘"世界地质公园"、"世界生物圈保护区"和"世界三大冷泉"的旅游价值，发展生态观光、养生保健、地质科考等生态休闲度假旅游。

呼伦贝尔草原：发展草原避暑度假旅游产品，深度挖掘少数民族民俗资源，发展草原农家乐、草原文化旅游产品，与大森林、大水域、大冰雪共同组成呼伦贝尔多样性生态旅游区。

锡林郭勒草原：结合地质奇观、丰富的历史人文遗迹，发展草原观光科考、草原度假等旅游产品。

辽东山水：开发建设凤凰山、鸭绿江、五龙山、本溪水洞、铁刹山、关门山、抗美援朝纪念馆、高句丽遗址等自然人文旅游景区。

盘锦湿地：开发生态科考，包括鸟类科考、观赏旅游和鸟类知识科普旅游；发展探秘探险旅游，包括苇海探险、红海滩探险等；拓展休闲观光，包括苇海、鸟类、红海滩休闲观光等。提升苇田和"红海滩"的知名度。

打造具有国际竞争力的冰雪旅游。依托大冰雪资源，推动冰雪旅游发展，变"白雪"为"白银"。按照国际标准提升亚布力、莲花山、哈尔滨冰雪大世界等重点冰雪旅游基地。实施全民滑雪计划，积极开发大众化冰雪旅游项目。突出塑造哈尔滨、长春、吉林、长白山等冰雪城市形象，建设世界一流的冰雪休闲度假目的地。注重冰雪旅游产品开发，积极发展冰灯、冰雕、雪雕等冰雪文化旅游精品，扩大各大滑雪场的竞技、旅游功能，丰富"哈尔滨国际冰雪节"、长春净月潭瓦萨国际滑雪节的内涵，建设集滑雪、登山、温泉、露营等多元休闲运动于一体的冰雪旅游度假区，重点建设哈尔滨、长春-吉林、长白山、柴河-阿尔山等冰雪运动休闲旅游目的地。

积极发展特色文化旅游。发展高品质民族与民俗风情旅游，挖掘蒙古族、满族、朝鲜族等民族文化内涵，保护性开发鄂温克族、鄂伦春族、达斡尔族、赫哲族等的民族文化，发展特色鲜明的民族旅游。突出地域文化特色，提升"二人转"等东北地区特色民间艺术的品质。利用非物质文化遗产资源优势，积极发展文化观光、文化体验、文化休闲等多种形式的文化旅游产品。依托侏罗纪古生物化石、红山文化、夫余国、高句丽国、渤海国及辽、金、元、清时期遗址，开发历史文化遗迹旅游线路。围绕满洲里、乌兰浩特等城市，深度开发红色旅游主题，传承红色基因，打造东北红色旅游精品。积极开发"北大荒知青"怀旧主题的农业旅游产品。依托大连"达沃斯论坛"和"国际服装节"、沈阳"国际装备制造业博览会"、长春"东北亚投资贸易博览会"、哈尔滨"国际投资贸易洽谈会"等平台，拓展会展旅游市场。

提升传统滨海旅游。强化"浪漫之都·时尚大连"的品牌优势，促进大连国际会展与高端度假产品发展，深度开发滨海资源，加快盘锦、营口滨海生态度假区建设。

积极发展新型都市旅游产品，建设滨海休闲街区，发展集观光、休闲度假、娱乐于一体的综合性旅游区，强化"新兴滨海休闲都市"形象。以贯穿葫芦岛、锦州、盘锦、营口、大连、丹东六个滨海城市，串联沿线130多个景点的滨海大通道为轴，建设"中国北方滨海旅游黄金带"。

加快发展工业旅游。整合利用重点企业和矿山遗址、工业遗产等工业旅游资源，积极开发工业旅游，鼓励企业建设工业博物馆和游览场所，重点建设阜新海州露天矿国家矿山公园、大庆铁人纪念馆及地质博物馆、鞍山钢铁集团、沈阳金融博物馆、抚顺西露天煤矿、长春一汽集团、吉林夹皮沟金矿等工业旅游示范点，塑造重化工业史迹、北大荒拓荒史迹、电影发展史迹等"共和国史迹游"。

专栏9-4　东北地区的工业遗产名录

辽宁省：旅顺船坞、东清铁路机车制造所、大连造船厂、大连甘井子煤码头、大连港、老铁山灯塔、大连都市交通株式会社、国营523厂（大连建新公司）、龙引泉、大连化学工业公司、东三省兵工厂、奉天机器局（沈阳造币厂）、沈阳铸造厂、抚顺煤矿、本溪湖煤铁公司、阜新煤矿、鞍山钢铁公司、水丰电站。

吉林省：第一汽车制造厂、通化葡萄酒厂、丰满电站。

黑龙江省：大庆油田、阿城糖厂、老巴夺父子烟草股份公司、中东铁路。

开发特色边境跨境旅游。建设跨境旅游合作区和边境旅游试验区，加强与邻国政府及通关联检等部门的协调和合作，组织与俄罗斯、朝鲜、蒙古国三国的进出境旅游，开辟与俄罗斯、韩国、日本通过海路的跨国旅游。大力开发额尔古纳河、黑龙江、乌苏里江、图们江、兴凯湖、鸭绿江等界江界河（湖）旅游，开展探险、科考、观光、渔猎、红色旅游、民族风情等旅游活动。促进漠河、抚远、珲春、集安等具有特殊地理意义和边境风情的旅游小镇建设。积极发展中俄、中蒙自驾游，开发珲春–海参崴、长春–东方省的自驾游线路。积极开发中俄友谊之旅、东方之欢、万里茶道等国际旅游路线，加快组织"跨境自驾三日游"等旅游活动。办好"大图们倡议"东北亚旅游论坛、东北亚区域旅游论坛等国际会议。

专栏9-5　东北地区的国家全域旅游示范单位

辽宁省：盘锦市、沈阳沈北新区、瓦房店市、抚顺沈抚新城、桓仁县、凤城市、宽甸县、北镇市、兴城市、绥中县、喀左县、本溪市、锦州市、沈阳浑南区、庄河市、岫岩县、营口鲅鱼圈区、阜蒙县、辽阳弓长岭区、凌源市。

吉林省：吉林市、长白山、长春净月国家高新技术产业开发区、长春九台区、长春双阳区、辉南县、柳河县、集安市、通化县、临江市、抚松县、敦化市、延吉市、珲春市、梅河口市、伊通县、通化东昌区、和龙市、安图县。

黑龙江省：伊春市、哈尔滨阿城区、宾县、杜尔伯特县、五大连池市、漠河县、黑河市、绥芬河市、大兴安岭地区、齐齐哈尔碾子山区、虎林市、抚远市、东宁市。

　　蒙东地区：宁城县、二连浩特市、阿尔山市、克什克腾旗、满洲里市、额尔古纳市、乌兰浩特市、多伦县。

二、特色文化产业

　　依托民族特色和地域特色（北大荒精神、大庆精神），坚持保护与利用并重、传承与创新并举、合作与交流并行，推动文化资源整合，培育龙头企业，开拓文化市场，建设一批特色文化产业集群，培育东北全面振兴的新增长点。

　　全面推进文化产业发展。着力发展骨干文化企业和创意文化产业，促进文化与科技、金融、互联网及传统产业深度融合，培育更多的新增长领域。优先发展文化旅游、出版发行、现代传媒行业，加快培育演艺娱乐、工艺美术、节庆会展等特色行业，积极拓展创意设计、数字印刷、影视制作、信息服务等创新行业。依托沈阳、大连等国家动漫基地，加快发展动漫、游戏、创意设计、网络文化等新兴业态。

　　挖掘少数民族、森林草原、林区垦区、游牧狩猎等特色地域文化。积极发展世界文化遗产与非物质文化，推进赫哲族等文化生态保护试验区建设，以伊玛堪、望奎皮影等为重点，实施非物质文化遗产项目抢救性、生产性保护，建设非物质文化遗产展示场馆。积极发展手工艺品、服饰等民族用品产业，开发具有地域特色的民俗文化产品，开发一批特色文化产品，建设一批国家级文化产业示范基地。

专栏9-6　东北地区的国家级文化产业示范基地

　　国家级文化产业示范基地主要是指在发展文化产业方面做出显著成绩、在全国具有典型和示范意义的文化产业园或企业。

　　辽宁省：锦州辽西文化古玩商城、辽宁民间艺术团、大连普利文化产业基地、辽宁大剧院、大连大青集团、沈阳杂技演艺集团、盘锦辽河文化产业园、大连海昌企业发展有限公司、大连圣亚旅游控股股份有限公司、沈阳三农博览园有限公司、葫芦岛葫芦山庄有限责任公司。

　　吉林省：吉林省东北风二人转艺术团、吉林歌舞剧院集团、长春光明艺术学校、显顺琵琶学校、吉林省宇平工艺品制造有限公司、吉林禹硕动漫游戏科技股份有限公司、吉林省林田远达形象集团有限公司、长春知和动漫产业股份有限公司。

　　黑龙江省：哈尔滨马迭尔集团、哈尔滨松雷股份有限公司、哈尔滨新媒体集团、黑龙江冰尚杂技舞蹈演艺制作有限公司、哈尔滨太阳岛风景区资产经营有限公司、黑龙江省同源文化发展有限公司、伊春市柏承工艺品有限公司。

　　培育文化节、艺术节、冰雪节、旅游节等区域性节庆文化活动品牌，继续实施

"边疆数字文化长廊"建设，继续开展"迷人夏都"等演出，提升冰上杂技等特色演艺水平。实施"文化+、+文化"行动，推动特色文化与旅游、会展、教育、生态农业等产业融合发展，建设"乔梁舞蹈艺术中心"等，推动"东北秧歌""花棍舞"等民族民间舞蹈传承与创新，推动地方戏曲振兴与传承发展，继续打造《圣水奇缘》舞台剧、《千古马颂》等具有东北特色和时代气息的艺术精品。建设一批主题突出、产业链完整的文化创意产业基地，重点建设哈尔滨文化创意及时尚文化产业核心聚集区、西部石油文化及湿地养生产业聚集区。

主动融入"一带一路"文化发展行动，拓展文化交流的内容和形式，深化与俄蒙朝友好省、州、市的交流，突出办好中俄文化大集、中俄博览会文化交流、阿穆尔州"黑龙江日"展演等对俄重大文化活动，互设文化中心，推进"沿边城市文化走廊"建设，推进哈尔滨中俄文化艺术交流周、中俄"黑龙江日"、牡丹江中俄旅游文化节等合作项目。

三、现代物流业

立足东北地区经济结构调整，优化物流业发展布局，积极发展城乡物流与产业物流，推进区域分拨网络、城市配送网络和农村物流网络"三网融合"，创新物流服务模式，培育形成现代物流产业体系，支撑东北地区全面振兴与高质量发展。

根据区位、交通条件、产业特点及辐射范围，加强物流城市建设，重点建设物流设施，合理建设物流园区。提升沈阳、大连、哈尔滨、长春、通辽和营口等一级物流城市，扩大辐射范围。积极提高锦州、丹东、鞍山、阜新、吉林、通化、白城、延边、齐齐哈尔、佳木斯、牡丹江、黑河、绥芬河、赤峰、呼伦贝尔、满洲里、二连浩特等二级节点城市的物流能力。

面向东北地区大宗商品和重要产业，大力发展粮食、煤炭、化工、钢铁、汽车、装备、冷链及集装箱等专业化物流。围绕三江平原、松嫩平原、辽河平原等商品粮基地，构建粮食物流体系，大力推广散粮运输方式，积极推动发展铁海联运，建设铁路粮食大型装车点，实施开展散粮铁路运输定点定向班列和半成品粮"入关"集装化运输。围绕蒙东煤炭基地，加强煤炭装车点建设，积极发展煤炭物流。依托大连、抚顺、锦州、盘锦、吉林、大庆等石油化工基地，积极发展危险品化学品物流。围绕港口和钢铁基地，重点发展铁矿石物流与钢材产品物流。依托长春、沈阳、大连、哈尔滨等汽车及零部件生产和商贸流通集聚区，建立以汽车生产基地为核心的汽车物流体系。在沈阳、大连、长春、哈尔滨、齐齐哈尔等地区，重点发展装备制造供应链物流。结合国家绿色农产品生产基地、精品畜牧业基地和渔业基地建设，以中心城市的鲜活农产品批发市场和加工配送基地为中心，大力发展鲜活农产品冷链物流。围绕港口、边境口岸、内陆港、集装箱中心站等，建立港口、边境口岸与腹地一体化的集装箱物流网络。

发挥沿海沿边的优势，推进内陆港、海铁联运、集装箱班列运营，畅通沿海沿边国际物流通道，发展国际中转、采购、加工配送、转口贸易等国际物流。对接"一带一路"建设，改善边境口岸和国际通道设施条件，推进海关特殊监管区域和保税监管场所建设，依托满洲里、黑河、阿尔山、二连浩特、绥芬河、丹东等口岸发展中蒙、中俄和中朝沿边物流。依托大连大窑湾保税港区、绥芬河综合保税区、沈阳近海保税物流中心、营口保税物流中心等，积极发展保税物流。支持黑龙江省、吉林省深入开展"借港出海"（欧莉，2012）。鼓励沿海港口功能向内陆延伸，推进内陆港建设。以大连、沈阳、长春、哈尔滨国际机场为依托，大力发展国际航空物流，建设空港物流基地。鼓励物流、快递、商业等企业利用现有商贸物流园区、专业物流中心、城乡配送中心和末端配送资源，与电子商务企业融合发展，积极发展电子商务物流。

在大中城市面向企业和消费者，建立城市绿色配送体系。以哈尔滨、长春等国家级城市共同配送试点城市为依托，加快发展共同配送。统筹交通、邮政、商务、供销等资源，实施"多站合一"的农村物流服务模式，推广农村货运班线、农村客运班车利用货舱承接小件快运等服务模式，建立"农超对接"直达配送体系（赵光辉，2015）。大力发展甩挂运输，开展货运列车运行和超长汽车列车运行试点工作。

依托大型产业基地、交通枢纽、港口和商贸中心，科学规划和布局物流节点，重点建设一批综合性物流园区和专业化物流园区，推动传统货运站场通过资源整合、功能拓展等方式实现转型升级。培育壮大一批国际知名和大型物流企业，鼓励运输、仓储、货代、联运、快递等企业向现代物流企业转型。

四、金融和商贸服务业

加快发展金融业。优化金融生态环境，发展金融组织，创新金融服务产品，充分利用资本市场，提高金融服务和创新能力。鼓励发展民营银行，加快农村信用社产权制度改革，扩大村镇银行覆盖面，引入外埠证券、期货、私募基金公司入驻东北设立分支机构、拓展业务。完善地方金融体系，建设沈阳、长春、大连、哈尔滨等区域性金融中心，拓展金融产品和服务体系。大力发展政府性融资担保公司，促进银企合作。完善产权交易平台，拓展和延伸金融综合服务功能。发挥政策性担保机构的优势，为企业提供担保增信。推进更多企业上市、挂牌，发行债券融资。

提升商贸服务业。引导商贸网点优化布局和提升品质，打造中心带动、多点联动、线上线下互促的现代商贸流通体系。以中心城市为重点，加快发展城市综合体等标志性商业中心，重点建设文化体验型特色商业街区和都市休闲型商务商业中心。结合城区老工业区和独立工矿区改造，打造以现代零售、特色餐饮为支撑的商业休闲体验区和特色商业街。依托满洲里、黑河、阿尔山、二连浩特等口岸城市，完善商贸消费和商务服务功能，打造国际商业中心。鼓励重点城镇建设一批农畜产品、建材、汽配、农资等特色市场。大力发展基于"互联网+"的新产业，围绕特色农产品、矿产资源及跨境电子商务构建专业化电商平台及产业园区，重点建设乌兰浩特、海州等电子商务示范基地。

五、科技服务和软件业

壮大科技服务市场主体。积极发展研发设计服务，大力发展工业设计，加强新产品开发设计和集装备、软件、在线服务于一体的集成设计。加快发展技术转移转化服务，探索科技成果竞价与技术供需对接、交流、洽谈等多种方式结合的技术交易模式。

积极发展检验、检测、认证服务，面向设计开发、生产制造、售后服务全过程，培育质量和安全检验、检测、检疫、认证等第三方技术服务（满格，2015）。

继续发展软件与服务外包，扩展对日韩的离岸业务。积极发展软件与信息技术、数字内容、电子商务等服务外包，依托大连、哈尔滨、大庆等示范城市及沈阳、长春、延吉、丹东、黑河、绥芬河等潜力城市，培育软件与服务外包产业集群（满格，2015）。发挥国家级服务外包城市的示范作用，大力发展工业研发和油化技术服务外包，积极承接工业制造、医疗等关联产业的服务外包，发展金融保险后台业务、呼叫业务及云服务平台业务。

东北地区国家级服务外包示范城市的发展重点如下所示。

大连：在ITO方面，重点发展各行业与企业应用软件的开发与服务、嵌入式软件开发与服务等；在BPO方面，吸引知名公司，拓展国际金融、保险、通信、人力资源服务、后台支持服务、制造领域的外包业务。

哈尔滨：大力发展ITO、BPO，发挥装备制造、医药、食品和高新技术等产业的优势，承接国内外相关产品的研发、设计、测试、解决方案等外包业务。

大庆：以石油工程技术服务、软件开发与信息处理服务作为重点，培育发展石油石化类工程咨询、会计、审计、法律、评估及产权交易、市场调查等专业服务外包。

积极发展商务咨询服务业。丰富商务咨询产品，积极发展战略规划、营销策划、市场调查、管理咨询等咨询服务业，加快发展资产评估、会计、审计、税务、勘察设计、工程咨询等专业咨询服务。大力发展信息技术咨询服务，开展咨询设计、集成实施、运行维护、测试评估、应用系统解决方案等服务。加强知识产权咨询服务，发展检索、分析、数据加工等基础服务，培育知识产权转化、投融资等市场服务（寇有观，2019）。

东北地区高质量发展的战略路径

六、电子商务服务业

以国家和省级电子商务示范基地（园区）、示范企业和电子商务应用示范县（区）为载体，推动电子商务产业集聚发展，大力发展对俄跨境电子商务，打造成为东北地区经济发展的新动力。

发展特色农产品电子商务。发挥特色资源优势，发展一批区域性、特色性的农产品电子商务平台，引导大宗农产品、绿色食品生产经销企业开展电子商务应用。推进农产品电子商务公共服务和交易平台体系向农产品批发市场、零售企业及经营农户对接延伸，培育一批农产品电子商务龙头企业。加快农村电子商务应用，开展"电子商务进农村"行动，重点依托供销合作社、邮政快递及流通企业，建设农村电子商务配送及综合服务网络。

传统产业电子商务应用。推进百货、连锁超市、专业店、专卖店等传统商贸企业开展"线上市场"与"线下市场"互动的网络零售业务。推动生产企业通过自建平台或第三方平台开设网络旗舰店、专卖店等网络实体店，网络销售企业要承接传统企业电子商务业务，鼓励中小企业运用电子商务平台开展网络营销、在线采购等活动。鼓励大宗商品交易中心发展电子商务，扩大交易品种范围。加快民生领域电子商务应用，鼓励发展服务于百姓日常生活的综合电子商务平台，推动会展、咨询、广告、餐饮、住宿、旅游等企业深化电子商务应用。

发展跨境电子商务。依托区位优势，培育跨境电子商务主体，发展一批跨境电子商务平台，打造特色品牌。支持电子商务企业、物流快递企业、金融企业联合搭建跨境电子商务平台，提供信息发布、宣传推广、金融支付、物流仓储等服务。鼓励电商企业"走出去"，多渠道、多方式在俄罗斯、蒙古国、朝鲜的主要城市建设海外仓、境外服务网点和实体体验店，提供贸易、仓储、配送和售后等服务。推进哈尔滨、绥芬河等跨境贸易电子商务综合服务平台应用，结合哈尔滨、长春、沈阳等综合保税区建设，设立一批跨境贸易电子商务综合实验区（王雨蓉，2016）。

专栏9-7　东北地区的国家电子商务示范城市

国家电子商务示范城市是指电子商务应用较为普及，电子商务年度交易总额较高的城市。2009年、2014年和2017年，国家发展和改革委员会和商务部等多个部门联合先后组织了三次批准。

2009年——哈尔滨市、吉林市、长春市。

2014年——沈阳市。

2017年——大连市、大庆市、葫芦岛市。

完善支撑体系。加快推广云技术和物联网产业化应用，鼓励各银行推出"跨境电子商务在线支付平台"，开展跨境电子商务交易结算服务。选取一批最具特色和发展潜力的跨境电子商务、农产品和绿色有机食品、传统产业电子商务应用等产业园区和企业，创建电子商务示范基地、示范企业。

专栏9-8　东北地区国家电子商务示范基地

商务部经审核研究，确定第一批、第二批"国家电子商务示范基地"。

赤峰电子商务基地

沈阳浑南电子商务产业园

长春净月经济开发区

哈尔滨市经济技术开发区

通辽电子商务产业园

辽宁（本溪）生物医药产业园区

沈阳永安新城电子商务产业园区

锦州滨海电子商务产业基地

四平电子商务产业园

绥芬河边境经济合作区

大庆电子商务产业园

牡丹江经济开发区电子商务企业园

七、养老健康服务业

　　发挥生态优势，推动养老健康产业发展。按照实用、方便原则，兼顾旅游、健康及生态食品供给，加强养老服务设施建设。着力发展社区居家养老服务，构建"社区为平台、社会组织为载体、社工为支撑"的养老服务新模式，支持养老机构和医疗机构向社区老人延伸服务，鼓励利用家庭资源开展养服务。突出森林氧吧、绿色生态食品配餐、老年病防治等特色，促进"候鸟式"养老产业发展，提升"夏季养老在东北"品牌。依托森林公园、湿地公园和自然保护区等发展康养产业，建设特色森林康养基地。推广"医养结合"养老服务模式，鼓励养老机构内设医疗机构、闲置医疗资源转型为"医养结合"养老机构和社会力量兴办"医养结合"型养老机构。积极建设通化、延边州、长白山等养生养老健康旅游基地。

第十章
东北地区人居环境高质量发展路径

人居环境是人类工作劳动、生活居住、休息游乐和社会交往的空间场所，是人与环境之间的相互关系，是社会生产力发展引起人类生存方式不断变化的结果。在空间上，覆盖乡村、城镇和城市等聚居空间。在持续推进的城镇化和工业化进程中，生态环境不断被破坏，城市恶性膨胀，居住条件恶化，基本公共服务不足。在此背景下，人居环境越来越受到人们的关注，并成为区域发展环境的重要部分和表征。良好的自然环境条件、人工环境建设、丰富的文化传统及设施、美丽的河流森林景观、宜居城市等均成为人居环境的重要内容。本章主要是分析东北地区人居环境高质量发展的基本路径。重点分析美丽宜居宜业东北，考察主要城市化地区、宜居中小城市、特色乡镇及美丽乡村建设路径，探讨东北地区的生态建设和环境保护路径，包括建设东北亚生态安全屏障、加强环境污染治理、能源资源集约利用和防灾减灾体系构建等，以此确保东北地区生态安全。

本章主要得出以下结论。

（1）要尊重自然、保护自然，全面加强生态文明建设，推进重要生态功能区保护，严守生态保护红线，继续推进森林资源保护，全力推进草原保护和利用，加强各类湖泊湿地和海洋生态保护建设，继续实施退化土地治理，推进防灾减灾体系建设，以此建设东北亚生态安全屏障。

（2）加强环境污染治理，深入实施大气、水、土壤、农村和青山污染防治行动，继续实施大气污染治理，深化重点流域水污染综合防治和城市黑臭水体治理，推动工矿区和废弃地综合治理，加强农村生态环境综合治理。推进能源资源集约利用，提高矿产资源精深加工和节约利用水平，加快发展循环经济，进一步推动节能降耗。

（3）根据资源环境承载力和城镇化发展方向，东北地区要加强城镇化地区建设，优化特大城市发展，推动大城市提质，加快中小城市扩容。重点巩固壮大辽中南、哈大齐、牡绥、长吉图等城镇密集区，围绕沈阳、长春、哈尔滨和大连等中心城市打造大都市区。

（4）积极推动城乡融合发展和乡村振兴，增强中小城市发展动力，实现生态宜居宜业；培育发展特色小城镇，突破性发展重点小城镇；推进美丽乡村建设，完善农村基础设施，开展农村人居环境综合整治。

第一节　生态建设与环境保护

牢固树立绿水青山就是金山银山的理念，尊重自然、顺应自然、保护自然，把山水林田湖草沙视为一个生命共同体，提升生态系统功能，提高环境质量，用绿水青山支撑绿色发展，用绿色发展保护建设绿水青山，打造东北亚的生态安全屏障。

一、东北亚生态屏障

1. 生态文明建设

深化生态文明示范建设。深入开展多层次的生态示范创建，创建多元化的特色生态示范区，覆盖不同区域、不同领域。完成生态市、生态县、生态乡镇、生态村向生态文明示范区的提档升级工作，以建设推动区域生态环境、经济发展和社会进步良性互动。强化后续监督与管理，开展成效评估和经验总结，宣传推广可复制、可借鉴的创建模式。

严守生态保护红线。以水源涵养、防风固沙、生态服务功能、生态敏感区域和生物多样性和脆弱区保护为目标，科学划定森林、湿地、基本草原、耕地等领域生态红线，包括各类自然保护区、森林公园、风景名胜区、文化自然遗产和地质公园及其他需要特殊保护的地区。严格落实生态红线管制要求，强化管控措施，禁止进行工业化和城镇化开发，有效保护珍稀、濒危并具代表性的动植物物种及生态系统。

提高各类保护区建设与监管水平。优化自然保护区、森林公园、风景名胜区、地质公园、自然文化遗产等各类保护地的布局，建设布局合理、类型齐全、生态功能良好的自然保护地网络。加快既有自然保护区的升级晋档，将重要河湖、草原生态系统及水生生物、小种群物种的保护空缺作为重点，新建一批自然保护区。以国家级、省级自然保护区为重点，推进各类保护区标准化建设，完善基础设施和管护设施，建立监测体系和信息管理体系。在大小兴安岭和长白山原始森林区、呼伦贝尔草原和锡林郭勒草原、三江平原湿地等地区，围绕森林、湿地、草原等特色生态资源，以自然保护区为依托，积极申报建设国家公园。加大中俄、中蒙、中朝跨界自然保护区建设力度，拓展跨界自然保护区合作交流领域与合作机制，探索跨界管理模式。

加强重要生态功能区保护。以生物多样性丰富区、水源涵养区、防风治沙区和资源开发区等为重点，推动重大生态功能区建设，加强生态环境保护和管理。重点建设大小兴安岭森林生态功能区、长白山森林生态功能区、呼伦贝尔草原草甸生态功能区、科尔沁草原生态功能区、浑善达克沙漠化防治生态功能区、三江平原湿地生态功能，具体如表10-1所示。各类生态功能区以自然生态保护为主，保护区域内各类生态资源和重点野生动植物资源，合理推进生态移民，引导人口和产业有序转移，加强开发活动的生态监管。完善对重点生态功能区的生态补偿，对开发与保护地区之间、上下游之间、生态受益和保护地区之间，按照谁受益、谁补偿原则，推动地区间建立横向生态补偿机制（吴舜泽等，2014）。

表 10-1　东北地区重点生态功能区的特殊类型县市分布

重点生态功能区	面积/平方公里	人口/万人
大小兴安岭森林生态功能区	346 997	711.7
长白山森林生态功能区	111 857	637.3

重点生态功能区	面积/平方公里	人口/万人
呼伦贝尔草原草甸生态功能区	45 546	7.6
科尔沁草原生态功能区	111 202	385.2
浑善达克沙漠化防治生态功能区	168 048	288.1
三江平原湿地生态功能区	47 727	142.2

实施生物多样性保护。围绕行森林、草原、湖泊湿地、海洋、山地生态系统，建立保护野生动植物的种类名录和保护物种信息库。保护、修复和扩大珍稀濒危野生动植物栖息地，加大野生动植物类自然保护区和种质资源保护区保护力度，开展珍稀濒危生物和重要种质资源的就地和迁地保护，开展野生动植物人工繁育培植、野化，扩大濒危野生动植物种群，提高生物多样性。以草原、森林、流域、湖泊湿地为优先保护区域，建设东北虎、东北豹、东方白鹳、梅花鹿、东北红豆杉、黑熊、马鹿、红松、施氏鲟、大马哈鱼、哲罗鲑、鳜鱼等珍稀野生动植物栖息繁育保护地。呼伦贝尔、锡林郭勒、兴安、黑河、伊春、牡丹江、通化、延边、丹东等边境地盟市要继续深化与蒙古国、俄罗斯和朝鲜的生物多样性跨界保护合作。

2. 森林资源保护

围绕筑牢北方重要生态安全屏障的任务，坚持"面、带、点"相结合的森林保护策略，以天然林工程、森林公园和自然保护区等方式（表10-2），以大兴安岭、小兴安岭、长白山为主，加大森林生态系统的保护和恢复，加强森林抚育与保护，完善天然林保护制度，保护森林生态系统。

表10-2　东北地区国家森林公园清单列表

省区	名称
黑龙江省	八岔岛、碧水中华秋沙鸭、绰纳河、翠北湿地、大兴安岭多布库尔、大兴安岭南瓮河、丰林、抚远市黑瞎子岛、公别拉河、鹤岗市萝北太平沟、北安乌裕尔河、大峡谷、大兴安岭双河源、大沽河、呼中、牡丹峰、平顶山、鸡西鸡东县凤凰山、老爷岭东北虎、凉水、岭峰、漠河北极村、穆棱东北红豆杉、挠力河、农垦当壁镇兴凯湖、农垦洪河农场洪河、盘中、七星砬子东北虎、齐齐哈尔扎龙、饶河东北黑蜂、三环泡、三江、森工东方红、双鸭山七星河湿地、乌马河紫貂、五大连池、小北湖、新青白头鹤、伊春市红星湿地、伊春市乌伊岭、友好、珍宝岛湿地、中央站黑嘴松鸡
吉林省	白山原麝、波罗湖、查干湖、大布苏、哈泥、黄泥河、珲春东北虎、吉林龙湾群、吉林通化石湖、集安、靖宇、莫莫格、四平山门中生代火山、松花江三湖、天佛指山、汪清、向海、鸭绿江上游、雁鸣湖、伊通火山群、长白山
辽宁省	白狼山、白石砬子、北票鸟化石、成山头海滨地貌、大连斑海豹、丹东鸭绿江口湿地、海棠山、虹螺山、桓仁老秃顶子、辽河口、辽宁大黑山、辽宁仙人洞、楼子山、努鲁儿虎山、青龙河、蛇岛老铁山、医巫闾山、章古台
蒙东地区	阿鲁科尔沁、白音敖包、毕拉河、达里诺尔、大黑山、大兴安岭汗马保护区、高格斯台罕乌拉、古日格斯台、黑里河、红花尔基樟子松林、额尔古纳湿地、呼伦湖、辉河、科尔沁、赛罕乌拉、通辽市大青沟、乌兰坝、锡林郭勒草原、科右中旗蒙格罕山、扎赉特旗图牧吉

在大兴安岭林区、小兴安岭林区、长白山林区加强寒温带针叶林和温带针阔混交林保护，实施公益林补偿。科学开展分类经营，天然林要保育结合，疏林地要实行封育和补植补造，人工林要提高森林质量和林地产出，人工公益林要抚育经营。严格执行限额采伐，全面停止天然林商业性采伐，对公益林只进行抚育采伐、低效林改造采伐和更新采伐。对商品林只进行人工林采伐，增加天然林抚育采伐和低产林改造采伐，严格执行天然林保护工程和退耕退牧还林工程，改善森林林相、林种结合，继续实行封山育林、巩固退耕还林成果，建设国家储备林基地，构建健康稳定的森林生态系统。

加强国土绿化行动工程、"三北"防护林四期和五期工程、京津风沙源治理工程、天然林资源保护工程、重点沙区防沙治沙工程、中国北疆生态治理工程、新一轮退耕还林工程、森林质量提升工程等重点森林工程建设。在呼伦贝尔沙地、科尔沁沙地、浑善达克沙地实施营造林，在西辽河农业主产区和大兴安岭沿麓农业主产带营造农田林网，启动松花江中上游林业生态工程建设，增加森林面积。坚持以城带乡、以绿促美，以森林城市、森林乡镇和森林村庄为抓手，加强重点区域绿化，实施城镇绿化美化、经济林绿化和村屯绿化工程，重点在交通通道两侧、城镇周边、村屯、矿区园区造林绿化美化，实现农田林网化、道路林荫化、城市园林化、乡村林围化、庭院花园化，优化人居生存环境。

严格保护林地资源，分级分类进行林地用途管制，提高森林质量和生态系统稳定性。在重点生态区位和生态脆弱区实施退耕还林工程、天然林资源保护二期工程、防护林体系建设等重大工程。以火烧迹地、采伐迹地、疏林地、宜林荒山荒地等为重点，对现有森林采取补植、封育、抚育、更替等综合措施进行培育，恢复和发展森林植被。加强低效林地的改造，充分利用宜林荒山荒坡、退耕还林地及非林业用地中规划的造林地进行造林，重点在大兴安岭南麓山地和低山丘陵、大兴安岭山地、小兴安岭林区、长白山林地、国境线、牧区山地草原边缘，营造水土保持林、水源涵养林、防风固沙林、护堤护岸林、草牧场防护林、农田防护林，建设生态经济型的防护林体系（吴炜，2007）。开展乌珠穆沁沙地、浑善达克沙地、科尔沁沙地植被保护和综合治理。在林农林牧交错地带、人口集中居民区周边及坡度陡、土层薄、植被盖度小区域，采取围栏封护，造一块、封一块，实施封山育林。

加强国界地区的防护林体系，建设生物防火隔离带，把中方一侧建成具有多种效能的综合防护林体系。加快大兴安岭、小兴安岭、长白山国有林区改革，推进政事企"四分开"，明确国有林场属性，健全森林资源监管体制。充分利用大数据与现代信息技术，发展智慧森林。争取国家公益林林业碳汇试点政策，探索建立"三可"技术体系，积极参与国内碳交易试点，把大兴安岭林区建设成为国家林业碳汇示范基地。

3. 草原保护利用

以保护草原草地生态安全为前提，坚持用养结合和草畜平衡，严格执行基本草原保护、草畜平衡和禁牧休牧轮牧制度，保护和合理利用草场资源，加强退化草原的治理，扭转草原退化趋势，加快转变草原经济发展方式，实现草原合理永续利用，建设北方生态安全屏障。

进一步加大退牧还草力度，实施新一轮草原生态保护补助奖励政策，对严重退化草原、中度和重度沙化草原实行禁牧补助。重点加强呼伦贝尔草原、科尔沁草原、锡林郭勒草原的保护和建设。完成基本草原划定和草原确权承包工作，规范草原经营权流转，合理控制载畜量，科学安排禁牧区和草畜平衡区，以绵羊、山羊、肉牛为减畜重点，禁牧区的放牧牲畜全部减掉，草畜平衡区超载过牧的牲畜逐步减掉。以牧民专业合作社或嘎查为单位，建设舍饲养畜基地。

加强呼伦贝尔、锡林郭勒、科尔沁等天然草原保护。争取将锡林郭勒等草原区纳入退牧还草工程实施范围，加大退牧还草力度，恢复草原植被，严禁滥开垦、滥樵采、滥放牧。以保护为主，合理利用天然草原，适度开发建设节水灌溉人工草牧场，严格草原用途管制。根据草原情况，划分为合理利用区、保护恢复区、牧草产业重点开发区，实施分区治理，具体如表10-3所示。在草原现状较好的旗县，以保护草原生态为主，推广划区轮牧或春季休牧，实现草原合理利用。北部部分边境地带重点恢复草原植被，有计划转移人口，发挥生态功能保障作用。大兴安岭以东和以南丘陵、科尔沁沙地实施禁牧，实施舍饲半舍饲养殖，大力发展人工种草，减轻草原压力。

表10-3　东北地区草原保护建设规划分区及范围

分区名称	旗县名称
Ⅰ合理利用区（23个）	陈巴尔虎旗、新巴尔虎右旗、新巴尔虎左旗、鄂温克旗、海拉尔区、科右前旗、科右中旗、扎鲁特旗、科左后旗、科左中旗、霍林郭勒市、克什克腾旗、翁牛特旗、巴林右旗、巴林左旗、阿鲁科尔沁旗、锡林浩特市、阿巴嘎旗、东乌珠穆沁旗、西乌珠穆沁旗、镶黄旗、正蓝旗、正镶白旗
Ⅱ保护恢复区（3个）	二连浩特市、苏尼特左旗、苏尼特右旗
Ⅲ重点开发区（16个）	阿荣旗、莫力达瓦旗、鄂伦春旗、扎兰屯市、额尔古纳市、突泉县、扎赉特旗、奈曼旗、库伦旗、开鲁县、林西县、宁城县、喀喇沁旗、敖汉旗、太仆寺旗、多伦县

加快草原综合治理，针对沙化、荒漠化、盐碱化、严重退化等不同类型的草原及油田、煤炭开采区的草原实施重点保护和整治。综合运用"退、围、种、管、退"等手段，采取围栏封育、人工种草、草地改良、退牧还草退耕还草、补播改良、羊草移栽、鼠虫害防治等综合治理措施，继续实施防沙治沙，努力恢复草原生态系统服务功能。实施天然草原退牧还草工程、京津风沙源治理二期工程、高产优质苜蓿产业发展工程、牧草良种工程、草原重点生态功能区工程。

在松嫩平原西部，重点在白城、松原、赤峰等地区，建立优质饲草料基地。推行舍饲、半舍饲制度，以牧民专业合作社或嘎查为单位，建设舍饲养畜基地，使过度利用的草牧场得到休养生息，70%左右牲畜实现当地转为舍饲圈养。

4. 湿地保护

发挥东北湿地较多的优势，加强湿地生态系统保护、恢复与建设，完善湿地保护体系，强化湿地利用监管，推进退化湿地修复，建立健全湿地保护管理机制，遏制湿地生态系统退化趋势。

科学划定湿地保护红线，将尽可能多的湿地纳入红线范围，确保湿地面积只增不减，东北地区自然湿地保护率高于70%。建立和完善湿地保护机制，加强对自然湿地和重要人工湿地资源的保护，构建由湿地、湿地自然保护区和生态廊道组成的湿地保护体系。实施保护和恢复工程，继续推进退耕还湿，增强湿地净化水质、涵养水源、休养生息、调蓄洪水、保护生物多样性的能力。

加强河湖水体保护。围绕嫩江、哈拉哈河、洮儿河、归流河等河流干支流，建设河湖连通工程，为湖泊湿地提供水源，打造重要湿地保护群落。围绕草原、平原和森林等地区的湿地湖泊河流，加强额尔古纳、乌拉盖、呼伦湖、向海、莫莫格、查干湖、松花江三湖、波罗湖、牛心套保、兴凯湖、镜泊湖、扎龙湿地、三江湿地等湿地保护。采取湿地补水、水生植被恢复、富营养化治理等修复措施，通过补水、河湖水系连通等人工措施适度干预，进一步实施退耕还湿、退牧还湿，对季节性缺水严重的重要湿地实施生态补水，恢复湿地，最大限度地保留湿地的生态特征和自然风貌。加强湿地水资源、动植物资源的保护，积极开展生物多样性保护，开展珍稀濒危水生生物和重要水产种质资源的就地和迁地保护，提高水生生物多样性。充分利用河湖水体连接工程，修复城市湖泊湿地，加大城市滨水滨河生态带建设。

加强湿地自然保护区、湿地保护小区和湿地公园建设，争取新建一批国家级和省级湿地保护区和湿地公园，提高保护等级，扩大保护范围，提高湿地管护能力。力争建设湿地国家公园，支持五大连池国家级自然保护区申报世界自然遗产。鉴于泥炭湿地的特殊性，严禁占用泥炭湿地，推动长白山泥炭沼泽湿地建设国际重要湿地。具体如表 10-4 所示。

表 10-4 东北地区主要湿地公园列表

省区	名称
黑龙江省	大庆黑鱼湖、大庆莲花湖、大兴安岭呼玛河口、黑瞎子岛、哈尔滨市呼兰河口、哈尔滨太阳岛、安达古大湖、八五八小穆棱河、巴彦江湾、白桦川、白渔泡、北安乌裕尔河、宾县二龙湖、大海林二浪河、大兴安岭阿木尔、大兴安岭古里河、大兴安岭九曲十八湾、大兴安岭砍都河、大兴安岭双河源、东方红南岔湖、东京城镜泊湖源头、杜尔伯特天湖、方正湖、富裕龙安桥、哈尔滨阿勒锦岛、哈尔滨阿什河、哈尔滨松北、鹤岗十里河、黑河坤河、红星霍吉河、呼中呼玛河源、虎林国家湿地公园、嘉荫茅兰河口、兰西呼兰河、蚂蜒河、漠河大林河、牡丹江沿江、木兰松花江、碾子山雅鲁河、七台河桃山湖、齐齐哈尔江心岛、齐齐哈尔明星岛、青冈靖河、尚志蚂蚁河、绥滨月牙湖、绥芬国家森林公园、绥阳国家湿地公园、塔河固奇谷、塔头湖河、通河二龙潭、乌苏里江、海浪河、兴隆白杨木河、亚布力红星河、肇岳山、富锦湿地、同江市三江口、泰来泰湖、集贤县安邦河湿地公园、伊春市新青湿地
吉林省	北湖、鹭鸶湖、大安牛心套保、吉林大石头亚光湖、新立湖、通化蝲蛄河、梅河口市磨盘湖、嫩江湾、八家子古洞河、敦化秋梨沟、扶余大金碑、和龙泉水河、集安霸王潮、辽源凤鸣湖、临江五道沟、农安太平池、四平架树台湖、汪清嘎呀河、长白泥粒河、长白山碱水河、长春新立湖、镇赉环城国家湿地公园
辽宁省	大伙房湿地公园、红海滩、桓仁桓龙湖、北镇新立湖、昌图辽河、大汤河、法库獾子洞、凤城草河、葫芦岛龙兴、康平辽河、凌源青龙河、盘锦辽河、盘山绕阳湾、沈北七星、铁岭莲花湖、义县大凌河、辽中蒲河、社河
蒙东地区	额尔古纳风景名胜区、根河源、阿尔山哈拉哈河、巴林雅鲁河、巴林左旗乌力吉沐沧河、白狼奥伦布坎、白狼洮儿河、柴河固里、绰尔雅多罗、绰源、陶海、大兴安岭图里河、大杨树奎勒河、甘河、红花尔基伊敏河、银岭河、卡鲁奔、科左后旗胡力斯台淖尔、库都尔河、滦河源、满洲里二卡、满洲里霍勒金布拉格、免渡河、莫和尔图、纳林湖、奈曼孟家段、南木雅克河、牛耳河、索尔奇、乌兰浩特洮儿河、乌奴耳长寿湖、锡林河、伊图里河、扎赉特绰尔托欣河、扎兰屯秀水、正蓝旗上都河

合理利用利用湖泊湿地，科学确定湿地取水、野生动物猎捕、野生植物采集、鱼类捕捞和养殖，以及生态旅游等活动的环境承载容量上限，设立湿地相关资源利用的强度和时限，确保湿地生态系统健康、湿地功能不退化、湿地性质不改变。合理推动向海、莫莫格等自然保护区的生态移民。满足湿地生态用水需求，加强江河湖库水量联合调度管理。在国际重要湿地及国家级自然保护区内，开展生态补偿。

保护海洋生态空间。实施渤海、黄海海域海洋生态红线制度，将重要、敏感、脆弱等海洋生态系统纳入海洋生态红线区管控范围并实施保护和严格管控，渤海海洋生态红线区面积占东北渤海海域面积的比例不低于40%。制定分区分类管控措施，对生态脆弱和敏感区域、海洋资源超载区域实施海洋工程区域限批。推动葫芦岛、盘锦、大连的沿海河口区域的河流湿地保护与环境治理功能区建设。加大"辽河流域整治"和"碧海行动计划"的实施力度，加强辽河口、大连湾、复州湾、普兰店湾、锦州湾近岸海域污染治理。加大滨海湿地、河口和海湾典型生态系统及重要渔业水域的保护，实施增殖放流，建设人工鱼礁。围绕湿地、沙滩、海湾、海岛四类典型生态系统开展生态保护与修复，建设盘锦、大连和丹东等岸段生物多样性保护功能区。发挥盘锦和旅顺口区国家级海洋生态文明建设示范区的引领作用，建立一批具有典型海洋生态系统和景观的海洋特别保护区。严格围填海管理，自然岸线保有率不低于35%。

5. 退化土地治理

加强退化土地防治，以小流域为单元，综合运用工程措施和生物措施，积极推动沙化土地、盐渍化土地、退化土地的生态恢复，整治水土流失，积极安排重点工程、试点示范项目，遏制土地退化的扩展。

加强盐碱地综合治理与利用。重点针对松辽平原、呼伦贝尔草原等地区，推动盐碱地综合治理。针对不同类型盐碱地，采取工程措施，结合有机肥投入、秸秆还田、种植绿肥等生物措施，加大碱化土地综合治理，努力提高土壤有机质含量，建设高标准基本农田。吉林省西部结合引嫩入白、大安灌区、哈达山水利枢纽工程，以水定地，增加有效耕地面积。

加强沙地沙漠治理。围绕加快宜林荒沙、沙化草原和沙化耕地，推进科尔沁、呼伦贝尔、乌珠穆沁、浑善达克、乌拉盖等沙地的综合治理，加强流沙治理，建立以自然恢复为主的修复机制。收缩转移农牧业生产活动，转变生产经营方式。开展沙漠锁边防护林体系建设，继续推进防风固沙林建设，构建造封飞、乔灌草、带网片相结合的防风固沙林体系，建立沙化土地封禁保护区，控制沙漠化扩展。对呼伦贝尔、科尔沁等已发生沙化的天然草地加强改良和建设，进行人工改造，封沙育草，种植优质牧草，封育禁牧。在乌珠穆沁、浑善达克、呼伦贝尔等土地沙化较为严重的地区，推进封禁保护区和防沙治沙综合示范区建设。对松嫩平原西部沙化严重的耕地地区，加大草治沙和人工造林力度。健全沙产业发展激励机制，科学发展沙产业。

加强水土流失生态综合治理。按照预防为主、综合防治的方针，聚焦大小兴安岭和长白山、辽西北丘陵山地，围绕坡耕地、侵蚀沟、黑土区、西部风沙区等水土流失严重的区域，加大小流域综合治理。开展重要江河源头区、重要水源地与湖泊水系、水蚀风蚀交错区、农牧交错带等水土保持重点预防项目，加强封育保护与生态自然修复，有效保护和建设林草植被，实现水土保持区生态环境良性循环，大幅减少输入江河湖库的泥沙。对部分洪水冲刷严重的河流进行护岸整治和生态治理。继续实施坡耕地水土流失综合治理、东北黑土地水土流失综合治理、25°以上坡耕地水土流失治理、重点小流域综合治理等国家水土保持重点治理工程。

加强寒地黑土保护。以典型黑土农区为重点，兼顾广义黑土农耕区，推广黑土地保护性耕作技术应用，采取秸秆还田、增施有机肥及生物肥、轮作休耕等措施进行综合治理，提升土壤有机质含量，改善土壤理化和生物性状，培肥地力，实现黑土地合理持续开发利用。重点推动松花江中下游土地整治工程、尼尔基库区下游高效节水农业土地整治工程、三江平原灌区土地整治工程。建立黑土地消耗补偿长效机制，实施黑土地保护示范项目。开展休耕轮作试点。

二、环境污染治理

以改善环境质量为核心，以解决突出环境问题为导向，深入实施大气、水、土壤、农村和青山污染防治行动计划，重拳治霾，协同治水，综合治土，补齐环境质量短板，坚持绿色发展，推动环境质量持续明显改善，形成"蓝天碧水青山净土"。

1. 大气污染

聚焦大气污染防治突出问题，突出重点区域、重点行业、重点领域、重点时段，实施大气污染防治计划，改善能源利用结构，整合集中供热企业，大力推广热电联产，不断完善重污染应急工作措施和体系，完成城市预警体系建设。

加大清洁能源利用水平。控制煤炭消费，在部分污染严重的城市实施煤炭消费总量控制。推动煤炭清洁利用，提高煤炭洗选比例，新建煤矿同步建设煤炭洗选设施，现有煤矿加快洗选设施建设与改造。严格查处劣质煤的销售，限制高硫份、高灰份煤炭利用，突出抓好冬季散煤治理。加大清洁能源利用，实施天然气、电力等清洁能源替代煤炭工程，推广风电、天然气、太阳能、生物质、地热等清洁能源和可再生能源，深入实施"气化东北"工程，推进长输管道、储气库、城市管网、压缩天然气/液化天然气场站建设。

加大秸秆焚烧污染防控。突出国道、高速公路两侧、铁路沿线、机场、城市周边等重点区域，制定秸秆机收捡拾打捆作业计划，建立"收储运"体系。制定秸秆综合利用优惠政策和地方标准，坚持农用优先、还田为主，从秸秆饲料化、肥料化、工业化、能源化和基料化等重点领域入手，鼓励秸秆还田、能源化等综合利用，开发以秸秆、稻壳等农作废弃物为主要原料的生物质燃料、肥料、饲料新技术，推广秸秆"肥料化、饲料化、能源化、工业原料化、食用菌基料化"的综合利用。坚持"疏堵结合、以用促禁"，强化秸秆焚烧监管，严格秸秆露天禁烧，实行网格监管，加强重点区域和重点时段秸秆禁烧管理，做好郊区和农村秸秆禁烧污染防治工作。

工业污染源全面达标排放。加大火电、石油化工、钢铁、煤化工、有色金属冶炼、建材水泥、集中供热、石墨等重点行业大气污染治理，实施工业烟粉尘、二氧化硫、二氧化氮和工业有机废气总量排放控制。对不能稳定达标排放的限制达标改造，对逾期不能达标排放的实施停产治理。钢铁、石油石化、有色金属、水泥、煤化工等重点行业实施燃煤机组超低排放改造，对硫、氮、尘等多污染物实施协同控制。全面整治燃煤小锅炉，推进煤改气、煤改电及集中供热步伐，实现一县一热源。加强开发区、高新区、出口加工区等各类工业园区的污染集中治理设施建设，一律采取集中供热，开展循环化改造，创建一批国家级循环化改造示范试点园区。

加强城市面源大气污染防治。综合整治城市建筑工地堆场、工业堆场、码头堆场和道路扬尘，实施"全覆盖"，建筑工地加大硬化、净化、湿化和封闭化运营，所有大型煤场、料场实施抑尘改造，扩大城市机械化清扫范围，规范渣土、散料密封运输，有效抑制扬尘。中心城市城区划定高污染燃料禁燃区和无烟区，城市近郊、上风向和不利于大气污染物扩散的地区逐步划入高污染燃料禁燃区，禁止新建、扩建燃用高污染燃料的设施，城镇划定禁止露天烧烤的区域。各旗县市区加快推进集中供热建设，加大10吨以下燃煤小锅炉淘汰力度，因地制宜发展以热定电的热电联产和集中供热。

加强重污染天气应急和预警。强化各级空气质量预报中心运行管理，提高预报准确性，及时发布空气质量预报信息。完善重度及以上污染天气的区域联合预警预报机制，建立日常会商、应急会商和信息通报机制。各城市根据地方实际，健全重污染天气应急预案体系，科学制定高标准预警应急响应措施和针对性减排措施，根据污染源排放状况和社会敏感度建立重污染天气梯次限产、停产重点排污单位名录，明确应急响应优先次序、限产比例和停产启动条件，组织落实企业停产限产、机动车限行、建筑工地停止施工、主要街路洒水抑尘等应急管控措施。

推进重点行业挥发性有机物排放控制。严控臭氧污染，做好挥发性有机物综合整治，重点加强石化、有机化工、表面涂装、包装印刷、医药、生物发酵、塑料制品等行业的挥发性有机物综合整治。加强石化、化工等行业生产、输送和储存过程中挥发性有机物泄露的监测、监管。推广使用水性涂料，鼓励生产、销售和使用低毒、低挥发性溶剂。对加油站、储油库、油罐车实施油气回收改造和治理。对对健康影响较大的苯系物、卤代烃、醛系物、环氧乙烷等重点物质加强严控。

2. 水污染

以改善水环境质量和建设水文明为核心，保护和治理齐抓共管，深化流域污染治理，加强重点城市、重点行业与农药等地表径流治理，突出保护饮用水安全，消灭城市黑臭水体，黑龙江、松花江、乌苏里江、鸭绿江等重大河流断面水质达到要求。

优先保障饮用水水源安全。加强水源地保护区水源涵养和生态保护建设，开展饮用水水源地水质监测与评估，完善风险防范和预警监控体系。推进水源保护区综合治理，对已造成水源污染的地区尽快清除污染源。依法取缔、搬迁保护区内违法建设项目、排污口、违章建筑和禽畜养殖场所及其他有影响的活动，严格水源保护区内管线穿越、交通运输等风险源和周边风险企业监管。推进单一水源供水的市级及以上城市建设备用水源或应急水源。加快解决农牧区人口饮水不安全问题，加强农村饮用水水源保护，对人口密集农村集中式饮用水水源地建立净水设施。

深化重点流域水污染综合防治。实施防治结合、分级推进、联动执法，深化"一河一策"，层层建立"河长制"。坚持干流与支流并重、"以支促干"，沿用"单元治污，断面控制"思路，加强水功能区监督管理，加强入河排污口设置审批，全面推进重要入河排污口规范化建设与监督管理，从严核定水域纳污能力，严格入河湖排污总量控制。突出重要河流干支流和湿地综合整治，区分优先控制、重点控制和控制三类，对水体和水质实施分类管控、综合施策。重点解决石化、酿造、制药、造纸、化工、农产品加工等行业污染。加大水生态保护力度，恢复湿地生物多样性，显著恢复水生态系统，镜泊湖、兴凯湖、呼伦湖、五大连池流域水生态环境状况明显改善。推进哈尔滨、鹤岗、大连、丹东、吉林等国家水生态文明城市试点工作。发挥好水利工程在改善水质中的作用，采取闸坝联合调度、生态补水等措施，合理安排闸坝下泄水量和泄流时段，全力保障主要河流生态基流，增加水环境容量。

推进海洋生态保护。实施辽宁新碧海行动，重点整治辽东湾、辽河口等河口海湾污染。规范入海排污口设置，全面清理非法或设置不合理的入海排污口。按照"一河一策"要求，对劣V类入海河流实施综合治理。推进海域和沿海地区生态健康养殖，对不符合规划的网箱养殖开展专项整治和清退。推进船舶港口污染控制，优化港口码头结构，推进港口装卸机械"油改电"工程，提高含油污水、化学品洗舱水等接收处置能力及污染事故应急能力。

加大工业水污染防治。综合利用进入门槛、过程控制、深度治理等措施，推动从末端治理向源头减排为主转变。推动涉水重点行业专项治理，全面排查装备水平低、环保设施差的小型工业企业，依法取缔"十小"企业。推进有色金属、焦化、石化、采掘、造纸、氮肥、印染、农副食品加工、制革、农药、原料药制造、印染、饮料制造、电镀等重点行业的清洁生产审核和专项治理。新建、改建、扩建重点行业建设项目，实行主要污染物排放等量或减量置换。推进污水再生设施建设，工业生产、城市绿化、道路清扫、车辆冲洗、生态景观等用水优先使用再生水（徐敏等，2015）。赤峰、呼伦贝尔、朝阳等地区开展涉重金属污染行业专项治理，推进提标改造、废水深度治理和循环利用。强化各类开发区、高新区、出口加工区等工业集聚区水污染集中治理，严格执行排污许可证制度。有序搬迁改造或依法关闭城区内钢铁、有色金属、造纸、印染、原料药制造、化工等污染较重的企业。

推进地下水污染防控。严格控制单纯抽取地下水灌溉农田。推进地表水、地下水以及土壤污染协同控制。定期调查评估集中式地下水饮用水水源补给区等区域环境状况。推进科尔沁沙地、哈尔滨、大庆等超采区综合治理，禁止超采区内新增取用地下水。实施工业固废处置（尾矿库）、垃圾填埋、矿产开发、石化生产等重点场地地下水污染防治，加强场地防渗处理。加油站地下油罐应更新为双层罐或防渗池设置，报废矿井、钻井、取水井应实施封井回填。严格控制工业废水排放和废渣堆存，加强生活污水、垃圾集中收集处理。

强化城镇黑臭污水治理。推进城镇污水处理设施升级改造，强化脱氮除磷，加强城镇污水处理厂建设与稳定达标运行监管，重点推动建制镇城镇污水处理厂建设，强化除磷、生物脱氮工艺，有条件的地区加大污水再生利用力度。加强城镇污水处理配套管网建设，优先推进城中村、老旧城区和城乡接合部污水截流、收集、纳管，大力推进合流制排水系统雨污分流改造，新建城区、城镇、开发区排水管网实行雨污分流。推进污泥稳定化、无害化和资源化处理处置，严格禁止处理处置不达标的污泥进入耕地，杜绝污泥二次污染。采取控源截污、垃圾清理、清淤疏浚、生态修复等措施，深入开展黑臭水体综合整治，结合海绵城市建设，修复水生态系统。重点开展松花江、西辽河、大凌河等河流城市区段的黑臭水体治理，实施"一河一策"深度治理，实现地级以上城市区河面无大面积漂浮物、河岸无垃圾、河道无违法排污口。

重视跨界国际河流污染防治。强化跨国界河流保护，加强黑龙江、额尔古纳河、乌苏里江、克鲁伦河、哈拉哈河、贝尔湖、绥芬河、鸭绿江、兴凯湖、图们江等跨国界水体的保护与污染治理，改善界江界河水质。实施中俄、中蒙、中朝界江水体联合监测，优化流域断面布设，开展风险源筛查，完善监测网络，提高跨国界河流水环境污染预警与应急能力。实现乌苏里江、额尔古纳河、黑龙江、嫩江、图们江等河流水质稳定达到Ⅲ类。

3. 矿山与废弃地

坚持预防为主、保护优先、风险管控，突出重点区域、行业和污染物，严控新增污染、逐步减少存量，加快工矿废弃地治理，治理恢复矿山环境，建设绿色矿山，切实保障人居环境安全。

建设和谐绿色矿山。坚持"在开发中保护、在保护中开发"，发挥绿色矿山试点的示范作用，所有矿山坚持开发与治理同步，针对不同矿种、不同开采方式，实施"占一补一"，实现"应建必建"。以白山、通化等地区为重点，加大矿山植被恢复，综合治理地质环境，加大地质灾害防治，历史遗留的矿山地质环境治理率达90%以上。以采空区、沉陷区、露天剥离坑为重点，加强通辽、朝阳、鹤岗等地区煤炭矿坑环境治理，开展锡林郭勒、兴安等地区的露天矿山综合整治，加快环境修复和绿化。逐步关停并转一系列规模小、污染重、经营粗放、污染治理不力的矿山企业。开展病危险尾矿库和"头顶库"专项整治，妥善处置矿渣等大宗固废，充分利用煤矸石、粉矸石、粉煤灰、脱硫石膏、炉渣、冶炼废渣、高铝粉煤灰、铁尾矿等。对有重要价值的矿山遗迹开展矿山公园建设。严防矿产资源开发污染土壤，对黑龙江省东部、蒙东地区、吉林省西部等矿产开发集中的区域实施重点监控。

专栏10-1　东北地区的国家级绿色矿山试点单位

辽宁省：东露天矿、傲牛铁矿、歪头山铁矿、排山楼金矿、红透山铜矿、小汪沟铁矿、台上山铁矿、八家子铅锌矿、晓明矿、平安煤矿、阎家沟石灰石矿、大东沟铁矿、翁泉沟硼铁矿、招金白云金矿、小莱河铁矿、南芬露天铁矿、明山石灰石矿区。

黑龙江省：新岭煤矿、龙湖煤矿、峻德煤矿、新安煤矿、古莲河露天煤矿、东荣二矿、五道岭钼矿、新城煤矿、西山铁多金属矿、东荣一矿、151煤矿一井、富宏煤矿、普晨石墨矿、新强煤矿、三道沟西矿段石墨矿、白岭铜锌矿、双桦建龙三井、三道湾子金矿、杏花煤矿、羊鼻山铁矿、南山煤矿、兴安煤矿、富力煤矿、新铁煤矿、东荣三矿、双阳煤矿、碱场煤矿一井。

> 吉林省：羊草沟煤矿一矿、羊草沟煤矿二矿、道清煤矿、松树镇煤矿八宝采区、上青矿、井下矿、双阳煤矿、板庙子金英金矿、黑沟白云岩矿、百草沟金矿、营胜矿、龙家堡煤矿、赤柏松铜镍矿、二道沟矿、小房子铁矿区、板石一矿、松树镇煤矿、营城煤矿、四平银矿、八连城煤矿、东富区煤矿、桦甸油页岩矿、桦甸丰泰油页岩矿、赵家沟铁矿、东晋煤矿。
>
> 蒙东地区：拜仁达坝银多金属矿、红岭铅锌矿、黄岗铁矿、乌努格吐山铜钼矿、维拉斯托铜锌多金属矿、平庄西露天煤矿、拜仁达坝铜锌多金属矿、五官营子铁矿、查干铅锌矿、大井子铜矿、东明露天矿、东乌珠穆沁旗阿尔哈达铅锌矿、胜利东二号露天煤矿。

推进工矿废弃地复垦。强化历史遗留矿山生态修复，清理整顿已有矿产资源开发活动，组织实施好重大生态修复和环境治理工程，加快闭坑矿山、采煤塌陷、采空区、沉陷区、露天剥离坑和挖损压占、尾矿等废弃土地的生态修复。对历史遗留的、开采主体灭失的及无法确定开采主体的闭坑矿山，由政府承担生态修复。实施煤炭基地土地复垦，重点对辽西北、蒙东地区、黑龙江省东部的采煤区沉陷区、排土场、破损山体进行复垦。对废弃的工业厂房、仓储、砖瓦窑场等废弃地进行复垦，加大黏土砖瓦窑厂、废弃工矿、采石场、砂石厂等用地的生态恢复，加强尾矿和退化土地综合整治。合理安排复垦土地的利用方向、规模和时序，按照复垦耕地优先、宜林则林、宜牧则牧、宜渔则渔、数量质量生态并重的原则，确定复垦土地用途。

4. 农村环境

突出环境整治重点和难点，实施清洁工程和专项整治改造工程，推进村庄环境综合整治，因地制宜开展农村生活污水治理，全面治理农村生活垃圾处理，切实改善人居环境，筑牢"美丽东北"的环境基础。

推进农村污水处理。推动乡镇污水处理设施建设运行，有条件的地区推进城镇污水垃圾处理设施和服务向农村延伸，有条件的小镇和规模较大的村庄建设污水处理设施，优先考虑城市周边的村镇纳入城市污水处理系统，规模较小的村庄建设简便易行的小型污水处理设施。推进整村农村河道综合治理，加强农村河流、沟渠、水库塘坝、沿村溪流治理，开展清淤疏浚，连通河湖湿地，全面落实河长制。推进农村改厕，推广室内节水型厕所改造技术。

加强农村生活垃圾处置。建立村庄保洁制度，推广垃圾分类减量和就近资源化利用，因地制宜建立"村收集、镇转运、县处理"模式，治理农业生产生活垃圾、建筑垃圾、农村工业垃圾、农业废弃物。推进公共服务向农村延伸，抓好垃圾就地分类和资源回收利用，对城市周边的村庄生活垃圾处理应"进行统一收集，集中运输，直接进入城市垃圾处理系统进行处理"，远离城镇的平原村庄可建设区域性垃圾中转或处理设施，交通不便的偏远牧区或山区采用集中收集、就地分类、就地处置和综合利用的办法安全处理农村生活垃圾。

控制农业面源污染。防治农村生产过程污染，在三江平原、松嫩平原、辽河平原农业主产区及大小兴安岭、长白山沿麓等农业产业带，鼓励农民增施有机肥和绿肥，推广低毒、低残留农药、兽药使用，推进拓展测土配方施肥范围，推广精准施肥技术和机具，深入推进化肥农药零增长行动。在松嫩平原和三江平原等地下水易受污染地区，优先种植需肥需药量低、环境效益突出的农作物。在设施农药集中区优先选用生物农药和高效、低毒、低残留农药。控制灌溉面源污染，建设生态沟渠、污水净化塘、地表径流集畜池等设施，净化农田排水及地表径流。做好农村牧区工矿业和农畜产品加工业污染防治。

严格治理畜禽养殖污染。推进农村畜禽养殖区和居民生活区科学分离，完成畜禽养殖区、禁养区划定，依法关闭或搬迁禁养区内的畜禽养殖场（小区）和专业户。发展标准化规模养殖，开展畜禽养殖场（小区）标准化改造和畜禽粪污综合利用，配套建设粪便污水储存、处理、利用设施，实现雨污分流、粪便污水资源化利用，鼓励散养密集区统一规划建设村外规模养殖场（小区），推进分户治理与分户收集，集中处理利用。

三、能源资源利用

牢固树立绿色发展理念，落实节约资源政策，提高矿产资源精深加工能力，加快发展循环经济，加强煤矸石、尾矿的综合开发利用，建设资源节约型社会。

1. 资源精深加工

围绕煤炭、铁矿石、有色金属等矿产资源，加大矿业秩序整顿力度。推进优势矿产资源向优势企业集聚配置，提高资源综合开发利用率。提高煤炭、铁矿石、有色金属与贵金属等各类矿产资源的开采回采率、选矿回收率，加强共伴生资源和尾矿、碎石的综合利用，提高化工、建材及其他非金属矿产深加工的能力，因地制宜发展以煤矸石、粉煤灰、脱硫石膏为原料的新型建材工业。提高矿产资源开发的准入条件，淘汰落后开采方法，提高伴生矿产、贫矿、尾矿及难选矿山综合利用程度。

2. 循环经济

围绕生产、流通和消费各环节，按照"减量化、再利用、资源化"原则，推进循环型工业、农业、城市建设，构建低碳循环利用体系。矿山企业在生产过程中要实现矿井水循环利用率大于90%，煤矸石综合利用率达到100%。加强钢铁、有色、化工、农产品、建材、能源等重点行业的清洁生产审核，加快煤矸石、粉煤灰、脱硫石膏、炉渣、冶炼废渣、尾矿等废弃物的循环利用。推动各类产业园区的循环化和生态化改造，促进企业、园区和行业间链接共生、原料互供、资源共享。加强尾矿、大宗工业固废和建筑废弃物的回收和资源化利用，深化工业资源综合利用产业基地建设。加强秸秆、畜禽养殖和农业废弃物的回收和综合利用，重点推进秸秆肥料、造纸、酒精及生物天然气等秸秆资源综合利用，推进地膜综合利用试点建设。健全电子废物、废轮胎、废塑料等再生资源回收利用网络，积极发展再制造产业，开发城市矿产，建立再生资源产业基地，促进资源再生利用企业集聚化、园区化和区域协同化布局。大力发展再制造业产业，推动工程机械、汽车零部件、办公设备等率先实现再制造产业化。

3. 节能降耗

推进电力、钢铁、有色金属、化工和建材等重点行业和重点用能企业节能改造，开展燃煤工业锅炉节能减排行动，有序淘汰低效落后产能、工艺设备与企业，提升行业能效水平。实施燃煤锅炉节能环保综合提升、余热暖民、绿色照明、煤炭消费减量替代、城镇化节能升级改造等一批节能工程。实施全民节能行动计划，推广清洁能源和新能源车辆，推进公共机构实施绿色照明改造，落实阶梯电价政策。构筑绿色建筑全产业链，大力发展绿色建筑，实施建筑物及采暖、空调、照明系统节能改造。选择一批城市推进建筑节能宜居综合改造试点，同步实施老旧住宅节能改造与抗震加固改造、加装电梯等适老化改造。积极发展绿色能源，建设通辽、锦州、阜新、洮南、敦化、白城、牡丹江、伊春、海伦、双城等新能源示范城市。

4. 资源利用

实行最严格水资源管理制度，实行用水总量控制，落实水资源开发利用控制、用水效率控制、水功能区限制纳污三条红线，合理安排农牧业、工业、城镇和生态用水。在水资源短缺地区，坚持以水定产、以水定城。推进生产节水，对粮食主产区、生态环境脆弱区开展大中型灌区节水改造，推进冶金、化工、电力、建材、食品、造纸等高耗水行业节水技术改造，引导企业使用再生水。发展农业节水，大力发展渠道防渗、管道输水、喷灌、滴灌等节水灌溉技术。强化高耗水服务业的节水管理，实行用水总量控制与定额管理相结合，推进阶梯式水价。严格控制工业企业使用地下水资源，遏制地下水超采。推进土地节约集约利用，按照"管住总量、严控增量、盘活存量、集约高效"的要求，加强土地用途管制，严格控制农用地转为建设用地规模，强化存量建设用地的利用和处置，积极盘活闲置土地。

四、防灾减灾体系

坚持"预防为主，防抗救相结合"理念，坚持常态减灾与非常态救灾相统一，对洪涝、冰雪、冻害、干旱、森林草原火灾、病虫鼠害、野生动物疫病等自然灾害和由此引起的次生灾害、"建设性破坏"及人为灾害等进行综合防范，增强防灾减灾能力，完善综合防灾减灾体系，推进防灾减灾治理体系和治理能力现代化，从注重灾后救助向注重灾前预防转变，从应对单一灾种向综合减灾转变。

提高森林草原防火能力。瞄准森林、草原防火，建设较为完善的预防、扑救、保障三大体系，及时更新消防装备，推广远程灭火装备，实现消防装备大型化、专业化，以及扑火手段多样化。建立火灾预测预报机构和完善的监测网络、阻隔网络，加强森林、草原消防队伍建设，改善基础设施条件，在森林密集的深山区和边境地区设无线林火远程监测系统。开展航空护林护草，扩大升级林航机场，合理增设航空护林站，增建一批机降点。加快建设火灾隔离带，包括国境、铁路、林草缘、林间、村屯嘎查、景点景区，建设边境特殊防火险段永久性隔离带工程。

加强草原、森林有害生物防治。推动落叶松毛虫、落叶松鞘蛾、天幕毛虫、杨柳毒蛾等有害生物治理，控制草原和森林病虫鼠害面积。完善林业有害生物防控体系，建设以区域预警中心、重点县组成的骨干测报网和国家级中心测报点为主要内容的监测预警体系，完善国家级森林草原有害生物中心测报点布局，扩大建设林业草原有害生物防治站与应急物资储备库，新建一批观测记录站、中心测报站。对主要林业、草原有害生物实施工程治理、对重大外来有害生物开展应急处置、对突发性有害生物实施快速除治。加强自然保护区、重点生态区有害生物的监测预警、灾害评估。加强有害生物传播扩散源头管理，抓好产地检疫、调运检疫、跟踪检疫和监管，组织好边境地区的联防联治。

推动矿山地质环境修复。加强对煤矿、铁矿等矿产资源采矿地区的地质灾害防治，尤其要做好因采矿造成的地表塌陷区的治理，防止灾害进一步扩大。严格控制石油加工、化学原料制造、医药制造、化学纤维制造、有色金属冶炼等项目环境风险，合理布局生产装置及危险化学品仓储等设施。加强对有毒、有害污染物的排放管理和风险管理。停止审批向松花江、辽河、黑龙江、鸭绿江等流域排放重金属和持久性有机物等有毒有害污染物的项目。

第二节　建设美丽宜居宜业东北

根据资源环境承载力和城镇化发展方向，立足发展基础，按照"中心带动，节点支撑，轴带推进"的思路，东北地区要积极构建分工明确、布局合理、功能互补、错位发展、特色突出的城镇发展格局，优化特大城市发展，推进大城市提质，加快中小城市扩容，培育发展特色小城镇。

一、城镇密集区

1. 城镇密集区

坚持"精明增长"与"紧凑城市"的理念，依托交通干线和重要河流，发挥中心城市的辐射带动作用，加快新型城镇化进程，培育若干城镇组团，推动人口和城镇集聚集约发展。

提升辽中南城市群建设。发挥沈阳、大连中心城市的带动作用，通过辽宁中部城市群、沿海城镇带和沈大城镇轴建设，推动辽中南城市群壮大提升，带动区域内县城、重点镇、特色镇和新城新区协同发展，促进沿海和腹地协调互动。加强城市群内部整合，构建大都市区，推进同城化、一体化发展。统筹交通、能源、信息和水利等重大基础设施的布局和规划，推进一体化建设，构建核心城市1小时通勤圈。发展辽宁沿海经济带，发展具有国际竞争力的临港产业，建设成为中国沿海地区新的经济增长极。增强沈阳经济区整体竞争力，促进区域一体化。加快采煤沉陷区综合治理及矿山生态修复，加强辽河流域和近海海域污染防治，构建由长白山余脉、辽河、鸭绿江、滨海湿地和沿海防护林构成的生态廊道。以此，将辽中南城市群打造成为东北地区对外开放的重要门户、先进装备制造业和新型原材料基地、重要的科技创新与技术研发基地和辐射带动东北地区发展的龙头。

壮大哈大齐走廊和牡绥地区。该区域要打造成为全国重要的能源、石化、医药和重型装备制造基地、区域性的农产品加工和生物产业基地及东北地区陆路对外开放的重要门户。积极构建以哈尔滨为中心，以大庆、齐齐哈尔为重要支撑，以牡绥地区为开放窗口，以交通走廊为主轴的开发格局。哈大齐走廊要强化科技创新、综合服务功能，增强产业集聚能力和核心竞争力；哈尔滨要建设成为全国重要的装备制造业基地、东北亚重要的商贸中心和国际冰雪文化名城，大庆要建设成为全国重要的原油、石化基地，齐齐哈尔要建设成为全国重型装备制造基地。牡绥地区要强化绥芬河综合保税区功能，重点发展进出口产品加工、商贸物流、旅游等产业，建设成为对外合作加工贸易基地。加强松花江、嫩江流域污染治理，防治丘陵黑土地区水土流失，加大封山育林、植树造林，构建以松花江、嫩江、大小兴安岭、长白山及湿地为主体的生态格局。

积极建设长吉图经济区。发挥沿边与内陆联动优势，推动中俄蒙朝日韩国际联运通道建设，打造为全国重要的交通设备制造、石化、生物、光电子和农产品加工基地，中国参与图们江区域国际合作开发的先导区和面向东北亚开放的重要门户。加快构建以长春、吉林为主体，以延龙图（延吉、龙井、图们）为开放前沿，以珲春为开放窗口的开发格局。加快长春和吉林两大都市区建设，推进长吉经济一体化，增强要素集聚和辐射带动能力，建设先进制造业和科技创新基地。推进延龙图一体化，积极发展先进制造、商贸物流、旅游等产业，把珲春建设成为集出口加工、境外资源开发、国际物流、跨国旅游等于一体的特殊功能区。增强长白山生态屏障功能，加强森林和水源保护，加快松花江水污染防治，构建以长白山、松花江为主体，森林和水系共生的生态格局。

2. 大都市区

都市区是城市群内部以超大特大城市或辐射带动功能强的大城市为中心、以 1 小时通勤圈为基本范围的城镇化空间形态。构建都市区是东北地区推进新型城镇化的战略途径，重点推动中心城市提质扩容，增强综合承载力，拓展发展空间，打破行政壁垒和体制机制障碍，加强中心城市与周边城市的一体化建设，实现共建共享，强化城市间分工协作、功能互补。重点建设沈阳、大连、长春、哈尔滨四大都市区，辐射引领各省区域发展。

推进基础设施一体化。以增强基础设施连接性、贯通性为重点，以推动一体化规划建设管护为抓手，织密网络、优化方式、畅通机制。加快构建高速公路、国省干线、县乡公路等多层次公路网，实施"断头路"畅通和"瓶颈路"拓宽工程，支持毗邻城市（镇）开行城际公交，推动近郊班线公交化、城市间公交一卡互通、票制资费标准一致。构建以轨道交通为骨干的通勤圈，推动干线铁路、城际铁路、市域（郊）铁路、城市轨道交通"四网融合"，实现交通运营管理"一张网"。统筹布局货运场站、物流中心等，鼓励不同类型枢纽协同或合并建设，支持城市间合作共建物流枢纽。统筹市政设施和信息网络建设，推动供水、供电、供气、供热、排水等各类市政管网合理衔接（杨熠，2020）。

强化城市间产业分工协作。以专业化分工协作为导向，推动中心城市产业高端化发展，夯实中小城市制造业基础，促进城市产业错位布局和特色化发展。促进城市功能互补，推动超大特大城市非核心功能向周边城市疏解，提高中小城市吸纳承接能力。中心城市要集聚创新要素、提升经济密度、增强高端服务功能，重点发展生产性服务业。中小城市要优化营商环境，承接中心城市产业转移，推动制造业规模化、特色化、集群化发展，形成以先进制造为主的产业结构（杨熠，2020）。

建设统一开放市场。要打破地域分割和行业垄断，清除市场壁垒，清理废除妨碍统一市场的各种规定和做法，营造规则统一、标准互认的市场环境。加快人力资源市场一体化，消除城乡区域间户籍壁垒，推动人力资源信息共享、公共就业服务平台共建。推动技术市场一体化，支持联合建设科技资源共享服务平台，鼓励共建科技研发和转化基地。推动金融服务一体化，加强金融基础设施、信息网络、服务平台一体化建设，实现存取款等金融服务同城化。统一市场准入标准，探索"一照多址、一证多址"企业开办经营模式，推动执法协作及信息共享（杨熠，2020）。

公共服务共建共享。以公共服务均衡普惠、整体提升为导向，统筹推动基本公共服务、社会保障、社会治理一体化发展，持续提高共建共享水平。促进医疗、教育、文化、体育等优质公共服务资源共享，增加健康、养老、家政等服务多元化供给与联建共建。加快社会保障接轨衔接，推动政务服务联通互认，全面实现同城化"一网通办"。健全跨行政区社会治理体系，完善突发公共事件联防联控、灾害事件预防处理和紧急救援等联动机制。

加强人居环境建设。强化生态环境共保共治，加强生态网络共建和环境联防联治。扩大中心城市生态用地和公园绿地面积，加强区域生态廊道、绿道衔接，促进林地湿地绿地建设、河湖水系疏浚。完善污水、垃圾处理设施建设，强化工业源、移动源和生活源排放污染治理。

（1）沈阳。强化中心城市功能，加强城市边界管控，促进城市紧凑布局建设，完善城市基础设施，加强综合服务功能，吸引高端生产要素集聚，积极发展高端装备与智能制造，提高人居环境品质与宜居性，促进生产空间集约高效、生活空间宜居适度、生态空间山清水秀，引领沈阳经济区发展，建设成为国家中心城市、东北亚国际化中心城市、高端装备智能制造中心和东北亚科技创新中心。

（2）大连。完善综合服务功能，加快金普新区建设，推动核心城区人口和产业疏解。塑造"山海岛城"城市风貌，提升城市文化品质。大力推进自主创新，加快产业和港口转型发展，积极建设大窑湾保税港区，打造为国家先进装备制造业基地、东北地区对外开放龙头、东北亚国际航运中心和自由贸易区。

（3）长春。城市建设注重空间拓展与品质提升并重，打造"一城、两区、十二组团"，突出建设中心城区和双阳城区、九台城区，积极建设长春新区。重点发展汽车、农产品加工和轨道客车制造，大力发展光电信息、生物、新能源汽车、新材料和先进装备制造等战略性新兴产业，加快发展金融、商贸、文化创意和总部经济等服务业。完善基础设施互联互通，引导城市功能和产业向周边卫星镇转移，形成半小时经济圈。以此，建设成为全国重要的国际影视文化名城、东北亚的科教文化名城和国家重要工业基地。

（4）哈尔滨市。以打造国家对俄及东北亚开放桥头堡为目标，发挥地缘优势，积极发展对俄贸易和文化交流，加快建设地铁、综合交通枢纽、地下管廊，提升医疗、教育等公共服务保障能力，彰显城市历史文化底蕴，打造成为国际冰雪文化名城、国家面向俄罗斯及东北亚开放的重要枢纽和服务基地、高端制造业基地。

二、宜居中小城市

根据资源环境承载力，以人的城镇化为核心，以就地就近城镇化为重点，积极推进新型城镇化建设，完善中小城市功能，建设生态宜居宜业城市，提高人口集聚能力。

1. 发展动力

把加快发展中小城市作为优化城镇体系的主攻方向，坚持"提质、扩容、升级"，增强集聚、承载和连接能力，促进中小城市合理布局、协调发展。按照规模合理、功能完善、适宜人居的要求，做大做强市盟驻地城市，优化产业结构和城市空间布局，提升城市品位，强化综合承载能力，增强辐射带动能力。推进宜居中小城市建设，加大小城市和县城发展，加强产业和公共服务资源布局引导，推动有条件的县城向城市转型，将其打造为带动次区域发展的重要支点。依托交通枢纽和机场、口岸布局，加强基础设施建设，促进产业集聚发展，巩固发展一批重要节点城市。立足资源禀赋和产业基础，实施"一县一业"建设，培育发展各具特色的县域产业体系，积极发展特色旅游、商贸物流、特色工业，建设一批具有地域特色、竞争力较强的优势产业，壮大县域经济实力。坚持产城融合，以产促城、依城兴产，科学布局工业园区。结合新区建设和旧城改造，推动城市建设。突出地方特色和民族特色，强化绿色发展，提高文化品质，推进城市建设与地方文化、自然环境和谐统一。

将新型城镇化与新型工业化相结合，加快城区老工业区搬迁改造。探索工业地产再开发机制，妥善处理土地置换价差资金，腾退土地重点发展高新技术产业和第三产业，促进传统工业区向现代化新城区转变。加强工业遗产的资源保护与合理利用，积极保护历史文化街区和历史建筑，建设科普基地、爱国主义教育基地。

2. 支撑要素

将中小城市的综合承载力培育作为重要的发展方向，积极完善各城市的基础设施与公共设施建设，增强公共服务功能，推动公共资源配置向中小城市倾斜，增强对周边地区的辐射带动作用。继续建设便捷畅通的综合交通体系，完善城市步道、自行车道、应急通道、停车场和综合交通枢纽等公共交通系统建设。加强供气、供热、供电、供排水、污水垃圾处理、通信设施升级改造，提高燃气和公共供水普及率，加快保障性住房建设。继续推动公共图书馆、美术馆、文化馆、博物馆、科技馆建设，规划布局广场、公园、步行道等公共活动空间，推进商业网点完善布局，优化社区生活设施布局和公共服务体系，合理布局建设停车场和立体车库，打造包括物流配送、便民超市、平价菜店、家庭服务中心等的便捷生活服务圈。

推进城市综合管理体制改革，完善城市功能，突出城市特色。培育建设一批宜居中小城市，有序推进人口规模大、经济实力强的县"撤县设市"，推动基础较好的县开展"扩权强县"。加强市民交通、卫生、环保等文明教育，提高市民综合素质。加强社区建设与管理，完善社区服务水平，形成政府、志愿互助、市场相衔接的社区服务体系。深化户籍制度改革，推进农业转移人口市民化。

加快示范性城市建设。围绕精神文明、园林城市和森林城市，积极培育和建设一批示范性城市，打造成为东北地区城市建设的样本。推进满洲里市、大庆市、绥芬河市、盘锦市、伊春市、通辽市、鞍山市等城市建设全国文明城市，推进葫芦岛市、伊春市、四平市、松原市、调兵山市、敦化市、铁岭市、开原市、延吉市、本溪市、丹东市、佳木斯市、七台河市、海林市、通辽市、大庆市、黑河市、扎兰屯市、集安市、珲春市、同江市、盘锦市等城市建设园林城市。推进本溪市、珲春市、呼伦贝尔市、鞍山市、赤峰市、抚顺市、营口市、葫芦岛市、双鸭山市、通化市等城市建设国家级森林城市。

三、特色小镇

坚持城乡统筹发展，实施分类指导、梯度推进、重点突破，优先发展示范镇，重点建设中心镇，带动一般镇，形成县城、中心镇、一般镇协调发展的格局。

1. 小城镇

大力发展小城镇，将重点镇作为推进新型工业化与城镇化发展、农业产业化、统筹城乡发展的重要突破口，打造成为农村就地就近城镇化的主要载体。引导小城镇走特色化、集约化、现代化道路，强化重点镇产业支撑能力，打造一批绿色农牧产品加工、商贸、生态旅游镇，形成"一镇一品"发展格局。加强中心城市周边小城镇的统筹发展，逐步建设成为卫星城。推动远离中心城市的重点镇加快发展，通过提升服务功能，建设成为面向周边农村的生产生活服务中心（彭羽，2017）。合理推进工业布局，加强乡镇生态建设和污染防治。

提高小城镇建设档次，逐步形成各具特色的景观风貌。加强供排水管网、污水和垃圾处理等基础设施建设，鼓励有条件的小城镇推动集中供热、供气管网建设，鼓励与周边乡镇共建共享。加大社会事业发展，提升基础教育和医疗卫生服务水平，引导农村人口集聚居住。实施镇区环境整治工程，切实改善人居环境。

拓展特大镇功能。推动经济发达的镇发展成为具有一定规模的小城市。以健全社区管理体制为突破口，加快户籍制度和行政管理体制改革，完善社会保障体系（张林，2006）。开展特大镇功能设置试点，对吸纳人口多、经济实力强的镇，赋予同人口和经济规模相适应的管理权，重点下放事权、扩大财权、改革人事权及用地指标。赋予镇区人口10万人以上的特大镇部分县级管理权限，按城市标准建设市政设施。

2. 特色小镇

按照"一镇一特色"原则，依托各地特色资源，突出优势特色产业，充分体现民俗风情、地域特色文化元素，重点围绕农林牧生产、文化旅游、生态宜居等领域打造一批特色小镇，具体如表10-5所示。

农业小镇——依托特色产品和龙头企业，突出发展特色种植、养殖业，发展生态农业、设施农牧业、光伏农业，提供农牧业观光、体验等多项休闲服务，建设为农牧业型特色小镇。

工业小镇——依托独特自然资源和产业园区，发挥传统采掘、加工工业优势，延伸产业链条，建设加工制造型特色小镇。

旅游小镇——发挥历史文化积淀厚重、民族风情浓郁、自然风光秀美等优势，提供自然风光游、文化体验游等旅游服务，重点打造草原风情、民族风情、建筑遗存、宗教文化、革命遗迹、湿地等特色旅游品牌，建设旅游特色小镇（赵秀清和白永平，2015）。

表 10-5　东北地区的特色小镇清单

省区	乡镇名称
辽宁省（16 个）	瓦房店市谢屯镇和将军石镇、东港市孤山镇、弓长岭区汤河镇、大洼区赵圈河镇、法库县十间房镇、鲅鱼圈区熊岳镇和红旗镇、阜蒙县十家子镇、灯塔市佟二堡镇、北镇市沟帮子镇、庄河市王家镇、盘山县胡家镇、桓仁县二棚甸子镇、海城市西柳镇、凤城市大梨树镇
吉林省（11 个）	东辽县辽河源镇、辉南县金川镇、龙井市东盛涌镇、安图县二道白河镇和明月镇、绿园区合心镇、抚松县松江河镇、铁东区叶赫满族镇、龙潭区乌拉街满族镇、集安市清河镇、梅河口市进化镇
黑龙江省（12 个）	甘南县兴十四镇、宁安市渤海镇、漠河县北极镇、绥芬河市阜宁镇、穆棱市下城子镇、尚志市一面坡镇、汤原县香兰镇、萝北县名山镇、肇源县新站镇、五大连池市五大连池镇、北安市赵光镇、齐齐哈尔市碾子山区
蒙东地区（9 个）	宁城县八里罕镇和黑里河镇、额尔古纳市莫尔道嘎镇、科尔沁左翼中旗舍伯吐镇、阿尔山市白狼镇、开鲁县东风镇、敖汉旗下洼镇、林西县新城子镇、扎兰屯市柴河镇

生态宜居小镇——依托生态、气候、温泉、森林、湿地等康健养生资源，发展适宜居住、康复养生和观光的生态宜居特色小镇。

商贸物流小镇——借助"互联网+"，依托特色农畜林渔产品资源和大型建材、生活用品批发市场，重点发展集采购、仓储、加工、配送、金融等功能于一体的商贸物流业，建设商贸物流小镇。

沿边小镇——以国际贸易运输和国际旅游为方向，提升城镇综合服务功能，重点发展国际贸易、现代物流、跨境旅游、科技会展等服务业和进出口加工制造业，建设成为沿边小镇。

民族小镇——在少数民族集聚地区，鼓励建设具有民族风情的镇区，鼓励位居边境地区的乡镇合理建设具有蒙古国、俄罗斯、朝鲜等异国风情和少数民族风情的镇区。

休闲小镇——建设以运动休闲为主，集文化、健康、养老、教育培训等多种功能于一体的运动休闲特色小镇。

3. 独立工矿区

坚持因地制宜，实施"宜改则改，宜搬则搬"，分类对独立工矿区实施改造。对适合居住、交通便利的独立工矿区，结合邻近乡镇区和行政村建设，实施矿镇矿村合一，完善基础设施，提高公共服务能力，培育接续产业，加强生态环境恢复，打造新型社区。对远离城镇和农村居民点、自然环境恶劣、地质灾害严重、存在重大安全隐患的独立工矿区，实施居民搬迁，关闭企业，处理各类垃圾杂物，恢复生态环境。推进老工业区环境整治和生态修复，对水土污染严重的区域进行专项治理，因地制宜加强绿地、公园建设。

四、美丽乡村

统筹生产生活生态，以村庄整合、基础设施建设和环境整治为突破口，打造"生产发展、设施完善、传承历史、富庶文明"的美丽乡村。

1. 美丽新农村

充分考虑平原地区、丘陵山地、民族地区、草原地区、边疆地区的生活生产方式，适应城镇化和生态建设的需要，坚持集中紧凑、合理布局、集聚发展，稳步推进农村居民点整合。合理优化农村发展模式，引导工业向园区集中、人口向城镇集中、居住向社区集中。

以改善农村生产生活条件为目标，把围封转移和生态移民与乡镇撤并有机结合，鼓励以中心村为核心，带动周边基层村成立农村社区。为缓建草场承载压力、保护森林资源，草原林区实施生态移民，低山丘陵区和平原地区的农村居民点适度集聚。引导农民新建住房向城乡建设用地区集中，对于无特色、用地分散、距离较近的村庄实行撤并，科学分类整治"空心村"。对经济较发达、建房农户较多的城镇近郊"空心村"，有步骤地整体搬迁、连片发展，腾空的土地转为建设用地。对县城近郊的村屯实施城村统一规划改造，实现城镇化发展。

因地制宜发展特色产业、精品农业和服务业，适度发展乡村旅游、观光农业和农家乐、牧家乐、林俗旅游，引导生产要素投向农村。挖掘风貌、产业、功能等方面的特色，因地制宜建设一批特色精品村落。推进扎兰屯市、巴林左旗农牧民返乡创业试点，引导各类小城镇借力"互联网+"等现代手段培育返乡创业产业集群，共创农牧民合作社、家庭农场、林场等新型农业经营主体，发展设施农牧业、规模种养业、农畜产品加工流通业、休闲农业、林下经济和乡村旅游。

2. 农村基础设施

坚持乡村现代化建设，继续加强基础设施和公共服务建设，改善乡村生产生活条件，增强乡村发展能力。推动城镇市政设施向乡村延伸、公共服务向乡村覆盖，重点推动大中城市与周边村镇基础设施连接。加强农村居民最急需的水电路气等基础设施建设。推动农村交通设施连接，新建扩建改造一批农村公路，实施村庄道路硬化，巩固拓展亮化工程成果。实施农村饮水安全工程，实现农村安全饮水全覆盖，推动新一轮农村电网改造升级，提高农网智能化水平和接纳分布式电源的能力。推进信息设施与互联网服务进村入户，推动移动互联网、大数据等新一代信息技术与农村、农业融合发展，推动"快递下乡"，完善配送及综合服务网络。加快公共服务设施建设，推进邮政、金融、售电、卫生、文化、养老等网点建设，加快配备医疗设备，推进乡镇卫生院和村卫生室标准化建设，新建改建一批文化室、文化广场、固定电影放映点等文体设施，提升农村公共服务水平。实施农村危旧房改造。

3. 农村人居环境

瞄准"脏、乱、差"问题，开展农村人居环境综合整治，建设"清洁水源，清洁家园，清洁田园"。实施以"围院"、"围屯"、"沿线"和"农田林网"为主要形式的绿化工程，整治村屯公共空间，提高村屯绿化水平。优先保障农村饮用水安全，推进农村饮用水环境基础设施建设。统筹考虑生活垃圾和农业生产废弃物利用、处理，整治垃圾山、垃圾围村、垃圾围坝、工业污染"上山下乡"。推广村收集、镇（县）处理的垃圾集中处理方式，推行改灶、改厕、改圈，鼓励有条件的农户厕所进户。支持规模化养殖企业建设雨污分离污水收集系统和处理设施，加强禽畜粪便收集并资源化利用，建设现代畜牧生态养殖小区，引导畜禽散养户向养殖小区集中。消除私搭乱建、乱堆乱放，治理柴草堆放，强化日常保洁，保持良好村容村貌。

五、新型城镇化试点

　　结合新型城镇化建设，积极推进各类城镇建设试点工作。加快推进国家新型城镇化综合试点建设，重点包括长春市、哈尔滨市、大连市、齐齐哈尔市、牡丹江市、吉林市、扎兰屯市、海城市、延吉市、安达市、科左中旗、鄂伦春旗大杨树镇、辽阳市辽中区、本溪县、台安县桑林镇、北镇市沟帮子镇、伊春市、北安市、逊克县、穆棱县、安图县二道白河镇。抓好沈阳市于洪区、公主岭市、珲春市等国家中小城市综合改革试点。深入开展敦化市、临江市、通化县、东丰县、镇赉县5个省级生态城镇化试点。推进腾鳌镇、佟二堡镇、兴城市徐大堡镇等国家建制镇试点建设。深入推进盘锦市城乡一体化综合改革试验，鼓励吉林经济技术开发区、通化高新技术开发区和沈阳苏家屯区建设国家级产城融合示范区。在上述地区，在建立农业转移人口市民化成本分担机制、建立多元化城镇化投融资机制、完善农村宅基地制度、建立创新行政管理和降低行政成本的设市设区模式、促进基本公共服务均等化等方面加大探索，突破薄弱环节，积极实践。

专栏10-2　东北地区各类试点示范城市

　　国家新型城镇化综合试点：长春市、哈尔滨市、大连市、齐齐哈尔市、牡丹江市、吉林市、扎兰屯市、海城市、延吉市、安达市、科左中旗、鄂伦春旗大杨树镇、辽阳市辽中区、本溪县、台安县桑林镇、北镇市沟帮子镇、伊春市、北安市、逊克县、穆棱县、安图县二道白河镇。

　　国家中小城市综合改革试点：沈阳市于洪区、公主岭市、浑江区等。

　　省级生态城镇化试点：敦化市、临江市、通化县、东丰县、镇赉县。

　　国家建制镇试点：腾鳌镇、佟二堡镇、兴城市徐大堡镇等。

　　国家级产城融合示范区：吉林市经济技术开发区、通化高新技术开发区、沈阳苏家屯区。

　　国家级智慧城市：呼伦贝尔市、沈阳市浑南新区、大连市生态科技新城、营口市、庄河市、大连市金普新区、辽源市、磐石市、四平市、榆树市、长春高新技术产业开发区、白山市抚松县、吉林市船营区、肇东市、肇源县、桦南县、齐齐哈尔市、牡丹江市、安达市。

鼓励呼伦贝尔市、沈阳市浑南新区、大连市生态科技新城、营口市、庄河市、大连市金普新区、辽源市、磐石市、四平市、榆树市、长春高新技术产业开发区、白山市抚松县、吉林市船营区、肇东市、肇源县、桦南县、齐齐哈尔市、牡丹江市、安达市建设国家级智慧城市，运用大数据、物联网等新一代信息技术，开发整合和利用城市各类信息资源，推进市政、社区、社会民生、交通安全等公共服务领域的信息化管理。

第十一章
东北地区发展环境高质量建设路径

区域发展环境是一个区域可持续发展的基本条件和重要动力，包括基础设施网络、开放合作交流、公共服务网络与民生事业。经过长期的工业化和城镇化建设，东北地区曾形成了全国最为发达的基础设施网络、最为重要并服务全国建设的工业母机、最为完善的社会公共事业系统和最好的民生福利。改革开放以来，东北地区的基础设施网络逐步老化失修，对外开放远远落后于东南沿海地区，财力有限也约束了公共服务事业的升级发展，民生建设日渐落后。本章主要是分析支撑东北地区全面振兴、全方位振兴的环境条件。重点分析基础设施网络建设路径，包括交通设施网络、能源设施网络、水利设施体系和信息通信网络；探讨区域合作网络构建与对外开放路径；考察公共服务网络和民生系统的建设路径，包括就业创业体系、社会公共事业和社会保障事业。以此，为东北地区全面振兴、全方位振兴创造更活跃、更健康、更有力的发展环境。

本章主要得出以下结论。

（1）继续完善东北区域基础设施网络，加快现代交通设施建设，统筹发展高速铁路、普速铁路、高速公路、国省道、港口航道和民用机场，强化重大对外通道建设，增强能源设施保障能力，完善石油天然气管道和电力输出通道建设，加强水资源开发利用、灌区与防洪减灾等重大水利设施建设，加快信息网络建设，提高基础设施保障能力和服务效率。

（2）加快打造多元对外开放平台。构建区域合作网络，加快融入京津冀协同发展，广泛开展国内区域合作，深化与沿海发达地区的对口交流，加强产业分工合作。深度扩大对外开放，完善开放平台布局，加强产业贸易合作，提高对外贸易发展层次和水平，推动国际多边合作与交流，积极建设国际运输大通道，建设对外开放门户。

（3）统筹发展公共服务网络。积极扩大就业，完善就业服务保障，加快创业带动就业；积极推动社会公共事业发展，大力发展教育事业，完善医疗卫生事业，提升公共文化体育设施，发展养老服务设施；完善社会保险体系，健全城乡社会救助体系，加大住房保障力度。

第一节　区域基础设施网络

按照布局合理、结构优化、功能完善、服务提升、技术先进的要求，以提升基础设施服务保障能力和运行质量效率为导向，继续强化基础设施建设，加快发展交通、能源、水利、信息等重大设施，合理布局空间网络，提升干线，完善支线与联络线，推动基础设施网络互联互通，提高支撑东北地区全面振兴、全方位振兴的基本能力。

一、现代交通设施

紧紧抓住中蒙俄经济走廊建设与新一轮东北振兴战略的集中实施机遇，统筹发展各种交通方式，加强高速铁路、普速铁路、高速公路、港口、机场等基础设施建设，优化大型综合枢纽布局，完善对外大通道，强化城市快速高效连接，扩大交通网络覆盖密度，完善功能布局，形成多种方式紧密衔接、覆盖广泛、通达快速、开放融合的现代综合交通运输体系。

1. 铁路网络

坚持"强化通道，完善网络，提高质量，重点保障"的方针，统筹考虑能源等重大物资运输需求及国际通道建设，完善铁路网络布局，加强主要轴线的重大铁路建设，繁忙干线实现客货分线，建设高速铁路，改造既有铁路线，强化枢纽建设，在城镇密集区合理发展城际铁路。

推进高速铁路建设。根据城镇密集区的分布格局与客运联系，合理建设高速铁路和城际铁路，推动客货运输分离，建设旅客快速运输通道。重点完善京沈高铁，构筑连接东北和京津冀都市圈并融入全国高铁网络的大通道，配套建设朝阳—盘锦即至哈大高铁连接线、赤峰—凌源连接线、通辽—京沈客专联络线；推进哈尔滨—满洲里、哈尔滨—通辽、哈尔滨—牡丹江、松原—四平、哈尔滨—松原、松原—扶余、松原—乾安、海拉尔—通辽至京沈客专、乌兰浩特—通辽—白城、通辽—齐齐哈尔等高铁建设。继续推动呼和浩特—锡林浩特—赤峰、锡林浩特—张家口、长春—白城—乌兰浩特、通辽—齐齐哈尔—满洲里、哈尔滨—佳木斯、牡丹江—佳木斯等快速铁路建设，实现快速铁路与高铁覆盖50万人口以上城市。

加大铁路干线建设。新建部分资源开发性铁路、支线铁路，继续优化路网结构，重点推动两伊（伊尔施—伊敏河）、齐乌（齐齐哈尔—乌兰浩特）、锡乌（锡林浩特—乌兰浩特）等铁路建设。提升路网质量，扩大既有铁路干线和铁路口岸改造力度，提高列车运行速度和铁路输送能力。实施既有线扩能和电气化改造，重点推动叶赤线、锦承线、集通线、沈吉线、集二线、通让线、赤大白线、白阿线、长白线、平齐线、拉滨线、齐北线、桑锡线、桑多线、辽溪线、伊敏线等铁路扩能改造，加快巴新铁路、巴珠铁路等铁路线的断头路建设，不断完善铁路网。加快重要矿区和工业园区的铁路装车系统建设，建设煤炭外运通道及疏港铁路，提升资源产品运载输出能力，重点建设锡林浩特—二连浩特、锡林浩特—绥中港、林东—白音华、巴彦乌拉—新邱、郭尔本—白音乌拉矿区、赤峰—二河口煤码头铁路。加快建设锡林郭勒—曹妃甸等通江达海货运通道。推进韩家园经呼玛至黑河、鹤北—名山、东宁—老黑山等沿边铁路项目。推进通辽等铁路枢纽、发运站扩能改造。

推动国际铁路建设。以推动国际合作和构建东北亚铁路网为目标，完善中俄、中蒙跨境铁路通道，加快重大铁路干线与跨境铁路建设，加强与俄罗斯、蒙古国协调，创新跨境铁路规划、投资、建设与运营机制。重点推动两山铁路（阿尔山—乔巴山）、满洲里—阿日哈沙特—乔巴山铁路建设，构建新的中蒙俄大通道。实施密山、黑河、洛古河、黑山头、室韦等口岸建设互联互通铁路，重点推动满洲里—伊尔施、阿日哈沙特—伊尔施、巴音乌拉—珠恩嘎达布其、黑山头—海拉尔、室韦—莫尔道嘎、满洲里—阿日哈沙特、满洲里—伊尔施铁路、扎兰屯—阿尔山等口岸铁路建设，完成阿尔山、二连浩特、满洲里等铁路口岸改造，实施东宁—乌苏里斯克、虎林—列索扎沃茨克、密山—图里洛格、抚远跨境铁路建设，完善口岸后方通道及集疏运体系，构建新的跨境运输大通道。推动中俄协调，推进满洲里—赤塔铁路电气化、绥芬河—格罗迭科沃铁路改造。

2. 公路网络

按"分层成网、功能互补、衔接顺畅、规模适当"思路，优化路网衔接，建设规模适度的高速公路网，加强国省道和县乡道改造，形成以高速公路为主骨架、国省道干线为基础和县乡公路、口岸公路、能源公路、旅游公路及边防防火公路为补充、能力充分、功能完善的公路网络。

继续完善高速公路网。以国家高速公路网规划为主，基于地区发展的实际需求，加强连接重要节点、城镇密集区的高速公路通道建设，重点推进国家高速公路新增路线、瓶颈路段及功能突出的地方高速公路。加快高速公路的新线建设，实现地盟市之间的快速直达。对建设年限较长、运力紧张的既有路线尤其是城市群地区拥堵路段进行扩能改造，主要是京沈、京哈等高速公路。基于地方需求，适度建设高速路联络线，包括绥化—大庆、海拉尔—乌兰浩特、新林—扎兰屯等路段，打通"断头路"。为了支撑和培育重点开发区域与战略高地，合理建设大城市或大都市区（哈尔滨、沈阳、长春）高速公路环路、城市快速路。

继续推动国省道改造。围绕城镇布局、产业基地、资源分布、"两大平原"粮食主产区及重要口岸，按"先重点、后一般，先干线、后支线"原则，以国道、省道和干线公路为核心，推动国省道由基本成网向扩容提升转变，改造"梗阻段"、"断头路"、拥堵路段、低标准路段及隐患路段，推动干线公路的扩能与技术改造，推进灾害防治、危桥改造、安保设施和公铁平交改立交等改造。加强与重要通道平行并承担区域通道功能的省道干线公路建设，缓解干线通道的运输压力。加强对高寒地区、交通末端干线公路的建设力度。加强通往周边省份的干线公路改造，形成通往东北、京津冀都市圈和蒙西地区的快速通道。

加大农牧林垦区建设。围绕"两大平原"农业改革和国有林区林场改革，推动农村公路由基本通畅向提级改造转变，重点实施未通畅建制村通沥青水泥路、撤并建制村通硬化路、建制村优选通达路线、窄路面公路拓宽改造、公路桥梁改造、较大自然村通砂石路等项目，促进渡口改桥、危桥改造，建设产业路、资源路、旅游路，鼓励有条件的地区农村公路向自然村延伸，提高路网密度和通达深度。坚持精准扶贫、精准脱贫，加大"三少民族"地区和大兴安岭南麓、燕山—太行山特困区的农村公路建设。加大大小兴安岭、长白山国有林区道路建设，重点建设通场公路、防火和专用通道、边防哨所连接线，提高路网密度。

推进跨境公路与旅游公路建设。推动景区干线公路、景区景点连接线公路建设，配套建设旅游服务中转站、自驾车营地、观景台、房车营地、港湾停靠站等配套设施。加强边境口岸公路建设，新建和升级改造连接二连浩特、珠恩嘎达布其、阿日哈沙特、室韦、满洲里、阿尔山、黑河、呼玛、洛古河、抚远、漠河等口岸的公路，建设海拉尔—满洲里口岸高速公路、乌兰浩特—阿尔山干线公路、珠恩嘎达布其—林西干线公路、嫩江—漠河高速公路，推进中俄、中蒙跨境公路运输便利化水平。加快界河公路大桥建设，重点建设东宁、长白、临江、集安、图们、洛古河等口岸界河公路大桥，推动珲春、图们、长白、集安等跨境桥梁改造。谋划推动珲春至符拉迪沃斯托克、珲春至罗先的国际邮路建设，做好珲春至扎鲁比诺港、满洲里至赤塔的公路改造。

专栏 11-1　东北地区的沿海港口发展指引

大连港：以"一岛三湾"（大孤山半岛，大窑湾、鲇鱼湾、大连湾）各港区、长兴岛港区等为重点，构建集装箱、石油、铁矿石、粮食、商品汽车、客货滚装、邮轮等专业化运输中转系统，打造以石化、装备制造、船舶制造、电子信息产业为主的四大临港产业基地，构筑综合物流、国际邮轮、航运商务三大服务中心，形成功能完善的港口服务体系，建成大连国际航运中心。

营口港：以鲅鱼圈港区和仙人岛港区为重点，以内贸集装箱、铁矿石、石油和钢材运输为核心，全面发展粮食、杂货等运输，大力拓展港口服务、口岸功能和临港产业功能，逐步发展成为综合性港口。

丹东港：以大东港区为重点，以服务东北东部地区为主，以煤炭、油品、金属矿石、粮食和集装箱运输为主要货类，发展为客货兼顾、内外贸结合的综合性港口。

锦州港：以笔架山港区和龙栖湾港区为重点，以石油、煤炭、粮食等大宗散货和内贸集装箱运输为主，重点发展物流、商贸、临港工业等功能，发展为综合性港口。

盘锦港：以荣兴港区为重点，以石油化工、散杂货运输为主，建设多功能的综合性港口。

葫芦岛港：以柳条沟港区为核心，有序开发绥中港区，以服务葫芦岛市经济和临港产业为主，兼顾周边地区。

---

3. 港口与航道

优化沿海港口建设，分类推进港口差异化发展，形成布局合理、功能完善、服务优质的现代化沿海港口群。东北沿海地区以建设大连东北亚国家航运中心为目标，整合辽宁沿海港口资源，完善港口基础设施，优化功能布局。重点形成以大连和营口为主要港口，丹东、锦州、盘锦和葫芦岛港为地区性重要港口，其他中小港口、临港工业和货主码头为补充的现代化沿海港口群（董晓菲，2018）。重点发展综合性港口，增强服务周边区域的整体能力，满足东北地区和辽宁沿海经济发展的需求；依托后方工业和大项目，适度发展临港工业和货主码头；与渔业发展和岸线资源条件相匹配，提高渔港建设标准，合理配置中心渔港和一级渔港。有序发展临港工业码头或货主码头，严防重复建设，严防低效利用和浪费岸线资源。科学发展陆岛运输和滚装运输，加强与沿海岛屿联系，与旅游资源相结合，合理配置旅游码头岸线资源。东北沿海港口货物吞吐量达到13亿吨，以集装箱、外贸进口原油和铁矿石等运输系统为重点，加快大型专业化码头及深水航道建设，形成高效、现代化的集装箱、外贸进口原油和铁矿石、散粮运输及物流服务体系。集装箱以大连为干线港、营口等港口为支线港，形成层次分明、功能完备的运输系统。进口原油主要由大连港接卸，在辽西沿海选择合适的港点作为补充，承担东北地区进口原油中转运输。铁矿石接卸以大连港为主、营口港为辅，粮食运输以大连港为主要装船港，营口、锦州、丹东港为辅。成品油以大连为主要装船港，营口和锦州港为辅，为腹地石化产业提供服务。有序推动大连、锦州等港口老港区的搬迁改造。依托港口，加快临港产业基地和工业园区建设，打造东北地区临海产业带。

结合河流综合开发，推进内河航道建设，形成干支联动、畅通高效的内河航运体系。围绕主要河流的梯级航电枢纽开发，加快松花江、黑龙江、抚远水道等高等级航道建设，合理开发嫩江、乌苏里江、镜泊湖、额尔古纳河等一般航道，适度开发库区航道。重点建设松花江大安至同江、黑龙江界河段和西流松花江吉林以下航道，支撑东北地区与俄罗斯的航运联系。结合北水南调工程，开展松辽运河前期工作。以内河主要港口、界河开放港口为重点，合理建设规模化、专业化港口，重点建设哈尔滨、佳木斯、黑河、同江、富锦、吉林、抚远、大安等重要港口，推动绥滨、肇源等一般性港口发展，完善呼伦湖、贝尔湖、尼尔基湖、查干湖、哈达山水库等湖库游船码头建设。建设黑龙江、鸭绿江、图们江水上战略通道，促进江海联运发展。以此，形成适应江海运输、国际贸易运输和地区开发开放的航道网络和港口体系。

完善港站集疏运体系。合理建设港口集疏运系统，实现水路与公路、铁路运输方式的衔接，加强哈尔滨、佳木斯港集疏运通道建设，重点推进铁路"双进港一统筹"（即铁路专用线和铁路港前站进入港区，国家和地方铁路统筹管理），以及港区集疏运专用公路直接连通高速公路或快速路建设。提高港口装卸机械化水平，改善港口与公路、铁路等集疏运方式的衔接，完善港口的仓储和商贸功能。完善水路交通综合管理系统，加强航务信息平台建设，促进交通信息资源互联互通和共享。

4. 机场与航线

立足社会经济发展、旅游组织和对外开放，注重应急救灾、资源开发，继续充实民用机场数量，完善干线机场，新建一批支线机场，优化航空网络。力争航空服务覆盖90%左右人口，重要城市、主要开放口岸、重点景区均可在地面交通80公里或1小时车程内享受到航空服务。

完善东北地区主要枢纽机场的功能，增加远程国际航线和班次，提升国际竞争力。进一步培育沈阳桃仙国际机场的区域性枢纽机场地位。增强哈尔滨太平国际机场的门户功能，完成扩建工程，打造成为面向东北亚和北美的航空枢纽港和物流中心。提升长春龙嘉国际机场和大连周水子国际机场的辐射能力，扩大国际航线网络。

完善建设干线机场和主要机场，突出主要机场的扩建改造，完成通辽、齐齐哈尔、牡丹江、乌兰浩特、延吉、敦化、佳木斯、锡林浩特、白城、满洲里、黑河瑷珲等机场的改扩建，合理扩大航站楼建设。在旅游城市、重要城市、口岸新建和谋划绥芬河、虎林等一批支线机场。

抓住国家低空开放的政策机遇，积极建设通用机场。加快建设库伦旗、苏尼特右旗、饶河、宝清、嘉荫、长岭、红花尔基、根河、新巴尔虎右旗、阿荣旗、陈巴尔虎旗等通用机场，建立航空应急救援、工农业生产等多元服务的通用航空作业体系。

合理增加国内航线航班，加大至广州、上海、武汉、成都等国内区域中心城市的航线组织。以枢纽城市为重点，面向蒙古国、俄罗斯、日本、韩国及部分欧美国家，开通国际航线，重点开辟联系俄罗斯叶卡捷琳堡、莫斯科、圣彼得堡、符拉迪沃斯托克、赤塔、日本大阪、名古屋，蒙古国乔巴山、乌兰巴托等城市的国际航线，以及联系中国香港、中国台湾、中国澳门的地区航线。以延吉、丹东、黑河、满洲里、阿尔山等沿边重要支线机场为重点，开通连通东北亚国家重要城市的国际航线，发展国际包机业务，培育定期航班新航线。

5. 综合交通枢纽

依托主要港口、机场、铁路和公路客货站场，按照"路站协调、重点突出、有效衔接"的思路，推进综合交通运输枢纽建设，重点建设位居交通通道的综合客运枢纽和综合货运枢纽。加强客运枢纽与城市地面公共交通设施、干线铁路、城际铁路、干线公路、机场等的衔接，推动货运枢纽与产业园区、物流园区的布局衔接，满足客运"零距离换乘"、货运"无缝隙衔接"运输需求。将沈阳、哈尔滨、长春、大连、通辽、赤峰、锦州等建设成为全国性综合交通运输枢纽，将呼伦贝尔、乌兰浩特、锡林浩特、赤峰、通辽、白城、松原、大庆、齐齐哈尔、黑河、吉林、佳木斯等打造成为区域性综合交通运输枢纽，将丹东、绥芬河、满洲里、二连浩特、阿尔山、黑河、延吉等打造成为国际边境综合交通枢纽。继续推进一般客货运输枢纽建设，完善地市级、县级公路客货运输站场建设。每个市（地）至少建成 1 座功能齐备的客运枢纽，围绕木材、农畜林产品、进出口产品、化工等特色产业形成一批重要物流节点。

二、能源基础设施

以建设国家清洁能源基地为目标，根据国家战略部署与东北地区资源条件、负荷分布，完善现代能源基础设施网络，积极发展天然气、原油、成品油和煤制气输送管道，加快建设特高压和普通电网，推动能源加工生产与对外输送。

1. 油气管道

结合国家战略，统筹利用天然气、煤制气和进口天然气等多种气源，围绕境外油气资源进口、海拉尔盆地、二连盆地等油气资源富集区，推动石油、天然气等能源输送管道建设。

积极推动成品油运输方式转变，建设锦州—朝阳—赤峰、白音华—大板—赤峰等成品油管道，研究俄罗斯经满洲里进入国内的油气管道，推进蒙古国塔木察格油田—新巴尔虎右旗原油输送管道。

按照"气化"战略，加快天然气干线管网和配套设施建设，围绕煤化工基地、大型煤制油和煤制气项目配套建设煤制油和煤制气管道，重点建设锡林浩特—集宁和建平—赤峰、布里亚特—乌兰浩特—长春、大庆—哈尔滨、科右中旗—吉林、通辽—元宝山、通辽—霍林河等天然气输送干线管道，谋划建设讷河—阿荣旗、锡林浩特—张家口、乌兰察布—二连浩特、乌兰察布-锡林浩特、桑根达来-克什克腾旗、吉林—延吉、梅河口—桦甸等天然气管道，建成锡林浩特—北京、乌拉盖—长春、白音华—沈阳、伊敏—河北、呼伦贝尔—哈尔滨等煤制气管道。

结合各地社会经济发展需求，科学建设城镇居民及工业用煤气天然气输送管道，完成中心城市主城区供热老旧管网改造，建设旗县天然气支线管道，实现旗县所在地城镇全部通天然气，力争城市燃气普及率达到90%。做好气化村屯工作，将气化工作向具备条件的重点镇及商业用户拓展，加强农村液化气供应站、加油站、型煤加工点等能源基础设施建设。

2. 电力设施

按照国家特高压及跨区电网输送总体布局，贯彻分层分区原则，围绕重大煤电基地、风电基地和光伏发电基地，实施"西电东送""北电南送"，优化电网结构，建设电力外送通道，提高外送承载调度能力（刘刚，2016）。

加强特高压电力外送通道。积极发展超高压、特高压外送路线及配套工程，构建连接东北、华北、华东地区的超高压走廊，重点建设锡林郭勒盟—南京1000千伏交流、锡林郭勒—山东800千伏直流、锡林郭勒—江苏800千伏直流、扎鲁特—山东、赤峰—华北、呼伦贝尔—华北、锡林郭勒—张北、白城—扎鲁特等电力外送通道，形成面向华北、华中和东北的输电走廊，解决东北地区"窝电"困境。

完善省区联络线和区域主干网架。加强500千伏主干网架建设，建成呼伦贝尔、兴安、通辽、赤峰一体化的500伏主干网架，建设白音华—营口、上都—承德、赤峰—利州、开鲁—新民、珠日河—新民500千伏外送通道，开工建设锡林浩特—乌拉盖、科尔沁—新民、赤峰—通辽、伊敏—科尔沁、汗海—辉腾梁、锡林浩特—白音华、冯屯—白城、吉林—延吉、吉林—长岭、岭东—兴安、海北—岭东、双鸭山—建三江、鹤岗—伊春等通道。

强化城乡电网建设。以500千伏变电所或大型发电厂为依托，优化220千伏电网结构，建设智能电网。深入电力负荷中心区，有序推进县域电网建设，鼓励分布式电源建设，实现各旗县和工业基地220千伏变电站全覆盖，切实解决电力通道"三网"溜边问题。适时启动新一轮城镇配电网和农村电网建设改造，解决"卡脖子"和低电压问题，实现66千伏线路乡镇全覆盖。积极开展贫困村通动力电工程、边境村电网改造工程、小康电示范县、农村机井通电全覆盖等工程。加快电动汽车充换站的建设，形成科学合理的电动汽车充电站布局。

合理推动国际输电网络建设。继续加大向奥云陶勒盖、纳林苏海特和扎门乌德等主要城市、重点矿区和产业园区输电，启动建设一批500/220千伏变电站及供电线路，推进与蒙古国南部电网实现多点联网。

三、水利基础设施

以改善环境、服务民生、支撑发展为目标，结合流域综合治理和生态文明建设，加强水利基础设施建设，扩大供水、灌溉、防洪设施体系，提高水资源合理配置和高效利用能力，提高粮食产区水安全保障水平和洪水灾害综合防御能力。

1. 水资源开发利用设施

实施重大水利工程，建设一批水源设施和水资源调配工程，为区域生态和经济社会提供水资源保障。因地制宜实施水资源配置工程，加强一批引调水工程、骨干水源和大中型水库工程建设，优化水资源空间调配，建立安全可靠的水资源供给保障体系。科学开展流域内及跨流域调水工程和河湖连通工程，建设"三江（黑龙江、松花江和乌苏里江）连通"骨干工程等重大水利项目，建成"三江（黑龙江、松花江、嫩江）治理"工程、尼尔基引嫩扩建骨干一期等工程，建设"引绰济辽"、辽西北重点输水工程、"引嫩济锡（霍）"、"引嫩入白"、呼伦贝尔"引河济湖"、"引松济辽"等跨流域或流域内调水工程，建立察尔森水库向向海长效供水机制，适时建设"引黑济松"和"引松补挠"、"引呼济嫩"、沾河和呼玛河引水工程等调水工程。加强哈尔滨、大庆等城市的河湖连通工程。扩大骨干水源，推进大、中、小水利枢纽工程建设，建设尼尔基、文得根、哈达山、奋斗、阁山、花园、林海等一批重点水利枢纽工程，提高工程性蓄水调水能力，建设一批抗旱应急水源工程，提高城乡供水与工农业供水能力。

继续推进城镇水源工程，支持县城及重点镇水厂建设、改造升级，推动供水管网建设改造步伐，加强县城新建社区、产业集聚区供水设施建设，新建一批给水配水输水管道，城镇公共供水普及率达到97%，提高城镇居民饮水安全。实施农牧林垦区饮水安全巩固提升工程，农牧林垦区自来水普及率超过90%。

2. 灌区水利设施

结合国家千亿斤粮食增产工程、内蒙古"四个千万亩"节水灌溉工程、黑龙江两个平原等重大工程，加快农田与平原灌区的水利基础设施建设。加强农田牧场水利工程建设，进一步完善灌溉体系，扩大灌溉干渠，搞好农田灌溉支渠道防渗、排涝沟渠，全面实施井灌区节水改造、旱改水和牧区灌溉工程，加快大型灌区续建配套步伐，结合新建水源工程发展一批中小型灌区工程，打通农田水利"最后一公里"。重点推动尼尔基水利枢纽和绰勒水利枢纽，保障下游内蒙古灌区。大力发展农田节水工程，实施大中型灌区续建配套与节水改造、大型泵站更新改造等工程，在粮食主产区因地制宜推广微灌、滴灌、喷灌等节水灌溉技术，重点围绕三江平原灌区、松花江干流沿岸灌区、西辽河流域灌区、甘河大型扬水灌区、察尔森水库和尼尔基及哈达山水利枢纽下游灌区，农业灌溉水有效利用系数达到0.6以上。加大农田抗旱水源井建设，推进松原灌区工程。

3. 防洪减灾工程

按照"蓄泄兼筹、综合治理、突出重点"的方针，完善防洪减灾工程体系，提高防洪减灾能力。优先安排重要城市和粮食生产基地的防洪建设。开展大江大河、重要支流、中小河流治理，加强堤防建设及河道整治，建设蓄滞洪区，提高河流防洪行洪能力，西辽河、嫩江、松花江等主要河流干流防洪全部达标，实现拉林河、西拉木伦河、乌力吉木仁河、马莲河、塘泥河、新开河、呼兰河、细河、养息牧河等中小河流与支流可防御常遇洪水，大江大河干流堤防达到 50 ~ 100 年一遇，主要支流和重要中小河流达到 20 ~ 30 年一遇。推进病险水库、水闸除险加固、新建小型水库等一批工程。加强胖头泡、月亮泡、黑鱼泡等蓄洪区的建设。加强城市防洪排涝建设，提高各盟市所在城市防洪标准，抚顺、沈阳等城市达到 300 年一遇，哈尔滨、大连、长春等主城区达到 200 年一遇，通辽、赤峰、齐齐哈尔、松原、白城、牡丹江、黑河、佳木斯、乌兰浩特、伊春等重要城市达到 100 年一遇，中小城市与县城镇防洪标准达到 50 年一遇，重点乡镇达到 20 年一遇，重点大中型涝区达到 5 ~ 10 年一遇除涝标准。实施涝区治理及水土保持工程，粮食主产区排涝标准达到 3 ~ 5 年一遇，重点提高松嫩平原的排涝能力，加快松嫩平原重涝区、三江平原低洼易涝区、松干中部、二松中下游、黑龙江中下游、嫩江支流、西辽河及乌双流域、挠力河等重涝区治理工程建设，加强霍林郭勒地材沟、库伦旗坤地河、扎鲁特旗香山沟、奈曼旗哈什图北沟等山洪沟治理及避险工程建设，松嫩平原、三江平原达到 5 ~ 10 年一遇除涝标准。

四、安全信息网络

按照城镇化与信息化同步发展要求，坚持高起点、新技术、快发展的原则，以宽带普及提速和网络融合为重点，构建通达城乡、高速互联、多网融合的新一代综合信息设施网络。

在完善物理网的基础上，加强电话本地网、数据通信网、移动通信网、智能业务网建设，加快数字同步传输网和电信管理网等支撑网建设，建成现代化电信网，建设以光缆为主、数字微波和卫星通信为辅的传输干线网。加快沈阳互联网骨干直联点建设，实施"宽带乡村"工程，提升农牧边林区宽带网络，灵活采用 WLAN、卫星等无线网络作为宽带网络建设的有益补充，基本实现 100% 的乡镇、95% 以上的行政村通宽带。加强移动网络建设，4G 网络全面覆盖城市和乡村，在大中城市加强 5G 网络建设与覆盖，推进无线局域网建设。推进下一代互联网、广播电视网建设，推动电信网、互联网和广播电视网"三网融合"，大幅提升骨干网及传送网能力。加快推进国家智慧城市、信息惠民、"宽带中国"等试点工作，提高城市管理智能化水平。

依托哈尔滨区域性国际通信业务出口局，与俄罗斯、蒙古国、朝鲜毗邻国家共同建设双边跨境光缆，完善空中（卫星）信息通道，实现通信干线网络相互连接，扩容完善满洲里—后贝加尔斯克、二连浩特—乌兰巴托、抚远—哈巴罗夫斯克等跨境光缆，构建中俄互联网高速通道，加强国际通信网络运行管理平台、国际数据中心建设，扩大互联网国际、国内出入口带宽，将哈尔滨、沈阳、大连等城市打造为欧亚电信传输的重点枢纽，畅通信息丝绸之路。

加快邮政综合网络建设，继续完善中心局体制，加强沈阳一级中心局和哈尔滨区域性国际通信业务出入口局建设，加快建设呼伦贝尔、齐齐哈尔、锦州、大连、长春、白城、吉林、哈尔滨、佳木斯、牡丹江等二级邮政中心，加强赤峰、通辽、丹东、营口、鞍山、朝阳、阜新、通化、延吉、四平、加格达奇等三级中心局建设，开设汽车邮运干线，完善邮件处理中心。

国家智慧城市试点：哈尔滨市、齐齐哈尔市、牡丹江市、呼伦贝尔市、肇东市、肇源县、桦南县、安达市、沈阳市浑南新区、大连生态科技新城、营口市、庄河市、大连市普湾新区、辽源市、磐石市、四平市、榆树市、长春高新技术产业开发区、白山市抚松县、吉林市船营区、沈河区、铁西区、沈北新区、沈阳市和平区、新民市、通化市、白山市江源区、临江市、吉林市高新区、长春净月高新技术产业开发区、佳木斯市、尚志市、哈尔滨市香坊区。

信息惠民国家试点城市：哈尔滨市、大庆市、七台河市、辽源市、沈阳市、本溪市。

宽带中国示范城市：哈尔滨市、大庆市、大连市、本溪市、延边州、鞍山市、盘锦市、白山市。

实施"互联网+"行动，推动信息化与工业化、农业现代化和新型城镇化深度融合发展。鼓励与京东、阿里巴巴等大型电商平台合作，在电子商务、云计算、大数据及物流、金融和旅游等领域开展深度合作。引导东北企业、老字号、著名商标等品牌入驻大型电商平台，推动"东北货物上京东、上阿里"，线上开设特产馆，线下设立区域采购中心。实施智慧农业工程，构建农业资源数据共享平台，积极发展农资和农产品电子商务。推动互联网与传统产业融合发展，加快工业互联网建设，发展智能制造，打造工业4.0。优化生产供应链，拓展销售渠道，开展线下制造与线上商务相结合的制造模式。积极发展互联网金融，鼓励互联网与银行、证券、保险、基金的融合创新。大力发展以互联网为载体、线上线下互动的新兴消费，加快发展基于互联网的医疗、健康、养老、教育、旅游、社会保障等新兴服务，建设智慧社保、智慧教育（叶杨，2020）。推动政府公共服务信息整合，搭建行业公共服务平台、电子政务云服务平台，建设智慧政府、智慧城市。充分利用各类口岸，加快跨境电商平台建设，包括come365. foxmall、easybuy等俄文版跨境电子商务平台和俄速通、绥易通等本土跨境电商平台，积极发展电子商务、供应链物流、互联网金融，完善商品销售、物流、支付、交易和综合服务等业务，利用哈尔滨—叶卡捷琳堡等航线，积极发展客货混用航线或电商包机。

第二节 多元对外开放平台

紧密结合京津冀协同发展、"一带一路"建设，发挥地缘优势和合作基础优势，按照政策互通、设施联通、贸易畅通、资金融通、民心相通、互利共赢的要求，统筹推进沿边开放与内陆开放、对外开放与区域合作，创新机制体制，完善政策，拓展合作领域。

一、区域合作网络

发挥比较优势，主动融入周边省市区发展战略，加强与发达城镇群的合作，推进重大基础设施对接，加强产业分工合作，大力承接产业转移，实现区域协同发展。

1. 区域合作

融入京津冀协同发展。围绕基础设施、产业转移、特色农业、休闲旅游、生态环境等重点领域，融入京津冀协同发展。加强交通、电网等基础设施互联互通，加快连通华北的高铁、高速公路与电力输送通道建设。依托赤峰、锡林郭勒、朝阳等产业承接示范区，积极承接产业转移，建设科技孵化器、生产基地，联合建设实验室、中试基地、成果转化基地，共建产业园区。创新旅游合作机制，共同推出特色旅游路线和产品。在朝阳、赤峰、锡林郭勒、葫芦岛等地区，建设一批特色农畜产品基地，建设成为京津冀都市圈的"菜篮子""果园子"。以"三北"防护林等工程为重点，协同开展生态保护。创新与天津自贸试验区合作，鼓励在东北地区建设海关特殊监管区域和保税监管场所。

开展国内区域合作。发挥东北地区与东部地区对口合作机制的作用，广泛开展区域合作，加强与长江三角洲、珠江三角洲等发达地区开展产业、科技、人才全方位合作。互派干部挂职交流，学习东部地区的先进经验理念。坚持市场主导、资源互补、互利共赢，共建承接产业转移园区，积极发展飞地经济，有序承接产业转移。

2. 对口合作

发挥比较优势，突出特色，对标先进经验做法，加强产业对接，通过市场化合作促进要素合理流动、资源共享、园区共建，共促科技成果转化，开展干部交流培训，推广一批东部地区的改革创新举措，共建一批产业合作园区等重大合作平台，鼓励发展飞地经济，激发内生活力和动力（王茵，2019）。

（1）北京市—沈阳市。加强人才合作，为沈阳干部人才开展培训，实施"盛京人才"战略，实现北京人才参与沈阳创业创新，分批分期实施"北京行"活动和"沈阳行"活动。以装备制造、新兴产业、商贸流通会展、农业和绿色食品、金融、旅游等为重点，加强市场对接，开展"三京"互动旅游，深化科技与公共服务合作，促进高新区全面对接合作，加强沈北新区与中关村海淀园交流合作。

（2）天津市—长春市。协同推进行政管理体制改革，推动天津滨海新区、中国（天津）自由贸易试验区等成熟的改革试点经验在长春复制推广，推进长春空港和陆港建设，组织"长春行"活动，加强装备制造、新兴产业、生产性服务业、农业和绿色食品、文化和旅游及健康产业等优势产业合作，建立长春—天津科技会商制度，推进"津长产业合作园"和"津长双创示范基地"建设，实施相互挂职培训和干部人才交流。

（3）上海市—大连市。在装备制造、石化、金融、贸易、港航物流、旅游、会展等行业进行对口合作，建立高层定期会商、部门积极推进、企业踊跃参与的工作机制和多层次、宽领域的合作体系，形成常态化的干部交流和人才培训机制，对标建设两

东北地区高质量发展的战略路径

市国家级新区、自贸试验区、自创示范区、重点产业园区，推动国际航运中心的合作交流与功能建设，鼓励上海参与大连金普新区、自贸试验区、贸易中心和金融中心建设，开展"上海行"和"大连行"，共同推进自主创新示范区与科创中心建设，举办"大连振兴讲坛"。

（4）辽宁省—江苏省。推动辽宁省资源、装备制造和特色产品等优势与江苏省资本、市场需求和营销网络等优势相结合，鼓励江苏省国有企业参与辽宁省国企改革，轮流组织开展"辽宁行"和"江苏行"，围绕现代服务业、新兴产业、装备制造、节能环保、文化旅游、医药健康、农业等领域开展合作，加强两省港口联动发展，复制推广江苏省在创新主体培育、创新载体平台建设、大学生创业孵化、产业引导基金运作等方面经验，开展干部互派和对口培训，合作发展飞地经济。

（5）吉林省—浙江省。对标浙江省推进行政审批制度改革的经验，优化吉林省营商环境，推动长吉图开发开放先导区战略与浙江省海洋经济发展示范区战略对接，合作发展"飞地经济"，推动先进材料、能源开发、装备制造、食品制造与粮食、畜牧业、电子商务、旅游等产业领域的合作，推动长春兴隆综合保税区、珲春国际合作示范区、吉林保税物流园区与宁波保税区，和龙边境经济合作区与义乌经济技术开发区对接合作，在吉林省合作设立"浙江产业园"，共同打造一批平台基地，合作举办"浙商吉林行""吉企进浙江"等活动。

（6）黑龙江省与广东省对口合作。在黑龙江省推广一批广东省行之有效的改革创新举措，共建一批产业合作园区等合作平台，围绕装备制造、新兴产业、农业和绿色食品、金融和物流、文化和旅游、健康等产业领域，建设一批标志性合作项目，推动改革经验和重点开发开放平台的交流合作，共促科技成果转化。

（7）哈尔滨市—深圳市。推动管理体制改革，双方互相学习中国（广东）自由贸易试验区前海蛇口片区和哈尔滨新区的经验做法，组织"东北行"活动，加强装备制造、新兴产业、农业和绿色食品、生产性服务业、旅游等领域的合作发展，定期开展科技对接交流等活动，加强深圳高新区与哈尔滨高新区的交流，共建石墨烯、智慧农业等特色产业园（张明霄，2018）。

二、扩大对外开放

按照国家开发开放战略总体部署，依托地缘优势和发展基础，统筹沿海与沿边发展，实施更加积极主动的开放战略，完善对外开放布局，加强交通网络和口岸建设，提高重点区域的引领带动作用，提升对外贸易层次与水平，扩大合作领域，突出对俄蒙交流合作，扩大同日韩两国的社会文化交流与经贸往来，加强与欧美国家的交流合作，开拓东南亚国家与非洲、拉美国家的合作交流。

1. 开放合作平台

按照扩大合作、集聚产业的原则，加强各类开放平台载体建设。提升边境经济合作区、综合保税区、跨境经济合作区、互市贸易区、进出口加工、对外物流园区、自由贸易试验区、跨境电商综合试验区的功能。加快建设一批互市贸易区、边境经济合作区，重点建设黑龙江（中俄）自由贸易区、呼伦贝尔中蒙俄合作先导区、满洲里、二连浩特和绥芬河-东宁国家重点开发开放试验区。内陆地区围绕经济技术开发区、高新技术开发区、交通枢纽和机场，建设一批陆港、空港、进出口商品加工区、国际物流园区、旅游经济合作区及保税区等特殊海关监管区域，积极发展外向经济，培育对外经济基地。珲春建设"图们江三角洲国际旅游合作区"和"中俄朝多边自由贸易区"。

（1）呼伦贝尔中蒙俄合作先导区。落实先行先试、财政转移支付、资源性合作投资补助等政策，完善开放合作平台，积极发展国际物流、跨境旅游、资源加工等产业，开展国际贸易、展销展示、国际金融等业务。

（2）满洲里国家重点开发开放试验区。推进综合保税区、边境经济合作区、中俄边民互市贸易区建设，完善连接满洲里的铁路及高速公路网，研究建设中俄蒙自由贸易区、中俄跨境经济合作区、中俄跨境旅游合作区，培育加工、贸易、物流、服务等保税业务，建设为沿边开发开放的排头兵、亚欧陆路大通道的重要综合性枢纽。

（3）绥芬河—东宁重点开发开放试验区。完善基础设施，促进农产品、轻工业等沿边经济贸易发展，推动进口资源落地加工，扩大粮食和油品等进口能力，建设国家进口木材加工交易储备示范基地和外派劳务基地，实行互市商品负面清单制度，设立边境旅游试验区和跨境旅游合作区，建设中俄贸易金融结算中心，建设成为中俄战略合作及东北亚开放合作的重要平台。

（4）二连浩特重点开发开放试验区。强化国际通道枢纽地位，推动中蒙跨境经济合作区和中蒙边境自由贸易区发展，建设边民互市贸易区，提高通关效率，发展离岸金融，建设成为中国向北开放的黄金桥头堡、区域性国际物流枢纽。

（5）中国图们江区域（珲春）国际合作示范区。建设国际产业合作区、边境贸易合作区、中朝及中俄珲春经济合作区，大力发展商贸物流和跨境旅游，完善基础设施体系，畅通人流物流通道，大力发展边境贸易、转口贸易及服务贸易，深化国际产业合作，大力发展汽车零部件制造、农畜产品、电子产品、医药、纺织与服装加工、国际会展等产业，建设为中国面向东北亚合作与开发开放的重要平台、图们江区域合作开发的桥头堡（林一维，2012）。

坚持点状突破与点状引领，建设部分开放功能区。长兴岛要吸引高端产业转移，设立海关特殊监管区域，培育成为中日韩合作的先行区和示范区。丹东新区要抓住新鸭绿江大桥建设和中朝共同开发朝鲜黄金坪岛的机遇，推动丹东新区与黄金坪岛产业互动发展。黑瞎子岛依托一岛两国的独特条件，突出生态保护、旅游休闲、口岸通道等功能，推动乌苏新城建设，打造中俄合作示范区。同江要跨境铁路大桥，发展以木材、建材、食品加工、物流等为主导产业的桥头经济开发区。

2. 产业贸易合作

鼓励开展农业、制造业、能源资源等领域的投资合作，拓展国际工程承包市场，发展国际劳务合作。采取多种方式依法参与俄罗斯现代农业开发，开展农牧产品就地加工转化，加强与朝鲜在良种繁育、农业生产技术和农产品加工方面的合作，与蒙古国在粮食种植、畜产品改良、畜牧养殖及加工等方面实施合作。扩大加工制造业合作，推动轻工、纺织、食品、家电、电子信息等优势产业"走出去"，引导有实力的装备和沈阳综合保税区。前身为原沈阳保税物流中心、辽宁沈阳出口加工区、沈阳张士出口加工区。2009年保税物流中心封关运行,2011年获国务院批准,规划面积为7.2平方公里,形成A区和B区。重点承担通关作业、保税物流和保税加工三大主要功能,建设为东北亚国际物流体系的枢纽节点,成为沈阳经济区产业结构转型升级的新引擎。

大连大窑湾综合保税区。位于金州区东南部。2006年国务院批准设立,规划面积为6.88平方公里。具备港口、物流和加工三大基本功能,形成了全国口岸最大的保税冷链冷藏物流基地,享受保税区、出口加工、保税物流园区等政策。

大连湾里综合保税区。规划面积为2.33平方公里,分为A区和B区,A区前身为大连出口加工区,B区为大连英特尔项目园区,享受保税、入区退税、区内加工不征收增值税等政策。

大连保税区。属于大连市金州区,1992年国务院批准设立,面积达到250平方公里,是全国面积最大的保税区。重点向综合经济区和现代化新城区转型,提升港航物流、出口加工、国际贸易等基础产业,打造汽车、油品两大千亿级核心产业,打造成为东北亚地区的商品集散地和物资分拨中心。

营口综合保税区。2017年国务院批准设立,规划面积为1.85平方公里。重点发展现代物流、国际贸易、保税加工、特色金融、现代服务业。

长春兴隆综合保税区。分布在兴隆山镇,2011年国务院批准设立。规划面积为4.89平方公里。重点发展以汽车电子产品为主的高科技电子产品加工制造业以及交通装备工业零部件制造与模块组装两大主导产业。

珲春综合保税区。前身为珲春出口加工区,2018年国务院批准设立。封关面积为1.04平方公里。大力发展跨境电商产业,打造成为东北亚区域物流枢纽和吉林省对外开放新平台。

哈尔滨综合保税区。位于香坊区东部。规划面积为3.29平方公里,2016年国务院批准设立。重点发展国际贸易、保税物流、跨境电商、加工制造等产业,享受进口保税、出口退税、区内免征增值税和消费税等优惠政策。

绥芬河综合保税区。2009年国务院批准设立,规划面积为1.8平方公里,重点发展国际中转、国际配送、转口贸易、商品展销、进出口加工等功能。

满洲里综合保税区。2015年国务院批准设立,规划面积为1.44平方公里。重点发展国际贸易、现代物流、分拨配送、保税加工"四大产业"。满洲里综合保税区是探索建立中俄蒙欧跨境经济合作区的突破口。

汽车制造企业在境外设立研发中心和生产制造基地,鼓励森工企业建立境外木材加工园区。拓展工程承包和劳务合作,承建交通、石化、电力、冶金、矿山、环保等大型工程项目(李琳和马晓华,2013)。

3. 贸易结构优化

扩大进出口规模，支持大宗交易和边境贸易发展，优化进出口贸易结构，加快发展服务贸易。优化进出口贸易结构，推进汽车及零部件、船舶、轨道交通装备、数控机床、新能源装备、重大和成套设备及其他高技术、高附加值产品出口，鼓励进口新技术、新设备、新材料、关键零部件和国内短缺的能源资源和原材料产品。推动文化、技术、软件、中医药、动漫等服务贸易发展，大力发展服务外包（李琳和马晓华，2013）。以能源（石油、天然气、电力）、矿产品（铁矿石、有色金属矿石）、原材料、林木、农产品等为重点，发展大宗贸易，扩大与周边国家经贸合作。加快发展边境贸易，促进边境贸易向加工、投资、贸易一体化转型。

4. 多边合作交流

深化与俄蒙朝三国在教育文化、科技、卫生、生态环保、旅游等领域合作，促进中蒙俄朝民心相通。高等院校要扩大联合办学和互派留学生规模，与周边国家高等院校等教育机构开展汉语国际教育，支持二连浩特、满洲里、黑河、绥芬河、丹东等边境城市建设面向俄蒙朝的友谊学校和职业培训学校。开展双边、多边科技交流，推进与日韩俄在生物、电子信息、新能源、新材料等高技术领域合作。推动与蒙俄朝开展形式多样的文化交流，互设文化中心，共同举办"哈夏"音乐会、"中俄文化艺术交流周"、大连"夏季达沃斯"等文化交流活动，鼓励举办"中俄博览会"、绥芬河中俄油画交流展等特色节庆与会展活动。加强民族传统体育项目合作，联合组织特色赛事。鼓励与俄蒙在高寒家畜繁育、牧草栽培等方面开展技术交流与合作，深化与周边国家医疗卫生领域交流合作，联合开展重大传染病防控，加强疫病疫情信息交流。加强与俄蒙朝在生物多样性保护、森林、湿地、草原保护及界河、跨境河流污染防治、跨界自然保护区建设等领域的合作。完善多边旅游合作协调机制，在旅游便利化、旅客人身财产安全、旅游产品营销等方面加强合作，推动国际旅游圈建设，共同打造图们江中朝俄三国游、丹东中朝两国游、中俄中朝界江游、黑瞎子岛中俄两国游、满洲里中俄蒙三国游、阿尔山中蒙边境游等具有区域特色的国际知名旅游产品，融入"东方之欢"和"大茶道"旅游路线。在绥芬河、黑河、抚远、阿尔山、二连浩特、满洲里等地区新设一批跨境旅游合作区。

建设满洲里边境旅游试验区。利用边境特色旅游资源和气候资源，完善边境全域旅游服务设施，扩大旅游开放，创新发展新兴旅游产品，积极发展融草原文明、红色传统、异域风情为一体的口岸文化，优化出入境管理制度，促进人员、自驾车、团体旅游往来便利化，推动文化和旅游融合，打造边境旅游目的地（张培，2018）。

加快东北亚资源开发与利用。依托中俄地区合作发展（投资）基金，在俄罗斯远东从事农业开发、矿产资源开采，拓展能源领域合作。设立境外资源风险勘探专项基金，在蒙古国和俄罗斯共同勘查矿产，联合开发高热值煤炭、石油、铁、有色金属等资源。扩大能源矿产资源进口，绥芬河、珲春、呼伦贝尔、黑河、二连浩特、满洲里等城市合理发展进口资源落地加工，探索设立国家级国际矿产资源深加工示范区。鼓励企业以多种形式参与周边国家矿产资源开采加工，建设境外矿产综合加工园区。鼓励有条件的企业参与朝鲜、俄罗斯远东地区、蒙古国产业园区的建设与管理，联合开发石油、风能、太阳能、生物质能等新能源，推进中朝鸭绿江水电开发合作。

完善提升各类口岸功能。完善道路、水电、通讯、仓储等基础设施，高标准建设联检、换装等口岸设施，提高智能化水平，提升蒙古国、朝鲜和俄罗斯等国家对接口岸通关能力，实现互联互通与能力双向匹配。推进绥芬河、黑河、延边、珲春、丹东、满洲里、二连浩特、同江等电子口岸升级改造和大通关建设，完善其他中小型口岸设施与通道，合理增设黑瞎子岛公路等一批口岸。强化"大通关"区域合作机制，推进关检融合，创新海关、检验检疫、边防检查、交通运输等监管模式，实施"限时作业"和"先验放后检测"，简化通关流程，将"单一窗口"功能拓展至海关特殊监管区域、跨境电商综合实验区及跨境经济合作区、自由贸易区。扩大中俄海关监管结果互认试点口岸范围，合理组织中欧、中蒙俄国际班列，支持哈尔滨跨境贸易电子商务综合服务平台建设并向满洲里、绥芬河等重点口岸延伸，依托绥芬河、丹东、黑河、二连浩特、阿尔山等口岸建设跨境电子商务平台。推进中俄、中蒙、中朝国际运输便利化，落实双边汽车协定，加强双边运输标准对接。规范自驾车出入境车辆管理，简化通关手续，争取在黑河、绥芬河开通中俄8座以下小型车辆自驾游。

专栏 11-4　东北地区沿边重点开放地区名录

重点开发开放试验区：1 个；绥芬河—东宁重点开发开放试验区。

沿边国家级口岸：5 个；铁路口岸有绥芬河，公路口岸有虎林、密山、绥芬河、东宁。

边境城市：8 个；黑河市、绥芬河市、同江市、虎林市、密山市、穆棱市、东宁市、抚远市。

边境经济合作区：2 个；黑河边境经济合作区、绥芬河边境经济合作区。

---

5. 国际运输通道

坚持共商共建共享原则，建设中蒙俄经济走廊，构建国际运输大通道。协同推动连接中俄、中蒙、中朝的高速公路、铁路、航空网络，共同推动输油、输气管道和电力通道建设。集中打造符拉迪沃斯托克（海参崴）—绥芬河—满洲里—赤塔—亚欧大陆桥通道、大连/营口—满洲里—赤塔—亚欧大陆桥通道、天津—二连浩特—乌兰乌德—亚欧大陆桥通道、符拉迪沃斯托克（海参崴）/扎鲁比诺—哈尔滨—赤塔—亚欧大陆桥通道、锦州—珠恩嘎达布其—乔巴山—亚欧大陆桥通道、首尔—丹东—阿尔山—乔巴山—亚欧大陆桥通道、釜山—清津—长春—乔巴山—亚欧大陆桥通道。构建以俄罗斯远东和大连港为出海口，以铁路、公路或多式联运为主要运输方式的国际陆海联运大通道，建设黑龙江至扎鲁比诺港、罗津港、符拉迪沃斯托克（海参崴）港、东方港的出海通道。

深化国际运输领域的务实合作，推动物流运输协定合理化，建立统一的全程运输协调机制，实现车辆互通互进。合理组织"锦蒙俄""辽满欧""哈满欧""辽蒙欧""绥满欧""长满欧""营满欧""哈俄欧""辽海欧"等国际客货班列，争取常态化运营和双向对开。开展"哈绥符釜""陆海通快航"等多式联运。

加快大连东北亚国际航运中心建设。利用辽宁沿海地区的区位优势和基础条件，发挥大连的龙头作用，完善综合运输体系和航运服务体系，构建"一岛三湾"核心港口群，推动港口由装卸生产型向临港产业开发型发展，推进大窑湾保税港区、长兴岛保税物流中心、出口加工区及物流园区、物流中心建设，加强与沈阳、长春、哈尔滨、绥芬河、满洲里等保税物流中心的联动，形成覆盖东北地区的保税物流与内陆干港网络，建设大连国际邮轮中心，大力发展港航产业、高科技产业、金融业，打造港口布局合理、服务功能完备的国际航运中心，成为东北亚的国际性枢纽港、物流中心、商贸中心、金融中心。

（1）大连跨境电子商务综合试验区。以跨境电子商务 B2C 为突破口、B2B 出口为重点，培育一批以日韩和"一带一路"沿线国家为主要市场的跨境电子商务 B2B、B2C 进出口经营主体，推动"两直购（海运直购、店铺直购）两出口（软件服务外包出口和装备制造业 B2B 出口）"，建设"单一窗口"平台、园区综合服务平台、外贸服务综合服务平台、特色交易平台，培育软件服务外包出口独特优势、本土知名品牌竞争优势、跨境电子商务后发优势，打造一批跨境电子商务园区，形成"一带两翼，全域发展"的电子商务产业发展格局，建设成为东北外贸转型发展的引领区、东北亚跨境商品的集散区。

（2）沈阳跨境电子商务综合试验区。以深化中德、中欧、中蒙俄、中日韩经济合作为重点，按照"两平台，六体系"思路，搭建跨境电商综合服务平台、跨境电商线上撮合平台、外贸综合服务平台等线上平台，建设国际快件集散分拨中心、跨境电商国际物流基地、跨境电商产业园、跨境电商特色园区，完善国际化、智能化物流及仓储体系、金融服务体系、电商信用体系，发展跨境电商大数据。

（3）长春跨境电子商务综合试验区。重点发展"一城两区多园"发展格局，推进"三平台七体系"建设，建设多个专业性跨境电商产业园，积极发展线上"综合服务"平台、线下"综合园区"平台和跨境电商"双创"平台，建设信息共享、金融服务、智能物流、电商信用、质量安全、统计监测、风险风控跨境电商七大体系，以长春兴隆综合保税区为主建设跨境电商产业集聚区，以长春新区为核心建设跨境电商空港实践区，引导内外贸企业上线经营，推进汽车及零部件、农产品深加工、医药及医疗器械、光电产品、高精装备制造及木制品加工等优势产业发展。

（4）哈尔滨跨境电子商务综合试验区。以对俄跨境电商为特色，建设跨境电商线上登记备案平台、国际贸易"单一窗口"、跨境电商仓储物流中心、国际邮件处理中心、对俄数字贸易运营中心，促进跨境电商多园区和差异化发展，完善哈尔滨跨境电商航空物流通道、对俄跨境电商陆路运输通道，推进海外仓建设，创新金融服务和海关监管服务方式，构建线上线下联动机制，建设为以俄罗斯市场为主、辐射东北亚及北美地区的跨境电商物流集散中心。

6. 对外开放门户

依托沿边城市，建设部分对外开放门户。丹东发挥沿边、沿海、沿江和东北东部地区出海通道的区位优势，加大对朝日韩联系和合作，建设商品生产、商贸物流和出口加工基地，发展边境旅游（刘长溥，2016）。珲春依托珲春国际合作示范区，积极发展出口加工、境外资源开发、国际物流、跨国旅游。绥芬河大力发展国际物流业和旅游业，利用境外资源发展加工业，建设出口加工贸易基地，重点发展绥芬河综合保税区、经济开发区及东宁经济开发区。黑河建设中俄黑河—布拉戈维申斯克（海兰泡）"双子城"及边境经济合作区，发展旅游业和物流业，建设中俄友好示范城市。满洲里建设重点开发开放试验区，完善口岸功能，扩大与俄商贸物流合作，发展资源落地加工、商务休闲旅游，建设成为欧亚大陆桥的重要枢纽。二连浩特巩固对蒙古国合作的桥梁和平台作用，拓展口岸综合贸易和进口资源加工，建设成为北方重要的国际贸易和物流、进出口加工基地和跨境旅游基地。

第三节　公共服务体系建设

一、就业创业

实施就业优先战略，把就业作为民生之本、创业作为就业之源，实现更加充分、更高质量、更加公平的就业，坚持突出重点群体、困难群体和特殊群体，提高就业保障水平。

1. 劳动就业

把促进就业作为经济发展的优先目标，实施更加积极的就业政策，广开就业门路，扩大就业规模，提高就业质量。推动重点人群就业，促进高校毕业生、农牧区转移劳动力、城镇就业困难人员、退役军人、贫困家庭子女特别是零就业家庭成员就业，稳妥做好煤炭、钢铁等过剩产能化解职工安置工作，加大国有林区林场的职工分流。鼓励发展多种形式就业，建立健全政府投资和重大项目带动就业机制，多渠道开发就业岗位。落实高校毕业生就业促进、创业引领计划和离校未就业毕业生就业等专项计划，鼓励高校毕业生到基层就业。注重发展劳动密集型产业，扶持服务业、中小企业和非公有制经济发展，提高吸纳就业能力。完善就业援助政策，健全面向所有困难群体的就业援助制度，加大对下岗失业人员、林区垦区矿区集体企业失业人员、残疾人等社会弱势群体的政策倾斜力度，引导和支持困难企业采取灵活用工、弹性工时等办法实现不裁员，形成公益性岗位托底就业的良性机制。促进劳动者自主就业，鼓励非全日制就业、季节性就业、家庭就业等多样化就业形式。

2. 就业服务

整合城镇各类就业服务资源，调整公共就业服务机构，健全覆盖城乡的公共就业创业服务平台。健全完善就业服务网络，免费为农业转移人口提供政策咨询、就业培训、就业指导、职业介绍和权益保护等综合服务。统筹人力资源市场，打破城乡、地区、行业分割和身份、性别歧视，维护劳动者平等就业权利，规范劳动力市场秩序。整合就业培训资源，制定城乡劳动力技能培训规划，统筹安排专项培训资金，及时向社会提供就业和培训信息服务。通过订单式、定向和定岗培训，对新生代农民工、农牧区劳动力、撤并林场垦区职工开展就业技能培训，对农村未升学应届初高中生、毕业生开展储备性专业技能培训，对在岗农民工开展岗位技能提升培训。加快就业培训中心建设，各旗县至少有 1 个就业培训中心。

3. 大众创业

完善创业扶持政策，以创业创新带动充分就业。鼓励大众创业，完善创业优惠政策与扶持政策，对有创业意愿并具备一定创业条件的，在创业孵化、信息咨询、技术支持、跟踪服务、小额担保贷款、财政贴息等方面给予配套支持。依托国家级"双创"示范基地，实施各类创业工程，加强各级创业孵化基地和青年创业园区建设，打造一批高水平的"双创"示范基地。实施大学生创业引领计划，积极发展众创空间。组织实施东北地区创业导师计划，建设一批高水平创业导师队伍。鼓励农牧民工、大学生和退役士兵返乡创业，开展农村牧区青年创业富民行动。设立高校毕业生创业基金，建设学生创业孵化器。支持东北地区汽车电子、生物医药等特色专业孵化器建设，鼓励发展"大连科技指南针"等科技创业服务平台、葫芦岛泳装产业、辽源袜业等电子商务公共服务平台。支持沈阳、哈尔滨开展小微企业创业创新基地城市示范工作。开展"阳光工程"等重点工程，完善创业服务体系，利用各级公共创业服务机构对农民创业人员组织开展创业培训等服务，建设创业孵化基地。

专栏 11-5　东北地区的国家级"双创"示范基地

为了加快发展新经济、培育发展新动能、打造发展新引擎，建设一批双创示范基地，扶持一批双创支撑平台，形成一批可复制可推广的双创模式和典型经验。2016 年和 2017 年，中国筛选了第一批和第二批"双创"示范基地，包括地区、高校和科研院所、企业。

辽宁省——沈阳市浑南区、大连高新技术产业园区、鞍山高新技术产业开发区、中国科学院大连化学物理研究所。

吉林省——长春新区、吉林大学、中国科学院长春光学精密机械与物理研究所、长春国信现代农业科技发展股份有限公司。

黑龙江省——哈尔滨新区、哈尔滨工业大学。

二、社会公共事业

推动教育、卫生、体育等各项社会事业建设，健全覆盖城乡、普惠可及、保障公平的基本公共服务体系，提高人民生活质量和水平。

1. 教育事业

坚持教育优先发展战略，加大教育基础设施建设，办好学前教育，巩固提高义务教育，基本普及高中教育，支持民族教育和职业教育，统筹发展特色教育，提高教育质量，促进教育公平。

提升基础教育发展水平，切实推进城镇学前教育扩容、义务教育学校标准化、普通高中改造、中小学现代远程教育等系列工程，重点增加中小城镇、贫困地区、边境地区、林区垦区等地区的基础教育资源供给。根据常住人口规模和分布密度，实施城镇学前教育扩容、义务教育学校标准化建设和普通高中改造工程，新建和扩建一批中小学校及幼儿园，改造提升城乡接合部中小学和幼儿园，增加中小城镇的基础教育资源供给。普及学前教育，构建以公办园和普惠性民办园为主体的学前教育公共服务体系，推进幼儿园规范化建设。均衡发展义务教育，持续改善办学条件，抓好林区义务教育阶段"两免一补"政策落实，全面改善贫困地区、国有矿区、林垦区义务教育薄弱学校办学条件，建设边远艰苦地区农村学校周转宿舍，落实好农村寄宿制学生、高中贫困学生和中等职业学校学生相关补助政策。鼓励发展特色优质、多样化的普通高中教育，普及高中教育。推进教育"三通两平台""教育云"建设，提升远程教育系统，发展多种形式的继续教育。

加快发展现代职业教育。主动适应东北地区全面振兴的需求，以就业为导向，整合职业教育资源，鼓励各盟市组建职业教育集团或联盟，加快技能人才和紧缺人才培训，加强职业教育专业、实习实训基地建设，鼓励发展适应各盟市新兴产业培育发展的新兴专业。鼓励有条件、有规模、有需求的重点园区发展特色职业教育。推进产教融合、校企合作、工学结合、知行合一的人才培养模式，开展校企联合招生（招工）、联合培养的现代学徒制试点，鼓励发展定向培养、短期培训等多种形式的职业技能教育。在辽中南、哈长等重点区域推进职业教育综合改革，办好国家装备制造业职业教育沈阳试验区。

专栏 11-6　国家装备制造业职业教育沈阳试验区

2010 年，为落实《国务院关于进一步实施东北地区等老工业基地振兴战略的若干意见》和《装备制造业调整和振兴规划》，实施"国家新型工业化综合配套改革试验区"，教育部在沈阳市设立"国家装备制造业职业教育沈阳试验区"（张祺午，2010）。

依托装备制造业基础和区位优势，借助职业教育改革的先进经验，在职业教育政策、基本制度和重大机制等重点领域和关键环节上，先试先行，大胆探索，力争在现代职业教育体系、管理体制、办学机制、管理制度、投入模式等方面率先突破，为其他地区职业教育改革创新提供新经验，为国家老工业基地振兴和人力资源强国建设做出新贡献。

提高普通高等教育质量，推进本科院校向应用型转型，优化普通高等教育总体布局和学科专业结构。努力将部分职业学院晋升为本科院校，推动基础设施与学科建设。扩大高校教育对外合作，与东北亚各国高校加强交流与学科共建。优化学校布局，引导高等学校和职业院校在具备条件的城市布局，集中力量办好市属高职专科学校。

2. 医疗卫生事业

以保障人民健康为核心，完善基本医疗、重大疾病防控、妇幼保健、生育等服务网络，提高基本公共卫生服务供给能力。

完善公共卫生设施，构建以盟市医疗为龙头、县旗（市）为中心、乡镇/社区卫生院/社区卫生服务中心和村/社区卫生室/服务站为基础，设施齐全、功能完备、服务优良的公共卫生服务体系，形成医疗、预防保健、康复服务网络。提升县旗市级医院服务能力，实施旗县市中蒙医院标准化建设，加强乡镇卫生院、村卫生室和城镇社区卫生服务机构建设，促进医疗资源向基层和农村、边境地区、林区与垦区流动。发展蒙医、中医事业，构建蒙中医药卫生服务网络，增加少数民族特殊医疗科室或设施。

完善医疗保障体系，健全突发公共卫生事件应急机制，加强疾病预防控制和医疗救治体系，完善现有应急指挥中心及急救站功能，提高疾病预防控制和应对突发公共卫生事件的能力。健全重大疾病防控机制，完善重大疾病、职业病、地方病、传染病等医疗服务体系。实施林区旗市区、乡镇疾病预防控制分中心和乡镇卫生监督分所建设。

鼓励社会力量兴办健康服务业，扶持民营医疗机构发展，重点建设康复医院、护理院、老年病和慢性病等专科医疗机构。加强人口与生育服务管理，实施"全面两孩"政策，促进人口长期均衡发展。做好妇幼保健卫生工作，将农牧业转移人口纳入医疗卫生与生育服务体系，提供健康教育、妇幼保健、预防接种、生育等卫生服务。

3. 文化体育事业

完善城乡公共文化服务网络和文化设施，建设文化惠民工程，实现文化馆、图书馆、博物馆、影剧院、艺术馆覆盖全部旗县。完善草原书屋等基层公共文化服务设施，发展社区、乡村等基础文化，实施一批重点文化惠民项目，增强文化产品和服务基层供给能力。建设省市县乡村（社区）五级文化设施网络，构建一市三馆（博物馆、图书馆、文化馆）、一县两馆（图书馆、文化馆）、一乡一站（文化站）网络。

加强公共体育设施建设，完善全民健身服务体系。实现市、县建有全民健身活动中心、体育场和健身户外活动基地。建设亲民、便民、利民、惠民的社区健身站点、社区公共运动场、农民体育健身工程、百姓健身房等村（社区）体育健身设施，丰富"15分钟健身圈"内涵。推进体育公园、健身步道、户外营地、自行车骑行道等户外体育设施建设。

4. 养老服务事业

完善以居家为基础、社区为依托、机构为补充、医养相结合的养老服务体系。办好公办保障性养老机构，鼓励社会力量兴办养老服务机构，挖掘公共接待资源和可利用的闲置资源发展养老服务产业，推进"医养结合"，扩大社会养老床位总量。推动政府购买养老服务，优先保障经济困难的孤寡、失能、高龄和特殊家庭等老年人服务需求，做好农村留守、独居、特困人员的养老服务工作，建设一批农村养老服务大院。鼓励社会力量参与养老服务业，形成公办、民办、公办民营、民办公助等多种方式共存、社区居家养老与集中供养相结合的养老服务模式。各地级城市要建一所综合性老年人养护中心，每个县（市）要建一所综合性社会福利中心。结合农村社区创建，在建制村建设100平方米左右的社区养老服务设施，为老年人提供日间照料等服务。

三、社会保障事业

以增进人民福祉、促进人的全面发展为出发点和落脚点，坚持公平性、普惠性、持续性，保障改善民生，积极发展社会保障、社会福利、救助管理等社会事业，让人民群众有更多获得感、共享发展成果。

1. 社会保障体系

完善覆盖城乡的社会保障体系，扩大城镇职工基本养老、医疗、失业、工伤、生育保险和新型农村养老保险覆盖面，增加公共服务供给。以非公企业职工、个体工商户、灵活就业人员、农牧民为重点，完善城镇企业职工基本养老保险制度，推进机关事业单位养老保险制度改革，逐步提高城乡居民基本养老保险待遇水平。整合城乡居民基本医疗保险制度，实现大病保险全覆盖，扩大基本医疗报销范围，缩小职工医保、居民医保和新农合报销比例差距。健全失业保险预防失业体系，完善工伤保险政策体系，完善失地农民保险制度。完善社会保险关系转移接续政策和异地结算办法，建立健全社会保险城乡衔接和区域转接机制，推动国有企业社会保险属地管理，争取同城同策。健全覆盖进城人口的社会保障体系，将农牧业转移人口、灵活就业农民工、被征地农民、生态移民纳入城镇社会保障体系。

2. 社会救助体系

完善社会救助体系，健全最低生活保障、特困人员供养等救助制度，统筹发展扶老、助残、救孤、济困等福利事业。完善城乡居民最低生活保障、低保边缘户救助制度。以提高城乡低保、优抚、五保对象、城市三无人员、孤残儿童保障为重点，完善困难群体救助机制，丰富临时救助方式和渠道，提高精准救助程度。制定贫困户生活保障制度，切实解决弱势群体在医疗、住房、就业、社保、就学等方面的困难。健全城乡医疗救助制度，实现基本医保、大病保险、医疗救助制度的有效衔接。健全医疗卫生、教育、灾害突发等专项救助制度。以养老、助残、救孤、济困为重点，积极发展社会福利事业，加强孤儿、残疾人福利服务，提升孤残儿医疗救助水平，建立适度普惠型儿童福利制度。积极培育慈善组织，落实慈善捐助减免税制度，大力发展慈善事业。广泛动员社会力量开展社会救济和社会互助、志愿服务活动。

3. 住房保障

建立健全城镇住房保障和供应体系，改善城镇居住条件和生活环境。进一步加大保障性住房建设，鼓励社会力量通过投资参股、委托代建等形式参与保障性安居工程建设，建立以公共租赁住房为主体、实物保障和租金补贴相结合的城镇住房保障和供应体系。以人口净流入的大中城市、各类开发区、产业园区为重点，积极发展公共租赁住房。优化住房供给结构，扩大中低价位、中小户型住房供给，合理探索库存商品房改为保障性住房。实施保障性安居工程，统筹改造城镇棚户区（危旧房）、国有工矿棚户区、国有林区（场）棚户区、国有垦区危旧房等各类棚户区及城中村，加快配套基础设施建设。将铁路等行业棚户区按照属地原则，纳入各地棚户区改造规划统一组织实施。推动农牧区泥草危房改造，确保居住安全舒适。

第十二章
东北各地区高质量发展重点指引

　　空间差异是区域发展的基本现象与基本特征。任何区域或空间因其自然地理环境、社会经济要素而存在分布差异与自然技术经济属性差异，加之国家战略或区域政策的不同，在形成区域共同属性与共同特征的同时，形成区域发展的内部空间差异或分异。东北地区的全面振兴、全方位振兴既要瞄准共性任务加快推动共性发展路径，同时也要针对各地区的具体问题实施区别对待、分类施策。本章主要是基于因地制宜和问题导向，从辽宁省、吉林省、黑龙江省和蒙东地区四个区域，提出各地级政区的高质量发展与建设指引。在具体指引设计上，重点关注发展稳定性、人居环境、环境污染治理、居民收入、就业、公共服务、民生事业、科技创新等方面。

第一节　辽　宁　省

　　沈阳市。重点提升经济发展稳定性，尤其是改善经济运行基本面，推动地区 GDP 的稳定增长。同时，加强人居环境建设，提升城市发展品质。加强与周边城市的分工协作，积极推动与邻近地区的同城化建设，共建沈阳都市区，打造成为引领东北地区发展的中心城市。

　　大连市。加强城市人居环境建设，提升城市发展品质，打造成为东北地区的高品质城市。制定更加创新的激励政策，积极推动自由贸易区发展，建设成为引领东北地区加快对外开放的辐射中心。继续加强企业技术改造，减少工业废水排放，治理水污染。

　　营口市。采取有效激励政策，推动主导产业加快发展，稳定经济增长，提高城乡居民收入。进一步加强社会事业和民生事业发展，提高公共服务供给能力。加大科技和教育投入，提高基础教育供给和产业技术研发能力，实施创新发展。

　　丹东市。采取更有效的政策鼓励创业就业，降低失业率。稳定物价，降低通货膨胀率。重视"三农"问题，加快农村经济发展，增加农民收入。加强民生事业建设，扩大医疗等公共服务能力。加大科技投入，推动创新发展，提高专利授权量。

　　锦州市。继续推动经济发展，实现 GDP 稳定增长，提高人均 GDP 水平和城镇居民收入。继续稳定物价，控制通货膨胀，保障居民生活水平。加强民生事业和社会事业建设，提高医疗等公共服务供给能力。

　　阜新市。采取更加创新的政策支持就业创业，拓宽就业渠道，增加就业岗位，降低失业率。继续推动资源型城市转型发展，加快接续替代产业与新兴特色产业发展，实现 GDP 稳定增长，提高人均 GDP 水平。加快农村经济发展，提高农民收入增长速度。

葫芦岛市。鼓励就业创业，拓宽就业渠道，增加就业岗位，降低失业率。进一步推动民生事业和社会事业发展，提高医疗等公共服务的供给能力。加强企业节能减排和环境污染治理，控制大气污染物排放，大幅降低工业二氧化硫排放量。

抚顺市。提升发展的稳定性，继续壮大接续替代产业，稳定 GDP 增长率。重视发展的分享性，控制物价水平，加强创业就业发展，拓宽就业渠道，增加就业岗位，降低失业率，提高教育等公共服务能力。增强发展的持续性，治理环境污染。加快农村经济发展，提高农民收入增速。

盘锦市。重视实体经济发展，提升经济发展的稳定性，推动 GDP 稳定增长。采用有效措施，积极扩大就业岗位，降低失业率。注重生态环境保护，尤其是关注大气污染和水污染的治理，重视沿海地区与辽河口的生态环境保护，提高区域发展的持续性。

本溪市。重点是加强环境污染治理，尤其是控制工业污染物（包括工业废水、工业废气和工业粉尘等）排放，积极发展循环经济，提高工业废物综合利用率。同时，加快实体经济发展，尤其是发展富民产业，切实提高城镇居民收入水平。加强基础教育事业的发展，提高教育供给能力。

鞍山市。重点是保护生态环境，尤其是控制工业二氧化硫、工业烟尘的排放，提高工业固体废物综合利用率。推动钢铁冶金等传统产业加快升级，积极培育新兴产业，实现经济加快发展，提高城镇居民收入增长水平。

辽阳市。继续推动经济发展，提高人均 GDP 增长水平。加强生态环境建设，推动水污染、固体废弃物污染的有效治理，大幅降低工业废水排放量，提高工业废物综合利用率。继续推动民生事业和社会事业发展，尤其是加强教育发展，提高公共服务供给能力。

朝阳市。积极采取鼓励政策，推动经济复兴发展，提高 GDP 增长率，扩大经济规模，提高人均 GDP 水平。加快发展富民产业，提高居民收入增长率。进一步推动钢铁、有色金属等企业的技术改造，提高清洁生产水平与劳动生产率。继续关注民生事业，加大民生投入，扩大医疗卫生、教育等基本公共服务供给能力。

铁岭市。重点是加快经济发展，提高人均 GDP 水平和城镇居民收入增长率，切实增强区域经济实力与富民水平。加强基本公共服务能力建设，重点提高医疗卫生、基础教育等公共服务能力。

第二节　吉　林　省

长春市。重点是改善产业结构，积极发展第三产业，构建大都市现代产业结构。加强人居环境建设，提高城市品质。进一步提高创新成果转化水平，切实转化为城市发展的动力。

吉林市。推动工业企业技术改造，控制工业废水排放量，提高固体废弃物的综合利用率，治理水环境污染。稳定物价，控制通货膨胀率。积极发展外向经济，扩大进出口贸易，增强国际经济联系。

白山市。进一步优化投资结构，提高固定资产投资效率与效益回报。采取更加有效的政策推动就业创业发展，拓宽就业渠道，增加就业岗位，降低失业率。大力发展现代服务业，优化产业结构。

通化市。提高固定投资使用效率，推动 GDP 稳定增长，控制通货膨胀。继续优化产业结构，加快发展现代服务业，增强经济发展活力。进一步转移农村剩余劳动力，加强城镇建设，提高城镇化率。推动能源清洁利用，提高能源利用效率。发挥沿边口岸优势，扩大进出口贸易，培育区域发展新动能。

白城市。继续优化投资结构，提高资金使用效率与投资效益。加快推动城镇化进程，提高城市建设品质，进一步转移农村剩余劳动力。积极发展对外贸易，提升对外开放水平。加强退化土地治理。

四平市。积极发展生产性服务业和生活性服务业，拓宽就业渠道，转移农村剩余劳动力。加强城市建设，提高城镇化水平。积极发展外向经济，扩大进出口贸易。增加科技研发投入，提高专利授权量，推动创新发展。

辽源市。重点是优化调整产业结构，大力发展第三产业，重点发展生产性服务业和生活性服务业，活化区域发展环境。加强中心城市和中小城镇建设，积极吸引农村剩余劳动力，推动城镇化进程。鼓励创新发展，加大研发投入强度，推动科技成果转化与产业化。

松原市。加快推动城镇化进程，吸引农村剩余劳动力，提高城镇化水平。积极发展外向经济，扩大进出口贸易，吸引外资，培育区域发展新动能。加大科技投入，推动创新发展，增加专利授权量，提高科技对经济发展的支撑能力。

第三节　黑龙江省

哈尔滨市。重点是加强人居环境建设，提高城市发展品质，打造成为远东地区的国际化中心城市。稳定物价，控制通货膨胀，确保居民生活水平。加快开展面向东北亚地区的对外开放与国际合作，培育区域发展新动能。优化固定资产投资结构，提高资本利用率。

大庆市。突出发展第三产业，积极发展生产性服务业和生活性服务业。推动企业技术改造，减少工业废水排放量，加强水污染治理。继续推动经济发展，推动 GDP 稳定增长。积极拓宽就业渠道，增加就业岗位，降低失业率。

黑河市。继续提高工业废物的综合利用率，积极发展循环经济。增加研究与开发投入及教育支出，实施创新发展，提高基础教育供给能力。提高农村居民收入，增加教育、医疗等公共服务的供给。

鸡西市。重点要增加科技研发投入，加快科技成果落地转化，实现创新发展。进一步推动煤炭清洁利用和新能源利用，提高能源利用率。加强土地集约化利用，保护耕地资源。

齐齐哈尔市。加强企业技术改造，重点发展装备制造业，提高劳动生产效率，打造中国工业母机。制定更有效的就业创业政策，拓宽就业渠道，增加就业岗位，降低失业率。控制通货膨胀率，稳定物价。

牡丹江市。重点是优化固定资产投资结构，提高资金利用率。继续增加科技研发投入，鼓励创新，加大科技成果的转化落地。提高土地集约利用水平，提高土地投入产出效益，节约利用土地资源。

佳木斯市。切实保护耕地资源，提高建设用地集约利用水平。继续增加研究与开发投入，实现创新发展，塑造区域发展新动力。增加教育投入，提高基础教育普及水平。

双鸭山市。增加科技投入，提高科技创新能力，提高成果转化率。加快推动经济发展，提高城镇居民收入。大力发展教育事业，提高基础教育的普及能力。

七台河市。继续提高煤炭清洁利用与节能，提高能源利用效率。推动企业技术改造，提高劳动生产率。加快经济发展，提高人均 GDP。鼓励多渠道增加就业岗位，保障居民就业。

伊春市。加强接续替代产业培育，推动经济发展，提高人均 GDP 水平。增加教育投入，提高教育供给能力与普及能力。加大森林资源保护，提高生态功能，积极发展进口林木资源的落地加工。

鹤岗市。继续推动煤炭清洁利用与减能减排，提高能源利用率。提升土地集约利用水平，保护耕地资源。鼓励采用各种渠道增加就业岗位，提高就业率，确保社会稳定。加大科技投入水平，鼓励创新发展。继续培育接续替代产业，推动资源型产业结构转型。

绥化市。提升发展的协调性，优化产业结构，大力发展现代服务业。推动城镇化建设，提高城镇人口比例。增加进出口贸易，提高对外开放水平。加大发展的创新性，增加研发和科技投入，鼓励发明创新，增加专利授权量。

第四节　蒙东地区

锡林郭勒盟。进一步优化调整产业结构，鼓励现代服务业加快发展，打造现代化的产业体系。充分利用毗邻蒙古国的优势，加强对蒙合作，提高开放水平，积极发展国际贸易。推动企业技术改造和煤炭清洁利用，治理大气污染。

赤峰市。加强投资结构优化，提高投资利用率。重视土地资源集约利用，提高土地经济产出水平。继续推动工业企业技术改造，尤其是加强钢铁与有色金属冶金业节能减排改造，减少工业二氧化硫排放量，提高一般固体废弃物综合利用率，加强重点企业的大气污染治理。积极发展第三产业，加快推动城镇化进程，提高城镇人口集聚能力。

兴安盟。重点是进一步优化投资结构，提高投资产出率。加强土地集约利用，提高土地产出率。积极发展第三产业，重点发展生产性服务业和生活性服务业，提高现代服务业对经济发展的贡献度。发挥阿尔山的口岸优势，完善口岸设施与综合功能，积极发展对蒙贸易。

通辽市。重点是加快发展第三产业，重点发展生产性服务业和生活性服务业，提高吸纳农村剩余劳动力的能力，推进城镇化进程。积极吸引外资，推动外向型经济发展。加强煤炭清洁利用，提高能源利用效率。优化投资结构，促进固定资产投资有效利用。

呼伦贝尔市。聚焦草原森林资源，保护生态功能，减少污染排放，治理环境，提高生态安全屏障能力。积极发展现代服务业，优化产业结构，增强服务业对经济增长的贡献性。面向蒙俄两国，加快国际合作，积极发展国际贸易与外向经济。

第十三章
东北地区高质量发展的政策保障

体制改革和扶持政策始终是区域发展的重要支撑与重要动力。长期以来我国传统的经济体制与行政体制是约束各区域社会经济发展的重要因素，创新体制机制成为许多地区激活发展活力的重要途径与有力手段。尤其是在东北地区，体制机制一直是经济发展低迷的重要因素，2003年以来东北地区已在体制机制创新方面开展了很多工作，有力保障了东北地区"黄金十年"的振兴发展。但截至目前，体制机制仍是东北地区全面振兴、全方位振兴的重要约束。本章主要是分析东北地区高质量发展的政策保障，重点分析东北地区的体制机制创新，包括民营经济、科技创新、人才培养、营商环境、政府简政放权等；考察主要的保障措施与扶持政策，包括财税投资和各类要素保障。

本章主要得出以下结论。

（1）推动体制机制创新。壮大发展民营经济，鼓励民营企业参与改造升级"老字号"，突出发展中小微企业，鼓励支持"个转企""小升规"。实施创新驱动发展战略，推动产业技术创新，加强专业人才培养，打造一批产业联盟。改善营商环境，降低企业成本。继续推进政府简政放权，深度推动企业改革。

（2）加强财税投资。加强中央投资向东北地区进行倾斜，尤其是重视财力困难城市的扶持。继续落实好国家和四省区政策性银行的优惠政策，鼓励设立各类发展引导基金。优化调整财政支出结构，加大改善民生和社会事业方面的支出。创新企业融资模式。

（3）加强要素保障。加强耕地资源保护，完善土地交易制度，集约高效开发利用建设用地。创新生态环保体制机制，完善生态补偿制度，深化排污许可证制度改革，完善政绩考核评级体系。提高产业准入门槛，制定行业的资源消耗定额。

第一节　体制机制创新

一、民营经济发展

1. 民营经济

深化垄断行业改革，清理有碍公平竞争的政策法规，降低民间资本准入门槛，为非公有制经济发展营造公平竞争的市场和制度环境。鼓励民间资本进入基础产业、基础设施、市政公用事业、社会事业等领域。坚持"非禁即准、非禁即入"的原则，凡符合市场化运作条件的行业或领域，除国家法律法规明确禁止进入的以外，一律对民间资本开放，任何部门不得对民间资本单独设置禁入条件。鼓励非公有制企业与驻省央企、地方国企通过专业分工、服务外包、订单生产、技术研发、产业链延伸、原料供给等多种方式，对接产业链条相关环节，加强配套协作。

鼓励民营企业参与改造升级国有企业"老字号"，推进传统产业技术改造。支持有条件的民营企业通过出资入股、收购股权、认购可转债、股权置换等多方式参与驻省央企和地方国有企业改制重组。参与深度开发"原字号"，围绕"油头化尾""煤头电尾""煤头化尾""粮头食尾""农头工尾"延伸产业链条，向资源开发和精深加工要发展。鼓励民营企业积极参与培育壮大"新字号"。鼓励民营企业租赁收购停产、半停产企业和项目。

认真落实国省财税、金融、投资等各项政策，营造良好发展环境，切实解决非公企业和中小企业在市场准入、金融支持、税费征收、土地使用、投融资、技术改造等方面的困难和问题。鼓励支持"个转企""小升规"，积极引导具备条件的个体工商户转为企业。"个转企"由市县给予一定奖励，鼓励民营企业进入"四上"（规模以上工业企业、资质等级建筑业企业、限额以上批零住餐企业、限额以上服务业企业）统计范围。

2. 中小微企业

发挥国家和省政策措施的引导激励作用，对接国家中小企业发展基金，推动中小微企业加快发展。探索建立中小企业应急互助基金，缓解企业资金紧缺，帮助企业共同应对危机。引导中小微企业在国内有需求增长空间、区域有供给优势的领域寻找发展机遇，推动做大做强。支持中小企业围绕大企业、大集团开展协作配套，发展配套产品、订单产品，提高大企业、大集团的东北地区配套水平和能力。鼓励开展"专精特新"中小企业培育工作，引导中小企业专注核心业务，提高专业化生产、服务和协作配套能力，为大企业、大项目和产业链提供零部件、元器件、配套产品和配套服务（陈斌，2020）。完善中小企业公共服务平台网络，提升信息、投融资、创新创业、人才培训、管理咨询、市场开拓等服务功能。加快培育国家级和省级小微企业创业示范基地，在线开放各类孵化园，为创业初期企业提供个性化、多样化服务。引导、支持中小企业建立现代企业制度，运用"互联网+"营销平台，积极开拓国内外市场。打造良好的尊重企业家、支持企业家成长的社会氛围，壮大企业家队伍，提升企业家素质。鼓励建立中小企业服务中心，对具有成长潜力的各类中小企业加以重点扶持，培育新的经济增长源。

二、科技创新与人才培养

1. 技术创新

实施创新驱动发展战略，实施区域创新、产业创新与技术人才培养三大战略任务，推动以科技创新为核心的全面创新，积极谋划科技成果转化。坚持战略性、前瞻性、基础性、主题化发展方向，统筹推进基础研究、应用基础研究和基础性科技工作。积极推动沈阳—大连高新区设立，研究国家自主创新示范区在东北其他地区的布局，形成东北创新创业发展的重要支撑带。依托沈大自创区建设，完善区域科技创新体系，构建由企业、科研院所、高校、科技服务机构等组成的区域创新网络，开展多种形式的产学研对接会，搭建产学研合作平台，加强科技孵化器、专业技术转移机构和科技成果产业化平台等创新载体建设。加快公共技术服务平台建设，推进研发平台建设，持续建设工程实验室、工程研究中心、企业技术中心，特别是支持"原字号"企业加快设立各类技术创新载体，不断完善现有工程实验室、工程研究中心等技术创新平台，为产业发展提供关键共性技术支撑，鼓励企业建设多种形式的研发机构。

专栏 13-1 东北地区重要产业联盟

机器人产业联盟。依托沈阳、哈尔滨等地产业优势和已创建的联盟，突破工业机器人本体、系统集成、设计、试验检测等关键技术。

轨道交通装备产业技术创新联盟。依托长春、大连、齐齐哈尔等地，完善研发设计、生产制造、运用维护和产品标准体系，提升整车集成和后端服务能力。

数控机床高速精密化技术创新战略联盟。依托沈阳、大连、齐齐哈尔等地，突破智能数控系统、在线检测、可靠性等关键技术。

半导体装备产业技术创新战略联盟。依托沈阳、大连、哈尔滨等地，整合研发资源和供应链，攻克集成电路装备关键技术、光电晶体材料高端装备技术，形成紧密的产业配套。

航空装备产业技术创新联盟。依托沈阳、哈尔滨等地，加强干支线飞机、直升机、无人机、通用飞机、航空发动机等研制，突破设计、集成和试验测试等关键技术。加强国内航空铝材技术研发和工程化。

燃气轮机产业技术创新战略联盟。依托哈尔滨、沈阳等地，建立大中小全系列燃气轮机的研发、生产制造、试验检测等产业基地。

现代农牧业机械装备技术创新战略联盟。依托佳木斯、齐齐哈尔、赤峰等地产业优势组建联盟，加快研发和检验检测平台建设，突破大马力动力、高效收获、精密播种、田间管理、饲草料机械及配套零部件关键技术。

石墨产业技术创新战略联盟。依托鸡西、鹤岗等地产业优势，发展壮大已有联盟，引进高端人才和技术，提升研发、试验测试和产业化水平。

新能源产业技术创新联盟。依托中科学院大连化学物理研究所、大连理工大学研发优势，突破液流电池、锂电池、核电装备、风电装备等关键技术。

生物制药技术创新战略联盟。依托长春、哈尔滨、本溪、赤峰、通辽等地，构建基因工程、新型疫苗、现代中蒙药等共性技术平台。

> 人参及北药、蒙药产业技术创新战略联盟。依托长白山林区、大小兴安岭林区等地，深入挖掘人参、刺五加、五味子等中药材的药用和食用价值。
>
> 马铃薯产业技术创新战略联盟。依托黑龙江、内蒙古等地，构建育种、生产、加工、质控、设备研发和产业化平台，促进马铃薯主食产品开发。
>
> 大豆产业技术创新战略联盟。围绕大豆新酶创制与生物制油、蛋白柔性化加工、功能化油脂制备、副产物高效利用等共性关键技术，开展协同创新。
>
> 乳业产业技术创新战略联盟。加强乳制品新工艺、新产品、加工设备、质量控制和安全检测技术研发。

继续抓好企业技术中心、技术创新示范企业等创新主体建设，围绕重点园区、骨干企业和高新技术企业建设一批高水平的产学研示范企业。实施重大科技成果引进、开发、孵化、转化工程，力争突破一批关键核心技术，研发一批新产品，布局跟踪一批前沿技术，培育一批高新技术和战略性新兴产业企业。

> **专栏13-2 国家级军民结合产业基地**
>
> 为推动军民结合产业集聚化、规模化发展，工业和信息化部自2009年起，依托国家新型工业化产业示范基地创建工作，分批次开展了国家级军民结合产业基地的认定，7个批次共计32个国家级军民结合产业基地，其中东北地区共有3个。
>
> 2012年——哈尔滨经济开发区。积极构建"3+2+X"的现代产业体系，大力发展高端装备制造、绿色食品、新一代电子信息技术三大主导产业，以及文化创意、现代服务等战略新兴产业。先后辟建17个国家级产业基地。
>
> 2013年——辽宁铁岭经济技术开发区。始建于1992年，规划面积80.96平方公里。2013年，被批准认定为第四批国家新型工业化产业示范基地（军民结合）。形成了军民两用特种车研发生产、机电设备制造、橡塑制品三大主导产业集群。
>
> 2016年——大连登沙河产业区。成立于2006年，是大连通用航空产业核心区，位于金普新区东部黄海沿岸。示范基地规划面积30平方公里，2016年6月获工业和信息化部授牌第七批"国家新型工业化军民结合示范基地"。主要发展新材料、物流业和航空产业及军工产业，军民结合企业产品产值198亿元，占70.7%。

2. 人才培养

围绕区域发展需求，建立政府主导、企业主体、多方参与的人才培养与引进机制，培养和用好用活高层次人才、高技能人才等各类人才，为东北地区全面振兴、全方位振兴提供智力支撑。完善从研发、转化、生产到管理的人才培养体系。围绕产业升级核心技术需求，鼓励企业与学校等机构合作，培养一批优秀企业家、高水平经营管理人才、高层次急需紧缺的专业技术人才和创新型人才。调整高等学院和职业中专专业设置，量身定制产业工人培养计划，打造具有专业技能的产业工人队伍。加快现代职业教育体系建设，对接各地区的产业集群，组建行业性职教集团。加强企业经营管理人员的培训，推动以企业家为主体的工业人才队伍发展壮大。健全人才引进机制，吸引专业技术人才、高级管理人才，充实企业人才队伍。在沈阳、大连、长春、哈尔滨和大庆开展人才引进改革试点，建立人才引进专项基金，支持引进高层次人才。推动科研院所、学校和行业企业联合开展人才培养培训，打造具有专业技能的产业工人队伍。结合重点产业和重点行业转型升级的人才需求，有针对性地引进领军人才和研发团队，继续落实海外学子创业计划、引进海外研发团队工程和十百千高端人才引进工程等，加大制造业引智力度，引进领军人才和紧缺人才。组织实施东北地区高层次人才援助计划，通过建设科技领军人才创新驱动中心等方式，带动技术、智力、管理、信息等创新要素流向东北地区。鼓励东北省级以上高新区与北京中关村、上海张江等国家自主创新示范区建立人员交流机制。围绕民营企业代际传承，积极开展"创二代"培育计划，帮助企业接班人掌握现代化企业管理知识，引导建立现代企业制度①。

专栏 13-3　沈大国家自主创新示范区

国家级自主创新示范区是由国务院批准，在推进自主创新和高技术产业发展方面先行先试、探索经验、做出示范的区域，在加快战略性新兴产业、推动创新驱动发展、转变经济发展方式等方面具有重要的引领、辐射和带动作用。2016 年，国务院批准设立沈大国家自主创新示范区，由沈阳、大连两个国家高新技术产业开发区组成。

沈大国家自主创新示范区着力培育良好的创新创业环境，深入推进大众创业、万众创新，打造东北亚科技创新创业中心，建设成为东北老工业基地高端装备研发制造集聚区、转型升级引领区、创新创业生态区、开放创新先导区。推进以装备制造业为重点的传统工业转型升级，培育发展与传统工业互为支撑的新兴产业，构建具有区域特色的新型产业技术创新体系，营造鼓励创新创业的良好生态环境，集聚创新智力打造"人才特区"，构建大开放、大合作的协同创新格局。

三、完善营商环境

1. 营商环境

积极构建公平竞争的市场环境，实施负面清单管理，推行重大项目业主（法人）招标制，公开、公平、公正选择投资者。构建"亲""清"新型政商关系，建立各级党委、政府领导联系重点企业制度，积极作为，靠前服务，帮助解决实际问题。建设企业信用数据库，完善动态评价、守信激励和失信惩戒机制，引导企业按制度规则、信用规则和市场规则办事。打击制售假冒伪劣行为，严厉惩处市场垄断和不正当竞争行为。发挥各级企业投诉部门作用，规范行政行为，积极营造有利于企业创新发展和

---

① 部分资料引自《辽宁沈大国家自主创新示范区为老工业基地振兴提供新动力》，http://www.gov.cn/xinwen/2016-06/01/content_ 5078715. htm.

转型升级的良好环境。进一步优化软环境，健全完善与经济发展水平相适应的社会保障体系和公共医疗、基础教育等公共服务体系。优化法治环境，增强各级领导干部法治、制度、规则意识，严格公正文明执法，通过开展联合执法、"双随机、一公开"等方式，规范对企业的执法检查。加大推进"互联网+政务服务"力度，构建集政务公开、行政审批、政务服务、公共便民服务、公共资源交易、投资项目审批监管等事项于一体的网上政务服务平台（那丹丹和张君艳，2020）。

2. 企业减负

围绕供给侧结构性改革，着力开展"三去一降一补"，切实减轻企业负担。清理各种不合理税费，依法依规征缴税费，严禁对企业征收"过头税"，对涉企行政事业性收费、政府性基金、实行政府定价或指导价的涉企经营服务性收费实行目录清单管理并动态更新。在国家规定的幅度内，调整城镇土地使用税土地等级范围和分等税额标准，降低企业城镇土地使用税税收负担，加大涉企经营服务性收费清理规范力度，依法依规清理违规中介和重点领域、环节涉企经营性收费，加强市场调节类经营服务性收费监管。按照生产用电特点，科学合理选择变更周期、减容期限等基本电价计费方式，降低用电负荷率暂时达不到预期值或间歇生产的企业以及停产、半停产企业综合用电成本。合理降低企业用气成本。以此，降低企业成本，激发企业活力。

四、体制机制创新

1. 政府简政放权

以破除制约东北地区全面振兴发展的体制性、机制性矛盾和问题为导向，推进行政管理体制改革，推动政府职能向创造良好环境、提供优质公共服务转变。坚持简政放权、放管结合、优化服务三管齐下，深化行政审批制度改革，重构审批流程，精简审批事项，推行集中审批、并联审批，加快推进权力清单、责任清单、负面清单和网上审批平台建设，实现"一个窗口受理、一枚公章审批"。完善市场准入"一个窗口"制度，推进"先照后证"改革。深化商事制度改革，市场主体住所（经营场所）登记允许"一址多照"和"一照多址"，实现营业执照、组织机构代码证、税务登记证和社会保险登记证等"多证合一"。强化审批与监管的无缝对接，推行市场监管的整合集中，做到"一个部门管市场"。加快以备案制为主的企业投资管理体制改革，积极探索"宽入严管"的企业登记管理体系。通过市县联动、全域实施，大幅度减少行政审批事项，大幅度减少审批前置要件，大幅度减少涉企收费，实现中介组织与政府部门脱钩。

2. 国有企业改革

深化国有企业股权多元化改革，积极引入各类投资者，发展混合所有制经济。鼓励非国有资本参与国有企业改制重组。健全公司法人治理结构，建立市场化选人用人机制和管理机制，完善激励约束机制，进一步深化企业内部管理人员能上能下、员工能进能出、收入能增能减的制度改革，规范企业各类用工管理。推动东北企业之间和东北企业与中央、省属企业的并购重组，通过存量整合促进国有资本向具有比较优势的骨干企业集中。吸收各类资本通过增资扩股、股权转让等方式，推进国有企业股权多元化改革。完善国有资产管理体制，组建国有资本投资运营公司，推进经营性国有资产集中统一监管。运用中央财政对厂办大集体改革实施的"奖补结合"政策，积极做好企业分离"三供一业"，解决厂办大集体改革、分离企业办社会职能等历史遗留问题。推进央企与地方合作发展。

振兴东北，必须改革国企，让国企在东北全面振兴、全方位振兴中充分发挥积极作用。东北地区设立国企改革试验区。允许地方大胆探索，中央给予配套政策支持。加快探索混合所有制改革方向和关键环节，强化公司治理机制改革，解决企业历史负担，同时合理界定政府在国有资本管理中的定位。建立企业家队伍，建立健全职业经理人制度。积极引入民间战略投资者，促进国有资本与民营资本联合发展。

专栏 13-4 沈阳区域性国资企业综合改革试验三年行动计划

沈阳市国有资产监督管理委员会深化全市国资国企改革，实施国企改革三年行动，深化综合改革试验，全力推动在重点领域和关键环节取得积极成果，打造沈阳区域性综合改革试验升级版，为实现沈阳全面振兴、全方位振兴做出更大贡献。

沈阳国企改革三年行动的要点如下所示。①完善中国特色现代企业制度。拓宽外部董事来源渠道，有效发挥董事会决策功能，引导企业开展对标提升行动，分类完成国有企业公司制改革，开展经理层成员整体市场化选聘试点，实行全员绩效考核。②按"一企一策"稳妥推进国有企业混合所有制改革，全面推进二、三级公司混改，以资本为纽带完善法人治理结构和制度安排。③按照"产业相近、业务协同"原则进行归并、重组，推进企业内部子（分）公司间通过吸收合并、并购重组等方式开展专业化整合，改组成立低效无效资产托管处置平台。推进低效无效资产清理退出。④健全以管资本为主的国资监管体制，开展战略投资或财务投资，强化投资风险和债务风险防控，严控非主业投资，做好解决历史遗留问题的收尾工作。

第二节 保障措施与扶持政策

一、财税投资

中央预算内投资、中央财政均衡性转移支付和专项转移支付要向东北地区倾斜，重点支持老工业基地调整改造、资源型城市和国有林区经济转型。发挥中央预算内专项资金的平台作用，健全国家财政支持政策，结合实际安排专项资金。加大基础设施建设和公益性项目的国家财政资金和国债资金投入。对资源枯竭型城市实施税负减免，适度下放地方更多的财税权力。调整财政支出结构，加大改善民生和社会事业方面的投入。争取国家的制造业重大专项和技术改造资金，更多地支持重点领域、重点产业发展。引导企业利用资本市场直接融资，鼓励社会资本以市场化方式设立东北地区高质量发展引导基金。建立生态补偿机制，扩大对重点生态功能区的均衡性转移支付。

继续落实好国家和四省区政策性银行的优惠政策，扩大政策性贷款规模，帮助企业开展银团贷款、出口信贷、项目融资，提供长期、低成本外汇贷款，鼓励开发性金融和商业金融机构的支持，扩大信贷规模。支持企业利用国际金融组织和外国政府优惠贷款，指导帮助企业利用丝路基金、中俄地区合作发展（投资）基金等融资服务平台，帮助企业申请国家"两优"贷款。引导金融机构对符合国家、四省区产业政策和节能环保要求的入园企业给予信贷支持，支持担保公司对重点培育企业项目贷款进行担保。扩大直接融资规模，支持一批符合条件的企业上市融资或发行公司债券、企业债券、中期票据等。通过特许经营、购买服务、股权合作等方式，开展政府和社会资本合作（PPP），对有收益的市政设施项目通过市场化公开招标。鼓励增设金融机构，鼓励依法合规设立服务于本地的民营银行、村镇银行、消费金融公司。建立银政企定期协调协商机制，按照"一企一策"原则实施金融帮扶并落实差别化信贷政策。鼓励创新融资租赁、股权投资等金融服务方式，允许使用商标专用权、专利权、应收账款、特许经营权、政府采购合同等进行抵押质押贷款。推进重大技术装备首台（套）、新材料首批次保险补贴工作，创新保险产品和服务。

专栏 13-5　首台（套）重大技术装备试验

首台（套）重大技术装备是指集机、电、自动控制技术于一体的，运用原始创新、集成创新或引进技术消化吸收再创新的，拥有自主知识产权的核心技术和自主品牌，具有显著的节能和低（零）排放的特征，尚未取得市场业绩的成套装备或单机设备。重大技术装备范围包括如下方面。①大型清洁高效发电技术装备，包括百万千瓦级核电机组、超超临界火电机组、燃气—蒸汽联合循环机组、整体煤气化燃气—蒸汽联合循环机组、大型循环流化床锅炉、大型水电机组及抽水蓄能水电站机组、大型空冷电站机组及大功率风力发电机等新型能源装备。②1000 千伏高压交流和±800 千伏直流输变电设备。500 千伏交直流和 750 千伏交流输变电关键设备制造技术。③百万吨级大型乙烯成套设备和对二甲苯、对苯二甲酸、聚酯成套设备。④大型煤化工成套设备。⑤大型薄板冷热连轧成套设备及涂镀层加工成套设备。⑥大型煤炭井下综合采掘、提升和洗选设备以及大型露天矿设备。⑦大型海洋石油工程装备、30 万吨矿石和原油运输船、海上浮动生产储油轮、10 000 箱以上集装箱船、LNG 运输船等大型高技术、高附加值船舶及大功率柴油机等配套装备。⑧200公里/小时以上高速铁路列车、新型地铁车辆等装备核心技术。⑨大气治理、城市及工业污水处理、固体废弃物处理等大型环保装备，以及海水淡化、报废汽车处理等资源综合利用设备。⑩大断面岩石掘进机等大型施工机械。⑪重大工程自动化控制系统和关键精密测试仪器。⑫大型、精密、高速数控装备、数控系统及功能部件。⑬日产200吨以上涤纶短纤维成套设备、高速黏胶长丝连续纺丝机、高效现代化成套棉纺设备、机电一体化剑杆织机等新型纺织成套关键设备。⑭新型、大马力农业装备、大马力拖拉机、半喂入水稻联合收割机、玉米联合收割机、采棉机等。⑮集成电路关键设备、新型平板显示器生产设备、电子元器件生产设备、无铅工艺的整机装联设备、数字化医疗影像设备、生物工程和医药生产专用设备等。⑯民用飞机及发动机、机载设备，大型飞机部件专用加工设备。

二、要素保障

土地。坚定不移执行最严格的耕地和基本农田保护制度，切实保障国家粮食安全。建立健全城乡统一的建设用地市场，稳妥推进土地征收制度和农村集体经营性建设用地入市改革，完善土地交易制度，引导集约高效开发利用建设用地。全面推进节约集约用地政策，结合各地实际用地规模实施总量控制。推进土地有偿使用制度改革，针对不同产业、不同用地类型提供差别化的有偿使用方式。严格执行矿产资源综合利用税率减免政策，激励矿产企业开发利用共、伴生矿和尾矿。

生态环保。创新生态环保体制机制，修订四省区环境保护条例、各河流流域水污染防治条例、森林管理条例，制定大气污染防治、农村环境保护、黑土地保护、森林公园、自然保护区、湿地等条例。加快制定区域生态补偿条例，通过补助性和奖励性等补偿方式，在森林、草原、湿地、水流等重点领域和禁止开发区域、重点生态功能区等重要区域实行跨地区、跨流域生态补偿。推进排污权制度改革，合理控制排污许可证的增发，制定合理的排污权有偿取得价格，支持工业园区和新建项目通过排污权交易获得排污权。严格实行节能减排目标考核责任制。建立污染防治区域联动机制，在环境质量监测、信息通报和突发环境事件预警等方面合作交流，深化联防联控联治，建立统一的联动执法监察跨界环境污染纠纷处理及沟通机制、联合调查机制以及跨界流域水污染、森林火灾、草原病虫与火灾等防治突发事件应急联动机制等具体措施。探索编制自然资源资产负债表，对领导干部实行自然资源资产和环境责任离任审计，完善政绩考核评价体系，实施地方党委和政府领导成员生态环保"一岗双责"和"党政同责"。试点开展碳汇核算、碳汇交易，探索森林草原碳汇交易机制，争取国家将东北地区列为森林草原碳汇交易和绿色GDP核算试点地区。加强中俄两国在跨界水体水质联合监测和跨界自然保护区等领域的务实合作。

产业。要切实提高准入门槛，各地区要编制重点产业园区项目准入标准，不符合产业发展方向和准入要求的项目，各级部门不予核准、备案，不予批准用地、水资源论证和环境影响评价报告。新建重大项目原则上布局在重点产业园区，严格控制不符合各地区资源环境承载力的产业布局发展。需要制定行业的资源消耗定额，加强用水、能源定额消费管理，从源头严控资源环境破坏较大的项目上马。加强重点行业污染监管，定期评估企业环境安全隐患，定期检查重点企业的污染治理状况。限期淘汰落后、高耗水、高耗能的生产工艺和设备及产品，禁止采用严重污染环境的工艺，对不符合国家产业政策的、列入国家产业结构调整指导目录中淘汰类的、产品不符合行业用水定额和土地产出效率标准的，坚决一票否决。鼓励符合国家产业政策、具备一定规模的高耗能企业与发电企业经国家有关部门批准后开展直接交易。

参 考 文 献

包思勤，曲莉春，杨再梅．2014．抢抓发展机遇 推动全面振兴—关于东北三省振兴发展的调研报告．北方经济，(11)：11-13.

蔡武．2018．中国区域经济发展政策的演变历程．经济界，(3)：34-40.

曹萌，永井淑子．2017．妈祖文化在东北地区的流传及其文学化倾向．边疆经济与文化，(11)：7-10.

曹秋辰．2014．大东北经济区能源矿产资源开发利用研究．长春：吉林大学硕士学位论文．

陈斌．2020．全球产业价值链重构下机械行业的机遇与挑战．机械工业标准化与质量，(10)：11-12.

陈昌兵．2018．新时代中国经济高质量发展动力转换研究．上海经济研究，(5)：16-24+41.

陈梦阳，姚湜，梁冬．2014-08-20．找准"病根"，让1亿多东北人成为行动派．新华每日电讯，4：每日焦点．

陈蔚镇，陈玲．2011．区域转型与重构下低碳经济与产业发展的规划探讨．中国发展，11(1)：30-32.

陈耀．2017．新一轮东北振兴战略要思考的几个关键问题．经济纵横，(1)：8-12.

陈映．2018．西部限制开发区域配套政策研究．成都：西南财经大学出版社．

成勤华．2009．解读增值税转型．内蒙古科技与经济，(20)：31-33.

程腊梅．2012．吉林省太阳能产业发展现状、问题与对策．经济视角（下旬刊），(1)：3-4.

邸延顺，孙嘉利．2020．黑龙江省黑土耕地保护存在的问题及对策建议．现代化农业，(10)：53-56.

丁念国．2000．西部大开发决策出台前后．西部经济管理论坛，(1)：4-4.

董晓菲．2018．辽宁港口群—东北腹地经济空间联动发展机理研究．沈阳：东北大学出版社．

杜鹃．2019．绿色发展观的乡村实践研究．合肥：安徽农业大学硕士学位论文．

杜鹰．2013．合力共赢 振兴东北：凝神聚力开拓创新奋力把东北振兴推向新阶段——在2013年东北四省区合作行政首长联席会议上的讲话．北方经济，(13)：17-20.

段月红．2020．聚焦短板强化监督 助力打造良好营商环境．内蒙古人大，(1)：16-17.

方创琳，刘海猛，罗奎，等．2017．中国人文地理综合区划．地理学报，72(2)：179-196.

方敏，杨胜刚，周建军，等．2019．高质量发展背景下长江经济带产业集聚创新发展路径研究．中国软科学，(5)：137-150.

冯浩成，杨青山．2015．文化创意产业为东北老工业基地振兴的作用机理探究．资源开发与市场，31(7)：844-849.

冯威力．2004-03-09．关键还是第二产业．中国化工报．

付庆武，鄢杰明，王志博．2020．黑龙江省能源发展现状及对策研究．统计与咨询，212(1)：10-13.

付晓东．2019．70年来中国区域政策演变历程与未来趋势．国家治理，(21)：26-40.

高秋利．2013．推进管理技术创新追求卓越质量精品．工程质量，31(6)：53-60.

高玉伟，李大勇．2018．高质量发展，应如何发力．金融博览，(4)：22-23.

耿焕侠，张小林．2014．基于熵值法的江苏省经济增长质量定量分析．地理与地理信息科学，30(1)：81-85.

耿文彪．2015．林业改革：以生态文明为核心．新产经，(5)：21-23.

郭贝贝．2019．历史性展馆展陈设计研究．沈阳：沈阳建筑大学硕士学位论文．

东北地区高质量发展的战略路径

郭铭华.2017-03-12.发挥三江平原优势 打造优质"大粮仓".黑龙江日报,2 版:新动能 新旋律 2017 全国两会.

韩大梅.2005.试论东北老工业基地的历史形成.辽宁师范大学学报（社会科学版）,28（3）: 118-120.

何珺.2017-10-16.国家发改委:东北新兴产业三年行动计划成效初显.机电商报,第 A1 版.

何平,刘思扬,赵承,等.2015-02-01.事关全局的决胜之战.人民日报,第 5 版:军营观察.

何伟.2013.中国区域经济发展质量综合评价.中南财经政法大学学报,(4):49-56.

何勇.2019-01-24.辽宁国企"三供一业"项目全移交.人民日报,第 1 版:头版.

贾辉.2013-08-07.全面启动两大平原现代农业综合配套改革试验 切实为全国农村改革和现代农业发展趟出路子.黑龙江日报,第 1 版:要闻.

贾若祥.2015-09-02.东北地区:当好国家的"大粮仓"和"稳压器".中国经济导报,第 B2 版: 前沿.

贾若祥.2015.东北地区装备制造业的发展思路.中国发展观察,(11):80-84.

焦敬娟,王姣娥,刘志高.2016.东北地区创新资源与产业协同发展研究.地理科学,36（9）: 1338-1348.

金碚.2018.关于"高质量发展"的经济学研究.中国工业经济,(4):5-18.

康大林,宫景玉.2019.吉林省老工业企业升级改造相关问题研究.长春金融高等专科学校学报, (3):91-96.

寇有观.2019.学习弘扬生态文明思想 策划建设智慧生态城乡.办公自动化,(4):8-21.

蓝颖春.2013."保质保量"建设国家基本农田保护示范区.地球,(3):46-48.

李博,田闯,史钊源,等.2019.辽宁沿海地区海洋经济增长质量空间特征及影响要素.地理科学进展,38（7）:1080-1092.

李闯,刘吉平,梁晨,等.2018.1990-2010 年东北地区湿地空间格局变化及影响因素分.太原城市职业技术学院学报,(12):21-23.

李国平,宋昌耀.2018.雄安新区高质量发展的战略选择.改革,(4):47-56.

李浩民.2019.新时代高质量发展框架再探讨:理论内涵、制度保障与实践路径.现代管理科学, (2):3-5.

李金昌,史龙梅,徐蔼婷.2019.高质量发展评价指标体系探讨.统计研究,36（1）:4-14.

李靖宇,孙蕾.2011.辽宁沿海经济带与东北腹地互动发展关系论证——为铸就国家重量级战略区域提供强力引擎.软科学,(9):58-63.

李靖宇,修士伟.2010.以长吉图为开发开放先导区的图们江区域合作开发论证.延边大学学报（社会科学版）,(4):5-16.

李琳,马晓华.2013.吉林省与东北亚区域经济合作.企业研究,(21):69-71.

李梦欣,任保平.2019.新时代中国高质量发展的综合评价及其路径选择.财经科学,(5):26-40.

李然嫣,陈印军.2017.东北典型黑土区农户耕地保护利用行为研究—基于黑龙江省绥化市农户调查的实证分析.农业技术经济,(11):80-90.

李然嫣.2017.我国东北黑土区耕地利用与保护对策研究.北京:中国农业科学院.

李斯琴.2020.内蒙古大兴安岭森林资源问题分析及应对措施.广东蚕业,54（8）:21-22.

李霄.2016.试析城市群发展规划编制要领—以《哈长城市群发展规划》为例.应用写作, (7): 23-25.

李胭胭,鲁丰先.2016.河南省经济增长质量的时空格局.经济地理,36（3）:41-47.

林赛南.2010.东北地区区域开发历史及其经验.知识经济,(1):115-116.

林一维.2012.珲春 春光润色长吉图.东北之窗,(11):48-50.

林兆木.2018-01-17.关于我国经济高质量发展的几点认识（深入学习贯彻习近平新时代中国特色社

会主义思想）．人民日报，第 7 版：理论．

刘长溥．2016．对外开放对东北地区经济增长的影响．沈阳：辽宁大学博士学位论文．

刘春妍．2018．吉林省黑土资源保护农户响应及政策优化．长春：吉林农业大学硕士学位论文．

刘刚．2016．基于区域整合视角下的蒙东区域经济发展研究．长春：吉林大学博士学位论文．

刘梦雨．2016-03-10．哈长城市群构建新一轮东北振兴开放新格局．中国改革报，第 1 版．

刘伟．2020-08-05．践行新发展理念 推动经济高质量发展．经济日报，第 5 版：要闻．

楼裕胜．2011．中国信用活动与经济增长的动态关系分析．生产力研究，（12）：23-24．

马健瑞．2018．东北经济振兴需解决三大矛盾．中国发展观察，（5）：34-37．

马茹，罗晖，王宏伟，等．2019．中国区域经济高质量发展评价指标体系及测度研究．中国软科学，
　　（7）：60-67．

马晓明．2017．调整优化农牧业产业结构和布局 着力推进农牧业供给侧结构性改革．北方经济，（2）：
　　30-32．

满格．2015．推进鸭绿江区域开发国际化的策略分析．经济研究参考，（49）：44-48．

毛德华，王宗明，罗玲，等．2016．1990-2013 年中国东北地区湿地生态系统格局演变遥感监测分析．
　　自然资源学报，31（8）：1253-1263．

孟凡迪．2016．浅析清朝东北地区封禁政策特点．湖北函授大学学报，29（16）：108-109．

孟祥兰，邢茂源．2019．供给侧改革背景下湖北高质量发展综合评价研究——基于加权因子分析法的
　　实证研究．数理统计与管理，38（4）：675-687．

那丹丹，张君艳．2020-05-20．破解黑龙江省民营经济高质量发展的困境．知与行．

欧莉．2012-03-05．丹东港：东北腹地便捷出海口．中国水运报，5 版：产经．

彭羽．2017．内蒙古小城镇基础设施建设投融资管理体制研究．北京：中央财经大学博士学位论文．

乔金亮．2017-08-28．用好"金招牌"打造新优势 东北畜牧业发展迎来重大转机．经济日报．

曲艺．2017-06-17．吉林提质升级能源装备产业．曲艺，中国电力报，第 4 版：科技．

曲艺．2018-02-10．东北三省今年将稳步推进煤炭去产能．中国电力报，第 5 版：能源周刊．

任保平，文丰安．2018．新时代中国高质量发展的判断标准、决定因素与实现途径．改革，（4）：
　　5-16．

任保平．2018-08-29．高质量发展评判体系亟待构建．经济参考报，第 A06 版：理论周刊．

任丽梅．2015-04-09．借助智能制造破茧成蝶．中国改革报．

若英．2013．预测 2020 年中国人均 GDP3500 美元的误区在哪．红旗文稿，（3）：39-39．

苏向坤．2017．"中国制造 2025"背景下老工业基地制造业转型升级的路径选择．经济纵横，（11）：
　　78-83．

孙东方．2020．保护好"耕地中的大熊猫"．红旗文稿，（15）：28-30．

孙飞．2012．基于 3S 技术的森林景观格局及破碎化变动评价．南京：南京林业大学硕士学位论文．

孙毅．2012-08-03．从低端钢铁制造基地转向高端钢铁技术基地．中国冶金报，第 A2：要闻．

唐佳丽，侯悦林，姜义双，等．2018-01-10．携手京津冀打造协同发展先行区．辽宁日报，1 版：
　　要闻．

滕堂伟，欧阳鑫．2019．长江三角洲高质量一体化发展路径探究——基于城市经济效率视角．工业技
　　术经济，（7）：152-160．

田玉国．2013．AL 风力发电项目贷款评估研究．长春：吉林大学硕士学位论文．

王斌．2015．东北地区 NPP 和 NBP 的定量模拟研究．哈尔滨：东北林业大学硕士学位论文．

王斌．2017-06-15．强化"三品"战略 吉林重点发展纺织产业．中国工业报，第 6 版：轻纺．

王斌．2018-04-11．提升系统集成水平 吉林力推"绿色振兴"．中国工业报，第 4 版：地方工业．

王丹．2017．东北国有企业混合所有制改革的法律分析—以完善国有企业治理体制为视角．法制与经
　　济（上旬刊），（7）：53-55．

王付红.2020.湿地公园管理模式的探讨——以菜子湖国家湿地公园为例.现代园艺,43（14）：126-127.

王菊,于阿南,房春生.2018.能源革命战略背景下控制煤炭消费的困境与对策——以高比例煤炭消费的吉林省为例.经济纵横,394（9）：51-57.

王羚.2016-09-30.人口外流陷恶性循环 东北振兴必须面对的难题.第一财经日报,A02.

王敏洁,李天舒.2013.深入实施"突破辽西北"战略促进区域协调发展.辽宁经济,（6）：52-53.

王树年.2011-09-23.站在新起点上推动东北等老工业基地全面振兴.中国改革报,发展改革新闻声音.

王树年.2011.推进东北地区现代农业建设.中国投资,（1）：20-23.

王岩.2017-03-21.东北与东部省市开展对口合作方案出台.中国改革报,1版,要闻政务信息.

王一鸣.2018.推动高质量发展取得新进展.求是,（7）：44-46.

王茵.2019-06-14.他山之石可攻玉 海纳百川天地宽.辽源日报,专刊.

王雨蓉.2016-02-25.我省推进电子商务健康快速发展.黑龙江日报,1版.

王哲野,程叶青,马靖,等.2015.东北地区城市民生质量测度与空间分析.地理科学,35（2）：190-196.

王作霖.2012-03-28.呼伦贝尔木制品靠深加工闯市场.中国国门时报,第8版：特色产业.

魏丹,匡恩俊,迟凤琴,等.2016.东北黑土资源现状与保护策略.黑龙江农业科学,（1）：158-161.

魏后凯,邬晓霞.2012.新中国区域政策的演变历程.中国老区建设,（5）：14-15.

魏淑艳,孙峰.2017.东北地区投资营商环境评估与优化对策.长白学刊,（6）：84-92.

吴舜泽,李新,储成君.2014.强化制度建设 实现环境管理战略转型.环境保护,42（1）：22-25.

吴思珺.2020.从认识、实践、效果看中国环境保护的革命性变化.决策与信息,（4）：74-79.

吴炜.2007.黑龙江省城镇体系调整与优化研究.长春：东北师范大学硕士学位论文.

吴玉鸣,李建霞.2006.中国区域工业全要素生产率的空间计量经济分析.地理科学,26（4）：385-391.

夏锦文,吴先满,吕永刚,等.2018.江苏经济高质量发展"拐点"：内涵、态势及对策.现代经济探讨,（5）：1-5.

夏小禾.2018-04-09.发改委印发多省市与东北对口方案.机电商报,第A5版：综合.

肖翔,廉昌.2019.国际视域下新中国70年工业发展的历史考察.当代中国史研究,（6）：74-88,158.

信雪晖.2013.呼伦贝尔生态旅游经济发展研究.北京：中央民族大学硕士学位论文.

熊丽.2019-6-28.东北与东部地区对口合作更实更广.经济日报,第10版：区域.

徐充.2004.完善东北老工业基地社会保障体系的探索.理论探讨,（2）：50-52.

徐丽婷,姚士谋,陈爽,等.2019.高质量发展下的生态城市评价——以长江三角洲城市群为例.地理科学,39（8）：1228-1237.

徐敏,续衍雪,路瑞,等.2015.新形势下中国城市水污染防治的思考.环境保护科学,（6）：4-8.

许广义.2006.东北老工业基地改造模式研究.哈尔滨：哈尔滨工程大学博士学位论文.

许欣.2017.东北振兴战略演进轨迹及其未来展望.改革,286（12）：15-24.

薛继坤.2005.东北老工业基地形成、演变过程的历史分析.长春大学学报,15（5）：8-11.

杨世志.2020.黑龙江垦区黑土保护探索与实践.现代化农业,（6）：22-23.

杨挺.2019.基于社会生态系统理论的化工园区生态化研究.大连：大连理工大学博士学位论文.

杨威.2016.大力推动东北地区科技创新成果就地转化.中国经贸导刊,（18）：55-57.

杨扬.2011.刘汉元常委建议：将"质量强国"作为国家战略并纳入"十二五"规划.中国石油和化工,（3）：17-18.

杨熠.2020.互联互通：都市圈发展的关键.杭州金融研修学院学报,（6）：14-16.

杨荫凯, 刘羽. 2016. 东北地区全面振兴的新特点与推进策略. 区域经济评论, (5): 85-93.

姚莉. 2012. 区域视角下的老工业基地调整改造. 武汉: 湖北人民出版社.

姚湜, 王炳坤, 强勇. 2012-08-22. 东北地区打造东部经济增长带. 经济参考报, 第 A8 版: 区域.

叶杨. 2020. 互助养老商业模式分析—基于时间银行体系的研究. 中国商论, (1): 85-86.

于国锋. 2012. 东北经济区集装箱运输通道优化研究. 长春: 吉林大学硕士学位论文.

于吉海. 2010. 区域规划: 重构中国经济版图. 地理教育, (9): 7-10, 12.

袁艺. 2017. 关于打造东北东部绿色转型示范区的研究. 科学与财富, (32): 1-6.

苑博, 徐鹏远, 姜力健. 2016-09-30. 我省支柱产业产能现状分析. 友报, 第 8 版: 会议专刊.

张家丰. 2018. 清末民初俄国远东南部粮食发展问题研究. 黑河学院学报, 9 (9): 11-13.

张杰. 1994. 试论清前期的东北封禁. 社会科学辑刊, (5): 114-121.

张京萍, 马远, 刘小燕, 等. 2020-07-28. 汇聚科技创新力量 夯实高质量发展基础. 世界金属导报, 第 B14 版: 中国钢铁工业"十三五"科技创新成果展专刊.

张晶川. 2011. 加快"五城建设" 实现"七个翻番" 谱写牡丹江跨越争先的新篇章. 奋斗, (6): 43-44.

张立明. 2013. 振兴东北老工业基地十年回顾及展望及展望. 北方经济, (14): 6-7.

张林. 2006. 关于培养东北经济区县域经济核心竞争力的研究. 商业研究, (5): 159-162.

张璐, 朱仲元, 王慧敏, 等. 2020. 锡林河流域水文干旱演变特征及影响因素分析. 水土保持学报, 34 (4): 178-184, 192.

张蒙, 杨文利. 2005. 东北老工业基地对新中国的历史贡献 [C] //当代中国成功发展的历史经验—第五届国史学术年会论文集.

张明霄. 2018-03-31. 2020 年哈深合作将取得重要实质性成果. 哈尔滨日报, 第 4 版: 时事.

张培. 2018-04-19. 我国设立满洲里、防城港边境旅游试验区. 中国国门时报, 第 01 版: 要闻.

张祺午. 2010. "对接"正深入——首届中国职业教育与装备制造业创新发展高峰论坛召开. 职业技术教育, (27): 66-69.

张宇. 2012. 东日本大地震对中国东北与日本经贸合作的影响研究. 哈尔滨: 黑龙江大学硕士学位论文.

张毓峰, 刘芷晗. 2013. 后金融危机时代中国内陆区域中心城市经济发展模式研究: 成都案例. 中共四川省委省级机关党校学报, (5): 76-81.

赵光辉. 2015. "十三五"时期中国交通服务战略展望. 改革与战略, 31 (5): 70-76.

赵欣, 刘艳. 2015. 内蒙古东部地区资源开发与生态环境现状研究. 北方经贸, (4): 75-76.

赵秀清, 白永平. 2015. 内蒙古城市化空间格局及其演化研究. 干旱区资源与环境, 29 (3): 33-88.

肇彦淏. 2018. 盘锦市石化产业发展战略研究. 大连: 大连理工大学博士学位论文.

周文玉. 2011. 中国的地理分区. 地理教育, (1): 39.

朱心坤. 1991. "环日本海经济圈"构想及前景. 国际展望, (7): 23-25.

庄国泰. 2015. 土壤: 污染现状与防控策. 中国科学院院刊, (4): 477-483.

邹国平, 王广益. 2013. 低碳经济发展研究——以黑龙江省为例. 学习与探索, (12): 129-132.

Beugelsdijk S, Klasing M J, Milionis P. 2018. Regional economic development in Europe: the role of total factor productivity. Regional Studies, 52 (4): 461-476.

Curtis C C. 2016. Economic reforms and the evolution of China's total factor productivity. Review of Economic Dynamics, 21: 225-245.

Li Z, Yang W, Wang C, et al. 2019. Guided high-quality development, resources, and environmental forcing in China's green development. Sustainability, 11 (7): 1936.

Ni C, Chu X, Song H. 2014. Human capital, Innovation Capacity and Quality of Economic Growth—Based on Chinese Provincial Panel Data from 2000 to 2013. Global Journal of Management and Business Research, 14 (8): 45-51.

东北地区高质量发展的战略路径

Pan W, Pan W, Hu C, et al. 2019. Assessing the green economy in China: An improved framework. Journal of Cleaner Production, 209: 680-691.

Popkova E G, Shakhovskaya L S, Mitrakhovich T N. 2010. New quality of economic growth concept. International Journal of Economic Policy Studies, 5 (1): 75-88.

参
考
文
献